日本近現代史の諸相

大岩川　嫩
OIWAKAWA Futaba

論創社

序——「大逆事件の生き字引」の裏舞台

山泉　進

本書は、本年で満九一歳になられた大岩川嫩さんがその生涯にわたって発表された著作をまとめられたもので、その執筆分野の多様性を生かして『日本近現代史の諸相』とのタイトルが付されている。私は、大逆事件で死刑の判決を受けた坂本清馬の自伝『大逆事件を生きる』（一九七六年）の刊行を手伝い、それを縁として「大逆事件の真実をあきらかにする会」の事務局長であった大原慧を知り、その研究仲間であった大岩川さんを知るようになった。そのような経緯から、一九八三年に大原慧から「あきらかにする会」の事務局長を引き継いだ後も、大岩川さんに会の「世話人」として会の運営を支援していただいてきた。早いものでもう四〇年の歳月が流れたことになる。したがって、ここでも本書のタイトル名そのものからは少し距離があるかもしれないが、やはり大逆事件を中心にして大岩川さんの業績を紹介して序文に替えたいと思う。

序

現在から一世紀を少し越える前、一九一一（明治四四）年一月一八日東京の大審院において、幸徳秋水を首謀者とする明治天皇暗殺計画があったとして二四名の社会主義・無政府主義者に死刑判決が下された。当時の刑法第七三条の大逆罪に該当する事件として大逆事件とよばれている。戦前の日本において、この事件の他に三つの大逆事件が存在するのであるが、一般的には大逆事件といえば、この幸徳秋水らの事件を指している。そして、この事件に関心がある人であれば、おそらく大岩川嫩という名前を一度は耳にした記憶があると思う。もちろん大逆事件の研究者にとっては、大岩川さんは「大逆事件の生き字引」として知られ、何かわからないことがあれば大岩川さんに聞くことが慣例のようになっている。大岩川さんの大逆事件について書かれた論考を是非一冊にまとめてほしいという要望は、おそらく二〇年ほど前からあって、私自身も何度かお願いしてきた。その都度、遠慮なのか、謙遜なのか、あるいは研究・編集者としての美学なのか、かたくなといっていいほどに拒否されてきた。それが、昨年の満九〇歳の誕生日を機にして、意外に出版に前向きな発言をいただいた。その心の変化は「あとがき」のなかでさらりと触れられているが、その背後には、ちょっと外部からは窺い知ることができないような「生き字引」としての自負と決断との葛藤があったことは容易に推察できる。

大逆事件を知るためには「字引」が必要である。それは、もともとは大逆事件という近代日本の歴史にとっての重大事件を知り、語るうえではそれなりの厚さをもった「字引」が必要であるということに由来している。大逆事件は「帝国日本」の天皇支配の根幹を揺るがす事件であり、治安担当者たちの責任が問われることは当然として、内閣の継続にまで影響を及ぼす出来事であった。したがって、大逆事件は、統治者にとっては近代法治国家の限界において、国民の前から事件の真相を覆い隠さなければならない事件であるばかりでなく、くわえて万全の対策をもって天皇支配の威光を修復させる必要があり、さらには取締強化の方策が求められた。事実の報道を使命とする新聞は、刑法の不敬罪あるいは新聞紙法により社会秩序の紊乱を惹き起こす恐れがあるとして、警察権力によってほぼ完全に沈黙を余儀なくされた。動機にかかわる主義信条や思想にかかわる書物は、出版法のもとで発売・頒布が禁止され、さらにそのような発禁本は図書館から撤去された。そして教育の現場においては徹底的に忠君思想が叩き込まれた。もちろん近代国家として刑法や刑事訴訟法が存在する以上、裁判を無視することは許されなかったが、被告人たちの人権は無視され、事実解明とは程遠い秘密裁判が形式的に繰り広げられた。被告人たちには見せしめのための厳罰が下され、天皇への謝罪が強要される。同時に、天皇による無限の「御恩」の有難さが国民に対して示された。こうして大逆事件の真実は、一九四五年八月の「帝国日本」の敗戦にいたるまで歴史の闇の中に埋められてきた。そして言論の自由が許された戦後になって初めて、覆い隠された大逆事件の真実の歴史の発掘が行われるようになったのである。

それからも八〇年もの歳月が経とうとしている。最後の生存者であった坂本清馬が没してから来年で五〇年になる。その坂本清馬が、森近栄子とともに大逆事件五〇年を期して一九六一年一月に提出した再審請求は、最終的に一九六七年に最高裁判所において棄却された。このことによって、法的にみれば依然として二四名に対する死刑判決は有効とされているのである。もちろん、戦前においても、公表されることのなかった闇の中の事実を発掘する作業は細々と継続されてきたし、戦後まで生き延びた坂本清馬、崎久保誓一、飛松与次郎、岡林寅松については、自由法曹団の森長英三郎らの尽力によって「復権」が実現されている。しかし、連綿と続けられている大逆事件の真実を発掘するための研究と顕彰の歴史を知るためには、公表されることのなかった事実を含めた「字引」が必要とされるのである。本書の第四部《読み、そして考える》、第五部《出会いと別れ》は、大岩川さんにしか語ることのできない大逆事件についての研究と顕彰の歴史の一端を示してくれている。

大逆事件は一九一〇（明治四三）年五月二五日長野県明科での宮下太吉の爆発物取締罰則違反での逮捕から始まり、同月三一日には幸徳伝次郎（秋水）を首謀者とする大逆罪での七名の予審請求（起訴）へと切り替えられる。六月一日、神奈川県湯河原で秋水が逮捕され、以後、秋水を中心にして天皇暗殺の「謀議」がなされたとして、六月五日には和歌山県新宮で医師の大石誠之助、同月一一日には岡山県で農業に従事していた森近運平に予審請求がなされ、さらには八月三日に熊本県で松尾卯一太、新美卯一郎ら四名、一〇月一八日には、皇太子暗殺の「謀議」がなされたとして箱根林泉寺の住職内山愚童に対して予審請求がなされた。最終的には二六名が被告とされた。大逆罪は、当時の刑法第七三条「天皇、太皇太后、皇太后、皇后、皇太子又ハ皇太孫ニ対シ危害ヲ加ヘ又ハ加ヘントシタル者ハ死刑ニ処ス」に該当する事件で、裁判所構成法により大

審院において第一審にして終審の、一回だけの裁判が行われることになっていた。つまり「危害を加えた者」はもちろんのこと、「危害を加えんとした者」についても、有罪と判定されれば「死刑」の判決が下されるという特別な裁判が用意されていたのである。その理由には、帝国憲法と皇室典範とによって定められた、天皇及び「万世一系」の天皇を支える皇族に対する特殊な地位があった。つまり、天皇は国家の元首として、立法・行政・司法の三権を総攬し、大元帥として陸海軍を統帥する存在であった。その天皇に対して「危害」を加える、あるいは加えようとする行為は、天皇統治の根幹にかかわる政治的事件であるのみならず、「万世一系」の「神聖」と「不可侵」によって創り出された天皇制支配の正当性にかかわる超歴史的事件でもあった。それ故に、大逆事件は「あってはならない事件」として、裁判を含めて事件そのものが国民の前から遮断され隠蔽される必要があったのである。宮下太吉らの逮捕以後、事件は社会主義者による「大陰謀」事件、あるいは重大事件としてだけ報道されて、事件内容を報道することは一切禁止された。そして、さすがに裁判（公判）開始自体までもを隠蔽することはできず、同年一一月九日になって初めて、被告人の名前と刑法第七三条にかかわる事件であることが公表された。この決定をまって初めて弁護人の選定がおこなわれ、原則的に親族との接見や通信が許されることになった。およそ一ヵ月後の一二月一〇日から鶴丈一郎裁判長のもとで審理は開始されたが、人定訊問後には傍聴が禁止された「秘密裁判」のもとで、一人の証人も許さず、同月二五日には検事による有罪の論告、二七日・二八日・二九日は弁護人の弁論が行われた。弁護人の一人であった

今村力三郎の言葉を借りれば「審理を急ぐこと奔馬の如く」、裁判の形式だけが整えられて、実質二週間あまりで終結した。そして、年が明けた翌一九一一（明治四四）年一月一八日に幸徳伝次郎ら二四名にたいして死刑の厳罰が下され、新田融と新村善兵衛の二名にたいしてのみ爆発物取締罰則違反で有期刑が言い渡された。翌日には予定通り死刑判決を受けた二四名のうち半数の一二名に対して、天皇の「御恩」により無期懲役への減刑がなされた。そして残りの一二名に対してはほぼ一週間後の一月二四日（ただし管野須賀子のみ二五日）、東京監獄において死刑の執行がなされた。私は、大逆事件を「国家犯罪」とよんでいる。その内実は国家によって正当化された複合的・構造的犯罪であって、それは近代日本の天皇制支配の根幹にかかわる事件として、事件解明のためには幅広い知識と歴史への洞察力が求められていると思っている。

ところで、大岩川さんが「大逆事件の生き字引」と言われる理由は、誰よりも長く大逆事件研究と顕彰運動の最前線にいたという経歴のなかにある。大岩川さんの大逆事件との直接的な出会いは、本書に収録されている大学卒業後に大原慧たちと始めた「近代史研究会」から始まっている。大原慧の名前は本書のなかで何度か登場するが、幸徳秋水や片山潜をはじめとする日本の初期社会主義者の研究者で、大逆事件研究の分野では外務省外交史料館所蔵の資料を分析した「大逆事件の国際的影響」などで業績を残した。その経歴と業績については、本書の「第一部1論文」の項に収録されている「故大原慧教授の業績について」で詳しく紹介されている。「近代史研究会」での大岩川さんの研究成果は、本書でみるかぎり「大逆事件の捜査報告書二つ――信州

グループと紀州グループ（上・下）」）から始まっている。研究会の機関紙『鐘』に掲載された本論考は、本書「第一部3資料と記録」のなかに収録されている。この論考の執筆年月が一九五八年七月・一〇月であったことに驚かされる。再審請求がなされる以前から、大逆事件に関連する資料を発掘される作業に手を付けられていたのである。

坂本清馬（死刑判決後、無期懲役に恩赦により減刑、一九三四年一一月出獄、足かけ二五年の獄中生活を強いられた）と森近栄子（処刑された森近運平の実妹）によって再審請求がなされたのが、一九六一年一月、前年二月に支援団体である「大逆事件の真実をあきらかにする会」が結成された。「近代史研究会」から「あきらかにする会」に大岩川さんが参加される経緯については、「「あきらかにする会」事始と私」（第一部2エッセイ）に詳しい。「あきらかにする会」は、再審請求を支援することを目的とする市民団体に過ぎなかったが、他方では、戦後、神崎清、絲屋寿雄、森長英三郎、渡辺順三、塩田庄兵衛、大原慧などによって、それぞれの問題関心と資料発掘からなされてきた大逆事件研究を一つにまとめる役割を果たした。その意味で大岩川さんは研究の最前線にいたことになる。また、再審請求棄却後においては、『幸徳秋水全集』、『大石誠之助全集』、『管野須賀子全集』などの刊行を通して思想的検証がおこなわれ、さらには名誉回復、顕彰運動へと継続されていくことになる。この間、会の機関紙『大逆事件の真実をあきらかにする会ニュース』（以下、『ニュース』と略す）は一時的な中断があったものの、それらの動向を伝えてきた。大岩川さんと『ニュース』とのかかわりは復刻版に掲載された「『大逆事件の真実をあきらかにする会ニュース』の生い立ちのこと」（第一部3資料と記録）に記録されている。とりわけ一九八七年の『ニュース』（第26号）からは今年一月に刊行した第63号にいたるまで、原稿依頼だけは私が担当しているが、その他の作業は編集から刊行にいたるまですべて一人で行っている。編集作業は、執筆者との間で記述内容を確認することからはじまり、最新研究の紹介と書評にまで及ぶのであるから、ここでも大岩川さんは、大逆事件研究と顕彰活動の最前線に向き合ってきたことになる。このことが、「大逆事件の生き字引」として誰にも真似のできないところである。

このことに加えて、本書の刊行によって「生き字引」であることのもう一つの理由が明らかになった。おそらく多くの人は「第二部1論文」に収録されている「地租改正と寄生地主制の展開」を読めば納得されると思う。もちろん私も今回初めて目にした論文である。国学院文学部史学科に一九五六年一二月に提出されたものである。実をいえば、当初、出版企画が具体化する時には、私は大学学部の卒業論文を収録することには賛成できなかった。しかし、内容をみれば、古文書解読の技術、資料を生活の変遷のなかに位置付ける洞察力に裏付けられた論文であることがよくわかる。大岩川さんの手書き文書を含めた、資料解読の技量は、その後の研究のなかに随所に発揮されているが、その根源はまさにこの論文から出発していたことが理解できる。同時に資料解読は、そこに生きた人々の「生活経験」を読み解くことにつながっているという大岩川さんの信念に繋がっていると思う。その問題意識は、アジア経済研究所での仕事「第三章視野をひろげる」にも読み取ることができる。資料解読の技術と「生活経験」へと掘り下げて物事を考える、この二つの事は、そのままに大逆事件研究にもつながっている。そこに「生き字引」としての根っこがあったことは、この初期論文によって確認できるのである。

なかば冗談を交えながらも、「大岩川さんの頭脳にある記憶のチップが欲しい」と尋ねられることがある。もちろん、そんなものがあれば、私が真先にいただきたいと答えている。「生き字引」には記憶力が必要とされることは当然であるが、同時に即時性も必要である。私のように質問されても、「後で調べて…」というのでは「生き字引」としては役に立たない。追悼集会などで、私があいまいな事を話していると、大岩川さんから「山泉さんちょっと待って…」と合いの手がはいることがある。そして、事実を訂正してくれるのである。いままでは、大岩川さんが同席しているところでは、私もそれを期待して適当に話しているところもある。ＡＩ技術が発達した将来はともかくとして、現在においては大岩川さんの「記憶のチップ」をそのままに受け継ぐことはできない。大岩川さんには、まだまだご健在で長生きをしてもらわないと困る。それでも、本書の刊行によってその「記憶のチップ」の何分の一かは提供されている。

（明治大学名誉教授・「大逆事件の真実をあきらかにする会」事務局長）

日本近現代史の諸相　目次

3　資料と記録

第二部　歴史学へ

1　論文

2　エッセイ

第一部　大逆事件とその周辺

1
論文

「幸徳秋水等大逆事件」記録の歴史的意義

Ⅰ　記録類の存在形態

まず、その歴史的意義を考察する前に、どのような記録がどのような形で存在しているのかを明らかにしておきたい。その場合、公的記録以外にも、同時代における私文書、謄本、既刊・未刊の民間の主要な記録をも対象に含めることによって、本稿の主題である〝歴史的意義〟に迫ることができると考える。

1　公的記録の存在

明治四十三年大逆事件、いわゆる「幸徳事件」に関して、現存する公的記録は次のとおりである。それぞれの性格とその原本の最高裁判所所蔵については、山泉進氏の論考（石塚伸一編著『刑事司法記録の保存と閲覧――記録公開の歴史的・学術的・社会的意義』所収）に詳述してあると思われるので、省略する。

写真①　大逆事件訴訟記録原本を読む神崎清氏。1950年4月7日、最高裁判所にて（神崎清蔵）

写真②　訴訟記録「明治四十三年特別第一號（拾七冊ノ内第弐冊）」原本の表紙（神崎清蔵）

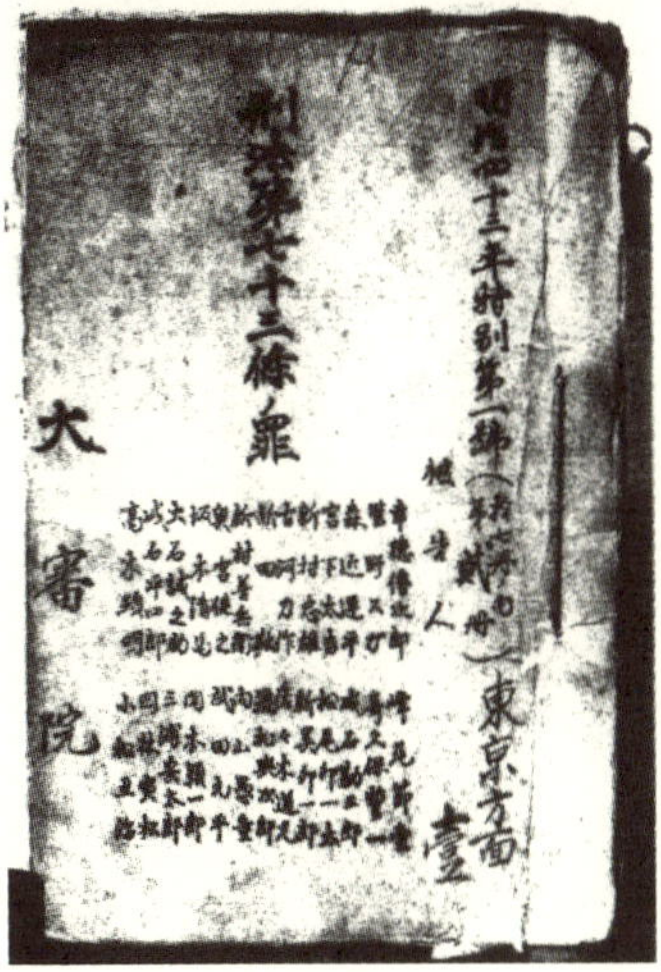

(1)大審院「明治四十三年特別第一號　刑法第七十三條ノ罪」全一七冊（拾七冊ノ内第壹冊〜第拾七冊）。ただし第一七冊は原本が失われ、謄本を以て補われている。

(2)「意見書」（大審院特別権限に属する被告事件予審掛、明治四十三年十一月一日）
(3)「決定書」（裁判長鶴丈一郎、明治四十三年十一月九日）
(4)「判決書」（大審院特別刑事部判決、明治四十四年一月十八日）
　(2)〜(4)は、原本ではない。
(5)「社会主義者幸徳傳次郎外二十五名陰謀ニ関スル件」二冊（外務省外交史料館蔵）

2　喪われた公的記録

当然存在すべきであると思われるのに、その存在が確認されていない記録として、「公判始末書」がある。ここでは、その問題について若干触れておきたい。

一八九〇年制定の旧刑事訴訟法は、その第二〇八条に「裁判所書記ハ公判始末書ヲ作リ左ノ事項其他一切ノ訴訟手続ヲ記載ス可シ」として六項目の内容を挙げ、続く第二〇九条で裁判所側の出席者の「官氏名」の記載をも指定し、さらに第二一〇条で「公判始末書ハ判決言渡シヨリ三日内ニ之ヲ整頓シ裁判長及ヒ裁判所書記官署名捺印ス可シ」とし、第二一一条では「判決及ヒ公判始末書ノ原本ハ訴訟記録ニ添付シ其裁判所ニ保存ス可シ若シ上訴アリタルトキハ之ヲ上訴裁判所ニ送付ス可シ」と規定している。

ところが、上記一—(1)「訴訟記録」原本は最高裁に現存するにもかかわらず、「添付」されているはずの「公判始末書」は無く、かつてその所在を追求した故神崎清氏も「行方不明」という結論に達せざるを得なかった。

ひるがえって考察してみると、当時の裁判所書記官が、明治四十三年十二月十日開廷から二十九日結審まで一六回に及ぶ公判のすべてを「三日以内に整頓」して始末書を作成することが果たして可能であったであろうか、という疑問が生じる。当時、大審院裁判で一人の証人も許されなかったとはいえ、検事の論告、尋問、各被告の陳述、弁護人の弁論、等々は、膨大な量にのぼったことがわずかに残された法廷メモや新聞記事、被告の獄中手記等からも窺うことができる。それでも、記録は逐日整理されていたであろうし、それを「三日以内に」公判始末書としてまとめ上げることはかならずしも不可能ではなかったかも知れない。

しかし、その法廷での被告陳述・弁護人弁論を伝えるその内容は、断罪の基礎となった訴訟記録や、ほとんど予審判事意見書をそのままなぞったに等しい判決主文とは矛盾する点が余りにも多く、「公判始末書」として添付することがはばかられるものであったことは想像に難くない。

さらに、二〇一八年八月に山泉進ほかのメンバーが閲覧することを得た最高裁における「特別保存」訴訟記録原本複写本第一七冊には、収録文書として「判決書」があった（山泉稿参照）。ところが、前述のように旧刑訴法第二一一条において「判決及ヒ公判始末書ノ原本ハ訴訟記録ニ添付シ其裁判所ニ保存ス可シ」と規定されているにもかかわらず、「判決」は写しではあるが確かに添付されているのに、それとならび称されている「公判始末書」は影も形もない。当初から添付されていなかったと思わざるを得ないのである（後掲「大田黒謄本」は、判決以前の公判開始時点で配布されたものなので、当然判決などの添付・収録はない）。

顧みるとこの裁判は、㋑大審院に付された〝一審ニシテ終審〟の「第七三条の罪」である大逆事件裁判であったこと、㋺審理過程が傍聴禁止の非公開裁判であったこと、㋩弁護人には訴訟記録の返却が義務付けられていたこと、など異例づくめのものであり、刑事訴訟法に規定された「公判始末書」の作成もまたその通り行われなかったか、もしくは作成後に滅却された可能性を否定できないのではないだろうか。

いまだに「公判始末書」の発見を待望する研究者も多いが、私見では、この闇は閉ざされたままではないかと考える。

なお、上記㋩については、ひとり花井卓蔵弁護士は返却を拒否して訴訟記録を返さなかったというが、そのために罰せられたりはしなかったことをみても、それが法的根拠のない措置であったことは明らかである。ほかにもそのような恣意的な運用がなされたことは想像に難くない。「公判始末書」が未作成ないし破棄・滅却されたものであろうと判断するゆえんである。

3　謄本及び復刻された基本資料

(1)　訴訟記録謄本の行方

「公的記録」の(1)に挙げた「訴訟記録」は、大審院裁判の開始に際しておよそ三〇部（推定）の謄本が作られ、一一名の弁護人を含む裁判関係者に配布されたことはさきに述べた。その後、司法省、東京帝国大学のほか、東京・大阪・神戸などの裁判所に秘蔵されていたが、それらはすべて関東大震災と戦災で全滅したといわれる（神崎清『証拠物写』はしがきによる）。前記花井卓蔵が返却を拒否した謄本も、戦災で焼失した。

ほかに検事総長松室致の所有本が「東大法学部明治新聞雑誌文庫に委託されているが、バラバラの状態で、完本ではない」という（同はしがき）。

⑵ 現存する唯一の「訴訟記録謄本」完本

大審院裁判当時横浜地方裁判所検事正として裁判にかかわった大田黒英記所蔵の謄本一式が戦災を免れて、一九五〇年神崎清が『獄中手記』を発掘・刊行したとき、検事大田黒氏の遺族から人を介し、神崎に研究資料として譲渡された。これが、「日本で唯一の完本である大田黒本」という。神崎は、入手できたこの貴重な資料を駆使して自己の『革命伝説』（中央公論社、一九六〇年）をはじめとする数多い大逆事件追求の著作活動に利用すると同時に、一九六一年一月に提起された再審請求のために役立てようとした。

この完本謄本は、のちに神崎が手放したとき（一九七〇年代初め）古書店を経由して日本大学が入手し、現在は日本大学総合学術情報センターが所蔵しているが、非公開である。（この完全謄本を筆者・大岩川はたまたま全冊目にしている。一九六〇年に再審請求準備のための目録作成を目的として神崎邸を一週間ほど訪れて調査。）

(3)「大逆事件の真実をあきらかにする会」の復刻

再審請求を支えることを目的として一九六〇年発足した「大逆事件の真実をあきらかにする会」は、「大逆事件再審請求」（六一年一月十八日東京高裁に提起）のために復刻版の刊行をはかった。しかし『大逆事件訴訟記録・証拠物写』として全一〇巻を企画した謄写印刷によるこの復刻作業ははかどらず、第四巻（原本の七、八冊）・第五巻（同九、一〇、一一冊）・第八巻（同一六、一七冊）の三冊を出したのみで中止した。

(4)「大逆事件訴訟記録・森長英三郎文庫」

再審請求の主任弁護人・森長英三郎が、上記復刻作業が中止したため、やむを得ず再審請求のために最高裁から一時東京高裁に移管されていた訴訟記録原本の必要部分の筆写本を作成（裁判所書記に委託したと思われる）したもの。この筆写綴りは一一の区分で「森長法律事務所」の用紙による表紙が付されており、用紙の所定の欄には「東京高等裁判所刑事第一部　昭和三六年　お第一号」の題字のもとに「請求人」を「坂本清馬氏　他一名」として、刑事訴訟記録欄には「大逆事件（原記録）」となっている。すなわち、森長英三郎弁護士は、再審請求の請求人である坂本清馬・森近栄子の名を以て正式に原記録の閲覧・筆写を申請して認められたものと思われる。一九六四年の『大逆事件の真実をあきらかにする会ニュース』第九号の会計報告支出に、「記録謄写代七七、三九〇円」とある。

各被告の検事聴取書、予審調書を主としたこの筆写記録は、四〇〇字詰原稿用紙約二〇〇〇枚に及ぶ膨大な量であり、森長英三郎弁護士の没（一九八三年六月一日）後、遺族から法政大学現代法研究所に納められた。また、同弁護士は左記(5)の平出家＝渡辺順三写本からも写しを作成、日付や予審判事名などの同写本の欠落部分を裁判所所蔵の原本から補っている。これも森長英三郎文庫として現代法研究所に納められた。

(5)　「大逆事件訴訟記録――平出修事務所筆写本、渡辺順三（写）」

大逆事件弁護人だった平出修が、訴訟記録謄本の返却前に部分的に平出法律事務所の和貝彦太郎らに指示して筆写させたもの。現在平出家遺族が保存している。

また、これを基として塩田庄兵衛・渡辺順三編『秘録大逆事件』上・下（春秋社、一九五九年）が出版された。ただし、渡辺の手によって、予審調書の原文は現代風に書き改められている。

(6)　大逆事件記録刊行会編『大逆事件記録第二巻・第三巻「証拠物写」』（世界文庫、一九六四年）――訴訟記録付属文書「証拠物写」の復刻

大田黒家出の前記完全謄本「訴訟記録」には、全一七冊の記録のほかに、九冊の「証拠物写」が付属していた。二十六被告の検挙に当り、各自の所持品、往復書簡、日記、書籍、書類などあらゆる押収物を記録したものである。被告以外の捜査を受けた者の押収物も含まれている。しか

し、Ｉの一に挙げた最高裁所蔵の「訴訟記録」には、現在この付属文書が欠けている。一九五〇年四月に神崎清が最高裁で初めてこの原本を閲覧したときには、「証拠物写」は九冊のうちの四冊しかなく、五冊が欠けた状態だったという。さらに、一九六一年に再審請求のために主任弁護人森長英三郎が閲覧しようとしたときには、その四冊も無くなっていた。

したがって唯一残されたと思われる謄本の「証拠物写」を、当時所蔵していた神崎清は、一九六四年に謄本現物のまま二分の一に縮小した写真版で復刻した。それが『大逆事件記録　第二巻・第三巻』となっているのは、さきに一九五〇年に単独で刊行した神崎清編『大逆事件記録Ｉ獄中手記』を増補して新編とし、改めて「大逆事件記録」第一巻とし、証拠物写上下二巻をこれに続く第二巻・第三巻と位置付けたものである。

(7)　神崎清編『大逆事件記録Ｉ獄中手記』（実業之日本社、一九五〇年六月）

一九二八年に東京大学文学部を卒業した神崎清は、柳田泉、木村毅らと明治文学談話会を設立、明治期の文学について研究会、資料発掘などの活動を積極的に行ったが、その過程で事件当時を知る沖野岩三郎、木下尚江などからの聴き取りで「大逆事件」についての知見と関心を深め、事件解明のための資料調査・収集を始めていた。戦後情報を得て、当時雑誌『眞相』を発行していた人民社の佐和慶太郎の入手していた大逆事件被告の「獄中手記」にめぐり合い（一九四七年七月）、一九五〇年懇切な解説を付してこれを公表出版した。

内容は、十一名の以下の手記である。
・幸徳秋水（死刑の前、暴力革命について、基督抹殺論自序、漢詩）
・管野すが子（死出の道艸）
・新村忠雄（獄中日記）
・古河力作（僕、余と本陰謀との関係、定価表について、遺言）
・森近運平（回顧三十年）
・大石誠之助（獄中にて聖書を読んだ感想）
・成石平四郎（無題感想録及日記）
・奥宮健之（法廷ニ於ケル辯論概略、政見摘記、自分ノ無政府主義者ト政見ヲ異ニセル諸點、上申書）
・内山愚童（平凡の自覺）
・新村善兵衛（獄中日記）
・峰尾節堂（我懺悔の一節）

これらの獄中手記は、本来遺族の手に渡されるべきものを官憲が隠匿していた。それを、一九四五年敗戦直後のどさくさで焼却処分寸前のところを、裁判所の守衛のような者が拾い上げて持ち帰り、前記佐和慶太郎人民社社長に売却したという。

その後、これら手記の原本は佐和慶太郎の手を離れて、現在は行方不明である。したがって、この貴重な記録をいちはやく公表し活字化して出版しておいた神崎清の功績は大きい。

(8)　神崎清編『大逆事件記録Ⅰ獄中手記』（新編、世界文庫、一九六四年一月）

前記一九五〇年版獄中手記の内容に加えて、新たに収集した成石勘三郎の手記『回顧所感』一篇を収録した。死刑判決から特赦で無期懲役となった成石勘三郎が諫早監獄（長崎県）に服役した間に綴った獄中記である。勘三郎は服役一八年後の一九二九年四月仮出獄したが、一九三一年一月死亡、手記は遺族から同郷人等を経て沖野岩三郎牧師から神崎清に贈られた。勘三郎による事件勃発時の状況、在監中の体験などが綿密に綴られている。この手記とその解説を加えた新編・獄中手記を第一巻とし、新たに「証拠物写」復刻二冊を第二巻・三巻とするのが『大逆事件記録』全三巻である。

(9)　幸徳傳次郎筆「三弁護人宛陳弁書」

大逆事件裁判の進行していた一九一〇年十二月十八日付で、幸徳秋水が磯部四郎・花井卓蔵・今村力三郎の三弁護人宛（連名）に宛てて出した長文の書簡であり、その内容から〝陳弁書〟と通称されている。その原本が今村力三郎弁護士の手に残り、現在は専修大学今村法律研究室の所蔵するところとなっている。同研究室は、二〇〇一年三月、これを「今村力三郎訴訟記録第三十巻『大逆事件㈠』」に収録して公刊した。原本の写真版を収め、さらにそれを活字化したものを添付している。

写真版は、木名瀬などの監獄官吏の検印の付された表紙に楷書で「磯部先生足下、花井君足下、今村君足下」と宛名し、「東京監獄在監人　幸徳傳次郎」と署名したもので、次ページから三五面に及ぶ長文をもって「無政府主義と暗殺」、「革命の性質」、「所謂革命運動」、「直接行動の意義」、「欧州と日本の政策」、「一揆暴動と革命」、「聞取書及調書の杜撰」と、七項の囲いを付けた小見出しをつけて説き、最後を「以上私の申上げて御参考に供したい考への大体です、何分連日の公判で頭脳が疲れて居る爲めに、思想が順序よく纒まりません、加ふるに火のない室で指先が凍って仕まひ是まで書く中に筆を三度取り落した位ひですから、唯だ冗長になるばかりで、文章も拙く書体も乱れて嘸ぞ御読みづらいことでありましやう、どうか御諒恕を願ひます」と書き、「兎に角右述べました中に多少の取るべきあらば更に之を判官検事諸公の耳目に達したいと存じます」と結んでいる。法廷における十二月二十二日の幸徳秋水の陳述は、この「陳弁書」と同趣旨であったと思われている。

⑽　今村力三郎弁護士宛獄中からの覚書・釈明書（大石、峯尾、古河、新村忠雄、武田）
——今村力三郎法律研究所編『大逆事件⑵』所収、写真版
・大石誠之助「社会主義と無政府主義に対する私の態度について」一九一〇年十一月三十日
・峯尾節堂「覚書」

・古河力作「釈明書」一九一〇年十二月二十三日（宛名は「今村様、花井様、磯部様」）
・新村忠雄「釈明書」一九一〇年十二月二十六日
・武田九平「釈明書」

(11)　今村力三郎弁護士宛獄中書簡――今村力三郎法律研究所編『大逆事件(二)』所収、写真版
・管野須賀子（一九一〇年十一月二十二日）
・飛松与次郎（一九一〇年十一月二十五日、一九一一年一月十九日）
・武田九平（一九一〇年十二月三日、一九一一年一月十二日）
・岡林寅松（一九一〇年十二月十二日、十二月二十六日、一九一一年一月十九日）
・新村忠雄（一九一〇年十一月二十四日、一九一一年一月六日）
・松尾卯一太（一九一一年一月二十一日、書中の宛名は今村力三郎様、川嶋仟司様）
・小松丑治（一九一一年一月二十一日）

(12)　今村力三郎「公判摘要」（通称「今村ノート」）
今村力三郎弁護士が公判廷の摘要を綴ったノート。「今村法律事務所」と印刷した各被告ごとの表紙を付し、内容は上部二〇%ほどを空けて注記用とした用紙の下部に審理の状況をメモしたもの。主として、被告の弁明趣旨をメモしている。また、「検事辯論」と表記した一五頁ほどの

綴りもある。いずれも、上部注記欄に今村弁護士の疑問や評言がところどころ書き加えてある。原本は今村力三郎法律研究所所蔵と思われるが、同研究所編『大逆事件㈢』にはその明示なく、三～八九頁に活字化したものを収録してあるのみであり、しかもそれは同研究所の作成ではなく、かつて森長英三郎弁護士が作成した不完全なものを基にしている。

別に、写真版一組は、筆者・大岩川がかつて森長英三郎弁護士から譲られたものを現在所持している。

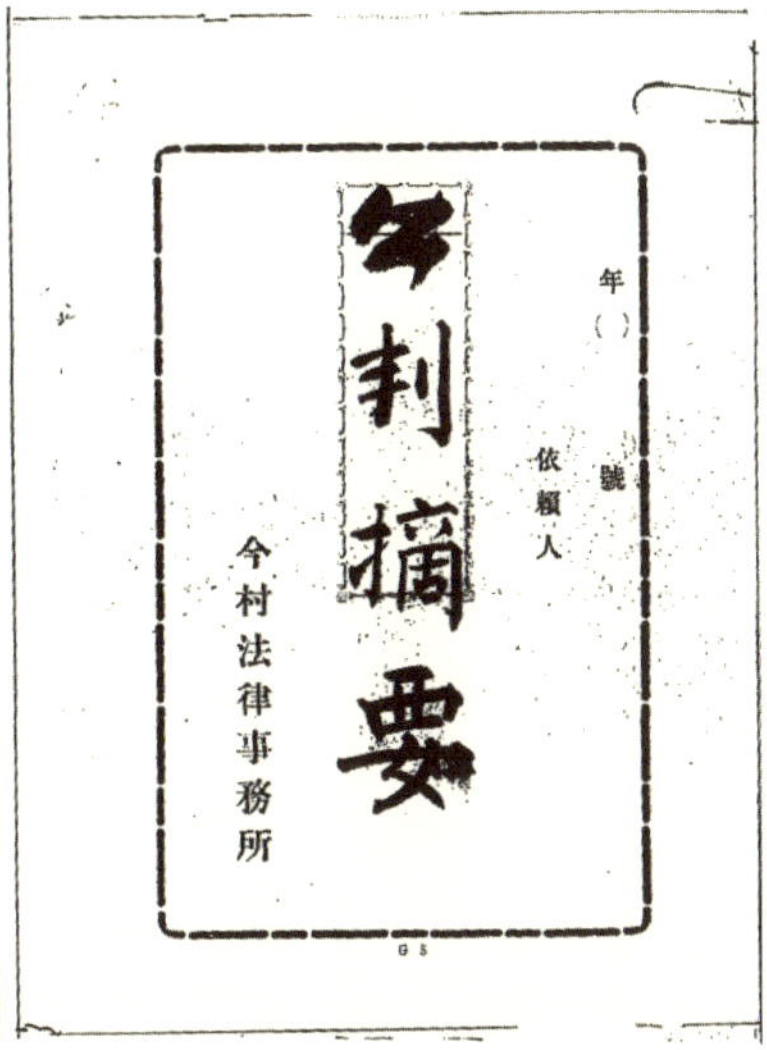

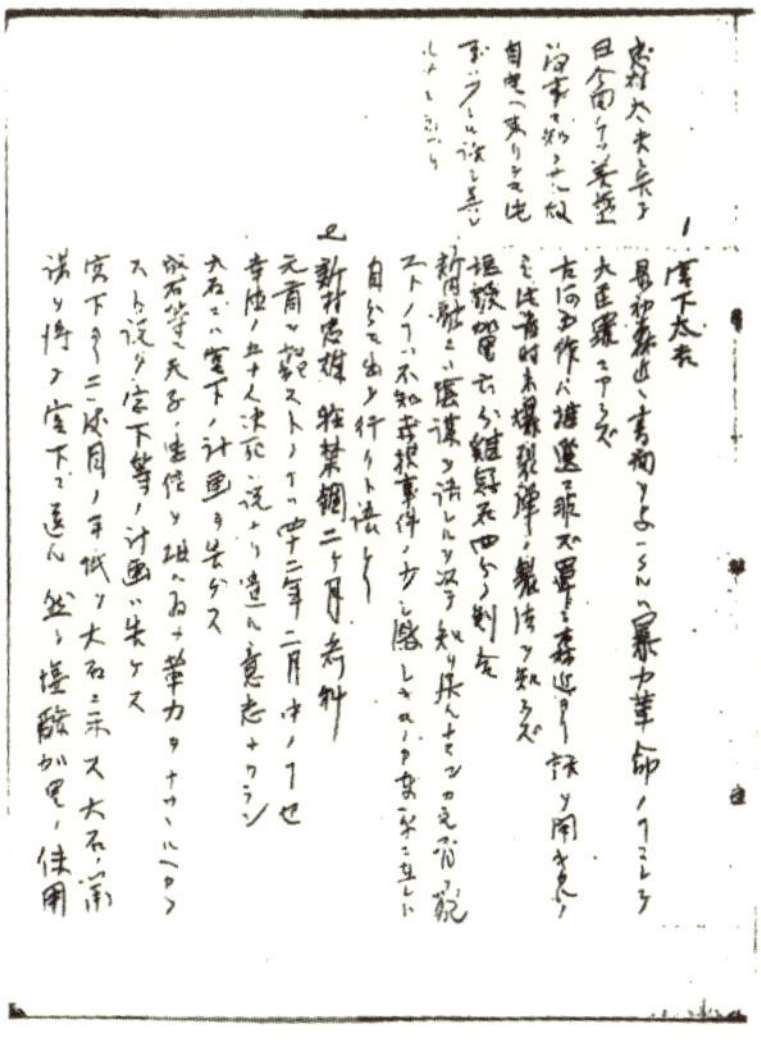

写真③　今村ノート『公判摘要』表紙と内容の一部
（写真版、大岩川蔵）

⒀　平出修「特別法廷覚書」

第一　松室検事総長公訴事実の陳述（明治四十三年十二月十日午前十一時二十分）
第二　公判審理（その一）
第三　公判審理（その二）
第四　平沼検事論告（十二月）廿五日　検事論告
第五　弁護士の弁論〔一〕花井氏弁論、〔二〕今村力三郎

上記第一から第四まで、可能な限り具体的かつ詳細に法廷での各被告陳述と検事論告を記載している。第四の「平沼検事論告」では、最後の求刑で「刑法第七十三条ヲ以テ処断スベシ／同条ハ特別ノ法律ナリ／大宝律令以来ノ長い歴史ヲ有ス／「加ヘントシタルモノ」ナリ／予備、陰謀ヲ含ム」と特記している。いっぽう、第五の弁護士弁論では、花井弁論のなかに「七十三条の解釈論」として「第一　未遂以下全部ヲ含ムカ、第二　直接ニ犯罪ヲ完成セントスル行為、第三　直接ニ実行行為ニ入ルべキ予備行為」と記載されていることが注目される。法廷で、第七十三条に予備・陰謀を含むか否かが議論されたことが窺える。

⒁　平出修「刑法第七十三条に関する被告事件弁護の手控」

高木顕明、崎久保誓一の弁護を担当した平出修弁護士が、その弁護内容を手控えしたもの。思想の変遷論を含む約一万五〇〇〇字になんなんとする長文であり、これを基にした弁論は被告た

ちに多大の感銘を与え、管野須賀子をはじめとし、幸徳秋水、岡林寅松、成石平四郎、新村忠雄・善兵衛、大石誠之助などの被告がこれに直接・間接の謝辞を寄せている。『定本　平出修集』に収められ、原本は平出家遺族（現在平出洸）所蔵。このほか、「断片六編」（雑記帳から）として、「幸徳事件弁論手控」などを記したノートがある。所蔵、所収は同じ。

⒂　平出修「後に書す」

判決直後に（一四）「手控」に付け加えて書かれた所感。二十四被告死刑の判決を厳しく弾劾し、「司法権の威厳は全く地に墜ちてしまったのである。」とし、最後に、「余は……真実の発見者である。此発見は千古不磨である。余は今の処では之れ丈けの事に満足して緘黙を守らねばならぬ」と結んでいる。収録、原本所蔵は⒁と同じ。

⒃　元老山縣有朋への書簡――国会図書館憲政資料室蔵「山縣有朋関係文書」

①渡辺千秋（一九一一年一月六日付）
②河村金五郎（一九一一年一月十七日付）
③桂太郎（一九一一年一月二十七日）

これらの山縣有朋への書簡は、これを引用している大原慧著『幸徳秋水の思想と大逆事件』（青木書店、一九七七年六月）によれば、大逆事件の審理が「最初から一定の方向に規定づけられていたことを確認しうる証拠、ならびにその判決、減刑にさいして、山県らの直接的な介入がどのようなものであったかをしめしている」ものである。なかでも、当時の宮内大臣・渡辺千秋が書簡①で一月六日に宮内庁を訪れた松室致検事総長が、渡辺に判決は求刑通りになるとの見通しとして山県への面会斡旋を切願したことを告げ、それを取り次いでいること、そして判決前日の書簡②には、宮内次官・河村金五郎（もと山縣の秘書）が山県の意を体して一月十五日から渡辺宮相・桂首相らに会い、判決後の恩赦減刑の手続き工作に奔走したことが書かれ、③の桂太郎首相書簡はこれらの動きを裏付けているものである。大量の憲政資料室所蔵山縣文書（写真版）から直接関係資料を発掘・解読した大原著では一九通におよぶ一連の書簡紹介があるが、ここでは十二名の恩赦工作関係だけに限定しておく。

なお、これら書簡は、のちに二〇〇四年から二〇〇八年にかけて刊行された『山縣有朋関係文書』（尚友倶楽部編、山川出版社発行）にも収録された。

⒄　山泉進・荻野富士夫編・解説『「大逆事件」関係外務省往復文書』（不二出版、一九九三年一〇月）

公的記録としてIの一―⑸に挙げた外務省記録二冊綴りを編集、写真版で復刻したものである。大逆事件は、ロイター電により一九一〇年九月二十二日のイギリス各新聞に報ぜられ、翌二十三日、各方面から問い合わせを受けた加藤高明駐英全権大使は小村寿太郎外務大臣宛に真相を尋ねる電報を発した。その文書を最初として以後、ドイツ、フランス、アメリカ、中国、スペインその他の在外公館からの問い合わせが相次ぎ、外務省は対応に追われた。その第一報加藤大使⇕外務大臣の往復電文をはじめとし、その後の抗議活動情報を含む膨大な外務省記録を山泉・荻野は時系列で編纂復刻し、かつ詳細な解説を付して公刊したのが本書である。この外務省記録はさきに大原慧の一九六〇年から六三年までの一連の業績「大逆事件の国際的影響」（のち一九七七年六月に『幸徳秋水の思想と大逆事件』に改稿して収録）に主要史料として用いられていたが、その全体ははじめてここに復刻・公刊された。

⒅　〔秘〕司法省刑事局『日本社会主義運動史』（小山松吉述、一九二九年二月）――国立国会図書館蔵

一九二八（昭和三）年九月に、当時の小山松吉検事総長が思想係検事を集めた会合で行った講演速記録。小山松吉は、一九一〇年の大逆事件勃発当時にその取り調べに当った検事の一人であり、講演記録のうち「大逆事件」の項では自らの体験と見聞を中心にして述べている。信州における爆発物取締違反事件発覚から、どのようにして幸徳を中心とする大逆事件への拡大方針がとられていったのかを、検挙・予審の経過記録に即して詳述しているので、事件一八年後の講演ではあるが、検察側の内部資料とみることができよう。なお、この復刻は一九五七年刊の日本近代史料研究会『特別要視察人状勢一斑』に〔附〕として収録されている。

⒆　その他
以上のほか、当時の新聞記事等伝聞資料は数多いが、ここには一次的史料に限定した。また、関係者による後年の回想記などは⒅を除きとりあげていない。

Ⅱ　記録類の語る真実とその歴史的意義

（一）前章で挙げた記録類は、大別すると、
◎官憲編纂、作成の公的記録とその謄本類および権力内部資料……Ⅰの1―⑴、⑵、⑶、Ⅰの3―⑵、⑶、⑷、⑸、⑹、⒃、⒄および⒅
◎各被告の獄中手記、書簡類……Ⅰの3―⑺、⑻、⑼、⑽、⑾
◎弁護人の記録……Ⅰの3―⑿、⒀、⒁、⒂
となる。

（二）現存する資料Ⅰの一―⑴、すなわち大審院「明治四十三年特別第一號　刑法第七十三条ノ罪」全一七冊の現況については、二〇一八（平成三十）年第一九六回国会の法務委員会で井出庸生議員の質問に答えて上川陽子法務大臣が、「特筆すべき重大事件でございまして、我が国裁判史上貴重な資料と言えるものと考えておりまして、最高裁としては永久保存すべきものとして保管しているところでございます」と答弁している。欠落（原本第一七冊および付属文書「証拠物写」

九冊）があるにせよ、現在では精緻な複写本も作り、厳重に保存されていることが確認されていて、これが官憲資料の根幹をなしているといえる。そして、これは「あくまでも当局によって有罪とするために作成された記録であり、これを素直に読めば被告全員が有罪になるように構成されている」（山泉進）ものである。

　その虚構性を見破るためには、これに対抗するものとして◎各被告人の獄中手記、書簡類を読み込むことが必要になってくる。なかでも、Ⅰの三—(9)幸徳傳次郎「三弁護人宛陳弁書」では、

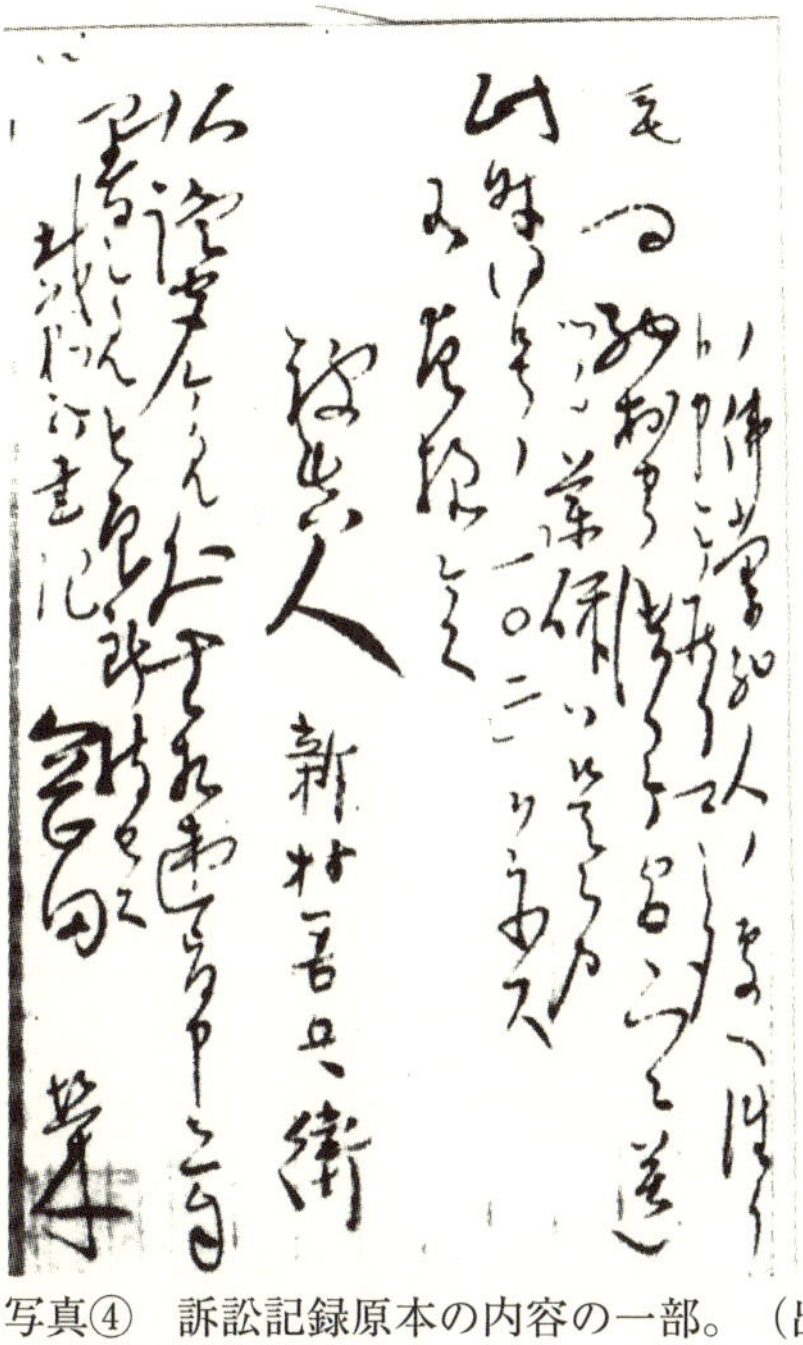

（3 行目以下の解読）

「三七問　西村カラ借リテ宮下ニ送
　ツタ薬研ハ是レカ
此時同号ノ「一〇二」ヲ示ス
　答　左様テス
　被告人　新村善兵衛
右讀聞ケタル処無相違旨申立自
署シタルモ印所持セス
　裁判所書記　岡田　榮　」

写真④　訴訟記録原本の内容の一部。（出所『大逆事件アルバム』）
右の解読は大岩川嫩による。

検察・予審判事側の詐術、すなわち「暴力革命」、「決死の士」の言葉は取調側の造語であること、「大抵検事が斯うであらうといつた言葉が私の申立として記されてある」「多数の被告に付ても皆同様であつたらう」と暴いている。また、すべての検事聴取書や予審調書は最後に被告の署名を取り、「右読聞ケタル処無相違旨申立自署シタルモ印所持セス」（写真④）と結ばれているが、実際には「読み聞かせ」などはほとんど行われなかった。公判廷でも各被告はそうした実情を訴えたが、裁判官はこれを無視した。

（三）しかしながら、このように欺瞞にみちた訴訟記録のなかからも、読みようによっては抑えきれない真実の声を読み取ることができる。

一例として、いわゆる神戸組の岡林寅松の調書をみよう。多くの無実の被告は検判事の強圧に屈して無政府主義運動の暴力性を肯定させられたり、思想の放棄を述べさせられたりしているが、岡林は最後まで事件関与への否認を貫くと同時に、予審判事川島臺藏の「今日デモ無政府共産主義ヲ実行仕様ト云フ考ヘナノカ」という問いに対して「暴力ノ革命ナドニ拠テ無政府共産主義ヲ実行仕様トハ思ヒマセヌガ、言語文章ノ伝道ニ拠テ漸々ニ其主義ヲ行ヒ度ト思フテ居リマスノデス」と答え、さらに川島判事の「言語文章ニ拠テ素志ガ貫カレナカツタ時ニハ如何ナル手段方法ヲ取ルカ」の誘導質問に対しては、「私一代ニ言語文章ニ依テ其素志ガ貫カレナケレバソレマデデ子孫ヲシテ其意ヲ継ガセ度ト思ツテ居リマスノデス」と堂々と答えている（第四回予審調書、一九一〇年十月九日)。この一貫したゆるぎない態度はさすがに調書にとどめられて、いまも真実の光彩を放っている。

(四) 転じてIの三―(6)として挙げた「証拠物写」をみよう。この捜査過程で根こそぎ押収した被告関係文書類を含む「証拠物」は、書簡なら開封して内容を解読するとともに封筒の消印まで書写して展示するという綿密さであるが、そのなかには〝大逆事件〟構成の証拠は見当たらず、逆に「無罪を証明するもの」(神崎)とさえ言われている。いっぽう、ここに残された大量の当時の資料蓄積からは、幸徳秋水宛クロポトキンからの書簡五通など、後世のわれわれにとって思いがけない貴重な発見がもたらされている。

とくに、その一例をあげよう。冤罪犠牲者のひとり高木顕明は、新宮の浄土真宗大谷派寺院浄泉寺の住職であったが、死刑判決から無期懲役に恩赦減刑されたわずか三年後の一九一四年六月秋田監獄でいたましい自死を遂げた。大谷派は死刑判決と同時に顕明をあらゆる僧侶身分を剝奪する擯斥処分に付し、残された家族は寺を逐われた。高木顕明死後八二年を経た一九九六年、大谷派はその処分の誤りを認めて宗務総長名で謝罪・顕彰し、教団内の名誉を回復した。いまでは毎年宗派主催の「遠松忌」が営まれ、その席では顕明の遺した著作「余が社会主義」が朗読されて、宗派をあげて彼の仏教徒として到達していた高い思想的理念に学ぼうとしている。そして、その遺作「余が社会主義」こそ、高木顕明の生前は人知れず篋底《きょうてい》に秘められていて、この「証拠物写」から甦ったものであった。「四三押第一號一九九」とされた押収物件である「明治三十七年□□□ニ此の草稿ヲ成就セリ」と顕明が肩書したこの草稿は、「証拠物写」の復刻によって一九六四年初めて世に出たのである。

(五) 官憲資料にさえ上記二、三で述べたような真実や貴重な事実の反映がある。まして埋もれていた獄中手記や、事件の審理に生身で接した弁護人の記録には、国家権力に押し潰された生きた真実の声が如実に現れていて、それらがすべて官憲資料の虚構性と欺瞞を暴くものとなっていることは、何人の眼にも明らかである。その一々をここで述べるいとまはない。ただ、判決その他の官憲資料を利用するにあたっては、つねにこれらの生きた資料を参照することが必要であることを指摘するにとどめる。

Ⅲ　おわりに

「幸徳秋水等大逆事件」記録として残されたものすべては、日本近代史の重要な節目を物語るものとして、現在も未来も、繰り返しその歴史的意義を私たちに呼びかけるものである。

あらためてここに強調しておきたい。「記録」の重要性は、それが正しい史料批判によって吟味されるとき、はじめて歴史の中に正当に位置付けられるものであるといえよう。先人たちに学びつつ、その一里塚を築くための努力を今後とも志ある人々とともに続け、次代に引き継いでいきたい。

（石塚伸一編著『刑事司法記録の保存と閲覧——記録公開の歴史的・学術的・社会的意義』
日本評論社、二〇二三年二月　所収）

幸徳秋水の思想転換とアルバート・ジョンソンへの手紙

はじめに

幸徳秋水がその社会主義者としての思想的出発点において必ずしも君主政体を否定していなかったことはよく知られている。その点については、『初期社会主義研究』第二六号（二〇一六年六月）所載の倉重拓氏の論文「幸徳秋水の天皇観を再考する――社会主義と君主政体の弁証法的統一に関する一考察」が、先学の研究足跡を紹介、また『廿世紀之怪物帝国主義』（一九〇一年）、『社会主義神髄』（一九〇二年）等の著作を引き、それ以前の初期の執筆記事にさかのぼっても詳細に論証しておられるので、ここには繰り返さない。そして、倉重氏は、「……元老山県有朋にとって、社会主義と君主政体の一致を説く幸徳は誰よりも危険な人物だったと言っても過言ではない。」という見解を述べ、晩年の幸徳の天皇観を大逆事件での陳弁書や森近運平聴取書などから「単純な肯定や否定を超えた独特な弁証法が存在するのではないだろうか。」と位置付ける問題提起をされている。

しかしここでは、倉重論文では触れられていない、そしてこれまで他の諸研究でもあまり問題にされてこなかった幸徳渡米に際してのアルバート・ジョンソンへの手紙に注目してみたい。書簡と訳文及びヒポリット・ハヴェルの序文は、文末に【資料Ⅰ・Ⅱ】として掲げる。

秋水書簡の辿った道

まず、その書簡の存在がどのようにして明らかにされてきたかを検証してみよう。

大逆事件が報道されると国際的にも大きな衝撃を与え、判決前からアメリカ、イギリス、フランス等で活発な抗議運動が展開され、判決後は抗議・追悼の活動となった。(1) 抗議活動でも大きな役割を果たしたアメリカのアナキスト、エマ・ゴールドマンは、その主宰する機関誌『マザー・アース *Mother Earth*』の一九一一(明治四十四)年八月、九月、十一月号に、かつて幸徳秋水がサンフランシスコのアナキストの友人・アルバート・ジョンソンへ寄せた手紙のすべてを掲載して追悼した。ここで取り上げるのは、八月号に秋水書簡の三通目として掲載された一通であり、その全文は、【資料Ⅰ】とした。英語による「原文」と、日本語によるA・B二種の訳文である。

この書簡に最初に注目したのは、社会主義者・無政府主義者取締を任務とする内務省警保局であった。同局が編纂して極秘文書として関係部局に配布した『特別要視察人状勢一斑　第四』では、第五款第一章第三節に「(3)　幸徳傳次郎ハ渡米前既ニ無政府主義ヲ懐抱ス」を見出しとして、

「故幸徳傳次郎ハ明治三十八年米國ニ渡航以來無政府主義ヲ抱持スルニ至リタルモノト認メラレ居リシカ〔割注略〕同人カ渡米前「アルバート・ジョンソン」〔割注略〕ヘ宛發シタル左記ノ書信（本章第二節(5)ニ掲ケタル彼ノ「ヱムマゴールドマン」婦人カ明治四十四年八月發行シタル雑誌「マザーアース」中ヨリ譯載セルモノ）ハ米國ニ於ケル日本人社会主義者無政府主義者沿革二八丁裏面三行以下ニ於ケル記事ト相待テ本人ハ渡米前既ニ業ニ該主義者タリシモノナルコトヲ確認スルニ足ラン歟」

との説明を付して【資料Ⅰ・訳文A】を収載している。これこそ〝本邦初訳〟ともいうべき幸徳書簡初めての紹介であった。しかし、もちろんこの一九一四年ころに編纂されたと推定される極秘警保局資料が明るみに出るのは、それから四十数年を経た敗戦後の一九五七年のことである。(2)

ちなみにエマ・ゴールドマンが編集発行する『マザー・アース』は、すでに内務省により日本での発売頒布が禁止されていた。左はその外務省への通達文書(3)である。

「明治四拾四年一月廿七日接受

内務省秘第一三〇號　秘受第二八六号

本月十二日機密送第五號ヲ以テ幸徳事件ニ對スル外国無政府主義者ノ行動ニ關シ為参考御送付相成候「マザー、アース」ハ安寧秩序ヲ紊スモノト認メ本日新聞紙法第廿四條ニ依リ本法施行ノ地域内ニ於ケル発売及頒布禁止并差押處分置候條御了知相成度此如及御通牒候也

明治四十四年一月廿六日

内務大臣法学博士男爵平田東助

外務大臣伯爵小村壽太郎殿」

通達文中にあるように、外務大臣からは一月十二日、在外公館から入手したマザー・アース二部が回覧のため内務・司法の大臣に送られていた。それに対し、直ちに新聞紙法二四条に基づく発禁処分がとられていたのである。

しかし、水面下で同誌のひそかな流入は続いていたものと思われる。その結果が、発禁（一九一一年）から一五年後の一九二六（大正十五）年に現れた。同年、山崎今朝彌が刊行する解放社発行の雑誌『解放』九月号は、公然「幸徳秋水書簡特集號」を組み、その九九ページから一〇二ページへかけて、この一九〇五年八月十日付のアルバート・ジョンソン宛の手紙の訳文を、「▽註――これはアルバート・ジョンソン氏へ宛てた手紙で、エムマ・ゴールドマン女史発行の雑誌「マザース《ママ》」（一九一一年八月號）へ掲載されたもの。」という注記を付して収録したのである。後掲の【資料Ⅰ・訳文B】である。ただし、その雑誌現物を見ると、やはり検閲のため、肝心なところ二か所にわたって大きな削除が加えられて、その部分は空白になっている。訳文Bで、〔　〕内にゴシックで補されている部分がそれである。翌年『解放群書⑻』として単行本化された『秋水書簡集』でも同様であった。

それにもかかわらず、戦後一九五四（昭和二十九）年に、この書簡訳文が塩田庄兵衛編『幸徳秋水の日記と書簡』（未来社、初版）に収録された際には、「註　この書簡は解放社版『書簡集』から採った」と明記されて、削除箇所の訳文は欠けるところなく埋められている。今回、入手できた解放社版の原本を照合した結果、塩田本の事実は確認できなかった。内容的に秋水の当該の言説が戦前の日本で検閲を免れて印刷公表されることは考えられず、塩田本の依拠した訳文の由来は謎である。おそらく、検閲前の印刷本がひそかに流出していてたまたま塩田氏がそれを手にされたのか、とでも想像するほかはない。(4)

ともあれ、戦後初めてこの書簡の内容に触れたのは、絲屋壽雄著『幸徳秋水傳』（三一書房、一九五〇年六月刊）の一五五—一五六ページであった。出所は明記されていないが、引用された訳文は官憲による【資料Ⅰ・訳文Ａ】と同じであり、一九五七年に復刻された近代日本史料研究会刊『特別要視察人状勢一斑』が「絲屋壽雄・山辺健太郎藏」となっているところから、絲屋氏はこの時までに内務省警保局作成のその資料を入手しておられたものと思われる。しかし、まだこの時点では『マザー・アース』掲載の秋水の英文書簡そのものは、日本で紹介されていない。

やがて、一九五七（昭和三十二）年九月、アメリカのブルックリン・カレッヂ歴史学部教授のハイマン・カブリン編になる「幸徳秋水の一米人アナキストへの書簡」が東京大学社会科学研究所紀要『社會科學研究』第九巻第一號に掲載され、一九一一年に『マザー・アース』に発表された秋水の一九〇四年から一九一〇年にわたるアルバート・ジョンソン宛書簡一八通すべてが原文（英語）のまま日本に紹介された。カブリン教授は、日本の民主主義の伝統を探求する目的から『マザー・アース』掲載のこの書簡群に注目したのであった。これを知って塩田庄兵衛氏は増補版『幸徳秋水の日記と書簡』（一九六五年六月刊）の「書簡補遺」に『社會科學研究』から書簡群をそのまま転載した。なお、カブリン編には、共訳者の津田真澂・白井泰四郎両氏による書簡要旨が付されているが、逐語訳はない。

また、前出の内務省警保局編「特別要視察人状勢一斑」は、一九八四年になってみすず書房から出版された『続・現代史資料一「社会主義沿革一」』に初めて活字・当用漢字使用で収録され、さきの一九五七年刊近代史研究会版が部数も希少な肉筆の謄写印刷復刻であったのに比して、広く研究者が利用できるものとなった。

以上が、問題の幸徳秋水書簡の辿った道のあらましである。

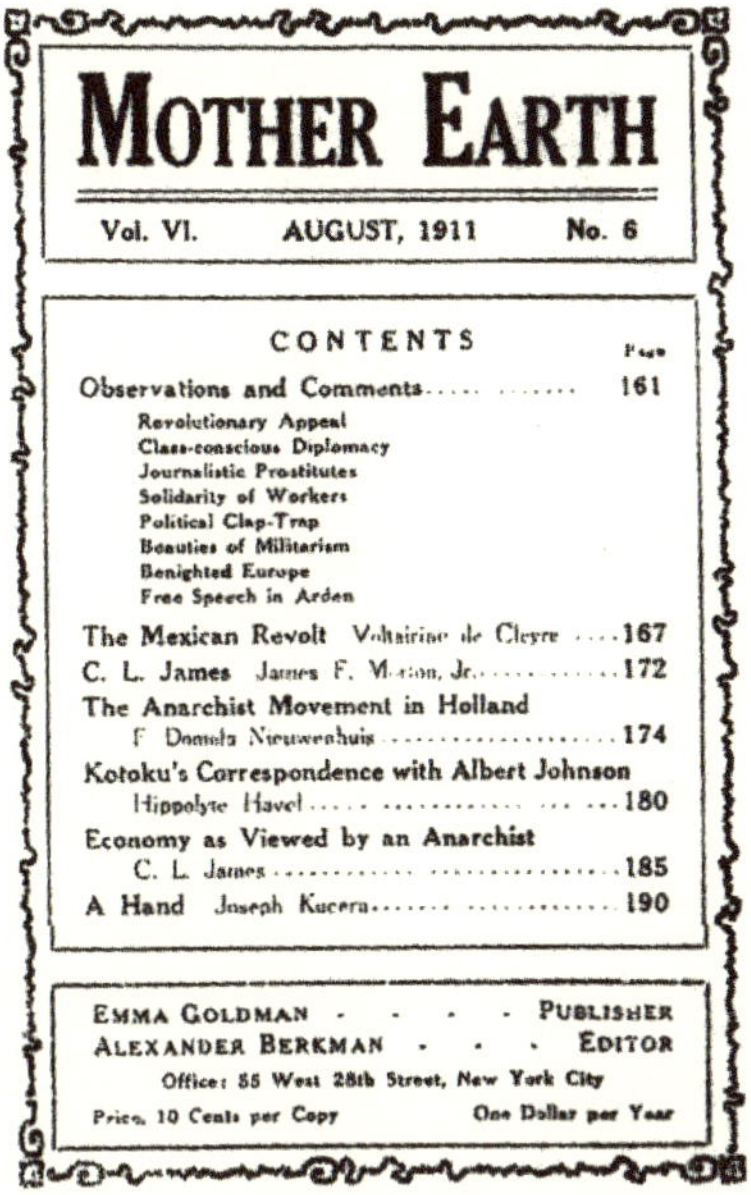
MOTHER EARTH

Vol. VI. AUGUST, 1911 No. 6

CONTENTS

Page

Observations and Comments ... 161
Revolutionary Appeal
Class-conscious Diplomacy
Journalistic Prostitutes
Solidarity of Workers
Political Clap-Trap
Beauties of Militarism
Benighted Europe
Free Speech in Arden

The Mexican Revolt Voltairine de Cleyre ... 167
C. L. James James F. Morton, Jr. ... 172
The Anarchist Movement in Holland F. Domela Nieuwenhuis ... 174
Kotoku's Correspondence with Albert Johnson Hippolyte Havel ... 180
Economy as Viewed by an Anarchist C. L. James ... 185
A Hand Joseph Kucera ... 190

EMMA GOLDMAN - - - - PUBLISHER
ALEXANDER BERKMAN - - - EDITOR
Office: 55 West 28th Street, New York City
Price, 10 Cents per Copy One Dollar per Year

『マザー・アース』1911年8月号表紙

書簡の問題点

この書簡の意味するところの問題点は、第一に、内務省警保局が着目したように、秋水が渡米以前の段階で「既に業に」無政府主義者であったことを「確認する」ことができるかどうか、ということである。

訳文Aには、解放社版では削除された部分で次のように述べられている。

「事実ヲ申セバ小生ハ初メ「マークス」派ノ社會主義者トシテ監獄ニ参リ候モ其出獄スルニ際シテハ過激ナル無政府主義者ト相成テ娑婆ニ立戻リ申候然ル處此ノ國（日本）ニ於テ無政府主義ヲ宣傳スルハ死刑又ハ無期徒刑若ハ有期徒刑ヲ求ムルコトニ有之危険千萬ナルニ由リ右無政府主義ノ擴張運動ハ全然秘密ニ之ヲ取運バザル可ラズ而シテ之ガ進歩ト成功トヲ見ルニハ幾久シキ長年月ト忍耐トヲ要スル儀ト愚考仕候」

字義通りに解釈すれば、まさに疑問の余地なく秋水は「入獄」(5)（一九〇五年二月二十八日）の時点ではマルクス派の社会主義者であったが五か月後の「出獄」（七月二十八日）したときは「過激ナル無政府主義者」となっていたと自認している。そして、それは日本では極刑を招く危険があるので運動は「秘密」を要すること、その成功までには長年月と忍耐を要すると認識している。

この獄内での思想の変化の要因も、書簡前段で、五か月の禁錮生活のなかで考え、学んだこと、また読書体験、とりわけアルバート・ジョンソンから送られたラッド、クロポトキンの著作を繰り返し熟読したという記述で示唆されている。

その前提の上で、秋水は渡米を決意したことを告げ、その目的三箇条を挙げているが、ここでは次の三つ目が解放社版の削除対象となっている。

「第三　陛下《ヒズマヂエステー》ノ毒手ノ届カザル外国ヨリ陛下ヲ初メトシ其政治組織及經濟制度ヲ自由自在ニ論評致サンガタメ」

ここに、これまで君主政体への批判を避けてきた秋水が、初めて「陛下の毒手」の届かない外国から「陛下を初めとし」その政治・経済組織を自由に論評するという決意をあからさまにしているのである。なお、英語の書簡原文では、訳文の「陛下＝ヒズマヂエステー」の His Majesty にダブルのクオテーションマークが付されていているが、この訳文にはヒズマヂェステーとルビを振っていて「」は付されていない。陛下は天皇への尊称であるが、秋水はあえて日本語の鍵括弧にあたる引用符＝クオーテーション・マークをヒズ・マジェスティーに付した表現によって、これを尊称として用いてはいないことを示したと考えられる。

ちなみに大逆事件で検察を指揮した平沼騏一郎は後年、その回顧録で「……敬語を使ふまで説得せよ、敬語を使はぬ調書は取るなと注意した」(6)と言っている。幸徳秋水の予審調書・聴取書などを見ると、取調側は天皇のことを「至尊」と言い、答える秋水は「元首」と称している。

すなわち、秋水はこの書簡ですでに日本語にすればいわゆる括弧つきとすることで天皇への立ち位置を表明しているのであるが、官憲の訳ではそれが無視されているともいえる。なお、訳文

B（解放社版）では、この箇所は「天皇」となっている。

さらに、「……毒手」という思い切った訳語の原文は the pernicious hand である。Pernicious はふつう「有害な」と訳されるが、「毒手」という日本語ではあまり使われない（当時の国語辞典『言海』には、「毒手」の項目はない）まがまがしい表現をあえて官憲資料が選択したことにおどろく。

ところが、この訳語こそ、まさに秋水自身の表現に他ならなかったことが、証明される。渡米実現後まもない秋水が、「故国における同志諸君」との呼びかけで日本に送った十二月十五日サンフランシスコ発の手紙が『光』第五号に「桑港より」と題して掲載されているが、その中で秋水は、こう述べている。

「▲故國に於ける同志諸君よ、東京に於ける平民社は解散した、否な解散せしめられた、直言は停止せられた、失意の客、敗軍の将として、孤影蕭然として此地に來たりし予が、忽ち宏壮なる洋館の入口に、和英両様の金文字もて「平民社桑港支部」なる黒板の看板の掲げられしを見たる時の愉快は、如何にぞや、見よ、平民社は未だ解散しないのである、彼巳氏の毒手の及ばざる處に、其分身は是より大なる成長を為さんとして居るのである」

（傍線大岩川）

疑いもなく「彼巳氏」とはジョンソン宛書簡の「His Majesty」を指し、「毒手」は「the pernicious hand」を指している。すなわち、後年秋水書簡を「幸徳傳次郎渡米前既ニ無政府主義ヲ懐抱ス」として翻訳し、極秘資料『特別要視察人状勢一斑』に収録した官憲担当者は、『光』その他の社会主義運動側の資料類に通暁《つうぎょう》していたのであり、その意味で最も正確に秋水の英文の意図するところを翻訳したのだといえよう。そして、その訳語は同様の理解をもってさらに後年の解放社版の翻訳にも踏襲されていたのだといえよう。

渡米前後の心境

では、秋水はこのような自己の重大な思想的変化を国内の同志たちにこの時点で表明しているであろうか。否である。

いよいよ親戚知人、同志たちから贈られた資金をもって十一月十四日横浜出帆の伊予丸で渡米の途についた秋水が公表した心境は、ジョンソン宛の書簡にみられるひそかな決意とは裏腹に、まさに刀折れ矢尽きて亡命する革命家のそれであった。伊予丸の船室で筆を取った秋水はみずからを「敗軍の一兵卒」に例え、「我の去るは去らんと欲するが故に非ず、止まらんと欲して止まる能はざれば也……我の日本を去るは、木にも萱にも心措く落人が、暫しの隠れ家を求めんとて行く也」「嗚呼我は不孝の子也不仁の夫也、……嗚呼天下の婦人をして革命家の母たらしむること勿れ、革命家の妻たらしむること勿れ」（幸徳秋水「狂瀾余沫」『光』第五号、〇六年一月二十日）と書く。生れて初めて故国を離れる船旅の最中の感傷とのみは言い難い真実の響きがこれらの感懐には籠っている。しかも公表分でない日記に記した〝動機〟は、いっそう具体的である。曰く、

「嗚呼余が何が故に日本を去りしや、他なし、止まる能はざれば也。政府の迫害が平民社を倒潰せしめて後、余の病と貧とは余をして何事をも為す能はざらしめたり。」（「渡米日記」一九〇五年十一月十七日条）と。

たしかに出獄後の秋水をとりまく情勢は、相次ぐ弾圧による週刊『平民新聞』（〇五年十月～〇五年一月）とその後継紙『直言』（〇五年二月～九月）の廃刊、運動の行き詰まりと内部分裂による平民社の解散（同年十月）と、社会主義運動は停頓し、転機を迎えたことが明らかであった。個人的には生活も窮迫していた。「敗軍の一兵卒」との秋水の述懐は偽りのない心情であったには相違ない。ジョンソン宛の書簡に述べた目的と決意は、「極秘」であったことはさておき、果たして実現の可能性があるかどうか、このときの秋水にはまだ未知数であり、〝再起何の時ぞ〟と胸ふたがる思いだったのが現実である。

「落人」としての逃避行か、「過激な無政府主義者」としての新たな自己主体獲得のための外遊か、秋水の渡米行動をこのいずれかであると断定するのは、短絡にすぎよう。さらに「過激な無政府主義者」（a radical anarchist）とジョンソン宛の書簡に述べた言葉の内容も吟味が必要と思われる。幸徳秋水このとき満三四歳、すでに壮年というばかりでなく、日本最初の社会主義運動指導者の中心人物としての重責を病躯に担い、老母・病妻を残し、複雑かつ多面的な内面の葛藤を抱きながらの苦悩の旅立ちであった。

しかし、半月余の船旅を経て幸徳秋水は十一月二十九日シアトルに上陸、十二月三日までシアトルにとどまったがこの間一日の夜には日本人会会堂で五百人の聴衆を集めて演説、「去二月以来の沈黙を初めて破りて少しく胸透きたる心地せり。」（「渡米日記」〇五年十二月一日条）と日記に記す。入獄以来の社会的沈黙を破って〝自由ニ正直ニ〟「戦後の日本」という演題での第一声を放つことができたのは、たしかに胸のすく思いであったろう。以後、サンフランシスコに移り、「平民社桑港支部」を開設している旧知の岡繁樹や、初めて対面するアルバート・ジョンソンなどアナキストの人々と交わり、たびたび演説会を開くなど、日を追って秋水の意識も高揚してゆく。〝敗軍の一兵卒〟〝落武者〟を脱したその様子は、「桑港より」として頻繁に月二回発行の『光』紙上に報ぜられた。やがて翌〇六年四月十八日にサンフランシスコ大震災に遭遇した秋水は、四月二十一日付の手紙では震災時の市中の状況を、「白人は智なりと称す、然れども其気膽なき事は、予等東洋人の噴飯に堪ざる所也、彼等は不時の災禍に逢ふや、蒼惶狼狽措く所を知らず、叫呼し、泣悌し、混迷するのみ、甚だしきは其財富を焼失せる失望の爲めに、若くば單に恐怖の爲に發狂せるもの尠からず」と、冷ややかに描写しているが、一転して四月二十四日付通信では、

「予は桑港今回の大震災に就て有益なる實験を得た、夫れは外でもない、去る十八日以來、桑港全市は全無政府主義共産制（Anarchist Communism）の状態に在る。商業は總て閉止、郵便、鐵道、滊船（附近への）總て無賃、食料は毎日救助委員より頒與する、食料の運搬や、病人負傷者の収容介抱や焼迹の片付や、避難所の造營や、總て壯丁が義務的に働く、買ふと

　云つても商品が無いので金銭は全く無用の物となつた、財産私有は全く消滅した、面白いではないか、併し此理想の天地も向ふ数週間しか續かないで、又元の資本私有制度に返るのだ、惜しいものだ。」（『光』第一三号）

と書き、『光』はこれを「無政府共産主義の実現」と題して掲載した。束の間の無政府主義共産制の世界の幻影だった。

　やがて、六月末帰国した秋水は、神田錦旗館で開催された帰国歓迎演説会で「世界革命運動の潮流」と題する演説で、初めて議会主義について否定的な見解を述べ、労働者自身の遂行する「総同盟《ゼネラル》罷工《ストライキ》」が世界の革命運動の方向であると説いた。この演説では、冒頭、自分は依然として「社会主義者也」と述べて、無政府主義を云々することは注意深く避けているようである。しかし、翌〇七（明治四〇）年に入ると次第に秋水の論鋒は代議制度を否定して〝直接行動〟を鼓吹する方向性を強め（「余が思想の変化」）(7)、ついに二月十七日開催された第二回社会党大会では党の方針決定をめぐり、議会政策を主張する田添鉄二との激しい論戦で〝社会主義の実現のためには直接行動あるのみ〟と主張するに至った。(8)

　分裂時代の決定的幕開けであり、秋水が「赤旗事件」（〇八年六月）以後無政府主義者グループの首領とみなされるようになるまであと一年数箇月のことであった。

ヒポリット・ハヴェルの序文

以上、【資料Ⅰ】の幸徳秋水からアルバート・ジョンソン宛書簡（一九〇五年八月十日付）をめぐって述べたが、次に【資料Ⅱ】の考察に移りたい。

この資料は、『マザー・アース』誌一九一一年に幸徳秋水からアルバート・ジョンソン宛書簡の連載を開始するにあたって、その八月号冒頭に付したヒポリット・ハヴェルの序文である。これまで、連載された幸徳の書簡すべては前述のハイマン・カブリン編によって日本に紹介されたが、カブリン教授は、そのいきさつについて、

「これらの書簡がどのような経路で出版者の手に入ったのかを完全に確かめることはできない。しかし手に入れ得る証拠の示す所によると、それらはおそらくジョンソン自身の手からCurrent Literature 誌のレナードD・アボット（Lenard D. Abbot）に渡されたのである。アボットはついでそれらの書簡を、マザー・アース誌にしばしば寄稿し時にはその編輯者にもなっていたヒポリット・ハヴェル Hippolyte Havel の手に移した。これらの書簡が最後に出版されたとき、原文にはハヴェルの短い紹介が附されていた。[9]」

と書いている。その最後のくだりに「原文にはハヴェルの短い紹介が附されていた。」とあるが、カブリン教授はこれを省略して幸徳書簡のみを『社會科学研究紀要』に紹介しているので、ハヴェル序文はこれまで日本の研究者の目に触れることはなかった。[10]

今回、【資料Ⅱ】及び訳文として、その全文と筆者の拙訳をここに掲出し、これによって知り得るいくつかの問題に触れることにする。

執筆者ヒポリット・ハヴェルについては、カブリン教授の説明以外にはあまり知るところがないが、「幸徳事件については早くから抗議の論陣を張り、すでに一九一〇年十一月二十八日の *New York Call* 紙上で「日本の急進主義者に関する事実」(Fact Regarding Japanese Radicals) という文を草している。[11]」という。また、判決以前に「日本における裁判」(『マザー・アース』一九一一年一号) を執筆して幸徳等の救援を呼び掛けている。[12]

救援活動むなしく幸徳秋水らの処刑が報じられて、ハヴェルが、アルバート・ジョンソン宛書簡をマザー・アースに連載するにあたり、序として付したこの「KOTOLU'S CORRESPONDENCE WITH ALBERT JOHNSON」では、いくつかの発見がある。

① アルバート・ジョンソンと幸徳秋水の交友のなりたち

二人の間に存した親密な友情は、文通で始まり、直接会ったのは秋水の渡米したときである。その仲介者はこれまで堺利彦ともL・フライシュマンともいわれてきたが（『日本アナキズム運動人名事典』パル出版・増補改訂版、ジョンソン項)、ハヴェルはここで「フライシュマンをつうじて」としている。ここにジョンソンと共に「カリフォルニアのベテラン・アナーキストである」と書かれているレオポルド・フライシュマンは二度ほど来日して幸徳はじめ堺利彦や加藤時次郎ら日本の社会主義者たちとは交友があった。[13]

② 幸徳秋水の英文手紙は、編集の手を加えることなく原形のまま採録されていることこの点に関しては、私自身もかつて幾分の疑問を抱いていた。とりわけ【資料I】書簡の箇条書きのくだりなどは、編集者による整理の可能性があるのではないか、との疑問を払拭しきれないでいたのであるが、ハヴェルは書く。

「手紙群は、書かれたままに再現された。なぜならば、それらを編集しようとする試みは、その魅力と素朴な偉大さを減ずることになるからだ。」

秋水が自認しているように、彼の英文はたどたどしいかも知れないが、それを「魅力と素朴な偉大さ」として手を加えていないという証言である。これは、たとえば飛鳥井雅道氏がこの秋水書簡に根本的な疑問を持ち、「……手紙は英語で書かれており、……さらにそれが日本語に訳しかえられている間に、本来の幸徳直筆の手紙はうしなわれてしまったからである。英語の手紙の印刷されたものを、幸徳の描いたものと同一視するのはまちがいであろう」[14]と主張していることに対する有力な反証となるだろう。

③ 「幸徳伝次郎は、深遠な哲学的命題に取り組んでいる学者であった」としたうえで、秋水の最後の著作が『基督抹殺論』であったことを重視していること

ハヴェルは、彼の序文を次のように結んでいる。

「ルナンや、シュトラウス、ブルーノ・バウアーなどと同じように、わが同志は、彼の最後の投獄期間に、キリスト教の厳しい糾弾を内容とする作品に没頭した。なんとふしぎな一致

であろうか、ドレウス教授のイエス・キリストに関する著作がドイツにおいて熱狂を巻き起こしていたまさにそのときに、日本の獄中で死に直面しつつあるひとりのアナキスト思想家が、同じテーマについて懸命に仕上げつつあったのだ。」

秋水は【資料Ⅰ】で獄中で読んだ書籍のなかにドレーパー『宗教学術の衝突』、レナン『耶蘇伝』、ラッド『猶太人及基督教徒の神話』などを挙げ、また「渡米日記」の一九〇六年三月二十二日の条では図書館に行き、「……書籍を借り來る。宗教上の Symbol に関する調べを為さんが爲めなり。先日 Liberal Review の Prof. Carkin の論文中、十字架が生殖器崇拝のシムボルの名殘なるをいへるを見て、余の興味を曳き、研究の念を起せり。」とある。すでに秋水は入獄中、別のジョンソン宛書簡（一九〇四年十二月三十日付）で、「自分は無神論者または不可知論者として、常々キリスト教その他あらゆる宗教の教義と闘っているものであるから、ラッド氏の「ユダヤ論」は大いに役立つであろう」（ハイマン・カプリン編「書簡集）と言っている。さらに〇五年三月二十六日の堺利彦宛書簡では、「先頃畫帖を送りたる米人より、拙宅へ宛て返書及フリーソートに關する冊子参る筈に候間……貴下御一閲の上差支なき物ならば御差入奉願候」と書き、ジョンソンに継続して同種の書籍送付を依頼したこと、そしてこれらの書物が「フリーソート」の観点から秋水によって読まれていたことがわかる。こうして彼は、アメリカでの図書館利用によってさらにこの方面の知識を深め、それはやがて『基督抹殺論』執筆へと発展していった。秋水が最後の著作として大逆事件獄中で書き上げた『基督抹殺論』は、その刑死後八日目に刊行され、発行後一週間で再販という売れ行きを示したという。(15)ヒポリット・ハヴェルが書いているように、幸徳秋水の『基督抹殺論』執筆は、まさにドイツの宗教哲学者Ａ・ドレウスがキリストの実在を否定する『キリスト神話』(16)を発表したときと同時期であったのである。

むすび

ここまで、資料紹介を中心としながらいささかの考察を加えてきた。【資料Ⅰ】の幸徳秋水のアルバート・ジョンソン宛書簡はあまりにも有名なものであるが、その二種の訳文を含めたつぶさな検討はなされてこなかったと思われるのでとりあげたものである。

また、【資料Ⅱ】マザー・アースにおけるヒポリット・ハヴェルによる序文は、管見の限りではここに初めて紹介されるものであり、いくつかの注意点を指摘してみた。

あらためて、幸徳秋水の「思想の到達点」について考えてみたい。

君主政体と社会主義は両立しうると考えていたかれが、天皇の存在と権力を〝ヒズ・マジェスティー〟の〝毒手〟と言い切るところまで認識を変えたのは、社会主義者としての『平民新聞』に依拠した運動が弾圧に直面して投獄されたことを契機にしていた。また、「過激ナル無政府主義者」になったとジョンソンに告げながらも、出獄―渡米時の秋水にその実態は無く、その思想に強く惹かれ接近する心情があったのみであるのが事実といえよう。サンフランシスコではジョンソン、フリッヂ夫人らのアナキストと交わり、欧米の社会主義運動、労働運動の趨勢を見極めようと努め、かたわら在米日本人の社会主義に目覚めたグループと接触して「社会革命党」を組織したりしている。一九〇六年四月の大震災に遭遇しては「無政府共産主義の実現」を垣間見たと故国に通信している。そして、帰国後には「世界革命運動の潮流」（〇六年七月）、「余が思想の変化《普通選挙に就て》」（〇七年二月）を発表して議会主義を否定しているが、その主張するところは、労働者の総同盟罷工にもとづく直接行動論であった。この彼の主張は当時の日本の社会政治状況のなかで、とりわけ「赤旗事件」前後の若い活動家たちを強烈にインスパイアし、無政府主義が公然と語られるようになってゆく。

しかし、私は秋水の無政府主義思想への傾倒とその普及活動の努力(17)を認めながらも、ここではむしろ、彼が最後の平民社言論活動として管野須賀子とともに立ち上げた『自由思想』に注目したい。その「発刊の序」(18)にいう、

「一切の迷信を破却せよ、一切の陋習を放擲せよ、一切の世俗的傳説的壓制を脱却せよ、而して極めて大膽總明に、汝の生活、汝の行動が、果して自己良心の論理と宇宙の理儀とに合せるや否やを思索せよ。

如此して得たるの結果は、英語の所謂フリーソート也、吾人は譯するに自由思想の文字を以てす。（中略）

怪しむ勿れ、自由の思想なき處、何ぞ自由の行動あることを得ん、人間自由の行動に依つ

て社會の幸福を來さんと希《こひねが》ふ、まず自由の思想に向つて民衆の進歩を求めざる可らず。（中略）

今や吾人は切に大膽總明なる自由思想を要求す。」

別の記事で、秋水は「フリーソート＝自由思想」という語について欧米では宗教上での限られた語義で用いられているが、自分たちは一層広くすべての問題について「自由思想を以て進みたい」とことわっている。欧米では長い歴史のなかでのキリスト教による精神的・実際的束縛を脱することが「フリーソート」の意味であり、ハヴェルが評価した幸徳秋水の遺作『基督抹殺論』もその系譜につらなるものであった。他方、これを戦前、ひそかに〝天皇抹殺論〟と読み替える人びとがいたということも故なしとしない。

幼時から培われた儒教思想による志士仁人意識、平民社出発時の社会民主主義思想と議会主義、一切の社会的束縛、それらすべてを捨て去って無政府主義以上に根源的な〝自由思想〟を希求するというのが、幸徳秋水の到達した、そして彼本来の性向に最も合致していた思想的境地だったのではないだろうか。わずか二号を出したのみで弾圧のため廃刊せざるを得なかった最後の機関誌『自由思想』に幸徳秋水が託したものを彼の思想的到達点として重くみたい、というのが、私のむすびである。

終わりに、アメリカへの在外研究時に収集された『マザー・アース』資料を惜しみなく提供してくださった山泉進氏に深く感謝し、これに応えることが余りに遅れたことをお詫びしたい。

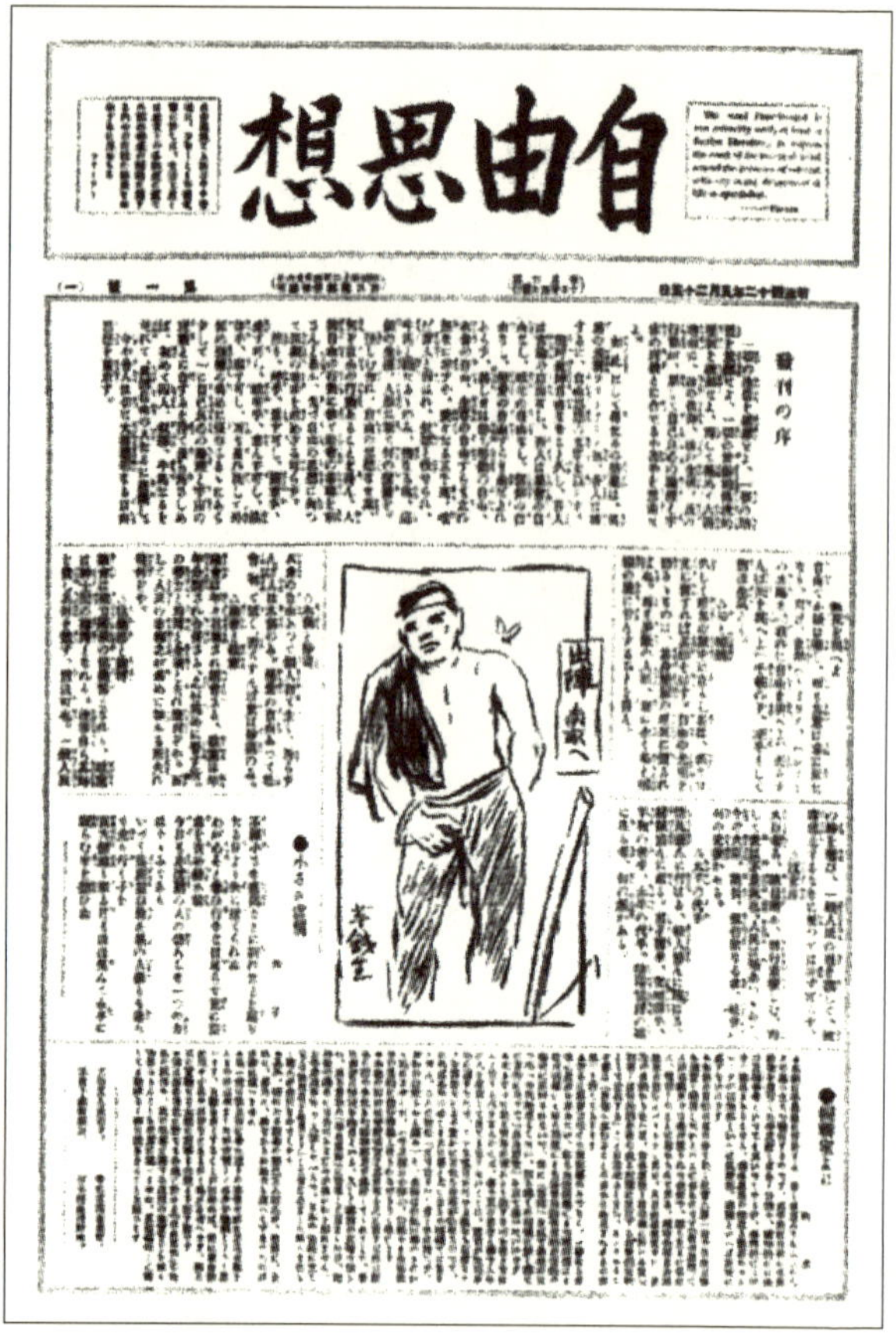
自由思想

發刊の序

『自由思想』第１号（1909年5月25日発行）

【資料Ⅰ】幸徳秋水からアルバート・ジョンソン宛書簡

一九〇五年八月十日付

（原文）

Odawara, Japan, Aug. 10th , 1905.

MR. A. JOHNSON.

Dear Comrade:—I have just received your letter of July 16th, and translated it orally with great pleasure for my wife, who listened very attentively with most gratitude for your friendship and kindness.

We could not help shedding tears of sympathy with your youngest daughter having lost her husband recently, and of thankfulness in knowing that you would have had the dinner in your house to celebrate my release.

August 6th we came to the sea-shore of Odawara, a town about fifty miles south-westernward from Tokio, to restore my health. The building in which we are now staying is a villa owned by Dr. Kato, who is devoted Socialist and is kindly attending my sickness.

Five months' imprisonment not a little injured my health, but it gave me many lessons of the social questions. I have seen and studied great many of so-called "criminals" and became convinced that the governmental institutions—court, law, prison—are only responsible for them—poverty and crime.

Among the many books which I have read in the prison were Draper's "Conflict Between Religion and Science," Haeckel's "The Riddle of the Universe," Renan's "Life of Jesus," and so forth. Besides I repeated again two interesting books which you sent me —Mr. Ladd's "Hebrew and Christian Mythology" and Mr. Kropotkin's "Fields, Factories and Workshops". (By the way, Mr. Ladd often mentions Buddha as a Chinese philosopher. It is true that the greater part of Chinese population is now Buddhist, but Buddha or Gautama is not Chinese. He was born in India. He is Hindu. Several centuries after the death of Buddha his religion was introduced into China.)

Indeed, I had gone* as a Marxian Socialist and returned as a radical Anarchist. To propagate Anarchism in this country, however, it means the death or lifelong, at least several years', imprisonment. Therefore its movement must be entirely secret, and its progress and success will need long, long time and endurance.

I am now intending to live in America and Europe during several years for the following purpose:

(1) To study foreign conversation and writing which are most important instruments for the

International Movement of Communists or Anarchists. I can only read English literature, but cannot speak. And writing in English, as you see, is very hard for me.

(2) To visit the leaders of many foreign revolutionists and learn something from their movements.

(3) To criticize freely the position of the "His Majesty" and the political, economic and institutions from foreign land where the pernicious hand of "His Majesty" cannot reach.

If my health allows and money, that is to be borrowed from my relations and friends, could be raised I will start in the coming winter or next spring.

Although we are now at Odawaea, we will return to Tokio at next month.

Yours fraternally,

DENJIRO KOTOKU.

P. S. —My wife was pleased very much with many pictures enveloped in your letter.

---

*To Sugamo Prison in Tokio

訳文A

（内務省警保局『特別要視察人状勢一斑　第四』所収）

拝啓只今七月十六日附ノ貴翰拝誦直ニ之ヲ口譯シテ荊妻ニ讀カセ候處彼女ハ大ニ傾聴仕リ深ク老臺ノ友情ト厚誼トニ感激罷在候

承レバ最モ末ナル御令嬢ハ此ノ頃其ノ良人ニ先ダタレ候由同情ノ涙ニ咽バザルヲ得ザル次第ニ候且又小生ノ出獄致候ニ就テハ貴家ニ於テ特ニ心祝ヒノ御馳走《ディンナー》ヲ召上ラレ候コトト存ジ是亦感謝ニ堪ヘズ候

去ル八月六日小生ハ其ノ健康ノ恢復ヲ計リテ東京ヨリ當小田原ニ罷越候当地ハ東京ノ西南五十哩ノ地点ニアリ小生ノ仮寓スルハ加藤醫師ノ所有ニ係ル家宅ニ候同人ハ熱心ナ社会主義者ニ有之且小生ノ病痾ニ対シテハ懇篤ニ診療致呉レ居候

顧ミルニ五箇月間ノ禁錮ハ痛ク小生ノ健康ヲ害シ候モ同時ニ小生ハ之ガタメ社會問題ニ關シテ多大ノ教訓ヲ學ビ申候卽チ小生ハ所謂「犯罪」ナルモノニ就テ深ク研究仕リ結局方今ノ政府ノ組立――裁判所、法律、監獄――ガ全ク以テ貧窮ト罪悪トヲ誘發スルニ外ナラザルヲ確信致スコトニ相成申候

小生ガ獄中（巣鴨）ニテ繙讀致シタル幾多書籍ノ中ニハ「ドレーパー」ノ『宗教學術ノ衝突』アリ、「ヘツケル」ノ『宇宙ノ謎』アリ、「レナン」ノ『耶蘇傳』モ有之候特ニ老臺ノ寄贈セラレタ

ル「ラッド」ノ『猶太人及基督教徒ノ神話』ト「クロポトキン」ノ『田園、工場及製造所』トハ再三熟讀仕候

序ヲ以テ一言申添候右ノ書籍ニ由レバ「ラッド」ハ佛陀ヲ支那ノ哲學者トシテ数回呼称致居候モ是ハ聊カ事実相違ニ御座候尤モ支那民衆ノ大半ハ目下佛教徒ニ御座候モ仏陀卽チ「ゴウタマ」ハ決シテ支那人ニ無之候彼ハ印度ニ生レタル印度人ニ有之其ノ死後數世紀ニシテ其教初メテ支那ニ流入シタルモノニ候

事実ヲ申セバ小生ハ初メ「マークス」派ノ社會主義者トシテ監獄ニ参リ候モ其出獄スルニ際シテハ過激ナル無政府主義者ト相成テ娑婆ニ立戻リ申候然ル處此ノ國（日本）ニ於テ無政府主義ヲ宣傳スルハ死刑又ハ無期徒刑若ハ有期徒刑ヲ求ムルコトニ有之危険千萬ナルニ由リ右無政府主義ノ擴張運動ハ全然秘密ニ之ヲ取運バザル可ラズ而シテ之ガ進歩ト成功トヲ見ルニハ幾久シキ長年月ト忍耐トヲ要スル儀ト愚考仕候小生ハ旁々以テ只今歐米ニ漫遊致シ度考居候而シテ其ノ目的ハ左ノ通ニ御座候

第一　共産主義者又ハ無政府主義者ノ萬國聯合運動ニ最モ必要ナル外國語ノ會話ト作文トヲ勉強致サンガタメ「小生ハ英文ヲ読み得ルモ之ヲ書キ且語ルハ大ニ困難ニ候」

第二　幾多ノ外國革命黨ノ領袖等ヲ歴訪シ而シテ彼等ノ運動ヨリシテ何者ヲカ學習致サンガタメ

第三　陛　下《ヒズマヂエステー》ノ毒手ノ届カザル外国ヨリ陛下ヲ初メトシ其政治組織及經濟制度ヲ自由自在ニ論

評致サンガタメ

右ノ次第に御座候故若シ小生ノ健康ニシテ之ヲ許シ資金亦タ親戚朋友間ヲ借リ廻ハリテ之ヲ調達スルコト相叶ヒ候半ニハ小生ハ此冬又ハ来春中ニハ發程外遊ノ途ニ上リ度考居候尚小生ハ昨今小田原ニ療養致居候モ來月ハ東京ニ歸ル積リニ候

敬具

一九〇五年八月十日

於小田原

幸　徳　伝　次　郎

アルバート、ジヨンソン殿

追白荊妻ハ貴翰ニ封入シテ老臺ノ御恵送下サレタル幾多ノ繪畫ニ對シテ深く感謝ノ意ヲ表シ居候

〔註　訳文中の（　）内訳注記は略した。〕

訳文B

（解放社版『幸徳秋水書簡集』所収、補・〔　〕（ゴシック）内は塩田庄兵衛編『幸徳秋水の日記と書簡』より）

拝啓　只今七月十六日附のお手紙を拝見しながら直にそれを口譯して妻に讀みきかせました處彼女は熱心に耳を傾け、そして深くあなたの友情と厚誼とに感激して居ります。

承りますれば、一番末の御令嬢が最近夫君に先立たれたさうですが誠に同情の涙に咽ばざるを得ません。

又、私の出獄いたしますに就きましてはあなた方が特にそれを祝ふためのデインナーを召し上がつて下さいましたこと丶思ひ、これも又、感謝いたします。

去る八月六日私は保養のため東京からこの小田原に參りました。此處は東京から西南へ五十哩を離れ私の滯在するのは、ドクトル加藤の所有に係る家屋でございます。

同人は熱心なソシアリストで且私の病気に對しては最も懇に診療して呉れます。

顧みますと、五ケ月間の禁錮生活は甚しく私の健康を害ひましたが、しかし私はそのために社會問題に關する多くの知識を得ました。

私は所謂「罪悪」といふことに就いて深く考へるところがあり結局、現在の政府の組織、×××〔裁判所〕—××〔法律〕—××〔監獄〕—が實際貧窮と罪悪とを××××〔誘発する〕ものであると確く信ずるやうになりました。

私が獄中で讀みました澤山の著書の中にはドレーパーの「宗教學術の衝突」があり、ヘッケルの「宇宙の謎」があり、ルナンの「耶蘇伝」があり、特にあなたのお送り下された、ラッドの「ユダヤ人及クリスチヤンの神話」とクロポトキンの「田園、工場、製作所」とは幾度となく讀み返ました。

此際一言申添へます。それは前記の著書に於てラッドは佛陀を支那の哲学者と数回呼んで居りますがこれは少し誤って居ります。

もっとも、支那民族の大半は現在佛教徒ですけれども、佛陀「ゴウタマ」は決して支那人ではなく、彼は印度に生れた印度人で彼が死んでから数世紀を經て其の教へなるものが初めて支那にはいつたのでございます。

〔事實を申せば、私は初め「マルクス」派の社會主義者として監獄に参りましたが、其の出獄するに際しては、過激なる無政府主義者となつて娑婆に立ち戻りました。ところが、此の國（日本）に於て無政府主義を宣傳することは、死刑又は無期徒刑若くは有期徒刑を求めることにほかならず、危険千萬でありますから、右無政府主義の擴張運動は、全然秘密に之を取運ばざるを得ません。而して之が進歩と成功とを見るには幾久しき長年月と忍耐とを要すると考へます。〕

私は次の目的から歐米漫遊いたし度いと思つて居ります。

一、コムミニユスト又はアナーキストの萬國的聯合運動に最も必要な外國語の會話と作文とを

學ぶため（私は英文を讀むことが出來ますがしかしこれを書いたり語つたりすることが困難です）

二、多くの外國革命党の領袖を歴訪しそして彼等の運動に學ぶため。

〔三、天皇の毒手の屆かない外國から、天皇を初めとし其政治組織及經濟制度を自由自在に論評するため。〕

このやうな譯ですから、若し私の健康がこれを許し、費用等も親戚や友人達から借り集めて、これを調達することが出來ましたなら私はこの冬か来春のうちには出發したい考へで居ります。

尚私は目下小田原に療養して居りますが來月東京へ歸る豫定でございます。

一九〇五年八月十日　　小田〔原〕に於て

幸徳伝次郎

アルバート・ジョンソン様

追て、愚妻はあなたがお手紙と同封してお送り下された多くの繪畫に對して深く感謝して居ります。

▽註――これはアルバート・ジョンソン氏へ宛てた英文で、エムマ・ゴールドマン女史発行の雑誌「マザース」（一九一一年八月號）へ掲載されたもの。

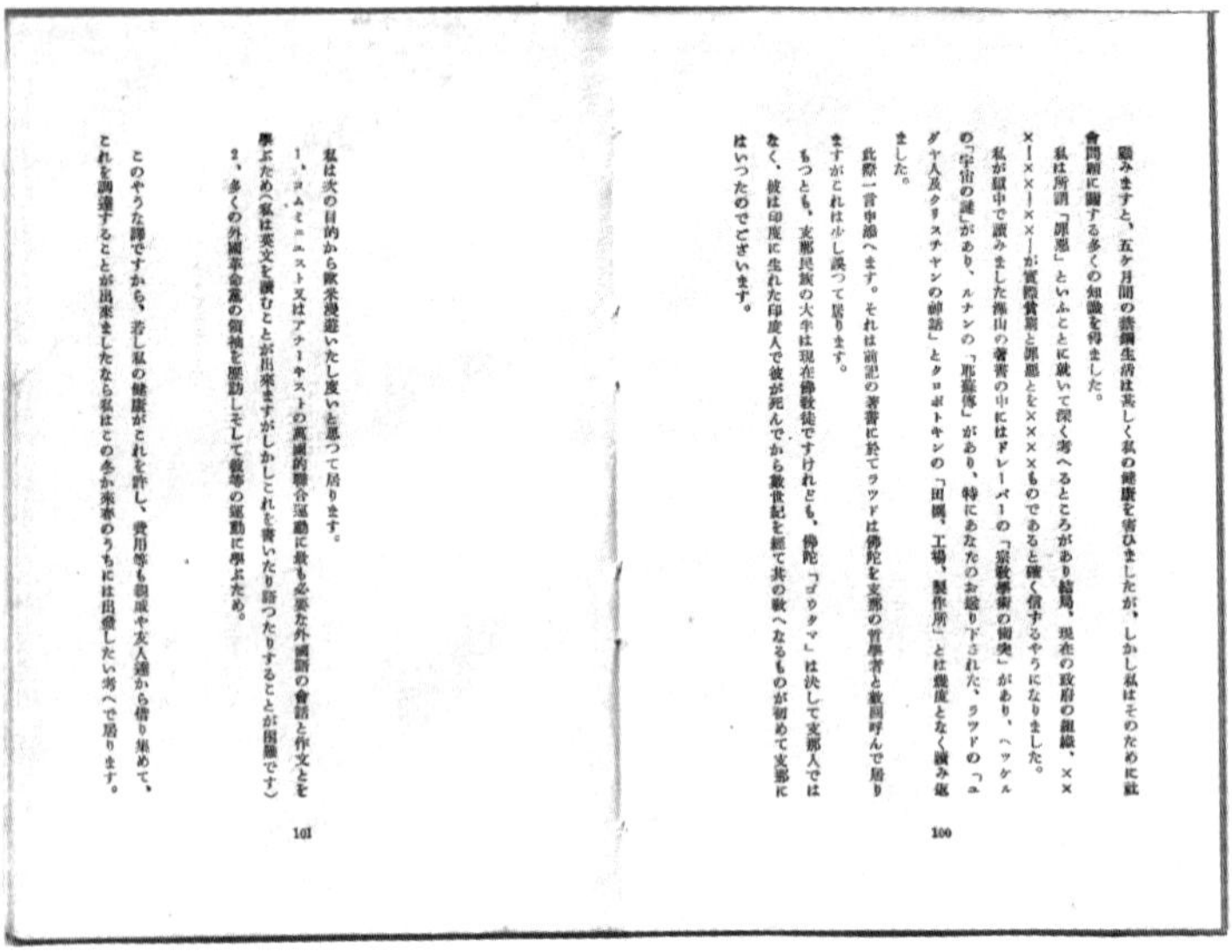
顧みますと、五ケ月間の鐵窓生活は甚しく私の健康を害ひましたが、しかし私はそのために社會問題に關する多くの知識を得ました。
私は所謂「罪惡」といふことに就いて深く考へるところがあり結局、現在の政府の組織、×××ー××ー××ーが實際貧窮と罪惡とを××××ものであると確く信ずるやうになりました。
私が獄中で讀みました澤山の著書の中にはドレーパーの「宗教學術の衝突」があり、ヘッケルの「宇宙の謎」があり、ルナンの「耶蘇傳」があり、特にあなたのお送り下された、ラッドの「ユダヤ人及クリスチヤンの神話」とクロポトキンの「田園、工場、製作所」とは幾度となく讀み返しました。
此際一言申添へます。それは前記の著書に於てラッドは佛陀を支那の哲學者と數回呼んで居りますがこれは少し誤つて居ります。
もつとも、支那民族の大半は現在佛教徒ですけれども、佛陀「ゴウタマ」は決して支那人ではなく、彼は印度に生れた印度人で彼が死んでから數世紀を經て其の教へなるものが初めて支那にはいつたのでございます。

100

私は次の目的から歐米漫遊いたし度いと思つて居ります。
1、コムミュニスト又はアナーキストの萬國的聯合運動に最も必要な外國語の會話と作文とを學ぶため(私は英文を讀むことが出來ますがしかしこれを書いたり語つたりすることが困難です)
2、多くの外國革命黨の領袖を歴訪しそして彼等の運動に學ぶため。
このやうな譯ですから、若し私の健康がこれを許し、費用等も親戚や友人達から借り集めて、これを調達することが出來ましたなら私はこの冬か來春のうちには出發したい考へで居ります。

101

上の写真は『幸徳秋水書簡集』（解放社、一九二六年）より。左の一〇一頁には、五行と二行の検閲削除痕の空白箇所がある。

同書発行者でおそらく幸徳英文書簡の翻訳者でもあった山崎今朝彌は戦後、幸徳秋水との親交、新村忠雄や同郷の宮下太吉との関係から自身も事件連累を恐れて弁護にも立たなかったことを述べ、「後日私が危険を犯して幸徳秋水全集六巻を私の解放社から無届出版したのは私の卑怯に封する聊かの罪亡しでもあった。」と書き残している（「實説大逆事件三代記」、『真相』第六号、一九四六年十一月）。この『幸徳秋水書簡集』も初め無届出版で、摘発検閲後すでに印刷されていた当該箇所が削られたのでもあろうか。

（二〇二四年九月一日追記）

【資料Ⅱ】ヒポリット・ハヴェルの幸徳秋水書簡掲載への序文

『マザー・アース』誌・一九一一年八月号より

（原文）

KOTOKU'S CORRESPONDENCE WITH ALBERT JOHNSON

BY HIPPOLYTE HAVEL.

One of the pleasant memories of our martyred Japanese comrades must have been their friendship with European and American radicals, among whom were Leopold Fleischmann and Albert Johnson, the veteran Anarchist of California. Thanks to Leopold Fleischmann, Denjiro Kotoku, T. Sakai, Sen Katayama, Dr. Kato, and others came in closer touch with the social struggle in America. It was also through Mr. Fleischmann that Denjiro Kotoku met our old friend Albert Johnson, the acquaintance soon ripening into a friendship which continued even after Kotoku returned to Japan. The result of their intimacy now comes to us in the form of an extensive correspondence. I am indebted for these valuable letters to Leonard D. Abbott, of the *Current Literature*, and am very happy indeed to be able to submit them to the readers of

MOTHER EARTH.

The letters are reproduced as written, since any attempt to edit them would but detract from their charm and simple grandeur. One can readily see that Denjiro Kotoku had joined the army of the social revolution and that as thinker, fighter and organizer he gave himself unreservedly to the cause of human emancipation.

Of great value is the letter wherein Kotoku speaks of his development to Anarchism and the reasons therefor. Evidently the economic and social conditions which act as a leaven in Europe and America operate with the same force in Japan. Even as we, the Japanese are confronted with identical pressing problems demanding solution.

Denjiro Kotoku was a scholar engaged with deep philosophic questions. Like Renan, Strauss, and Bruno Bauer, our Comrade was devoting himself during his last imprisonment to a work containing a severe arraignment of Christianity. What a strange coincidence that at the very moment when Professor Drews' work on Jesus Christ was causing such a furore in Germany, the Japanese Anarchist thinker, in a Japanese prison, with death staring him in the face, was elaborating the same theme.

訳文（序文）

幸徳のアルバート・ジョンソンへの手紙について

ヒポリット・ハヴェル

日本の殉難せるわれわれの同志たちが、ヨーロッパやアメリカの急進派、なかでもカォフルニアの古参のアナキストであるレオポルド・フライシュマン及びアルバート・ジョンソンとの間に持っていた友情は、ひとつの快い記憶である。

L・フライシュマンのおかげで、幸徳伝次郎、T・堺、潜・片山、ドクター・加藤、そしてその他の人々は、アメリカにおける社会闘争に密接な接触をもつことができた。

幸徳伝次郎は、フライシュマン氏をつうじて、われわれの古い友人であるアルバート・ジョンソンと出会い、すぐに知己となり、友情を深め、そしてそれは幸徳が日本に帰国したのちも続いた。彼らの親交の結実として、いまここに多量の通信文がわれわれにもたらされた。私はこれらの貴重な手紙について『現代文学』誌のレオポルド・D・アボットに負うている、そして『マザー・アース』の読者のためにこれらを提供することができるのは、まことに幸いとするところである。

手紙群は、書かれたままに再現された。なぜならば、それらを編集しようとする試みは、その魅力と素朴な偉大さを減ずることになるからだ。幸徳伝次郎がみずからを人類解放のための思想家、闘士、そして組織者として社会革命の軍勢に無制限に捧げたことは、直ちに見てとれるところである。

偉大な価値がある一通は、幸徳が彼のアナキズムへの発展とその理由について語っていることが書かれた手紙である。明らかに、ヨーロッパやアメリカにおける気運として動いている経済社会状況が、日本でも同じ力をもって展開している。われわれ同様に、日本人は解決を必要とするまったく同一の差し迫った問題に直面しているのだ。

幸徳伝次郎は、深遠な哲学的命題に取り組んでいる学者であった。ルナンやシュトラウス、ブルーノ・バウアーなどと同じように、わが同志は、彼の最後の投獄期間に、キリスト教の厳しい糾弾を内容とする作品に没頭した。なんとふしぎな一致であろうか、ドレウス教授のイエス・キリストに関する著作がドイツにおいて熱狂を巻き起こしていたまさにそのときに、日本の獄中で死に直面しつつあるひとりのアナキスト思想家が、同じテーマについて懸命に仕上げつつあったのだった。

（訳・大岩川嫩）

註

⑴　詳細は大原慧著『幸徳秋水の思想と大逆事件』（青木書店、一九七七年六月）の第三章「「大逆事件」の国際的影響」に述べられている。

(2) 絲屋壽雄・山辺健太郎藏・近代史料研究会刊『特別要視察人状勢一斑』(一九五七年) 八一頁
(3) 山泉進・荻野富士夫編・解説『「大逆事件」関係外務省往復文書』(不二出版、一九九三年) 二四九頁
(4) 山泉進・村上一博編著『山崎今朝彌――弁護士にして雑誌道楽』(論創社、二〇一八年一〇月) 二四七頁参照
(5) 週刊『平民新聞』五二号が朝憲紊乱として当局の忌諱に触れ、発行責任者としての秋水は禁錮五か月・罰金五〇円の刑に処せられた。
(6)『平沼騏一郎回顧録』(学陽書房、一九五五年八月) 五九頁
(7) 幸徳秋水「余が思想の変化」日刊『平民新聞』第一六号 (一九〇七年二月五日付) 巻頭の論評。
(8)「幸徳氏の演説」日刊『平民新聞』第二八号 (一九〇七年二月十九日付)
(9) ハイマン・カブリン編「幸徳秋水の一米人アナキストへの書簡集」『社會科学研究紀要』第九巻第一號 (一九五七年)
(10) 山泉進氏 (現明治大学名誉教授) が、かつてアメリカにおける在外研究の際に収集した『マザー・アース』誌原本のコピーを筆者に提供されたものである。
(11) 国枝三郎「資料紹介・ヒポリット・ハーヴェル〝日本における裁判〟――「マザー・アース」一九一一・一所載」、近代史研究会機関誌『鐘』第八号 (一九五九年九月)
(12) 同右。「日本における裁判」の全文訳を掲載。
(13) 山泉進「大逆事件と *The Progressive Woman*」『明治大学教養論叢』通巻三二九号 (一九九〇年三月) 所載。
(14) 飛鳥井雅道『幸徳秋水』(中公新書一九三、一九六九年六月) 九七頁

⒂　宮川寅雄『幸徳秋水全集・第八巻』（一九七二年六月）解説

⒃　『キリスト神話』（Die Christusmythe）は、一九〇九年―一一年に二巻で発表された。邦訳は岩波現代叢書に「A・ドレウス著・原田瓊生訳『キリスト神話』（一九五一年）」がある。

⒄　秋水晩年の一連の翻訳がある。すなわち、ロラー『経済組織の未来―社会的総同盟罷工論―』（一九〇七年十二月、秘密出版）、マラテスタ『無政府主義と新労働組合』（『日本平民新聞』第十七号、一九〇八年二月五日付第六～七面）、クロポトキン『麵麭の略取』（平民社刊、一九〇九年一月、発禁）などであり、いずれも『幸徳秋水全集・第七巻』（明治文献、一九六九年一月）に収録。小松隆二氏による周到な解説が付されている。また、三弁護士にあてた獄中書簡、いわゆる「陳弁書」は、秋水最後の無政府主義についての啓蒙活動といえよう。

⒅　労働運動史研究会編『熊本評論・附平民評論・自由思想・東北評論――明治社会主義史料集（別冊二』　明治文献資料刊行会刊（一九六二年七月）二七三頁

（『初期社会主義研究』第三〇号、二〇二二年三月）

故 大原慧教授の業績について

はじめに

一九八五年二月十七日、急逝された大原慧東京経済大学教授は、長年にわたり明治期社会主義・無政府主義運動の実証的・理論研究を進め、幾多の新資料を発掘・解明して学界に貢献したのみならず、また大逆事件再審請求等の社会的活動にも寄与したことが知られている。

しかしながら、その研究業績は同分野の研究者の間ではきわめて高い評価をかち得ていたにもかかわらず、その持つ意義に比すると、どちらかといえば世に知られるところが少なかったと言えよう。それは、彼の業績の発表された場がおおむね一般的でない学会誌等であり、まとまった著作としてはわずかに一九七七年刊行された『幸徳秋水の思想と大逆事件』の一冊を数えるのみであったことに由来する。近年幸徳秋水、片山潜、大逆事件等に関する伝記的著作や概説書が多く出版されている状況の中で、彼は地道な研究業績の蓄積に心をくだき、一般向けの著作に手を染めることがなかった。

また、一定の評価をかち得た場合にしても、必ずしも彼自身が意図した研究視点が十分に理解され、あるいは論点とされたうえでなされたものとは言えないとは、生前の彼がよく嘆じていたところである。

今回、『東京経大学会誌』が大原教授を追悼する特集を編まれるに際し、とくに彼の業績評価の一項目を設け、しかも東京経済大学と無縁の筆者にその執筆を委ねられた理由もまた、上記のような事情と関連なしとしないであろう。すなわち、筆者は同教授の研究生活のかなり初期のころから、とくにその主要な業績の形成過程において、ともに組織した少人数の内輪の研究会で行をともにし、その分析視角を知悉しているという点で、内在的理解に立った業績の解題と位置付けが可能な立場にあると、会誌の編者が考えられたものと思われる。筆者としては、その反面あまりにも接近しすぎているという一点で逡巡したのではあるが、ライフワークの志半ばに倒れた故人の無念さを思い、あて非力をもかえりみず、故人の意のあるところを主要業績の解題という形をもって辿ってみたいと考える。と同時に、可能な限りいわゆる仲間ぼめに堕することを排し、客観性を獲得するよう努めたい。そしてそれは、故人がわれわれの研究会で常日頃最も原則的なこととしてとっていた態度であった。

なお、大原教授の生涯をかけた業績は、学問としての研究論文執筆にとどまるものではなく、彼の学問思想は人間としての社会的実践と分かちがたく結び付いていた。それが「大逆事件の真実をあきらかにする会」事務局長（一九六七年～一九八二年）等の社会的活動となって現れていたことは周知のとおりであるが、ここでは、あくまでも研究業績のみを対象として取り扱うこととしたい。

I 業績の背景

1 ライフワーク三部作の構想について

別掲した著作目録から「論文」として分類されうるものをあげてみるとしよう。すなわち、一九五二年、二五歳の時に執筆した『明治労働運動史上における週刊平民新聞の意義』を最初として、やはり別掲の、絶筆となった未公表論文『幸徳秋水の「社会主義」思想』(一九八四年四月稿)にいたる四四編がそれである。これらの論文には三二年間の彼の研究と思索のみちすじが凝縮されている。

三二年間の四四編を少ないとみるか多いとみるかは、評者によって異なるであろう。ただ共通して誰しも認めることは、この処女論文と絶筆とが象徴するように、終始一貫して彼の学問的関心が明治期の労働運動史、そしてその思想の根底を見据えるという問題から離れなかったということである。

さらに、その主要業績の対象がどこに焦点が据えられていたかを象徴するのは、最晩年期に発表された最後の四編の論文タイトルである。次にそれを掲げてみよう。

(1) 『幸徳秋水の社会主義——近代思想の受容と伝統思想』(一九八三年三月)

(2)『大逆事件と片山潜――明治の社会主義思想』(一九八三年七月)
(3)『日本における「近代思想」受容の一典型―幸徳秋水―』(一九八四年四月)
(4)『国際的視座にたつ労働運動の開拓者――片山潜』(一九八五年三月)

この四編に前述の未発表論文を合わせて考えるならば、答えは自ずと明らかであろう。海外留学を控えた最後の時期に、これらの論文を執筆したということは、決して偶然ではない。また、多忙なままに過去の蓄積から手慣れたテーマを選んでリライトしたものでもない。四四編の論文群は、まさに「幸徳秋水」と「片山潜」の場合の社会主義をその典型とする「日本における近代思想の受容のあり方」へと収斂してゆく山脈を形作っているものである。

しかし、彼の構想では、いまひとりの「典型」が取り上げられるはずであった。それは「北一輝」である。ひとしく初期社会主義の洗礼を受けながら、そこから科学的社会主義へ、さらに無政府主義への思想的コースをとり大逆事件に刑死した幸徳、「キリスト教社会主義」から共産主義者へと歩み、クレムリンの壁に葬られた片山、そして国家社会主義に転じて二・二六事件に連座・刑死した北。……激しく生き、変転はともあれ生涯の最後まで〝思想家〟たろうとしたこの三人の思想と行動の軌跡を辿ることによって、近代日本における思想と社会運動の問題の深奥を解明しようという遠大な構想をはやくからうちたてていたのである。不幸にして天は時をかさず、〝いよいよこれから北一輝だ〟と口癖にし、幸徳研究に『論語』『孟子』を、片山研究に新約聖書を一心に読んだと同じく、北が後年帰依していた法華経をひもどき始めていた矢先の、急逝だったのである。
「ライフワークとしての三部作」は、いまは幻の三部作となってしまった。彼の構想はついに未完に終わったと言うのほかない。だが、われわれはいたずらにそれを惜しむの愚を知らねばならず、また三部作は未完とはいえ、この幸徳・片山研究がもたらし得たものを的確に受け止めることによってのみ、真に故人の鎮魂となすことができよう。

2 問題意識の形成過程

主要な業績の解題に入る前に、まず、大原教授（以下、敬称を略したんに大原慧または大原とする）の学問を貫く問題意識（＝分析視角）がいかなるものであり、どのようにして形作られたかを明らかにしておきたい。それは、なぜ彼が三二年間の学的生涯を通じて傍目には迂愚と映るほどまでに、さきにあげたただひとつのテーマにこだわり続けたかを解き明かすキーポイントとなるであろうからである。

いまここに、三〇年の時を隔てて彼が自己の出発点を語った二つの文章がある。一つは、一九五三年まだ國學院大学の若い助手時代の彼が、同大学の歴史を学ぶ学生サークルの機関誌に寄稿したもの[(1)]であり、いま一つは、急逝に先立つことわずか一年余りの一九八三年十月に『東京経済大学報』の「私の出会ったこの書物」という欄に執筆した一文[(2)]である。いずれも彼の学問の原点をうかがい知るうえで貴重なものと思われるので、部分的に紹介してみたい。

前者のなかで、彼は巣鴨経済専門学校在学中に終戦を迎え、直ちに社会科学研究会を創り、意気盛んで「吾々の進む所に敵なしの錯覚にとらわれて」いた自分が、学問的著作に親しむことを覚えるに従ってだんだんにウヌボレから覚め、「一冊の著書の中にこめられた著者の学問的苦闘、資料分析の深さなどがおぼろげながら理解できかかったとき、私は、はじめて学問（真理探求）の深遠さに心打たれ、私自身が如何に毎日を安易に過ごしてきたかを痛感した。私の場合、このときから学問にたいして真剣な態度をとるようになった」と述べ、また慶大に入学してからは、「本当の生活と結びついた学問、並びに自己の正しい生き方とは一体何か」ということを真剣に思索し、「社会の中に体ごと投げ出すことによって探究し、解決しようと試み」労働組合運動に飛び込んでいったものの、関係した工場ストライキの敗北から、失業した労働者とその家族から責任を問われた時これに答えることができず、「私の行動は非常に感性的なものであり、その理論は結局に於て自分自身のものとして消化されていない借り物にすぎなかった」ことを自覚せざるを得なかった。そして大学に復帰した彼は、「再び白紙にもどって、今度こそ自分の生き方に確信を持ち、如何なる場所、如何なる窮地にあっても『良心』の命ずるままに行動できる生活態度を学びとるために」学問を職業とする道を選んだ、としている。

また、後者は、「敗戦後まもなく、私はローザ・ルクセンブルグの『ゾフィ・リープクネヒト宛手紙』を読みながら滂沱として流れる涙をぬぐうことはできなかった。それはまだ、私にはついこの間のことのように思われる。」という書き出しで始まる。そして、戦後の混乱期に人間不信という精神の荒廃に陥っていた自分が、獄中のローザの手紙に見出される彼女の自然でやさしい心根、明るさを知り、「これらの情感こそ、彼女が、とりわけ人間社会において『社會から虐げられた人々の解放』へとむかわせた原点であった。」と感じ、「私にとって確かなことは、この手紙を手にすることによって再び『生きる』勇気をはぐくむ契機があたえられ、人間への信頼を獲得することができた、ということである。」とし、さらに「一人の人間にとって『一冊の本』との出会いは、自己の置かれている主体的条件との対応のなかでよまれるとき、それは思わぬ力を発揮し、人生に希望を与えるものである。」と結んでいる。

この二つの文章には、彼の青春時代の精神の彷徨が語られるとともに、思い上がりや人間不信から脱却して理性と感性の一致する「真実なるものを求める」生き方をつらぬくために、社会科学の学徒となろうとすることを選び取った道筋が示されている。そしてこの青春の原点を死に至るまでかたときも忘れていなかったことは、「ついこの間のように」ローザの手紙を読んだ時のことを追想する最晩年のこの文章からのみならず、以下にとりあげる彼の学問の問題意識が証しだてるところである。

上記のような原点にたって学問に志した彼の処女論文が『明治期労働運動史上に於ける週刊平民新聞の意義』（一九五二年十一月）であった。慶應義塾大学において藤林敬三教授のもとで社会政策を学んだ彼が、日本の労働者階級形成の初期の状態を関心対象として選んだことは、当時職場であった國學院大学で史学的方法に接近していたことも相俟って、自然なことであったろう。

しかし、まだこの論文では、歴史事実を克明に位置付けるという以上の問題意識は、必ずしも明確には現れていない。

この数年のち、今も同大学経済学部前史に残る「大原助手昇格問題」[3]として語り継がれる〝事件〟に遭遇して自己の真実を守り退職・失業したころの彼は、先の青春の彷徨時代をより深化させた形で、人間の思想形成と社会の関係について必死の思索をめぐらすようになっていた。同時に、これまでさきの処女論文では〝絶対主義的強権によって弾圧され双葉のうちに摘み取られたために畸形化せしめられた〟という比較的図式化された認識であった明治期初期社会主義の評価についても、これを支えた人々の内面にまで立ち入って考察しなければ正しい認識は得られないとの反省をいだくようになった。一九五七年、國學院を離れてから、彼が中心となって、筆者を含む数名の有志で設立したささやかな研究サークル「近代史研究会」[4]の機関誌『鐘』の創刊号（一九五八・三）に彼は金子陸のペンネームで創刊の辞[5]を書き、そのなかで「私達の研究は、日本における近代思想の形成に焦点を据え、ひとまず近代思想の一つである〈日本社会主義思想の形成〉にしぼって発足した」ことを述べ、研究会の回を重ねるに従って幾多の疑問が拡大する状態であることを率直に語っている。この研究会の一員として当時を振り返ると、大田区長原にあった彼の下宿の四畳半での議論の数々が想起され、感懐に堪えないものがある。なお最後まで彼は、〝あの創刊の辞が、ぼくの研究の出発点だ〟と折にふれては口にしていたものであった。

そして、それはやがて「世界におくれて出発した日本において、近代的思想が日本の伝統的風土のなかに定着してゆくということは、いったい、どういうことなのか、とりわけ、先進諸国の諸条件のなかで育成された近代思想が、独立した〈一つの思想〉として日本に紹介され、それらの外来思想が、ただたんなる『知的理解』をこえて日本の具体的諸条件のなかに適用され、日本の近代思想として定着してゆくということはどういうことなのか」(6)という明確な研究上の問題意識をかたちづくるにいたり、それが彼の学問の生涯のライトモチーフとなったのである。

この問題意識にたって、はじめて彼が幸徳秋水研究・片山潜研究を人物の全人間的研究としてではなく、「思想形成」の一点に焦点を据えて追求してきたことの意味が理解されるのである。ここで、さきごろ大原教授を追悼するある会誌に筆者が書いた追悼文の部分を引用して、この節の結びとすることを許していただきたい。「……自己の、幸徳秋水の、あるいは片山潜の思想形成を探求することは、同時に日本の社会と人間の内実との関りあいを深くとらえようとする仕事でもありました。〈特殊をつらぬく普遍〉という大原さんのよく口にしたフレーズが、彼の認識のあり方を示しています。そしてその集約点に位置する、日本の近代における外来思想の受容の道筋を辿る、という大きなフレームワークの根本には、挫折の苦い歴史に彩られた日本の労働運動ないし社会主義運動の内面を問う問題意識が据えられていました。……」(7)

3 業績の分類

没後、大原慧著作目録を作成したところ、現在までに判明したものは一一〇点に上っている。

これを筆者の判断でその大体の内容に即して分類してみたところ次のような結果となった[8]。

形態別		主題別	
著書	1	大逆事件	44
論文	44	再審請求	11
評論	20	幸徳秋水	21
解説	16	片山潜	14
書評	19	明治社会主義	21
資料紹介	6	賃労働[9]	1
随想	9	労働運動	14
		研究論	8
その他	4	その他	12

この大雑把な分類でも、先に述べたライフワークへの志向は知ることができよう[10]。

まず目につくのは、その唯一の著書の表題『幸徳秋水の思想と大逆事件』にみるように、これら著作群のなかで大逆事件をめぐる考察、幸徳秋水を対象にした研究の占める比重の大きさである。

次いで、片山潜に関するものが多いのは、これも同様の志向を証するものである。なお、片山潜に関する研究の取組は、むしろ幸徳のそれよりも早く、一九五〇年代に幸徳・大逆事件関係の論文はまだ現れていないが、片山についてはすでに四点を数え、生誕百年を記念とする『片山潜著作集』全三巻の編集委員としても参加している。

したがって、大原慧の主要業績を解題し、評価を加えようとするならば、やはりこの二つの研究成果に即して取り上げるべきであろうと考えられるので、以下、その方向をもって稿を進めて行きたい。

Ⅱ 主要業績の解題と検討

1 はじめに

ところで、大原が日本における初期社会主義運動に関する研究に着手した一九五〇年代の時期には、この分野における研究もまた極めて初期的な段階にあった。戦後ようやく思想・言論の封殺から解き放たれて、これまで闇に閉ざされていた初期社会主義者・無政府主義者たちは、さまざまの回想記や断片的な資料集の刊行でその姿を見せ始め、また「評伝」や「真相」の形での研究もぼつぼつ現れ始めていたとはいえ、まだ緒についたばかりであった。[11]

そのような事情から、この分野での研究を進めるにあたっては、まず関係資料を可能な限り参看する[12]ばかりでなく、自ら新資料を発掘・解題するという必要と可能性が大きかった。もとより、それはあらゆる社会科学の研究に際して言える事ではあるが、この場合とくに未開拓の分野としてその意味が大きかったと言えよう。事実、大原の研究業績が受けている評価に関しては、よかれあしかれ、その資料的意義をめぐるものがかなりの比重を占めていると思われる。そしてそれは、國學院大学政経学部在職当時に同大学文学部史学科の伝統である厳格な実証主義的方法に学ぶところ多大であったと述懐している彼が、意識的にとったひとつの方法でもあった。

したがって、これから個々の主要業績を解題するにあたっては、さきに述べた大原のすぐれて内発的な問題意識が果たしてどこまで追求されえているかということを第一の主眼点とし、同時にその資料操作の妥当性にも重点を置いて検討して行きたい。

2　片山潜研究に関する業績

片山潜著作集の編集準備作業に参加していた彼が、そのための調査の過程で手にすることのできた資料を中心に考察した結果が、以下の片山関係の初期論文となっている。

(1)「片山潜の生誕について」『労働運動史研究』第一二号、一九五八年十一月)

(2)「明治四十年代における片山潜の活動と思想」(『大阪地方労働運動史研究』三、一九五九年二月)

(3)「片山潜の三種の『自伝』について」(『労働運動史研究』第一八号、一九五九年十一月)

(1)と(2)は、現在筆者の手許になく、その詳細をみることはできないが、これら三編はいずれも、約十年後に執筆された(4)「日本の社会主義（その一）―片山潜の思想形成―」（『東京経済大学会誌』第六二号、一九六九年三月）にその内容が発展させられ、まとめられていったと思われるので、ここでは(4)を対象としてとりあげることにする。

この論文の目次は次の通りである。

「この論文には二つの意図がこめられている」という書き出しで、はじめに大原はその意図の一つが、さきに発表した上記(3)論文がまだ資料の未整理の段階で「きわめて雑駁で、若干の新資料についてはそこに間違った引用さえおこなっていた」とし、その後の資料整備、研究進展の段階を踏まえて「当時おこなった私の報告を整理・訂正し、資料の正確を期したいと考えた」としている。次いで、第二の目的は、さきに前節で解説した問題意識に沿って、「外来の思想をその主体〔片山〕が、どのような客観的・主観的条件のなかでうけとめていったのか。そして既存の思想と外来の思想と接触させたとき、その主体〔片山〕が自己の思想を変革させていった内発的契機は、一体、なんであったのか」という一点に焦点をすえ、理解しようとすることである、としている。

〔一〕では、あらためて彼は片山潜がその生存中、三回にわたって『自伝』を書き改めたことをとりあげ、解説する。まずまとまった形で出版されたものとして〈1〉改造社版（一九二二・五、戦後真理社・岩波書店がこれを覆刻）、〈2〉ロシア語によるオクチャブリ誌版（一九三〇・一〜一九三一・三、一九五九年「あゆんだ道」として『片山潜著作集』第一巻に収録）、〈3〉モスクワのマルクス・レーニン主義研究所版（一九六四年、徳間書店から『わが回想』として日本語原本を覆刻出版）の〝三種の自伝〟があり、それぞれ執筆状況や心理を反映して内容に若干ちがいがあることを紹介し、さらに〈4〉一九二〇年二月に米国アトランチック市で一週間ほどで書き上げモスクワ図書館の所蔵となっていた自伝「草稿」（一九五九・一一『前衛』掲載）の存在を明らかにし、その精密な比較対象表を掲げている。

では、なぜ繁をいとわずこのような作業を行ったのであろうか。そこには、これにつづく片山潜の思想形成を探る研究の土台となる基礎資料としての自伝の整理が必要であったという理由ばかりでなく、その比較を通じて自ずと浮かび上がってきた一つの問題提起がなされている。それは、片山潜が一九二九年から三二年にかけてモスクワ生活のなかで最後の自伝執筆として書き継ぎ、「決定版」としての一般的位置付けを獲得している上記〈3〉の『わが回想』について、「しかし、この自伝には見逃すことのできない欠陥がそこにふくまれている。」と、分析されていることである。すなわち、この最後の自伝は片山自身が記憶がたどれるかぎり生立ちからの事実関係を細かく、「七〇年の経験を通じて到達した円熟した思想」で書き改めたものであるが、その半面、「かれの思想が未熟であった時代の経験的事実が粉飾されていたり、故意に抹殺されたりしている部分がかなり発見される」[13]ことを指摘し、また、執筆時点の年齢からくる衰えからか、後半は「著者自身が意図したと思われる史的唯物論の視点がつらぬかれずに」「ただイデオロギーだけが先行する」という叙述の不成功に終わっていることを惜しんでいるのである。

以上、やや立ち入ってこのような内容紹介を行ったのは、ここにすぐれて大原慧の著作全体を貫く方法が提示されていると筆者が考えたからである。それは何よりもまず、資料自体のもつ意味を基本的におさえておくこと、そしてその場合、対象に温かい人間的な共感をよせているような場合であっても、あくまでも冷静な客観的視点を失わないこと、という「史料批判」の方法であった。そして、ここで得られた成果としての各種の片山潜自伝の解題と位置付けは、優れた比較研究としての意味を今日ももっていると評価されよう。

そうした分析態度は、〔二〕人格形成と思想形成へ進むと、一層明確になってくる。ここでは、先の自伝、わけても〈2〉岩波版自伝や〈3〉『わが回想』では欠落していて〈4〉「草稿」で発見された、青年期に渡米してアンドーヴァー神学校で苦学しながら身につけたキリスト教への信仰と社会問題への関心とが片山の思想形成に大きな意味を持っていたことを重視して、キリスト教社会主義者としての活動への開始と〔四〕以降の思想と行動の深化・発展へつながる出発点をそこに見出している。

革命家・思想家としての片山潜についての歴史的評価は、今日なおさまざまなものがある。従来、日本における最初の偉大な国際共産主義指導者としての神格化が一方の極にあり、他方不当にこれを貶める向きがあった。前者はかれをはやくから同時代の社会主義運動のなかでつねに正しい歩みをつづけてきたものとして位置付けるきらいがあるし、後者には明治期の志士仁人的社会主義者たちの風土のなかでかれのアメリカ生活で身につけた合理主義や現実主義が毛嫌いされたことをそのまま、人間的・思想的な低さとして結びつけるという誤りをすら散見する。

これらに対し、大原のこの論文は、逆境に育ち、そこからの脱出を夢見て勉学のため故郷を出た明治の一青年が、やがて渡米し、キリスト教社会主義者となって帰国、合法主義・改良主義にとらわれながらも大逆事件以後の「冬の時代」の厳しい弾圧にも屈せず、労働者の解放のための一歩一歩地道な活動をつづけて、ついには行動の挫折による一九一五年五五歳での再渡米後、一九一七年のロシア革命に遭遇して、「天皇制国家権力にたいするそれまでの思想を根本的に再構成しなおそうと模索」していたかれが「思想に急激な変化を生ぜしめた」道筋を詳細にあとづけている。そしてこの論文の最後に「帝政ロシアが崩壊し《革命》によって社会主義社会が実現したのを……目前に見た片山は、ここに、かれが長い間くるしんできた「『国家権力の本質に対する疑問』を解消し」、はじめて労働者が「国家を乗取る」のが革命であることを認識したとし、「このときかれの年齢はすでに五八歳の老年に達していた。それは、労働者階級の解放に焦点を合わせて全生涯をうち込んできたかれの思想の必然的帰結でもあった。」と結んでいる。

この大原の片山潜評価は、さきに挙げた神格化・低評価のいずれをも退けうるだけの説得力をもっている。そして、何よりもまず、片山の内発的契機にもとづく人格的・思想的形成過程を詳細にあとづける[14]ことにより、この論文が意図した「第二の目的」であった、日本における近代思想（＝その一つである社会主義思想）の受容の一典型の解明をある程度果たし得たものであり、幾多の片山潜研究のなかに独自の位置を占めるものであるとして、高く評価されよう。

なお、これら四編のほかにも片山潜に関する著作は数点ある[15]が、その中核をなすものが本論文であると考えられるので、他に言及することは省略する。ただ、故人の遺作としてこれら完成度の高い片山潜関係論文を編んで一冊とし、刊行される日のあることを期待したいと、心から願うものである。

3　主著『幸徳秋水の思想と大逆事件』をめぐって

さて、大原業績のいまひとつの、そして最大の山嶺をなす幸徳秋水研究、ならびに大逆事件研究の解題と検討に入らねばならない。前掲の表に見るように、両者を合わせると数十編の大小の著作がある。しかしここでは、ひとまず生前に彼自身が一冊にまとめあげて上梓した主著『幸徳秋水の思想と大逆事件』（青木書店、一九七七年、三三六頁）を中心にとりあげることとしたい。

①　構成について

この本の目次は次の通りである。

まえがき
第一章　幸徳秋水の思想形成　　補論　幸徳秋水の家系について
第二章　幸徳秋水の社会主義
第三章　「大逆事件」の国際的影響　　補論　元老山縣有朋への書簡
第四章　「大逆事件」再審請求裁判

本書の「まえがき」の冒頭で著者は、「この小著は、『大逆事件』の具体的経緯を詳細に分析したものでもなく、また幸徳秋水の全人間像を明らかにしようと試みたものでもない。本書は、一人の人間（日本人）が、どのような環境のなかで人格を形成していったのか。また、どのような問題に触発されて、一人の人間の思想が確立し、発展し、転換し、飛躍していったのか、に焦点がすえられている。」と述べている。これまでも繰り返しふれてきたライトモチーフであり、個々に発表してきたいくつかの主要論文をあつめて整理しなおしたこの著書は、まさにその主題解明の成否を世に問うたものといえる。

しかし、本書の構成を改めて検討するとき、第一章および第二章はまさしく「まえがき」冒頭の言に即した内容のものといえるが、後半、しかもページ数としてはより多くを占める第三章と第四章は、これとは異なる一連の論考が収められていることが、一見して明らかである。「まえがき」では、第三章については、さきに本稿の〈問題意識の形成過程〉の節で紹介した『鐘』創刊の辞において、「明治期における世界の社会主義思想ならびにその思想・運動の日本への移植がどのような屈折を通してなされ、さらにそれらが、日本の社会主義思想の形成・運動の展開にどう関連したか」という視点を打ち出したことを引用し、それから「あらためて原本資料にさかのぼってとりくみはじめた」研究の成果である一連の論文（九つ）のなかから四論文をえらんでここに収録した、としている。また、一九六〇年代に大原が密接に関わり、一九六七年最高裁大法廷によって棄却された大逆事件再審請求をめぐる第四章については、「あえて本書に収録したのは、『大逆事件』処刑後六五年を経た今日、なお『大逆事件』は結了していないという現実を再審審理手続の具体的経緯をつうじて明らかにしたいと考えたからである。」と断っている。その内部的関連性は否定さるべくもないが、やはり本書はその前半と後半は若干性格を異にする構成となっていると言わねばならない。(16)

したがって、ここでの検討も両者を一応別けて扱うこととし、以下ではまずメインテーマであるところの幸徳秋水の思想の問題を中心とする第一・二章についてその研究方法を中心に考察し、次いで第三章をとりあげるものとする。第四章については紙幅の制約もあるので、ここでの検討は割愛したい。

②　幸徳秋水の人格形成と思想形成をめぐる研究の方法について

第一章「幸徳秋水の思想形成」では、「補論・幸徳秋水の家系について」をも含めると、幸徳の出自と生立ちにかなりの力点をおいた考察がなされている。大原の研究以前にも幸徳秋水についての詳細かつすぐれた伝記的研究は相当数あり、いずれもかれの生まれ育った土佐・中村の政治的・経済的風土と時代、家庭環境がその人格形成期に与えた影響に目を向けている。しかし、大原がここで行ったのは、それらの伝記的事実に細部をゆるがせにしない再検討を加えると同時に、もっぱら秋水の屈折した内面の成長過程が後年の社会主義思想受容のための土台をどのようにして準備していったのか、という分析視角からの考察である。そこでは、複雑な家庭環境の重圧が注目され、また少年期に木戸明の漢学塾にまなんで儒学的思考を身につけたことが重視されている。さきに片山研究に際しては、やはり漢学塾に学んでいても、その思想的影響は全くといってよいほどとりあげられていないが（片山においてはキリスト教の「福音的信仰」が重視される）、神童といわれた鋭敏・早熟な秋水の場合、九歳から学んだ『孝経』をはじめとする漢学による儒教の影響は深くかれの生活倫理として骨肉化され、「伝統的な土着の思想」としての役割を果たしていると評価されているのである。

また、第一章の補論「幸徳秋水の家系について」では、幸徳家の祖先について現存する資料による可能な限りの詳細な調査に基礎をおく精密な考証を行い、従来の諸研究を大きく凌駕する成果を挙げている。なぜこうした作業が大原の幸徳秋水の思想研究にとって必要であったのだろうか。それを彼は、幸徳秋水自身が自己の「家系」について「なみなみならぬ関心」を抱いていたことを例証したうえで、「私自身」の「問題意識」として二点をあげる。第一に、「家父長的な身分制度が支配的秩序であった幕末から明治にかけて思想形成をなした人々について、その思想的内容を正しく理解するためには、生活環境とともにその《出自》を知る必要がある、という点」であり、第二に、まれにみる親思いの秋水が「なぜ、数回にわたって、母の慰留を振り切ってまで出奔しなければならなかったのか、という点」からである、とするのである。このような大原の「問題意識」についての説明は、それ自体正統性を持っている。

とはいえ、この探求に注がれた彼のいささか過剰にもみえる熱意には、なお読者にいくばくかの不審を感じさせるものがあろう。[17]筆者はこの大原の「問題意識」を全面的に理解するものではあるが、そのうえで、この探求には、無意識のうちに彼自身の《出自》とそれにまつわる自己形成の屈折した道程への想いが投影していたのではないか、と感じている。昭和初年に越後・燕市の社家に末子として生をうけた大原もまた、幼時、神職であった父から伝統的な漢籍や書の手ほどきを受け、成長期には「出奔」同然のコースをとって自己の進路を模索しているのである。この推論をおそらく彼自身も首肯したのではないかと思われる材料もないわけではない。[18]

ともあれ、こうした幸徳秋水の出自ならびに生立ちによって培われたかれの思想の原型を把握し、さらに、のちに中江兆民門下を経て自由民権思想にふれ、やがて社会主義に接近するにおよんで、それがどのような影響を及ぼしたかまでを考察しているこの第一章と補論では、幸徳秋水の一方ならぬ屈折した人格と思想の形成過程があますところなく浮彫にされている。くどいほど丹念に既存のあるいは新発見の資料をつみあげつつ、それを単なる通り一遍の事実の羅列に終わらせることなく、するどく本質にせまる議論を展開する、という大原の研究方法の特徴は、この部分でもっともよく生かされていると評価できよう。

③　幸徳秋水の「社会主義」受容の特徴をめぐって

第二章「幸徳秋水の社会主義」では、第一・二節において幸徳の「社会主義者」として著した二つの著書『廿世紀之怪物帝国主義』と『社会主義神髄』を中心にかれの理論・思想の内実を検討することに力点がおかれ、次いで第三節においてもっぱら幸徳の運動者としての行動を明治社会主義運動全体の潮流のなかに位置付けつつ考察し、その「直接行動論」・「無政府主義」へと傾斜していった思考の変化が辿られている。

まず、第一節「儒教倫理と『非戦論』――『廿世紀之怪物帝国主義』を中心に――」の問題へのアプローチは、大河内一男・井口和起氏らの最近のこの書への研究上の評価を紹介しつつ大原独自の議論を展開している。ここにその詳細を解題するいとまはないが、あえて短絡的に第二・三節を含めてここに大原の主張の特徴を要約すれば、それは、幸徳秋水の「社会主義」思想受容の基礎もその限界も、かれが幼時から身につけ、抜きがたく骨肉化していた「儒教的倫理観」にあった、としていることである。そしてそれは単に従来も言われてきたような「志士仁人意識」というだけで片付けられるものではない、とする。

幸徳秋水の思考の変化の過程を大原の立論に従って要約すれば、以下のようになろう。

＊倫理的思考の内実の変遷＝儒教思想（「孔子」→「孟子」）→道家思想（老壮）

＊社会革命的思考の変遷＝「自由民権」→「社会民主主義」→「無政府主義」

幸徳が最後に到達した「無政府主義思想」の特徴について、大原は次のように分析する。第一の特徴は、その「根底には、儒教思想から道家思想へと継承された東洋哲学＝思想がすえられていることである。このことは、秋水の無政府主義思想が、たんに知的理解として『西洋思想』をうけいれたものではない、ということを論証している。そこには、日本の風土に照応した『革命思想』を創造的にきりひらいてゆこうとする、開拓者としての苦難にみちた研鑽が推察されるのである。」そして、第二の特徴として、幸徳の無政府主義は、個人主義の立場からの内なる自己解放と結び付いたいっさいの権力・権威の否定にいたる（西欧的）無政府主義というよりも、社会に虐げられた多数の人々の解放のために権力と闘って「革命」をめざし、ついにはその実践課程における「日本の天皇制国家権力の動向との対抗」関係の帰結として「いっさいの権力否定の思想にまで到達した『無政府主義』思想であった」とする。

一方でつねに労働者の運動・思考と密着してねばりづよく歩を進めた片山潜の実践と思想的到達点をきわめて高く評価する大原ではあるが、しかしこの幸徳秋水の思想的生涯にまた満腔の内在的理解を示しているように見える。ようやく「革命は平民自身がやる」ことの理解に達した秋水ではあったが、まだ当時の客観的情勢に目を覆われて労働者階級を「来たるべき革命の中核的担い手としてみすえる」という認識にはいたらなかった。しかし、大逆事件の獄中で自己の到達点である無政府主義論・革命論を弁護人あて「陳弁書」に整然とつづり、また死刑宣告の夕看守に請われて与えた漢詩に「区々たる成敗はしばらく論ずるを休めよ……罪人また布衣の尊さを覚ゆ」と記した秋水の思想的境地と心情に大原が分け入って考察するとき、ひたすら模索し「苦難にみちた研鑽」を重ね、その結果権力によって生を絶たれたひとりの明治の思想家へのかぎりない同情が、その冷静な分析の筆致のかげに潜んでいるのを感ぜずにはいられない。それは、秋水の全ての著作、全ての行動について長年にわたり繰返し検討を重ね、幾度となく稿を改めてこの著作とした大原にして、はじめて示すことのできた共感であったと思われるのである。

④　第三章・「大逆事件」の国際的影響について

一九一〇年、信州明科における爆裂弾製造事件の発覚を発端にはじまった「大逆事件」検挙・裁判に関するいっさいの報道活動が日本国内では「新聞紙条例第四十二条」によって禁止されていた状況の中で、どんなルートでそのニュースが諸外国に伝達され、またどんな国際的反響を呼び、抗議活動となったのであろうか……。この著書の後半に一二〇ページの分量を占める第三章は、大逆事件発生後の日本国外における国際的抗議運動の展開を、アメリカ、イギリス、フランスにおけるそれを中心に大原が数々の新資料をもって詳細に叙述し、はじめてその全貌を明らかにしたものといえる。個別論文として『東京経済大学会誌』に三回にわたって発表されたものであるが、本書収録にあたって「整理し直した」（まえがき）としている。その初出は一九六〇年から一九六六年にかけてであり、未収録の論文「在米日本人社会主義者・無政府主義者運動の「幸徳事件」におよぼした影響」（一九六〇年一月）につづく大原の研究成果である。これらの論文は、発表当時大逆事件研究に新生面を開く、画期的な役割を果たしたものとして高く評価されたものであった。なお、詳細な内容の紹介は、紙幅の関係からここでは第四章の解題とともに割愛する。さらに補論「元老山縣有朋への書簡―「大逆事件」と関連して―」をも収めているが、これまたそれまで山県や桂太郎の伝記、『原敬日記』等によって推論されていたに過ぎない大逆事件への山県の役割を中心とする権力内部の動きを「山県文書」の徹底的な検証を通じて決定的に明らかにしたものとして注目され、「国際的影響」関係諸論文とともに、再審請求の新証拠としても提出されたものであった。またここに収録されてはいないが、これにさきだって発表された論文「高橋作衛教授宛小池長造・巽鉄男の手紙」（一六六〇年十月）は、戦前から白柳秀湖や竹越与三郎らの筆[19]によって指摘されながら、真相は謎とされていた東京帝国大学法学部教授・高橋作衛の在米社会主義者運動の調査・山県への通報という役割について、確定資料をもって明らかにしたものであり、ともに高く評価されている。以後の大逆事件研究書・一般書もこぞってこれをとりいれた。[20]ここであえて筆者の個人的感懐を述べるならば、これら一連の実証的研究を進めるプロセスには、資料の収集・解読等の作業を含めて筆者ほか一、二名がともにかかわっており、あらためて第三者たり得ない親近性を感ずるのである。[21]

⑤　西川論文による指摘をめぐって

さて、上記のように、これらの論文は発表当時から高い評価を受け、この著書刊行後も同様であった。

ところが、最近にいたってこの内容の一部の事実関係について注目すべき批判が現れた。それは、西川正雄氏が一九八二年に発表された論文によってであり、そのまま一九八五年七月刊行の同氏著『初期社会主義運動と万国社会党――点と線に関する覚書』（未来社）に収録されている。本稿を草するにあたり、その批判の当否を検討することは当然の義務と考えてこれにあたり、一応の結論を得たので、最後にこれを報告し、併せて「実証的研究」の方法について考えてみることとしたい。

まず、西川氏の研究は、日本の初期社会主義運動と海外の労働運動・社会主義運動との交流を「点と線に限っても日本側の史料と相手側の史料をつき合わせることが必要」[22]という前提で、従来の研究の不十分な点を再検討するという立場から、直接諸外国の記録・新聞・雑誌等の原史料を可能な限り照合して多くの新事実を明らかにされた労作である。同書第七章（Ⅶ）「コペンハーゲン大会と『大逆事件』」のなかで、とくに大原論文は、大逆事件の海外への通報ルートに関する先駆的研究として紹介されながら、第二インターナショナルへの通報者として片山潜・加藤時次郎の二人の名をあげた個所について、「手堅さに定評ある大原氏だが、この叙述は依拠した史料の指示に不充分・不的確の憾みがあるだけでなく、片山が通報者であったというたしかに重要な一点を除いて、ことごとく不正確であり、実情とかけ離れている。」と、手厳しく批判されている。

西川論文では、「片山の『通報』の実際」について、原史料である『ユマニテ』『フォーアヴェルツ』『ゾツィアリスティシェモーナッヘフテ』『国際社会主義評論』等に依拠した調査結果を詳細に述べておられるが、ここで指摘された大原論文の具体的な誤謬の主なものは、(1)片山がユマニテのジャン・ロンゲにあてた手紙は、十月中旬の『ユマニテ』(大原)にではなく、八月二日の同紙に公表されている、(2)加藤時次郎の通報に関する内務省情報は(大原も真偽留保の上採用したものではあるが)きわめて信憑性がなく、加藤の連絡先はむしろアメリカであったと思われる、という二点である。その具体的な論証の詳細は省略するが、(1)については西川論文の指摘は全く正しいと思われる。(2)についても、説得力ある指摘ではあるが、ここでは(1)の問題に限って、では、なぜ大原論文にそのような誤りが入り込んだのかを検証してみたい。

大原が一九六〇年代初頭に「国際的影響」の〝先駆的〟研究を進める際依拠することが可能であった一連の資料のなかに、『ユマニテ』については一九一〇年十二月以前のものは含まれていない。ジャン・ロンゲにより片山の手紙が公表された『ユマニテ』について大原は、「『ユマニテ』に掲載された原文は見ることができなかった。しかし『マザー・アース』一九一一年一月号に掲載された"Justice in Japan"のなかで、ヒポリット・ハーヴェルは「フランス社会主義者の日刊紙『ユマニテ』は、日本で社会主義者をしたがえている片山からジャン・ロンゲにあてた手紙を公開している」と、その手紙を引用している。」（『幸徳秋水の思想と大逆事件』一九七頁）と注記している。この注記についても西川氏は、ハーヴェルの論稿には片山のロンゲあて手紙への言及はあるが、それが「十月中旬」に発表されたとも、大原の引用するような文章もない、と批判されている。これも、筆者の調査でもその通りである。ただしこの注記は、初出論文「『大逆事件』の国際的影響（上）」（東京経済大学会誌第三六号、一九六二年三月）の場合には「このHumanitéに掲載された手紙の原文はみることができなかつた。しかし一九一一年一月号に掲載されたMather Earthの"Justice in Japan"（日本における裁判）のなかで、Hippolyte Havelは「フランス社会主義者の日刊紙『ユマニテ』は、日本で主な社会主義者をしたがえているS・片山からジャン・ロンゲにあてた手紙を公開している。」として、その手紙を引用している。またEmma Goldmanらが発送したAppealには、すでにこの手紙が引用されているところから考えると、この手紙は十月中に公開されたものと思われる。」（傍線筆者）となっていて、はるかに詳しい。そして、西川氏によって「何の根拠もなく」と指摘された問題の「十月中旬」という時期の根拠は、傍線部分によって、大原はアメリカでエンマ・ゴールドマンらが十一月十二日付で内田駐米大使に抗議書を提出し、続いて発送した「第二のアピール」にこの手紙の言及があるところから、それは（遅くとも）十月中（までに）『ユマニテ』に発表されたものと類推したことが判明する（事実は、もっと早い八月二日であったのだが）。そして、注の「十月中」が本文では「十月中旬」に、そして「言及」とすべきところを「引用」と表現するなど不用意な点がみられ、しかも、著書収録の際に紙幅の関係からか簡略化とともに傍線部分が完全に脱落してしまい、「十月中旬」がひとり歩きしてしまう結果を招いてしまったのであった。

かつて、大原は「原文資料にふれる必要」[23]という一文のなかで、資料の位置付けには厳しい科学的態度が要求されることについて説き、「つねに新しい問題意識をもち、しかも厚みのある資料にしっかりと支えられながら、新鮮な理論を創造していきたいものである。」と結んでいる。その大原にしてなおかつ、限られた資料をもとに明治末年の国際状況の全体像を再構築するという前人未到の作業に分け入ったとき「実証」と「類推」が混在してついには見分けがつかなくなってしまうという誤りに陥っていたことを認め、またこの研究過程における研究会でうかつにもこれをチェックできなかった筆者自身の反省ともしたい。

ただ、ここで明らかにしておきたいのは、生前の大原は、西川氏の論文が発表されたとき、「はじめて正面からぼくの仕事を問題にしてくれる研究がでてきたことが嬉しい」[24]と心から喜んでいたことである。一九六〇年代初頭のこれらの業績に対して、実に二〇年を経て本格的な追跡研究による批判が現れたのであった。その意味では、今後も研究の進展に照応してますます本格的なあとづけや批判点、または全体としても大原の成果を乗り越える業績が現れることこそ、大原の本懐としたところであると信じ、あえてこの検証を行ったものである。

むすび

本稿は、なによりもまず、故人の学問の出発点について「借り物でない思想」を身につけるためという、彼自身の人間形成におけるのっぴきならない原動力があったことを前提に、なぜ彼がライフワークとして「日本における近代思想の受容」というテーマと生涯取り組んだのかを、そしてそれがどこまで果されてきたかを明らかにしようと試みたものである。そのために、ここまで故大原慧教授の主要業績について不十分ながら解題を進めてきた。未だ、取り上げるべき問題は多く残されているが、筆者の力量を超えるうえ紙幅も尽きた。

あらためて思う、大原教授の業績は、日本における片山潜研究・幸徳秋水研究、そして大逆事件研究の開拓期に、彼自身の学問的生涯のすべてを捧げてひとつの記念碑を打ち立てたものであった。

その早すぎた最晩年に、はじめて海外留学の機会を得た彼は、この経験が自己の学問に大きな刺激と新たな展望をもたらすことを信じ、勇躍して在外研究の途についたのであったが、渡英一年に満たず忽然として逝った。その成果の展開をもはや目にすることができない悲しみが、込み上げてくる。

いまはただ、このたどたどしい一文が、故人の業績の内包していた真の価値の一斑を伝えるものであることを願いつつ稿を終えることとしたい。

（一九八五年十一月三日）

【注】

(1) 大原慧「研究会雑感」、『史友』第二一号、國學院大学史学会、一九五三年七月。

(2) 同「ローザのゾフィ宛獄中よりの手紙」、『東京経済大学学報』第一六巻第四号、一九八三年十月二十二日付

(3) 座談会「國學院経済学部前史を語る」、『國學院經濟學』第三二巻第二・三号、一九八四年十一月

(4) この研究会の設立当初から現在までの継続参加メンバーは、大原慧のほか、吉村道男、加藤幸三郎、加藤佑治、大岩川（旧姓・篠塚）嫩

(5) 金子陞「機関誌の創刊に当って」、『鐘』創刊号、一九五八年三月二十日

(6) 大原慧「まえがき」、『幸徳秋水の思想と大逆事件』、一九七七年六月

(7) 大岩川嫩「さようなら、大原さん」、『大逆事件の真実をあきらかにする会ニュース』第二四号、一九八五年七月二十日

(8) 形態別・主題別の合計が各一一〇点を上回るのは、多面的な性格のものを重複して数えているものがあるためである。たとえば、主題別の場合、「大逆事件」関係と「再審請求」関係は完全に重なっているが、後者を特に抽出してみたいがために二重の分類を行ったものである。

(9) 「賃労働」一点は、やや奇異な感を与えられるが、これは一九五七年二月、國學院大学で紀要『政経論叢』に発表した「イギリス賃労働成立史論　序説(1)―アダム・スミスと賃金」の一編であり、いわ

ゆる「講師昇格問題」の渦中にあった時期の執筆である。帝国主義論で「学風」と衝突する前にオー

ソドックスな経済学理論を、との周囲の忠告による執筆と思われるが、彼はこの発表直後に國學院を

去り、ついに続編は書かれなかった。内容はアダム・スミスの賃金論をマルクス主義経済論の立場か

ら分析したものである。

⑽ 故人は執筆にあたってはどんな小さなものでも渾身の力をこめて書き、決してゆるがせにすることの

ない人であった。しかし、著作目録を編みながらいささか困ったのは、中身は違うのに、タイトルは

全く同じ、あるいは非常に似たものがいくつか存在することである。大きなものでは、「「大逆事件」

の国際的影響」は（上）（中）（下）を一九六二年から六六年にかけて『東京経済大学会誌』に執筆す

る一方、『思想』誌（岩波書店）にも同タイトルの（上）（下）を一九六三年と翌六四年一月に発表し

ているが、『思想』掲載のものは、前者執筆の途中で全体の見通しを俯瞰したものであり、同一テー

マではあるが密度が異なる。また、「幸徳秋水の家系について」というタイトルのものも二つあるが、

これは全くといってよいほど違った内容のものである。

⑾ とりわけ、戦前最大のタブーとされていた「大逆事件」に関しては、幸徳秋水をはじめとする刑死者

の遺族・縁者や、坂本清馬氏ら生存者自身による手記、神崎清・絲屋壽雄・塩田庄兵衛氏等研究者の

手による一部資料の紹介・覆刻がその主なものであった。

⑿ 明治時代に刊行された社会主義運動関係の新聞・雑誌等幾多の文献も僅かに東京大学法学部・明治新

聞雑誌文庫等に保存されているものを閲覧することはできたが、現今のような複写の便宜は全くなく、

筆写が唯一の資料収集手段であった。

⒀ この指摘につづいて大原は、「これらの事実は『自伝』執筆者のだれもが避けられえない人間の劫

〔業〕なのであろうか」として、山川均・荒畑寒村らのそれも同様であることを注記している。

(14) 片山の思想形成に重要な位置を占める第一回渡米時代の事実関係については、実地にこれを調査研究された隅谷三喜男教授から教示を受け、正確を期している。

(15) ＊「「大逆事件」と「片山潜」」『東経大創立六五周年記念論文集』、一九六五年十月
＊「片山潜——社会実践と国家思想の変遷」『日本の国家思想』(上) 青木書店、一九八〇年六月
＊「国際的視座にたつ労働運動の開拓者——片山潜」、『日本労働運動の先駆者たち』 慶應通信、一九八五年三月。

(16) 本書完成直後の合評会で、筆者が報告を担当して、前半と後半の異質性を指摘したとき、大原もこれを肯定したことを記憶する。

(17) 大原が一九七二年一月、この補論の原形となった口頭報告を「大逆事件処刑六十一周年追悼記念講演会」で行った際、一部の参加者グループが、苦々しげに〝幸徳秋水の墓のまわりで踊りを踊っているようなものだ〟とつぶやいていたのを記憶する。

(18) 本書の合評会（注16参照）において、あるメンバーが、「この著書は日本における地主文化の崩壊を、限りない愛惜をもって見事に描写している。しかし、それ以上のものでも、それ以下のものでもない」と評したことを、大原は、数年後亡くなったその評者への追悼文に記し、「まったく専門分野の違ったかれの、私への書評が、もっとも正確に、するどく私の弱点をついていた」としている（大原慧「追想」『明けつれど——大岩川和正教授追悼録』一九八二年十二月)。ここでいう「地主文化」とは、土佐中村の傾きかけた薬種商を、そしてまた越後燕の神社を広く包摂する日本の地方文化の風土を意味するであろう。「限りない愛惜」の露呈を「私の弱点」と大原が意識したところに、抜き難く

身につけた土着の伝統思想と格闘しながら外来の「近代思想」を受容し、新しい歴史の創造に立ち向かっていく人間の生き方を幸徳秋水を一つの典型として探ろうとするときの、彼の心理の一断面が窺える。しかも、筆者にはそれはむしろ「弱点」ではなく、大原の〝人間の思想の内実〟を、いいかえれば「真実の思想」を探ろうとする思索を支える一つの「強み」であったのではないかとすら思えるのである。

(19) 白柳秀湖『続財界太平記』（日本評論社、一九三〇年）、竹越与三郎『陶庵公』（叢文閣、一九三〇年）等

(20) 絲屋寿雄『幸徳秋水研究』（青木書店、一九六七年）、同『増補改訂・大逆事件』（三一選書、一九七〇年）、神崎清『実録幸徳秋水』（読売新聞社、一九七一年）、松本清張『小説・東京帝国大学』（新潮社、一九六〇年）等

(21) 一九六三年発表の『元老山縣有朋への書簡』論文の付記では共同作業・討議に言及しているが、本書の「まえがき」で大原は、「右の一連の論稿は、すべて、私達の『研究会』のなかで報告したものである。」とのみのべている。それは当時われわれ自身が個人的な事情により共同研究者として氏名をあげられることを辞したためである。なお、大原がこの研究グループの中心的存在であったことはいうまでもない。

(22) 「はじめに」、西川前掲書、五頁

(23) 『収書月報』第六巻第二号、東京経済大学図書館、一九六〇年七月号

(24) 批判点については、おそらく大原自身そのような誤りを自分がおかしているとは、信じられない思いであったろう。しかし大原はつねに海外の資料に関しては「原本」に十分触れることができなかった

ことを遺憾とし、第二インターの史実理解についても不十分であると自覚していた。これらについては、今回の在外研究の機会を利用して再調査したいと考えていたようである。

（『東京経済大学会誌』第一四四号、一九八六年一月）

2　エッセイ

幸徳秋水と二人の妻——師岡千代子と管野須賀子

幸徳秋水には、正確には三人の妻があった。

二六歳のとき初めて迎えた第一の妻、朝子とは、新婚わずか二、三ヵ月で離婚してしまっている。

秋水の生活の中に何ほどの位置をも占めることなく逐われた最初の妻は一応措くとして、ここでは秋水の人生に大きなかかわりを持った第二の妻・師岡千代子と、第三の妻・管野須賀子について、若干考察してみたい。

朝子離縁から三年後の明治三十二年、秋水二九歳のとき正式に結婚したのが、国学者師岡正胤の娘で、国文はもとより英語・仏語をよくし、日本画家でもあり、才学至らざるない才媛であったという千代子である。しかし秋水は、この結婚に際しても、小泉三申の証言するところによれば、婚礼の当日になって、新婦が美人でない、と危く吉原へ遁走してぶちこわすところであった。さきの朝子のときも、新婦が気にくわぬ、と婚礼当夜吉原へ登楼した秋水だったが、またしてもこれを繰返そうとしたことには弁護の余地はない。三申が、再々母に心労をかける親不孝の罪を説いてやっとのことで思いとどまらせ、辛うじてこの二度目の結婚は成立したのであった。何も知らぬ千代子にとっては、最初から不幸の影がさしていたといえよう。

その後はさすがに秋水も身を謹しみ、遊蕩を止め、よき家庭人たらんとした。それは経済的不如意から来た反省と同時に、「社会に向つて運動する処あらんが為めには、公道を天下に行はんが為めには、先つ修身斉家して後顧の憂を除かざる可らず」（「時至録」明治三一・九・二八）と、万朝報記者の秋水に、ようやく普通選挙期成同盟会の組織化など、志をもって「社会に運動する処あらん」とする姿勢が確立されたためでもあった。中江兆民門下のころから身についた年少客気の壮士的気風から、後年の社会主義運動指導者へと脱皮して行くプロセスである。千代子も、彼女自身は思想も主義も識るところではなかったが、夫を敬愛する温良従順な妻としてこの秋水をよく助け、ひとまず平穏無事な家庭生活が営まれたのであった。

しかしながら「多情多恨」と三申の評する秋水の内部に蔵された情念は、この必ずしも満足でなかった結婚生活を通じて、ひそかにくすぶっていたかのようである。社会主義者としての秋水の生活は困難の連続であった。明治三十八年、週刊『平民新聞』筆禍事件による最初の投獄、そして渡米。「嗚呼天下の婦人をして革命家の母たらしむること勿れ、革命家の妻たらしむること勿れ」（「狂瀾余沫」、『光』第五号）と嘆じた秋水は、「不孝の子、不仁の夫」（同前）として、革命運動のために老母、病妻の意を安んずることのできない自己を自覚していた。と同時に、それはまた、母はさておき、不平ひとつ言わずつき従って来てはいても決して真に社会主義運動を理解することがない妻をもつがゆえに、おのれを〝不仁の夫〟として意識せざるを得ないこと――言いかえれば夫婦の間で根本的な生き方について心が通じ合っていないこと――へのひそかな苛立ちが、秋水の内面には依然として蓄積されて来ていたことを意味する。おそらくこの埋めがたい違和感は、年月と共に深まって行ったのであろう。他所目には、ひたすら夫に尽す妻と、生活の不如意はあっても病身の妻をいたわる思いやりある夫として、十年間もともに暮して来た夫婦であったのに、四十二年の春に至り弾圧の激化と孤立の中で突如として千代子と離婚、管野須賀子と同棲し、肉親、友人から非難される秋水の内的必然性は、実にここに胚胎していたのである。

秋水は、その本質において大いなるロマンチストであった、と私は思う。一面きわめて冷徹な理論家でありながら、兆民門下から「科学的社会主義者」へ、一転して「過激なる無政府主義者」へ、とつき動かされ、ついには〝大逆の徒〟として生涯を終えたかれの一生を貫くものは、やむことのない社会変革への情熱であり、そのロマンチシズムが、かれの踏んで行った行程の各段階でつねに決定的に作用したと考える。弾圧、病気、運動の分裂等々の重なる中で、赤旗事件以後最も過激・情熱的な革命婦人として管野須賀子が身辺に立ちあらわれて来たとき、ロマンチストとしての秋水が衝撃を受け、彼女に強い魅力を感じたことは想像に難くない。そこには、千代子の女大学的献身から受けるものとは全く異質の牽引力があった。秋水が、ついには、須賀子が入獄中の若い同志荒畑寒村の愛人であったことへの配慮も、これまでひたすら憚って来たはずの老母の嘆きをも一切顧みずに、千代子を離別し、須賀子との同棲にふみ切ったというのも、まさにかれのこうした内的構造に照らしてみて、はじめて理解しうることである。

従来、この二人の人間関係については、運動の行きづまりからのデスペレートな結びつきだ、とする否定的評価が一般的であり、多くの男性遍歴をもつ〝魔女〟須賀子の誘惑に、秋水の対女性面での〝ルーズ癖〟が祟ったもので、秋水の晩年に汚点を残すものだ、とすら言われて来ている。そして、あたかもその観方を裏書きするかのように、大逆事件直前、須賀子の換金刑入獄(「自由思想」事件)を前にして、二人は別れることとなり、秋水は再び千代子との復縁をはかった形跡がある。だが、そうした解釈は、秋水の人間性に対する余りにも皮相な観察ではないだろうか。

もちろん、管野須賀子の思想性は決して高度なものではなかったし、不幸な境遇と肺患とからきわめて厭世的な気分をもち、その、〝死に急ぐ〟心情が新村・宮下らとの爆裂弾計画へと一直線の行動となって、天皇制権力の大がかりなフレーム・アップの端緒をひらいて行ったことは事実である。それを批判することはたやすい。けれども、秋水が愛したのは、何よりも、強権に体あたりでもぶつかって行こうとする「肺を病んでも、巡査に尾行されても、社会主義のためには死んでも宜い」(松崎天民「東京の女」)という、須賀子の内部にあるひたむきな心情そのものであった、とみるべきであろう。そして、それも秋水自身の内面的なものと強く共感するところがあったからこそ、といえる。須賀子も、秋水を「先生」と呼んで敬愛し、同志間の一切の悪声にも耐え、心労と過労から脳神経症で高熱を発して倒れてもなお、秋水の母・多治から快く思われていないことを苦にして病床からとりなしを頼むほどのしおらしさをも見せているのである。やがて、爆裂弾計画の進行とともに秋水と別れることとしたのも、秋水を事件にまき込むまい、とする彼女なりの配慮であったらしい。少なくとも、二人の間の諒解は、最後まで円満なものがあった。秋水の獄中書簡の片鱗にも、それがうかがわれる。秋水は終始須賀子をかばい通し、おそらく実生活上ではかなりのストレスがあったであろうにも拘らず、彼女に対しては、ただ一回の不満をも洩らしていない（千代子に対する不満は、母への書簡中にある）。

一方、秋水は大逆事件検挙の前から、それまで離婚後は月々の生活費を送るのみで関係を絶っていた千代子のことをもしきりと気にしはじめ、復籍のことをも考えていた。それは単に、須賀子と別れた後の身辺の世話を頼む、という便宜主義的な面からばかりではない。通じ合わぬ点はもとのままながら、獄中からも自分の死後の千代子の生活を案じ、情愛のこもった手紙をしばしば発信していることなどを見ると、かつての結婚生活でかけた苦労を思い、また無理強いの離婚から千代子が受けた心の傷手をも何とかしてつぐないたい、と思っていたようである。

もはや、そこには、新婚の夜、美人でないのが気にいらぬ、と吉原に繰り込む封建的男性のわがままの影は見出せない。それればかりか、〝自由恋愛〟をタテにとって居直った、二年前の無政府主義運動の首領の姿もない。これこそ、ロマンチスト秋水が、生涯ただ一度の恋愛・同棲・その破綻――挫折という苦しい体験の中から、自らの切実な苦悩の過程を経て、はじめてたどりついた人間的成長の境地なのである。それは、単に観念的なヒューマニスト、婦人解放論者であったかつての秋水の決して到達しえなかったところであった。その意味では、人間幸徳秋水にとって、最後の女性・管野須賀子の果たした役割は、またとなく大きなものであった、といえるのではないだろうか。

（『幸徳秋水全集』第五巻附録、一九六八年八月）

最晩年の師岡千代子さん

一九五九年三月十二日、私が番地を頼りに尋ねあてた「田中」と表札のかかった家に、その人はひっそりと老いの身を養っていた。幸徳秋水の二度目の、そして秋水最後の獄中を世話した別れた妻、師岡千代子さんである。東京、杉並区高円寺の小路の奥だった。この日付までハッキリしているのは、私が当時の日記にそのことを記しているからである。

「……師岡千代子さんを訪ねる。半世紀の苦難の生涯を生きた秋水夫人は、小さな、そして社交辞令だけはいささかも忘れぬ老婆となっていた。痛々しいとも何とも云いようのない姿であった。『――天涯孤独の身の上でございますから……』という彼女には、たしかに子供もなかった。来週T（立野信之）氏と再訪することにする。……」

いま日記のそのくだりを読み返すと、当時二五歳だった自身の未熟さが感じられて恥ずかしい。千代子さんは、その翌一九六〇年二月二十六日に八五歳で世を去られたので、私がお会いしたのは〝最晩年〟といえるだろう。

「見舞ってあげてください」と、その住所を知らせてくれたのは、まだ矍鑠《かくしゃく》としていた荒畑寒村さんだったことも思い出す。国家権力と対峙した凶暴な時代をともにくぐりぬけてきた人びとの間に結ばれていた温かい絆をも思い知らされた気がする。

近年、いままで「温順な妻」というイメージでのみ語られていた千代子さんが、実は烈しい自我と自己主張をもつ女性であったことを示す書簡類に触れて、私の認識もまた一変した。その時代のことを研究したり小説に書いたりする後世の私たちが持たねばならぬ謙虚さを、忘れないように自戒したい。

(『大逆事件の真実をあきらかにする会ニュース』第五〇号、二〇一一年一月)

管野須賀子の人間像——三冊の本から

かつて私は、幸徳秋水と管野須賀子の人間関係について、「運動の行きづまりからのデスペレートな結びつきだ、とする否定的評価が一般的であり、多くの男性遍歴をもつ〝魔女〟須賀子の誘惑に、秋水の対女性面での〝ルーズ癖〟が祟ったもので秋水の晩年に汚点を残すもの」とさえ言われていることを排し、二人の恋愛を積極的に評価して、「秋水が愛したのは、何よりも、強権に体あたりでもぶつかって行こうとする（中略）須賀子の内部にあるひたむきな心情そのものであった、とみるべきであろう」と書いたことがある（『幸徳秋水全集』第五巻附録、一九六八年八月）。それから四〇年を経て、その認識はいささかも変わっていないし、その後の新たな研究動向や新資料を知って、ますます強められてきている。

なお、私は、戸籍名の「スガ」よりも、彼女自身がつねに署名し、また当時の友人・知人間でも知られていた「須賀子」で呼びたい。与謝野晶子を戸籍名の「しやう」と呼ぶ人がないように。当時の女性たちは物書きの筆名でなくても、戸籍名よりも好んだ文字でみずから署名することが多かった。

あらためて、現在管野須賀子についてもっともよく読まれていると思われる三冊の評伝に対象をしぼって、その人物像がどのように見られてきたかを考えてみよう。

（一）絲屋寿雄著『管野すが――平民社の婦人革命家像』岩波新書、一九七〇年一月
（二）大谷渡著『管野スガと石上露子』東方出版、一九八九年五月
（三）清水卯之助著『管野須賀子の生涯　記者・クリスチャン・革命家』和泉書院、二〇〇二年

この三冊は、それぞれ十数年の間隔を置いて世に出た。（一）から（三）までのあいだには、実に三二年の歳月が横たわっている。しかもこの三冊には大きな共通点があると同時に、見逃しがたい違いがあることに注目しなければならない。

共通点は、三人の著者が、いずれも管野須賀子という人に深い愛情をもち、その歴史的役割を正当に評価し、世人に伝えたいと願って評伝を書いていることである。したがって、そのどれを読んでも読者は、明治の時代に激しく生きた女性革命家の姿に深い感銘を与えられるだろう。だが、もしある読者が、この三冊を同時に読み比べたとしたら、管野須賀子の生身の人間像についての印象にかなりの混乱を覚えるであろうこともまた事実である。

それは、須賀子が平民社に現れるまでの前半生の来歴認識に三冊――とくに（一）対（二）・（三）――には大きなブレが存在し、それが彼女の性格規定にかなりの影響を及ぼしていることに由来すると思われる。以下、その問題に焦点をあてて考察してみたい。

（一）を著者・絲屋寿雄氏が執筆する当時、参照することのできた須賀子の「過去」についての

資料は、基本的に荒畑寒村の自伝や思い出話に依拠していた。三十一歳で刑死した須賀子に比して九十四歳の長命を保った寒村は、彼女との結婚生活とその破局について、飽くことなく青春の苦悩に満ちた回想を繰り広げ、とくに彼女から聴いたとする彼との結婚以前の放縦《ほうしょう》な〝男性遍歴〟なるものを語っている。そして、自分との破局や後の秋水との結びつきの原因をもそこに求めようとしているかのようである。いわゆる「管野須賀子魔女・妖婦伝説」の濫觴《らんしょう》である。絲屋著も、須賀子に同情を寄せながらもこれら寒村自伝の背景に深く立ち入ることはせず、とくに大阪時代の須賀子が文学修業で師事した宇田川文海の愛人説や自己嫌悪からのキリスト教入信動機などはそのまま受け入れているといってよい。戦後書かれた他の多くの伝記的記述や、ノンフィクション作品、小説なども寒村自伝に無批判に追随してきた。

しかし、(二)の大谷渡著が出現するに及んで、この構図には大きな否定的見解が投げかけられた。(この著は、管野須賀子とほぼ同時代に生きた女性歌人・石上露子の生涯についても併せて取上げているが、その分量は管野須賀子の三分の一以下である。)

「管野スガ――女性革命家の虚像と実像」という表題の第一部では、その第一章「士族の娘の誇りと気概」の冒頭から、「ゆがめられた管野スガ像」、「『寒村自伝』と管野の虚像」の小見出しをもってたたみかけるように従来流布された資料・伝聞によって作られた管野スガ像の実例をあげて紹介するとともに、「管野スガの実像は、これらの書物が描くような虚像とはまったく異なったものだった。彼女は、女性解放運動のすぐれた先駆者としての女性だったのである。」と真っ向から断定するところから始まる。そしてあらためて著者による新資料の提示と分析をもってそれを実証しようとする。まず寒村が、須賀子の「自暴自棄」の端緒となったとする十代のころ継母の奸計で坑夫に凌辱されたという事件については真実性に疑義をさしはさみ、また修業時代の師・宇田川文海との人間関係については、宇田川の思想、人となりを詳述し、温かい師弟関係の域を出るものではなかったとの見解である。大阪婦人矯風会・キリスト教との接近も須賀子の成長過程での主体的な活動範囲の拡張によるものであることも、『大阪朝報』の記者活動や天理教機関誌『みちのとも』、矯風会関係資料、基督教会資料などの分析をもって検証され、同時に絲屋著に散見する事実誤認が具体的に示されてもいる。それらは、大谷氏の綿密な文献渉猟と周辺調査の結果であり、強い説得性をもっている。よしんばすべてが著者の主張通りではないにしても、基本的には須賀子の成長過程前史における真摯な足跡が実証されたといえよう。まさに、管野須賀子研究にとって画期的な一石が投じられたのである。

（三）は、著者・清水卯之助（一九〇九―一九九一）の歿後遺著として世に出た。清水氏は、一九八四年に初めて刊行された『管野須賀子全集』（三冊、弘隆社）の編纂になみなみならぬ情熱を注いだ人である。全集刊行後、念願の「管野須賀子の生涯」の執筆にとりかかったが完成を見ずして八二歳で病没、遺稿二五〇枚がこの書に「Ⅰ　管野須賀子の青春」として収録されている。「Ⅱ　管野須賀子とその周辺」には既発表の短編十編を収め、「Ⅲ　管野須賀子小伝と年譜」には全集に付したものを再録している。未完とはいえ、著者が最も意を用いたと思われるのは（二）

と同じように魔女伝説を排する須賀子の人間像の再構築であり、それはこの第Ⅰ部で十分に果たされている。大谷著の須賀子像がやや理想化されたものというならば、清水著によるそれは、より生身の実像を追求しているともいえるだろう。寒村自伝等の記述については「寒村という人は終生須賀子にコンプレックスと度し難い恨みをもって、彼女を淫婦妖婦に仕立てるのに筆を惜しまず、機会あるごとに中傷している」と手厳しく批判しているが、個々の事実については、必ずしも全否定ではない。たとえば坑夫凌辱一件については、ほぼ事実と推定、宇田川文海との人間関係についても生活のために貞操を売ったという見方は否定し師弟愛からその域を超えて発展した可能性を肯定的にとらえているが、田辺の『牟婁新報』時代の毛利柴庵や清滝智竜との情事については、まったくの虚構として斥けているなどである。また、『大阪朝報』時代の須賀子の記者生活についても詳述し、大谷著と同様に先駆的な女性ジャーナリストとしての活躍に高い評価を与えている。

なお、清水著で批判的に触れている須賀子刑死直後の堺利彦から石川半山宛の手紙について一言しておこう。最近山泉進氏によって全文が紹介されたこの手紙（『大逆事件の真実をあきらかにする会ニュース』第四六号）の存在は一見、寒村自伝の「彼女は堺先生に過去の生活一切を告白して更生を誓うとともに、私との結婚についても先生の諒解を得」たという記述を裏付けているように見える。しかし、ここに堺が書いている管野須賀子についてのゴシップめいた部分をよく検討してみると、彼が須賀子本人から直接聞いたと思われる部分は意外と少ない。坑夫の件はその一つであるが、あとはほとんど寒村からのバイアスのかかった伝聞（毛利柴庵のことなど）か堺自身の憶測（宇田川文海との関係など）によると思われる。いっぽう、寒村自伝が年上の須賀子に誘惑されたように述べているのに反して、彼の熱烈な恋情に須賀子が「トウトウほだされ」たとしているのは皮肉である。

大谷渡著、清水卯之助著の地道な検証努力によって、管野須賀子の人物像は、ようやくその謎めいた前史に光があてられた。そして、獄中手記「死出の道艸」にみられる毅然とした革命家としての姿とその前半生とが、いまでは統一された人間としての鮮やかな像を結ぶことができるようになったのである。（一）の著者・絲屋寿雄（一九九七年歿）がもしこれを知ったなら、喜んで自著の誤りを認めただろうことは、生前の絲屋氏を知る者として確言したい。他方いまだに、フィクションとはいえ実名小説の節度を超えて、旧態依然たる〝魔女〟イメージを増幅させ誇張すらしている作品も存在するという現状がある。遺憾としか言いようがない。

宿痾を抱えながら、困難な生活条件の中で、ひたすら向上と自立をめざして生き、たどり着いた社会主義・無政府主義の理想が強権のもとで踏みにじられたとき、「われとわがからだを敵に擲げつくる心」（啄木）をもって砕け散ったのが、管野須賀子であった。

近年発表された今井弘道氏による論文「美くしとにもあらぬ——石川啄木と女性テロリスト群像——」（『象』第五五号、二〇〇六年七月）は、須賀子と秋水の人間関係こそ成熟した人間同士の恋愛であり、かつて彼女が『牟婁新報』記者時代に書いた「熱烈なる相愛の夫妻が、私するものとては、只相互の愛情のみにして、余力を挙げて社会のために捧げ、己が成すべきの務めを終わりたるの日、即ち、莞爾として相抱いて情死をなす……是れ妾の理想なり」を実現したものであった、とする。

魔女伝説を克服しての管野須賀子理解はこうしてようやく深められつつある。

最後に、最近、鍋島高明著『秋水と三申——叛骨の友情譜』（高知新聞社、二〇〇七年九月）で明らかにされた、西園寺公望がずっと後年小泉三申に語ったという須賀子の印象を記しておこう。

「あなたの友人幸徳の仲間に女がいましたね。管野スガ——その女だ、たずねてきたから駿河台の家の二階で逢ったことがある。美人ではなかったね、何の話であったか、よくは覚えないが、いやなことではなかった、静かによく話して行った」

この西園寺の談話には、「大逆」を犯した女への嫌悪感のようなものは少しもない。ただ一度会っただけの、そして貴顕淑女をはじめとする多くの女性を見てきた西園寺に「静かによく話して行った」という印象を永く残すような女性で、管野須賀子はあった。

（「特集　己を飾らず偽らず——管野須賀子のみちくさ」所収、『彷書月刊』二〇〇八年二月号）

一枚の葉書

一九一〇年五月十一日付、管野須賀子が東京千駄ヶ谷の増田方から伊豆・湯河原温泉天野屋に滞在している幸徳秋水に当てた一枚の葉書がある。

「お天気の加減か今日は気分が悪い上胸が痛んで二三時間裁縫をした許り　終日悲観して暮しました　無意義な人生！　私は此冷たい空気を永く呼吸するのに堪へません　生！　生の苦痛　人間と云ふものは何の目的があつてこの無意味な悲惨な旅を続けるのでせう？　五月十一日夜」

私が、この葉書の実物を手にして読んだのは、大学を出たばかりの一九五七年ごろのことであった。故大原慧さんらと始めた研究会で、所蔵者の堺真柄さんから大原さんに貸してくださった貴重な資料のひとつだったのである。そのときの私はまだ須賀子の書いたものをほとんど読んでいなかった。そして、その短い文面に流れる厭世的な気分に驚くと同時に、須賀子の人間的な悲傷に強く心を動かされた。しかし、この葉書と入れ違いに秋水から手紙が届いたようで、翌十二日付の秋水宛手紙には、「優しい懐かしい御筆跡を見ると今迄のムシャクシャくして居たのがさつと煙のやうに消へて了ひました」とある。湯河原で袂を分かったとはいえ、二人の愛情関係は続いていたのである。まもなく須賀子は換金刑のため入獄、そのまま二人の運命は「大逆事件」の勃発に巻き込まれて行った。

秋水との別れと病苦による寂寥、同志間での孤立感などが須賀子の生涯で唯一厭世観を吐露した冒頭の葉書となったと思われる。獄中手記「死出の道艸」のなかでも、自分を「極端な感情家」と規定したくだりがあり、冷静で鋭い裁判批判の筆致と別の一面をちらりと見せている。

「私ハ管野モ幼少ノ時ヨリ逆境ニ立チ殆ンド戦闘的ノ生活ヲ為シテ来タ女テアルカラ今後少シク平和ニ生活ヲ致サセテヤリタイト云フ念カ起リ……」

（第六回幸徳傳次郎予審調書　明治四十三年七月六日）

秋水は、須賀子を爆裂弾計画から離脱させようと湯河原にともなった心境をこう述べている。ひたむきに「無政府共産主義者」としての自己を駆り立てて走ろうとした須賀子のなかにひそむ人間的な屈折を最もよく理解していたのは、やはり彼女を愛した秋水であったといえよう。

（『管野須賀子を顕彰し名誉回復を求める会』第一一号、二〇一六年三月）

管野須賀子の針文字通信をめぐって

我孫子市白樺文学館における「針文字書簡と大逆事件～事件が文字に与えた影響～」展で紹介された「管野須賀子の獄中からの針文字書簡」については、我孫子市教育委員会が展示会場で配布した懇切な解説冊子の存在にもかかわらず、なおいくつかの疑義が寄せられている。私の見聞したそれらの疑問について、すこしばかり発言しておきたい。

まず、この「針文字書簡」は、二〇一〇年一月の『毎日新聞』が大きく報道して一般に知られるようになったので、発見時期もそのころと理解している向きが多いようである。しかし、すでにその三年以上前の二〇〇六（平成十八）年十一月には、発見者・小林康達氏が「大逆事件針文字書簡と楚人冠」として『史潮』五八号にその発見と位置づけについての詳細な論文を発表しておられるのである。本『ニュース』では、いちはやくこれに着目し、二〇〇七年一月の第四五号文献紹介欄で「注目すべき新資料の発見である。」としてとりあげている。

それ以来、私は現物の閲覧を切望していたが、ようやく昨年の正春寺の追悼集会で筆者・小林康達氏や我孫子市教育委員会の田中澄玲さんとお会いすることができ、さらに秋の白樺文学館における公開展示（二〇一〇年十一月二日～二十八日）を見ることができた。これまで当時公開された横山勝太郎弁護士あての針文字写真を見ることはあっても、楚人冠あてのこの現物を見た感動はひとしおであった。

さて、その後、私のところへ、メールで次のような質問を寄せられた方があった。（1）管野が書いたとすれば、彼女は横山弁護士の分も含めて獄中記などでも一言も触れていませんが、なぜでしょうか？（2）面会した堺らにも話していないのは？　これに対して、私は、「獄中からの秘密通信（危険を冒した善意の協力者を得ている）であった以上、管野が当局の目や耳に触れる手記や面会談で触れていないのは当然だと思います。横山弁護士が公表することは彼女の想定外のことだったでしょう。楚人冠の公開状による横山批判もそのためであり、これに答えた横山が、〝偽物説〟を公表の理由としたのも、あえて偽物としながら暗黙のうちに事件を世に知らせる手段としたとも考えられます。」とお答えした。なお、封筒の消印は東京監獄の最寄局であった牛込局であり、獄外持ち出しの密かな協力者は看守であった可能性がある。

さらに、去る十二月五日の文化学院におけるフォーラム「文学者たちの大逆事件―〈リアル〉の衝撃―」において、作家・辻原登氏が「管野スガの「針文字手紙」から見えてくるもの」というテーマの記念講演をされた。管野須賀子がその「生を生ききった」ことを人間の〝幸福の総量〟の視点で論ずるなど、極めて興味深い内容で楽しく拝聴した。しかし時間切れで、「針文字」問題については最後に少しだけ触れられたのみであった。そのなかで、ほんとうに管野が書いたものか？　獄中に針など持ち込めたのか？　発信者は不明ではないか？　等々の指摘があり、多分に疑問を持っておられることを示唆されていた。これらの疑問が解明されたとき〝見えてくるもの〟があるだろうという趣旨のようだった。

その疑問のうちで、明確にお答えできるのは、「針などを持ち込めたか」という点である。被告たちはかなりの量の手記や書簡を残しているように、獄中で筆紙を自由に使用していた。そして、「針」の問題については、同じ獄中にあった幸徳秋水が師岡千代子あてに出した手紙のなかに、「△獄中で一番困るのは衣類の破れ綻びを縫ふことだ。針は筆よりも遥に重し」（明治四十三年十二月六日付書簡）と諧謔まじりに書いていることではっきりする。かれらが、獄中の身辺に公然と針を所持していたのは疑問の余地はないであろう。秋水にとって筆よりも重かった針を、管野須賀子はまさに筆としたのだった。

（『大逆事件の真実をあきらかにする会ニュース』第五〇号、二〇一一年一月）

新村忠雄の針文字

　大逆事件獄中でひそかに綴られた「針文字」については、近年新たに管野須賀子の杉村縦横（楚人冠）あての秘密通信として用いられた文書が発見されて以来、とみに関心が高まってきている。ところが、相被告の新村忠雄の綴った針文字については、これまであまり顧みられたことがないようであるので、ここであらためて取り上げてみたい。私自身も、最近ふとしたきっかけで新村忠雄の「獄中手記」を読み返すまでは、ついそれを忘れていた。

　忠雄の「獄中手記」（仮題）は、周知のように久しく官憲の手によって隠匿され、戦後、神崎清編『大逆事件記録第一巻・獄中手記』（実業之日本社、一九五〇年六月）に収録されて、初めて世に現れた（一九五一年十二月、世界文庫版『新編獄中手記』として増補再版）。

　いきなり、その冒頭に「怠らず毎日書きつづけて居るが、もう半紙はとくになくなつてしまつた。（中略）金もない。金の来るまで半紙を買ふまでと、一度書いた裏へ書きつづけて居るが、それすらなくなつて来た。二課長は、去年七月五日まで紙に針で書いたのを取上げた十七枚の半紙を特別下附してくれたが、それすら終つてしもふ様になつた（後略）」（傍点筆者）とある。日付はなく、これは神崎清氏の解説によれば、この「獄中手記」を目次にしたがって編集しなおした同氏が「断片的な反古のなかからひろいあげたもの」を巻頭に置き、「序文」の役割を負わせたものである。これで、前年五月下旬の逮捕直後から七月五日まで忠雄は、おそらく取り調べの様子などをひそかに針で半紙に十七枚にわたって記していたのを見つかって取上げられ、のちにそれに相当する半紙を支給されていたことがわかる。ちなみに、「針」は取上げられたとは書かれていない。針で書いたことよりも、「針文字」の内容が忌諱《きい》に触れたのであろう。そして、その失われた「針文字文書」の残欠が、なんと、忠雄獄中手記の最後に、「断片D」として収められている。その全文は次の通り。

「十三日　十四日　鹿ヲ見　圓満ナル友ヨ　十三日　潮・小原　十四日古かト武富・小山武富ニ宮下ノ誓　痛憤ニ堪エズ　研究積〔マズ〕意味〔志〕弱ク　アノ清水ノ妻ト通シテ大事ヲ誤リ　此犠牲ヲ出シ　而シテ一検事輩ニ」

＊〔　〕内は、神崎氏による修正・補足。

解説は、この針文字は、忠雄手記が三冊に官憲の手で綴じわけられていたその第一冊の「うら表紙に使われていた」のを「辛うじて判読」したものという。「……同志宮下太吉の敗北を泣いた血涙の書」とは、神崎氏の評価である。そして、この一枚の残欠以外の「半紙十七枚」にわたった針文字は「今日もはやその痕跡をとどめていないことが惜しまれる」とする。

針文字ばかりではない。戦後奇跡的に隠滅を免れて陽の目をみた被告らの「獄中手記」原本は、このとき神崎氏が借用した佐和慶太郎の手から、やがて南喜一所蔵となったと伝えられる。しかし、その後所在不明となり、再び闇のなかに没してしまった。故古河三樹松氏は、旧知の南喜一に何度も所在を問いただしたが、南氏は、「あれは進駐軍のガサ入れ（家宅捜索）で持っていかれてしまった」と答えるのみであったという（三樹松さんの筆者への談話）。いつのことで、どんな事情の〝ガサ入れ〟だったのかもわからない。山泉進氏も南喜一氏の遺族に問い合わせたが、「無い」との回答だったという。

貴重な歴史の証言が陽の目をみた一瞬をとらえて『大逆事件記録第一巻・獄中手記』を編み、懇切な解説を付し活字にして残してくれた故神崎清氏の功績は、いくら強調してもし過ぎることはないといえよう。いつの日か、原本が再び奇跡的に姿を現すことを祈るのみである。

（『大逆事件の真実をあきらかにする会ニュース』第五一号、二〇一二年一月）

幸徳秋水と管野須賀子 ――一枚の写真から

「私は愈々《いよいよ》管野と夫婦になることに致しました。（中略）同人は、……つくりかざりもなく、おせじもないのですけれど、主義の為めにも家事の為めにも、まじめで熱心に働いてくれるし、私の身の上も私の考へも能くわかつて居るやうですから今では円満幸福にくらして居ます。」

これは、幸徳秋水が明治四十二年九月十三日付で郷里の母・多治へ出した手紙の一節である。妻・千代子と離婚し、この数か月前から公然と管野須賀子と暮らすようになって世間から非難されている秋水を気遣った母から、「あまり人に笑はれぬやうにせよ」と言ってきた手紙に対する秋水の答えであった。

いま、私の手許に、秋水と須賀子のふたりがおそらく結婚記念写真として撮ったと思われる写真がある。最後の「平民社」となった下駄ヶ谷九〇三番地の寓居の隣人・増田謹三郎家に伝わるものをお孫さんの増田三郎さんが複製してくださったものである。よく知られた写真だが、凛然とした表情といい、五つ紋の羽織で正装した秋水が「Socialist」と題字の見える英字新聞を手にしている姿といい、迫害と孤立に抗して、寄り添って生き抜こうとする二人の決意が読み取れる

（本文参照）

ような映像である。そして、「美人ではなかった……」と同時代人から言われ続けている須賀子は、この写真では、輝くばかりにうつくしい。このとき、秋水満三八歳、須賀子二八歳。成熟した大人同士の恋愛であり結婚だった。

一年ほどの時を経て、「円満幸福」だった二人の結婚生活は大逆事件の渦に巻き込まれる形で破綻して行く。しかし前後の史・資料をつぶさに読み解いてゆけば、二人の間の愛と信頼は根本のところでは決して変わっていなかったと私は確信している。同じ大審院の大逆事件法廷に立ちながらも言葉を交わすこともできなかった二人であったが、特別の計らいで共に母・多治の死を知らされた秋水と須賀子が花井卓蔵弁護士に促されて握手を交わしたとき、青白かった須賀子の顔が「サッと紅潮した」とは今村力三郎弁護士の目撃談である（神崎清『革命伝説』）。

二人が強権との闘いの末刑死して百年以上が経ち、いまかれらの闘いの軌跡を振り返り、現在の歴史的課題との関連をさぐろうとする幾多の試みが生まれている。こんど座・高円寺で上演される、新進劇作家・嶽本あゆ美さんの作品「太平洋食堂」もそのひとつであり、成功を願ってやまない。

（日本劇作家協会プログラム『太平洋食堂』、二〇一三年七月）

ダイギャクかタイギャクか

「大逆事件の読み方は、ダイギャクとタイギャクとどちらが正しいのですか?」――そんな質問をよく投げかけられるようになったのは、二〇年ばかり前からのことである。もっと前の時代には、そういう疑問を耳にすることはあまりなかったと思う。再審請求を初めて提起した一九六〇年代、そのころの関係者たちは、誰もがダイギャク事件と濁音で発言していて、タイギャクという人はいなかった。事件被告唯一の生存者・坂本清馬さんも、当時本会に土佐から寄せたカタカナ電報でわざわざ濁点に一字分の料金を払って「ダ」と書いている（第二〇号、『大逆事件の真実をあきらかにする会ニュース』復刻版二三四頁）。本会初代事務局長・坂本昭氏の電報も同じ。また森長英三郎、神崎清、絲屋寿雄、塩田庄兵衛、大原慧氏らいわゆる第一世代の研究者たちも「ダイギャク」と発音していたし、それら大先輩の驥尾《きび》に付して末端で運動に参加した学窓を出たばかりの私も、当然疑問の余地なくそれに倣っていた。

ところが、近年、「タイギャク」と濁らずに読む人々が増えてきた。なかでも、本会第四代事務局長をすでに三〇年以上務める山泉進氏が、その代表格であるとなれば、さきの質問にも答えが難しくなってくる。「――どちらでもよいのでは」などとあやふやに口ごもり、時には舌のもつれる思いで「タイギャク……?」などと呟いてみたりもした。

しかし、最近ここに明快な解答が示された。新井勉著『大逆罪・内乱罪の研究』(批評社、二〇一六年四月刊、著者は日本大学法学部教授の法制史家)が、この問題を「序説―大逆とは何か、内乱とは何か」のなかで取り上げ、大槻文彦の『言海』を参照しつつ「読みは濁音の「だいぎゃく」」であると規定している。古くは養老律のなかの八虐の一つの罪名「謀大逆」にまで遡って解読。引用すると「謀大逆の大の字は漢音がタイ、呉音がダイ、逆の字は漢音がゲキ、呉音がギャクで、謀大逆はムダイギャクと読む」。つまり、漢音と呉音を混合しない限り、「タイギャク」の読みは成立せず、呉音の「ダイギャク」が正しい、ということになる。

現代の私たちと異なって漢学的素養が身についていた明治の人々やその直接の影響を受けた第一世代の研究者たちは、ごく自然に「ダイギャク」と呼びならわしていたのであった。

(『大逆事件の真実をあきらかにする会ニュース』第五六号、二〇一七年一月)

中村市・一条神社で秋水・須賀子の「霊板」初公開

昨九八年夏、初期社会主義研究会等の研究者たち十数名が中村市を訪れた機会に、同市の一条神社に保管されていた幸徳秋水・管野須賀子の二人の「霊板」が、宮司さんから初公開された。八月三十日午前中のことである。

神道における「霊板」とは仏教における位牌に相当するもので、土地の人々は神仏混淆時代の名残もあってか、いまでもこれを〝お位牌〟と呼んでいるようだ。

いつごろ、この霊板が一条神社に納められたものかということは、記録がなく、宮司さんもわからないとのこと。神社では、他の同様の氏子から納められた霊板とともに、節目ごとの祭事を営んでこられた。その存在は、同市出身で本会事務局長でもある山泉進明大教授などの一部の研究者には知られていたが、これまでは神社の奥深く蔵されていて、同教授も初めて目にしたということ。

高さ一八・五センチ、最大幅四・五センチの二つの霊板の表には「幸徳傳次郎秋水之霊神」「管野須賀子之霊神」、裏には「明治四十四年一月廿四日／於東京死歿／享年四十有一」「明治四十四年一月廿五日／於東京死歿／享年三十有一」と楷書で墨書されているが、筆跡は誰のものか不明。管野須賀子の死歿日は、最初「二十四日」と書かれて、「二十五日」に訂正されている。

従来、幸徳秋水が糟糠の妻・千代子を離別してまで結ばれ、共に「大逆事件」で刑死した管野須賀子の存在は、秋水の郷里の親族たちには快く受け入れられてはいないものと思われてきた。二人の墓所も、高知・中村と、東京・渋谷の正春寺と遠く隔たったままであった。しかし、この一対の霊板が、神道を宗とする幸徳家から一条神社に納められたことは確かであろう。丁寧に包んであった白布が広げられて現われた初公開の霊板に見入ったとき筆者は、二人の非業の死を悼んでひそかにこれを共に祭ろうとした幸徳家遺族の心情に、あらためて心をうたれた。

同日午後、地元の「秋水研究会」の人々との交流集会が開催された。訪問研究者たちはこもごも秋水の出身地・中村に記念館をと要望する意見を熱心に述べ、翌日の『読売新聞』、『高知新聞』の二紙はそれぞれ大きなスペースを割いてこの模様を伝えるとともに、〝霊板発見〟をもニュースとして報じた。

なお、この中村訪問は、「初期社会主義研究会」（代表、山泉進）の「高知・中村大会」として企画されたものの一環であり、本会からも大原春子、大岩川の二名が参加、この歴史的な霊板公開に立ち会うことができたのは幸運であった。

（『大逆事件の真実をあきらかにする会ニュース』第三八号、一九九九年一月）

秋水・須賀子の「霊板」の謎解ける

二十年ほど前の本『ニュース』三八号（一九九九年一月）に、「中村市・一条神社で秋水・須賀子の「霊板」初公開」というタイトルで掲載されていた一頁ばかりの記事を記憶されている方がいるだろうか。

その記事の筆者である私は、「いつごろ、この霊板が一条神社に納められたものかということは、記録がなく、宮司さんもわからないとのこと」として、写真入りで詳しくその形状や記載の文字などを紹介しながら、「……しかし、この一対の霊板が、神道を旨とする幸徳家から一条神社に納められたことは確かであろう。……二人の非業の死を悼んでひそかにこれを共に祭ろうとした幸徳家遺族の心情にあらためて心をうたれた」とし、翌日の地元紙が〝霊板発見〟をニュースとして報じたことをも記している。それ以来、その由来の解明を待つ気持は長く私の心にくすぶっていた。

幸徳富治の手紙

ところが、時を経て二〇一九年の最近、ゆくりなくも、その謎が解かれる日が来た。丹波・岩崎革也研究会の奥村正男さんから送っていただいた『岩崎革也宛書簡集Ⅱ（幸徳秋水・幸徳千代子・幸徳駒太郎・北一輝書簡）』を開いて読み進んでいた私は、幸徳富治の大正七年六月四日付書簡の一節にハッと目を惹かれたのである。

「……此の好機を利して一度上京致し菅野須賀子様（私の家でも秋水の霊と共に祭っては居ます）の墓参を仕度い、且つは御地へも御伺い致し度いと存じましたが……」（三三頁）

というところ、括弧の中で、管野須賀子の霊を「秋水の霊と共に」祭っていると述べているくだりである。これで、さきの推測、つまり一条神社へ霊板を納めたのは幸徳家遺族にほかならないことが、確証できたと思われた。

大原慧さんの調査

さらに、もっと不明を恥じなければならないことが出て来た。

その直後、たまたま故大原慧さん（本会前事務局長、一九八五年没）の遺稿のひとつである「秋水の墓前に立って」（『現代と思想』季刊十三号、一九七三年九月）という小論抜刷に目を通していたところ、「霊板の謎」はとっくに大原さんによって明らかにされていたことに気が付いたのである。

大原さんが幸徳秋水の家系についての詳細な調査研究を遂げられていることはその主著『幸徳秋水の思想と大逆事件』（青木書店、一九七七年）所収の「幸徳秋水の家系について」の章などで周知のことであるが、その土台となった調査の一環が、この小論には語られている。

一九七三年七月十九日、高知市に幸徳駒太郎の孫で、富治の娘にあたる池三春さんを訪れた大原さんは、未知の秋水の家系について率直にいろいろ尋ねた。それに対して、三春さんは

「自分が幸徳家の墓地の正式の管理者であることをはじめて明らかにされた。そしてまた、このたび初孫ができたので自分の子供に幸徳の姓を継承させるつもりであることも、私に語ってくれた。」

という。さらに、管野スガの名前が幸徳篤明（秋水の父）家の過去帳に駒太郎の筆跡で記載されていることへの大原さんの疑問に答えて、三春さんは、

「正福寺は、維新後の廃仏毀釈によって無住寺になりましたので、幸徳家はその後、神道に宗旨がえをいたしました。たしかに、黒い小さな管野の位牌は家にあったのですが、神道に宗旨がえをするときか、引っ越しのときにか、その位牌は、一条神社に奉納し、霊板に書き変えてもらいました。」

と語り、求めに応じて秋水の父・篤明の霊板「皈幽幸徳篤明大人霊位」のほか、家に蔵している

「皈幽幸徳傳次郎秋水霊位」

「皈幽管野須賀子刀自霊位」

の二枚を含む一六枚の霊板を取り出して見せてくれたという。一条神社にある霊板「幸徳傳次郎秋水之霊神」・「管野須賀子之霊神」とは表記は異なるが、管野須賀子が秋水最後の妻として幸徳家に充分認められていたことが立証されたと言えよう。

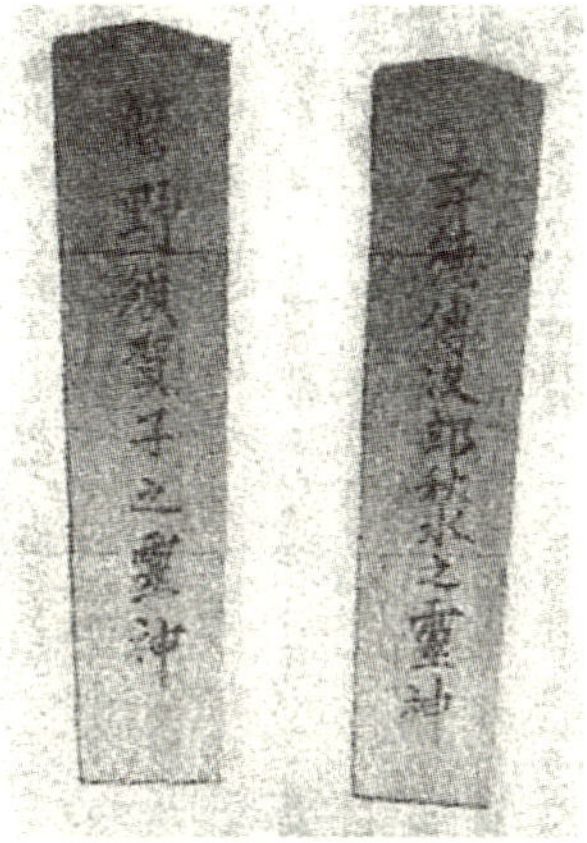
一条神社に納められていた二人の霊板

そのころの 大原慧さん

大原さんが自ら高知市に足を運んで池三春さんを訪ね、この小論を書かれてから茫々四六年、半世紀近くを経てあらためて教えられたことに頭を垂れるのみである。ここに記して多年の忘却の迂闊をお詫びしたい。

（二〇一九年十二月十八日記）

（『大逆事件の真実をあきらかにする会ニュース』第五九号、二〇二〇年一月）

紀州に〝大逆事件〟の跡を尋ねる

一九九九年八月十七日から三日間の日程で、初期社会主義研究会のメンバーに有志を加えた二〇名ほどが、「大逆事件」犠牲者の大石誠之助ら紀州グループの故地、新宮を中心とする南紀への調査旅行を実施した。調査日程の設営にあたったのは、同研究会々員で、「あきらかにする会」会員でもある辻本雄一氏である。

十八日朝からまず新宮市南谷墓地において大石誠之助、高木顕明、峯尾節堂の墓参。初めての参加者の感銘はもとより、再訪者もいまでは幾つもの小さな谷筋からなる迷路のような南谷墓地の道しるべに「大石誠之助の墓」「高木顕明の墓」などという標識まである様子に感慨深く見入った。大石の墓石の文字は、堺利彦の筆によるものである。高木顕明の墓前では、つい半月ほど前にここで「遠松忌」の法要を行った泉恵機さんからの説明もあった。峯尾節堂の墓には標識はまだなく、ひっそりと木陰に立っていたが、再訪の山泉氏らの話では、周囲は以前よりきれいに整頓されているとのこと。次いで、辻本氏の案内で先年物故したこの地出身の作家・中上健次の墓地にも参った。辻本氏は、本誌№32（一九九三年）に、「書かれざる「物語」への無念―中上健次と〈大逆事件〉──」を執筆している。

成石平四郎・勘三郎兄弟の墓地と菩提寺・祐川寺を訪れたのは、十九日。熊野川を遡った本宮町の山裾の墓地には、荒畑寒村撰文の碑文を刻む「成石平四郎兄弟之碑」が三十数年の風雪を経ている。一行のうちこの撰文の存在を知りながら未見だったという寒村研究者の堀切利高氏は、感慨しきりだった。祐川寺では丹羽達宗住職の話を伺い、また勘三郎が獄中で書いた感想や写経の数々の遺品を見せていただいた。いずれも勘三郎の無実の叫びを惻々として訴えかけていた。「紀州グループ」の残る一人、崎久保誓一の墓所は新宮市をやや離れた場所にあったが、マイクロバスでの移動で、参ることができた。また、十八日の夜には高田の宿泊所で山泉（「大逆事件は動いている」）、堀切（「荒畑寒村と田辺」）両氏による講演会を開催したが、折りからの豪雨にもかかわらず多数の新宮市民の聴衆があり、成石平四郎の孫として参加された岡功氏もスピーチをされた。講演会に続く市民との交流会も盛会であった。このほか、高木顕明布教鉱山跡、人民解放運動戦士之碑、新宮図書館（大石誠之助の遺品等）、佐藤春夫記念館、西村伊作記念館なども見学し、新宮の文化風土のなかに「大逆事件」の占める位置を再認識する旅であった。

地元紙『紀南新聞』も全日程を熱心に取材、大きく報道して、地元における〝大逆事件〟犠牲者たちの復権をとの私たちの願いには進展がみられたといえよう。

（『大逆事件の真実をあきらかにする会ニュース』第三九号、二〇〇〇年一月）

蘇る大逆事件　――平成の世に、いま復権する僧侶たち

ことし（一九九七年）六月に九五歳で亡くなった作家・住井すゑさんは、その講演や座談会などでいつも、「わたしが『橋のない川』を書くのは、幸徳秋水のかたき討ちなんです」と話していた。といっても、住井さんが幸徳秋水ら大逆事件犠牲者の子孫であるわけではない。

大逆事件の起こった一九一〇（明治四十三）年、ある小学校の校長先生が全校生徒を集めて、「幸徳秋水という悪いヤツが、天皇陛下に爆裂弾を投げようとした。彼は金持ちも貧乏人もない世の中をつくろうとしたのだ。日露戦争にも反対したのだ」と訓辞をした。

これを聞いていた一人の少女は、〈戦争に反対し、みんな平等な世の中をつくろうとしたとは、なんとすばらしい人か〉と胸がわくわくするほど嬉しくなったが、やがて彼らがいっぺんに十二人も死刑になったことを聞いて涙があふれ、子ども心に〈わたしは生涯をかけて幸徳秋水のかたきを討ってやる〉と誓ったという。その三年生の少女が住井すゑさんだった。彼女は校長先生の言う悪逆無道の「大逆事件」の本質が、天皇制を批判する人々への弾圧事件であることを小学生ながら直感的に見抜いていたのである。

石川啄木や佐藤春夫、徳富蘆花、永井荷風など多くの知識人、青年たちも事件に衝撃を受け、疑問をもった。かれらの刑死直後に発表された石川啄木の詩は、テロリズムへの傾斜にすら、言論を弾圧した国家が生みだしたものとして深い同情を寄せた。

しかし、そうした声は長く権力によって圧殺され、一般国民の耳や心に届くことがなかった。「事件」の真相は、第二次大戦の敗戦によって〝大逆罪〟、すなわち刑法第七十三条の「皇室危害罪」が消滅するまでは闇の中に閉ざされたままであった。

埋《うず》もれていた「大逆事件」の真実

ことの発端は、「信州爆裂弾事件」と呼ばれるものである。一九一〇年五月下旬に長野県中川手村明科の製材所に働いていた機械工・宮下太吉がひそかに爆裂弾を試作、実験していたことが発覚、その製造過程に関わりのあった新村善兵衛・忠雄兄弟、新田融《とおる》や文通のあった古河力作などが逮捕され、次いで湯河原で静養中の幸徳秋水や出版法違反事件で入獄中の管野須賀子も逮捕、起訴されることとなった。宮下、新村忠雄、管野の三人が、社会主義・無政府主義運動に対する当局の厳しい弾圧政策にあい運動の展望が閉ざされた閉塞状況の中で、天皇暗殺計画というテロリズムに傾斜して爆裂弾製造を試みたという事実はあった。やる気はなかったが古河もその相談に誘われていた。須賀子と暮らしていた幸徳もある程度の事情は知っていた。実際には、宮下が山中で実験した爆裂弾は近年の研究によれば花火程度の殺傷能力のないものだったし、暗殺実行の可能性はまずなかったであろう。しかし、刑法第七十三条は、「天皇、太皇太后、皇太后、皇后、皇太子又ハ皇太孫ニ対シ危害ヲ加ヘ又ハ加ヘントシタル者ハ死刑ニ処ス」と規定していて、実行行為にはほど遠いこうした空想的な計画段階のものも「加ヘントシタ」という未遂の罪に問われたのである。

しかも、信州爆裂弾事件は五月三十一日のこれら七名の起訴で一段落したはずであったのに、やがて当局は全国の社会主義者、無政府主義者の逮捕、取り調べを開始した。大石誠之助ら六人の紀州グループ、松尾卯一太ら四人の熊本グループ、武田九平ら大阪グループ三人、神戸の岡林寅松ら二人、岡山の森近運平、東京の奥宮健之《おくのみやけんし》、箱根の内山愚童らがさきの七人に加えられて次々と逮捕され、十一月一日に三予審判事の意見書が大審院に提出されたときには大逆事件被告は二十六名となっていた。

一審にして終審の大審院による裁判が開始されたのは一九一〇年十二月十日。公判は第一回の人定尋問以外は傍聴禁止で急ピッチで進められた。急いだ理由のひとつは、海外の欧米諸国では日本政府の思想弾圧事件として抗議行動が広がっていたためである。日本の出先在外公館は高まるこれらの抗議への対応に苦慮していた。国内では言論を抑圧し報道を規制していた日本政府も、国際世論の批判にさらされて、国法に則った〝合法的な〟裁判であるとの体裁をとりつつ一刻も早く処決を急ぐ必要に迫られてもいたのである。

翌年一月十八日に判決が下された。二十六被告のうち、大逆罪から外されて爆発物取締罰則違反に問われた新村善兵衛、新田融の二名の有期刑を除き、あとの二十四名にはことごとく死刑の宣告である。死刑判決を覚悟していたのは幸徳はじめ新村忠雄、管野須賀子ら数名に過ぎず、まさかと考えていた無実の連累者たちにとってはあまりに苛酷な判決であった。そして、翌日「天皇の恩命」という形の特赦で、元老・山県有朋やその意を受けた桂太郎首相のかねての筋書きどおり半数の十二名が無期懲役に減刑されたが、幸徳秋水ら十二名は、判決からわずか一週間後の一月二十四日に市ヶ谷の東京監獄刑場の絞首台で死刑を執行された（管野だけは二十五日朝）。信州爆裂弾事件に多少なりとも関係した幸徳、宮下、新村、古河、管野に加えて、当局から特に憎まれていた人々がこうしていっぺんに抹殺されてしまったのである。

無期懲役となり、秋田、長崎、千葉などの各地の監獄へ送られていった他の十二名にも苛酷な運命が待っていた。自殺、狂死あるいは病死など獄中死は五人を数え、一九四五（昭和二十）年八月の終戦時に生き残っていたのは、坂本清馬など五名のみである。有期刑の二人もすでに亡かった。刑死者の遺族も服役者の家族も、〝大逆の徒〟の縁者として世間の迫害と冷視に耐えてその後の人生を送らねばならなかった。

再審請求と現在に続く真相解明

戦後、大逆事件の真相に関する史料が闇の中から続々と明るみに出てきた。死刑を前にして獄中で幸徳秋水はじめ多くの被告が書き綴って心中の真実を吐露した手記も姿を現した。神崎清ら大逆事件研究者による史料発掘と本格的な研究により、二十六被告の大半が当時の法律に照らしても明らかな冤罪であったことや、事件の裏には日露戦争後の拡大する社会矛盾の中で成長してきた社会主義ないし無政府主義運動を追いつめ一挙に抹殺しようとした政治権力の大規模なフレームアップ（でっちあげ）の力が働いていたことが具体的に明らかになってきた。

一九六〇（昭和三十五）年二月、坂本昭参議院議員を事務局長に「大逆事件の真実をあきらかにする会」が結成され、翌六一年一月十八日、この会を支えに大逆事件被告唯一の生き残りとなっていた高知県在住の坂本清馬が、刑死した森近運平の妹である森近栄子とともに無罪判決を求める再審請求の訴えを東京地方裁判所に起こした。事件判決の日からちょうど半世紀が過ぎていた。森長英三郎主任弁護士をはじめとする十名の弁護士が代理人となり、多数の真相解明に寄与する新証拠を添えての再審請求であったが、五年近くを経て再審請求は却下され、再審の扉は閉ざされたまま今日に至っている。無実を叫び続けた坂本清馬も森近栄子さんもいまは亡い。

しかし、「大逆事件の真実をあきらかにする会」の活動は、いまもつづいている。大逆事件を敗戦にいたるまでの日本帝国主義の歩みと関連づけてとらえる歴史的な見方が学界では定着し、その日本近代史のなかに占める大きな位置がますます明らかになりつつある。

幸徳秋水は明治の国家体制と対立する思想家・革命家としてすぐれた存在であったがゆえに薄弱な理由で首謀者にされてしまったが、その業績が後世に遺したものは大きい。生まれ故郷の土佐中村には為松公園にその獄中詩を刻んだ記念碑が建ち、若い人々が「秋水研究会」を組織している。

唯一の女性・管野須賀子についても、近年の研究でその真摯な足跡が実証的に辿られて、従来流布されていた男性遍歴の〝魔女〟伝説は払拭されつつある。

大石誠之助、森近運平はじめ多くの無実の連座者の生涯を探る伝記も多数著されている。水上勉『古河力作の生涯』など、いくつもの文学作品も書かれた。

戦前の天皇制国家の底流にも脈々と息づき続けた「大逆事件」の戦慄と衝撃は、こうして戦後の真相解明の動きに引き継がれ、大きな流れとなっている。

「慚愧し謝罪」――相次ぐ名誉回復

さらに、近年、事件に連座した三人の僧侶がその属していた宗派から晴れて名誉回復の処遇を受けた。

死刑になった一人、内山愚童は、箱根大平台にある曹洞宗寺院林泉寺の住職であった。貧しい山村の檀家を抱える寺の住職として苦闘しながら、やがて無政府主義に傾斜し、明治四十一年、赤旗事件で堺利彦ら多くの同志が入獄したことに触発され、独力で秘密出版『入獄記念・無政府共産・小作人ハナゼ苦シイカ』というパンフレットを造り上げた。大逆事件に連座したのも、そのもともとは仏教思想に基づく徹底した人間平等、反権力の思想と行動が憎まれたものである。

大逆事件勃発の約一年前の一九〇九（明治四十二）年五月、愚童は秘密出版とダイナマイト所持の廉《かど》で逮捕され、七年の刑で入獄していたが、当局の大逆事件フレームアップの網にかかり、死刑台で満三六年八カ月の生を終えた。曹洞宗はさきの逮捕後間もなく愚童の僧籍を剝奪し宗門復帰を禁ずる「宗内擯斥《ひんせき》」の処分を行っていた。ところが、それから八四年を経た一九九三（平成五）年二月、曹洞宗内の戦争協力反省の取り組みの中で宗議会は、愚童の処分は「政府の弾圧政策をうのみにしたもので誤りだった」という反省のもとに〝国策の犠牲者〟として擯斥処分を取り消すことを決定したのである。現林泉寺住職・木村正寿さんらが提出した名誉回復の請願を受けてのものであった。

つづいて、昨一九九六（平成八）年四月一日、これまた八六年ぶりに紀州連累者の一人であった新宮の真宗大谷派浄泉寺の住職・高木顕明《けんみょう》の処分について、大谷派は「住職差免及び擯斥処分は、宗門当局者が国家に追随して行った非常に遺憾なる行為」であった、と「深く慚愧《ざんき》し心から謝罪する」として取り消すことを宗務総長の名で告示した。この決定に至るまでには、大谷派内部における大谷大学講師・泉恵機《しげき》氏らの研究によって、顕明が大逆事件の冤罪犠牲者であったばかりでなく、たいへん立派な真宗僧侶であったことが立証されてきたという背景があった。事件当時に宗門が新宮に派遣した調査員による復命書の下書きも最近発見されたが、顕明については「廉直ニシテ慈善心アリ」、「檀家中エ教導モ怠ラヌ」等々、むしろ彼の僧侶としての人柄を賞賛していることも判明した。顕明が住職をしていた新宮の浄泉寺は、その門徒の大半が被差別部落の人々であり、顕明は仏教者としてこれらの人々への差別に怒りをもつところから、階級打破、反戦を唱える大石誠之助ら新宮の社会主義者たちと接触するようになり、それが大逆事件連座へと結び付けられたのである。死刑判決から無期懲役に減刑されて秋田監獄に送られたが、三年余後の一九一四（大正三）年六月二十四日縊死した。五一歳であった。

三人目は、同じく死刑宣告を受け、翌日無期懲役に減刑されて一九一九（大正八）年千葉監獄で三五歳で病死した峯尾節堂である。臨済宗妙心寺派に属する三重県南牟婁郡相野谷村・泉昌寺の住職（留守居僧）を務めていたが、幸徳秋水との面識や大石誠之助との交流がもとで大逆事件に連座し、やはり宗派から擯斥処分を受けた。昨一九九六年十月、臨済宗妙心寺派の最高議決機関・統務局会議は、かつての処分を「当時の時代の流れとしていかんともし難いものであったとしても、誤りであった」との反省に立って取り消し、「社会主義思想を有していても仏陀の法にかなえば教義に違背するものではない」と峯尾節堂を再評価したという（『日本経済新聞』一九九六年十月五日付夕刊）。

＊

おくればせながら、この三人の僧侶の名誉回復は、わたしたちの社会が歴史の真実を求める検証に新たな一歩を進めたものといえるだろう。大逆事件は、わたしたちの前に真実を求めて不死鳥のように蘇ってくる。決して葬り去られた過去ではないのである。

（年金受給者生活情報誌『長陽』（歴史余滴）、一九九七年秋号、一九九七年八月）

民藝公演「遠い声」を観る——奈良岡朋子さんが管野須賀子を熱演

管野須賀子を演ずるのは、女優・奈良岡朋子の長年の念願だったという。ようやく、砂田量爾の好脚本を得て、一九九七年十二月、三越劇場での公演が実現した。演出は、高橋清祐。いちおう原作は瀬戸内晴美『遠い声』ということになってはいるが、原作が〝女の情念〟を中心に管野須賀子を描いていた印象が強いのとは異なる仕上がりである。

まず、「大逆事件」を知らない現代の若者を代表するかたちで、日色ともゑ演ずる狂言回し役の女子学生がタイム・スリップして獄中の須賀子と対話しながら事件を俯瞰してゆく、という仕掛けがある。これは、大逆事件が決して〝遠い〟昔のことではなく、現代に続く日本近代史の重い課題であることを観客に鋭く暗示している。そして、奈良岡朋子の知的な熱演は、明治の末に国家権力と根限り対峙した〝思想を持った〟女性の姿を浮かびあがらせることに成功していた、といえる。

人間ドラマとしての側面では、荒畑寒村との牟婁新報時代も、赤旗事件後の秋水との恋も過不足なく須賀子の成長過程に即して取り上げられた上で、湯河原での秋水・寒村の対決といったフィクション（出所後の寒村がピストルを懐に秋水を追ったのは事実だが、会ってはいない）に盛り上げていっている。ただし、寒村との新所帯の破壊要因のひとつとして最初の夫の登場があるのはなくもがなの感があった。

管野須賀子の獄中詠「くろがねの窓にさしいる日の影の移るを守りけふも暮らしぬ」は、正春寺に建てられた彼女の記念碑に刻まれている。筆跡は堺利彦のものだが、そのもとになった書が「あきらかにする会」の手で複製されている。十二月七日の公演を観終わって、楽屋を訪ね、奈良岡さん、日色さんの二人に手許にあったこれを贈呈し、喜んでもらえた。それを提案された塩田庄兵衛さんはやはり秋水筆の〝死刑宣告之日偶成〟の獄中詩複製を梅野泰靖（秋水）、伊藤孝雄（寒村）の両男優に贈呈された。

なお、作中、大石誠之助の性格の一面のみが誇張されていたことと、宮下試作の爆裂弾の威力が大木を根こそぎにするようなものとして描かれていたことは、フィクションの域を越え史実と抵触するものとして少々遺憾に感じたことを蛇足ながら付言しておきたい。

ともあれ、この舞台が繰り返し各地で上演されることを強く希望する。

（『大逆事件の真実をあきらかにする会ニュース』第三七号、一九九八年一月）

民藝「冬の時代」再演を観て

劇団民藝は、二〇一五年四月、木下順二作「冬の時代」を紀伊國屋サザンシアターで約半世紀ぶりに再演した。堺利彦ら売文社の人々をモデルにしたこの戯曲の初演は一九六四年のことであったから、五一年の歳月を経たことになる。私はその初演を観た数少ない生き残りのひとりであり、当時もいまも「大逆事件の真実をあきらかにする会」の活動に連なっている。作者・木下順二も、前回一緒に観た仲間の多くも世を去り、今回同席した新しい友人たちはおおむね私より十数歳以上若い人々であった。

劇団は同じながら、出演した俳優もまた、初演の滝沢修、小夜福子、芦田伸介、大滝秀治、北村谷栄といった錚々たる名優たちはすでに亡く、演出も宇野重吉から丹野郁弓に代った。

再演と時代の危機感

さてこの芝居は、大逆事件後の売文社を舞台に渋六（堺利彦）、ショー（荒畑寒村）、瓢風（大杉栄）、ノギ（高畠素之）、二銭玉（山川均）、エンマ（伊藤野枝）などすぐモデルを彷彿とさせる人々がその数年間を演じている。もちろん、フィクションとしての時空をこえた構成もあるが、私たちその時代に若干の知識のある観客はどうしても歴史的出来事の数々を想起しながらの観賞になってしまう。私の印象では、初演のとき（おおかたは忘れたが）と演出にはかなりの違いがあり、例えば初演では強調されていたモデルの癖（寒村が爪を噛み、大杉がドモる）などは、今回はほとんど目立たなくなっていた。その分、運動のありかたをめぐる討論の姿勢にはかなりのリアリティがあり、それぞれの個性が際立っているように思えた。この再演実現には、現今の政治状況に対する演劇人の危機感が反映していることは、確かだろう。いまを、「冬」の前触れの時代にしてはならない、と。

「冬の時代」という言葉の起源

観終わって、この再演に協力した「堺利彦・葉山嘉樹・鶴田知也の三人の偉業を顕彰する会」の事務局長で、この日観劇のために豊津から上京してきた小正路淑泰さんをはじめ、十三人の仲間が近くの中華レストランで合評会を兼ねた食事会に集った。参加者は、早野透、大和田茂、岡野幸江、山中千春、竹内栄美子、竹内友章、桑垣里絵、嶽本あゆみ、林彰、亀田博、鴨川都美の各氏、それに私・大岩川である。研究者もいれば演劇人もいて、お芝居の中身についての感想はさまざまだったが、話題の中で、「冬の時代」という慣用句は、いつ、だれが言い出したのか？という懸案が俎上に上った。少し前、初期社会主義研究会のなかで、それはこの木下順二戯曲

（一九六四年）の命名が嚆矢ではないかという意見があったが、大岩川は、もっと以前から社会主義研究や労働運動史研究のなかで言われていたとし、一九五六年河出書房刊『社会主義講座』所収の論文に現れている例証を二、三提示していたという経緯がある。それがこの席で改めて大和田さんの口から話題とされたのだった。すると小正路淑泰氏が、「豊津では、一九三〇年代初めに同地に設立された「堺利彦農民労働学校」の講義のなかで、堺利彦が口にした、との説がある。ただし、文献記録には残っていない」と発言。小正路さん自身はこの説に懐疑的であるとつけ加えられたが、私には大いに説得性のある説だと思えた。けだし、大逆事件後のあらゆる言論・運動が封殺され、わずかに売文社に拠って凍える冬に小さな灯を守り続けた堺利彦の実感が凝集して、この言葉が生み出されたのだと理解できたのである。

（『大逆事件の真実をあきらかにする会ニュース』第五五号、二〇一八年一月）

一抹の翳り

「……何故か眠ってはならぬ、眠れば次の瞬間に生命を狙われる。そうだれかの告げる声をきいたようだった。そのくせ猛烈な睡魔が襲いかかって来た。

寝てはいけない。寝ては殺される……そう呪文のように自分に言いきかせながらおれは抗えない力に引き込まれて深い眠りの底へ落ちて行った……。」

一九六〇（昭和三十五）年、ある新聞連載小説でこの一節を読んだとき、私はすぐに次の一節を想起した。

「しかし、どんな事があっても、こんどは決して眠ってはならない。眠れば、僕はもう御終いなのだ。」（中略）「いつの間にか、自分で自分の催眠術にかかって、眠ってしまっていたのだ。」

どちらも、宿屋の一室、男は追ってきた妻・女性と別れようとして夜具の中で背を向けながら、女の殺意を感じているところである。

新聞小説は、著名な女流作家の執筆で、このあと、作品は刃傷沙汰となり、頸動脈をわずかに外れたその傷跡は男の首筋に生涯残された、とする。あとの引用は、いうまでもなく、大杉栄が自らの「日蔭の茶屋事件」の体験をリアルにつづったくだりからで、事件後まもなく発表、一九二三年『自叙伝』に収録されている。前後のシチュエーションも含めてこれだけ酷似していれば、意識的にせよ、無意識的にせよ、四〇年近く後に書かれた前者が後者を下敷きにしていることは否めないだろう。大杉栄の体験からくる文章の迫真性は、それだけのインパクトをもっていた。

それはさておき、大杉栄の「多角恋愛肯定論」は、この事件によって決定的に崩壊した。もともと、どんなに理屈をつけても、その立論は、堀保子・神近市子・伊藤野枝という三人の女性との愛情関係をなんとか維持し、自己を正当化したいがための苦し紛れの論で、自分をも女性たちをも無理に納得させようとしていたものであったことは事実なので、早晩破綻せざるを得ないものだったといえよう。その点、「私は古い女です」と夫の説得を肯んじようとしなかった堀保子は立派だった。伊藤野枝は自分が最も愛されているという内心の自負のもとに一時同調していたにすぎず、神近市子の抑制していた怒りは、「日蔭の茶屋」で爆発した。

こうした男の身勝手な論理は洋の東西を問わないようだ。哲学者・サルトルとボーヴォワールの二人の〝必然的な生涯の愛〟で結ばれながら〝偶然的（二次的）な愛を認め合う〟という関係も、俯瞰してみれば周りを傷つけずにはおかなかった。数年前に「サルトルとボーヴォワール　哲学と愛」というフランス映画（二〇〇六年、監督イラン・デュラン＝コーエン）が日本でも公開され、その中での二人の姿は少なからずカリカチュアライズされていて、高校生時代に実存主義にかぶれ、二十代前半ころまで二人の生き方に傾倒していたと言ってよい私は、いつしか自分もその映画の描写に共感できるようになっていることを、老年に至って初めて発見した。そして、ボーヴォワール自身も実は深く傷ついていたことは、その作品『レ・マンダラン』に読み取れる。だが、哲学者サルトルは、果たしてそうした自己の「存在」を自覚していただろうか……。

人間は男女を問わず複雑で多面的なものであり、その人生における愛情関係もまた一様ではない。傷ついたり傷つけられたりしながら移り変わることも時にはやむを得ないことであろう。しかし、そのような場に直面したとき、苦しんだり悩んだりしながら自他に正直であろうとすることしか、人間として誠実に生きるすべはない。よしんばそれが、行動に表せない内面だけのことであるにせよ……。「多角恋愛肯定論」を唱えた大杉栄は、そのとき主観的には大真面目でアナキストとしての理論づけをおこなったものと信じていたのかもしれないが、それが現実にみごとに復讐されたのが「日蔭の茶屋事件」だった。『自叙伝』などの彼の作品には、その自己客観化や内面化が見いだせないのが、私の大杉栄評価に一抹の翳りを落としている。

（『大杉栄全集』第九巻月報九、二〇一五年六月）

〔付記〕冒頭の「新聞小説」は、円地文子「愛情の系譜」（『朝日新聞』一九六〇年八月～六一年三月連載。のち新潮社『円地文子全集』第七巻収録）のこと。

大逆事件の真実をあきらかにする会　機関誌の復刻版刊行に寄せて

この一、二年というもの、「〝大逆事件百年〟を迎えるにあたって、大逆事件の真実をあきらかにする会はどんな行事を企画していますか？」と尋ねられるたびに、古参会員として会の世話人をつとめている私は答えに窮し、後ろめたく居ごこちの悪い気持ちに襲われていた。会員二百余人を擁する全国組織とはいえ、山泉進事務局長と実働二人きりの弱体な事務局体制では、志はあっても大きなイベントの企画などは実現できそうになかったからである。そうした催しごとは、大逆事件の犠牲者たちの復権や顕彰の活動を市民運動として発展させている意気盛んな土佐や紀州のグループにゆだねるしかないように思われた。

しかし、半世紀年前の一九六〇年に再審請求を支えるという目的のもとに設立され、今日まで活動を続けてきた「あきらかにする会」には、それなりに長年蓄積された理念と活動の基盤がある。それをこの節目の年になんらかの形で示すことも必要ではないか。それを文献・記録として伝えてゆく手始めとして、かねて各方面から要望されていた会の機関誌の復刻が企画され、実現に至った。この四月、ぱる出版を版元として『大逆事件の真実をあきらかにする会ニュース・第

1〜第48号』(一九六〇—二〇〇九年)の完全復刻版が刊行されたのである。

その準備は、昨〇九年九月から着手された。明治大学副学長・法学部教授という多忙のなかで指揮をとる山泉事務局長は大きな方針を定め、付属資料の総目録・執筆者索引・正誤表などの作成は私が受け持った。締めくくりの解題執筆や仕上げの時期は、山泉氏にとっては恒例の正春寺における追悼集会の開催時期、大学の入試繁忙期とも重なり、私としては例年の『ニュース』第四九号の編集・作成時期と重なっていたが、待望のこの復刻版が世に出るという心躍りに励まされてなんとか乗り越えた。『ニュース』創刊にかかわったやはり世話人の小松隆二さんも解題のひとつとなる回想文を執筆された。

いま、B五判千ページを超える大冊として完成したその復刻版を前にすると、新たな感慨が湧いてくる。五〇年という歳月は、決して短くはない。会の創設者のほとんどは世を去り、当初からの会員で残っている者は小松さんや私など数えるほどに過ぎない。再審請求の中心人物だった坂本清馬氏が亡くなってからすでに三五年、犠牲者遺族の方々も世代交代を重ねられた。復刻版のページを繰ると、かつて活動された人々の俤《おもかげ》や声が立ち上がってきて、「大逆事件は生きている、まだ終わっていない」と呼びかけられる心地がする。

その意味では、この記念出版はけっしてたんなる私たち残された者の回顧趣味や記録主義に発したものではない。大逆事件の再審請求が最高裁によって棄却されたばかりではない。「昭和の大逆事件」(内田剛弘弁護士)ともいうべき横浜事件は、やはり最高裁によって免訴という戦前の司法の過誤に対する反省のない結末を迎えた。菅家さん事件にみられるような冤罪事件も跡を絶たない。そして二十一世紀に入っても、権力による不当な政治的弾圧である立川反戦ビラ事件・葛飾マンションビラ入れ事件などが、最高裁によって有罪化が擁護されているという司法の状況がある。いま、その現実に立って明治「大逆事件」の日本近代史における役割を改めて考えることの意義を、この五〇年間の絶え間ない『ニュース』の足取りは示してくれるといえよう。

各号にみられる再審請求や各地の犠牲者復権運動の動向と発展は、どこまでも歴史の真実を求めて止まない人々の意志の力をあらわしてもいる。巻末の執筆者索引でみると、一度でも『ニュース』に筆を染めた人は二一〇人を数える。また索引はないが、毎号紹介されている関連文献の数も膨大である。こうした蓄積の上に、近年では大逆事件が一般のジャーナリズムで雑誌や評論、新聞の連載記事などに取り上げられる機会も飛躍的に多くなってきている。

こうして、言論の自由が弾圧されていた敗戦前の時代でさえ脈々として伏流水として流れていたものが、一九六〇年の再審請求とともに一挙にあふれ出し、それを受け止めて社会に問う拠点となっていたのが「大逆事件の真実をあきらかにする会」であったことを、今回の復刻版刊行によって私たちは誇りをもって世に示すことができたのである。そしてそれは、なおも真実を求めて行く今後の歩みにとっての確かな一里塚となるであろうことを信じたいと思う。

（「特集　大逆事件百年」所収、『彷書月刊』二〇一〇年四月号）

「あきらかにする会」事始《ことはじめ》と私

近年、いろいろな人々から私に繰り返し問いかけられる言葉がある。「どうして、あなたは〝大逆事件の真実をあきらかにする会〟の運動にこんなにも長い間かかわるようになったのか」と。これまで、あまりまともにお答えすることもなかったが、まもなく九〇歳になろうとしているいま、あらためて振り返ってみようかと思う。

＊

私が大学を卒業したのは、一九五七（昭和三十二）年の春だった。史学科で学び、古代史・中世史偏重の古色蒼然とした学風に反発して敢えて卒業論文のテーマに「地租改正と寄生地主制」を選んだ私は、卒業後も中学か高校の社会科教師になって近世・近代の農村調査を軸とした社会経済史的な勉強を続けるつもりでいた。しかし、東京都の教員採用試験には合格していたものの、健康上の理由から教職に就くことには無理があり、たまたま東大史料編纂所の紹介で、直木賞作家T氏の資料助手という比較的時間的に自由な職を得ることになった。T氏は、当時週刊誌に大河小説『明治大帝』を、月刊文芸誌に『赤と黒』という明治初期社会主義者群像を描く連載小説を執筆中で、その資料面を支える助手を求めていたのである。日本近代史専攻の私のスキルが適合したようだった。この助手時代は二年ほどで、その後数年のフリーランスを経て、一九六三年にアジア経済研究所に就職、定年まで三一年間勤務した。

いっぽう、かねて学生時代から交流のあった当時経済学研究室の助手だった大原慧氏ほか数名の有志と労働運動史・思想史に重点を置く近代史の研究会を立ち上げる企画に参加したことが、私の大逆事件研究の端緒となっていった。もともと、私の日本近代史を学びたいという欲求の原点は、小学校六年で敗戦を迎えるまでの戦争体験にあり、その歴史的根源を追求したいという志にとって、大原さんをはじめとする先輩たちの呼びかけに強く共鳴するものがあった。

大原さんの住んでいた池上線・長原の下宿の一室で始まった研究会は、やがてささやかなタイプ印字の機関誌『鐘』（創刊号一九五八・昭和四十三年三月二十日発行）を発行することになり、その第二号（一九五八年五月三十日）には〈史料紹介〉として篠塚嫩（私）の執筆した「大逆事件の捜査報告書二つ―信州グループと紀州グループ―」（上）が掲載されている。（下）は七月三十日発行の第三号掲載である。入手経路については、「その出所は明らかになし得ないが、当時の内務省警保局関係から出たものである。」と断っている。これが、私が手掛けた初めての大逆事件関係資料であった。この「警秘」とされた二つの大逆事件捜査報告書は、のちに塩田庄兵衛・渡辺順三編『秘録大逆事件』（春秋社、一九五九年九月）にも収録されている。

このころ、研究会では手分けして大逆事件関係の新資料を次々と発掘、在米日本人社会主義者資料、外務省関係資料、国会図書館憲政資料室に埋もれていた山縣有朋関係文書などを渉猟、解析していった。資料の筆写、解読などに新鮮な興味をもって日夜取り組んだ記憶がある。その成果は大原慧氏の一連の業績（「大逆事件の国際的影響」など）に反映され、発表されていった。こうした研究活動を通じて、当時第一線の諸先学の方々とも多く交流する機会も増えていった。なかでも、ちょうど『大逆事件』（三一書房、一九六〇年二月）を執筆中だった絲屋寿雄さんの要望で、毎週一回ほど神田で出会い、書きかけの原稿に何かとコメントを求められたりした。刊行された巻末の「二十六被告摘要」、「主要文献解題」、「大逆事件略年表」の三つの付録は私が作成したものである。

*

一九五九年末の十二月二十三日、東京神田の「やぶそば」に呼び出された。そこには、坂本昭参議院議員（高知県選出）、森長英三郎弁護士のほか、これまで幸徳秋水研究に実績のある絲屋寿雄、塩田庄兵衛、渡辺順三の各氏が顔を揃えていた。神崎清、大原慧氏らは不参だったが、とりあえず集まれるメンバーで翌年に迫った大逆事件五十周年の記念行事の相談をしようというのである。秋水の生地・土佐中村でも坂本清馬さんを中心とする動きがあるようだが、五十周年としては再審請求を視野に入れた全国規模の催しを考えたい、という趣旨の話し合いであった。その結果、さしあたり①翌一九六〇年の一月二十四日、東京で「大逆事件記念講演会」を開催すること、②そのとき配布するパンフレットを作成することの二点を決定、急遽着手することになった。

スポンサーとしては、当時太田薫議長のころの「総評が一〇万円出してくれるということになっている」というので、数日後に塩田庄兵衛さんと私が同行して芝公園の中にあった総評の事務所までその資金を受け取りに行った記憶がある。その一〇万円のうち、五万円がパンフレット印刷費に、あと半分の五万円が一月二四日国労会館で開催された「大逆事件記念講演会」の経費に支出されたのである。講演会ポスターには「主催　大逆事件五十年記念会」とあり、またパンフレット『大逆事件――その真実の追究と再審請求のために――』の発行者は「大逆事件五十周年記念会準備会」と並んで「日本労働組合総評議会」の名があり、奥付の発行所と所番地は「東京都港区芝公園八号地ノ二」となっていて、総評の関与が明記されている。

パンフレットの内容構成については、『大逆事件の真実をあきらかにする会ニュース復刻版』（ぱる出版、二〇一〇年二月）所収の解題に書いているので、省略するが、そのなかの「二十六被告の略伝」と「大逆事件略年表」は私が作成を受け持っている。縦一八センチ横一三センチ、二二ページの小冊子ではあるが、深紅の表紙に「大逆事件」の白抜き

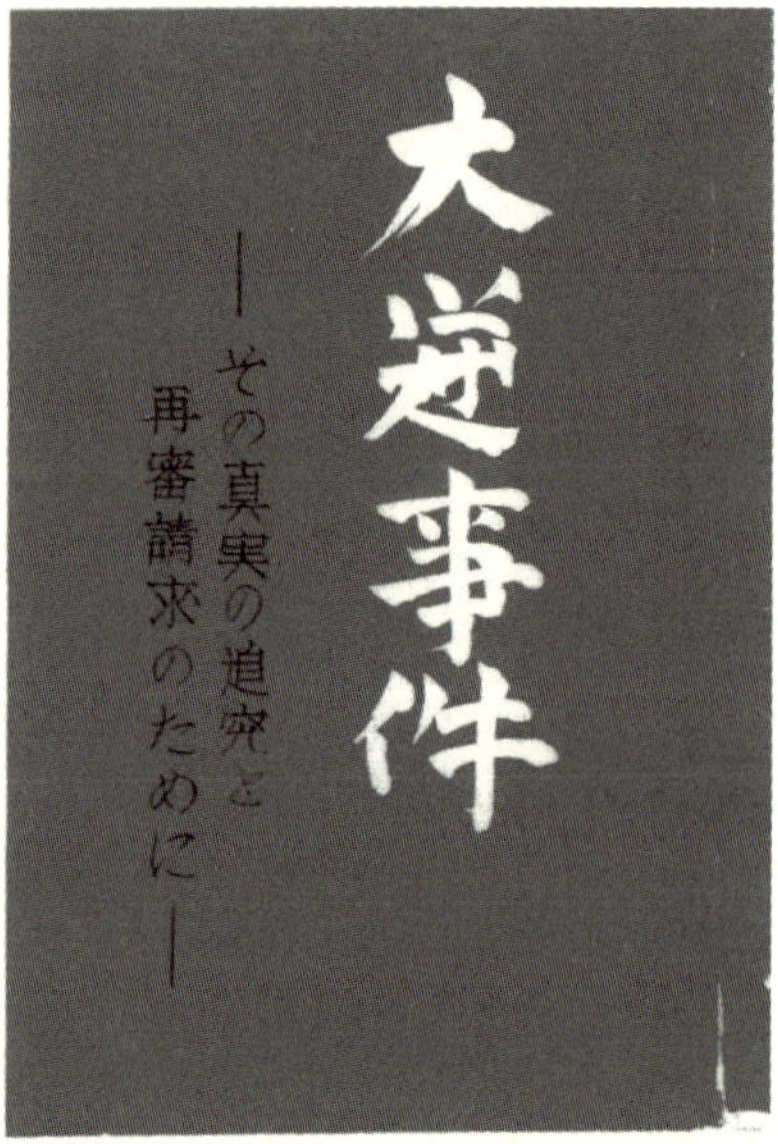

の表題も鮮やかに、「大逆事件は生きている」という宣言を巻頭に高らかに掲げたものであった。その宣言は神崎清さんの起草になるものだったが、ここにその全文を掲げてみよう。

大逆事件は生きている

大逆事件は生きている。

非公開の暗黒裁判が、幸徳秋水ら一二名を絞首台に立たせ、坂本清馬ら一二名を無期懲役に送り込んでから、半世紀の歳月がながれた。歴史の回り舞台は、この旧刑法第七三条（皇室危害罪）の被害者をわれわれの前にふたたび押し出してきたのである。

戦後の自由研究と新資料の発見によって、明治天皇の暗殺を企てたという大逆事件の真相が、だんだん明らかにされてきた。たしかに労働者宮下太吉の天皇暗殺計画と爆裂弾の製造があった。しかしその真の目的は、天皇制の迷信から国民を解放し、資本主義のサクシュから労働者を自由にすることであった。

神様でなくなった天皇の人間宣言、日本国憲法の主権在民・基本人権・戦争放棄のなかに、虐殺された幸徳秋水らの理想が生きている。われわれは、日本民主化の捨石となった先覚者の血文字を忘れないであろう。

大逆事件がフレームアップ（でっちあげ）といわれるのは、判・検事が架空の共同謀議をつくりあげていたからである。強制的な自白によって、暗殺計画と無関係な人たちまで処刑されたが、証拠らしい証拠はなにもなかった。まったくひどい残酷物語であった。

五〇年記念とはこの大逆事件の真相をひろく伝えて、ギセイ者の記憶をあたらしく復活させることである。うしなわれた生命はとりかえせないにしても、基本人権の立場から、まちがった裁判で傷つけられた名誉と利益を回復することである。

再審請求の声が、ようやく高まってきた。さいわい、唯一人の生き証人ともいうべき土佐の坂本清馬老が健在である。全国に散在する遺族の参加、正義と真実を愛する人々の支持を求めて、統一的な法廷闘争へ発展させていきたい。

むろん、前例のないケースではあるが、最高裁がこれをこばむ理由はない。最近の裁判傾向から見て、われわれの主張がやすやすとおるとは思えないが、しかし、再審請求の過程を通じて、大逆事件と国家権力の関係が明らかとなり、歴史的かつ政治的に多くの教訓がえられるであろう。

この五〇年記念の小冊子が、大逆事件の真相をつかむ手がかりとなり、再審請求の気運促進にいくらかでも役立つならば幸いである。

一九六〇年一月

大逆事件五〇周年記念会準備会
日本労働組合総評議会

当時二六歳、末端の参加者であった私がこのパンフレット作成に関わったことは未だに光栄としている思い出である。なお、五九年十二月二十三日から正味一か月の間にこれだけの大会を準備できたのは、坂本昭議員の秘書・兼平和平さんの奔走があってのことで、お正月返上で略伝・略年表を作成している私のところへも、しばしば兼平さんから原稿催促の電話がかかってきたものである。

国労会館での講演会は成功裏に終わり、「大逆事件五〇周年記念会」はそのまま再審請求を準備する運動の実行へと歩を進め、一九六〇年二月二十三日には「大逆事件の真実をあきらかにする会」を結成、ここに現在に至る全国組織「あきらかにする会」が発足したのである。会の「結成趣意書」は、前掲のパンフの「大逆事件は生きている」の文章と同一であり、ただ最後の数行（前掲点線部分）を、

「今や日本の歴史は書き改められねばならない。

思想と立場のちがいに囚われることなく真実の発見、人権の擁護、誤判の訂正を最高の目的として、大逆事件の真実をあきら

かにする会を結成するにあたり、一同の決意を表明するものである。

一九六〇年二月二三日」

と書き換えたのみである。

さらに一年の準備期間を経て、東京高裁に坂本清馬・森近栄子を請求人とする「再審請求書」を提起したのは一九六一年一月十八日、大逆事件判決のあった一九一一年一月十八日から満五〇年目のことであった。

＊

この再審請求の東京高裁による棄却は一九六五年十二月、即時おこなった特別抗告も最高裁により六七年七月に棄却され、戦前と変わらぬ司法の大逆事件への態度をみせつけられた。

しかし、「大逆事件の真実をあきらかにする会」の活動はさらに犠牲者の市民的復権と顕彰を目指すという新たな展開を見せながら継続し、四万十、新宮、明科、岡山、新潟、大阪等の各地に生れた運動もその実現に寄与して大きく成長してきた。この『運平ひろば』もその一環である。映画、演劇などの媒体による真実追求のコミュニケーションも大きな役割を果たしている。これら全国の運動体が神戸に会する「第五回大逆事件サミット」は間近である。継続こそが希望であるとのこころざしをもって歩んでゆきたい。

「あきらかにする会」創立以来の六十余年、初代事務局長の坂本昭さん、再審請求主任弁護人にして二代目事務局長の森長英三郎さん、三代目の大原慧さんも早く他界され、親しくしていただいた神崎清、絲屋寿雄、塩田庄兵衛各氏をはじめとする第一世代の研究者の方々もいまは亡い。これらの忘れがたい先達の方々の遺託を心に、四代目事務局長山泉進さんを補佐して、私があといつまで『大逆事件の真実をあきらかにする会ニュース』の編集等の活動を続けられるかも測りがたい。『運平ひろば』の慫慂に応えて、おぼろげな記憶と記録を辿り、この一文を草した所以である。

（二〇二三年三月二十日記）

（『運平ひろば』第九号、二〇二三年四月十六日）

3 資料と記録

『大逆事件の真実をあきらかにする会ニュース』の生い立ちのこと

1　その前史

一九六〇年に生まれた「大逆事件の真実をあきらかにする会」にも懐胎期ともいうべき前史があった。戦後、幸徳秋水のふるさと、高知県中村の地でいちはやく行われてきた墓前祭を初め、ゆかりの地や親族・知己による大逆事件犠牲者追悼と復権の動き、そして敗戦時の生存者たちの復権に手をかした森長英三郎ら弁護士の活動もあった。秋水全集編纂の試みがあり、『幸徳秋水の日記と書簡』（塩田庄兵衛編、一九五四年）や埋もれていた『大逆事件記録・獄中手記』（神崎清編、一九五五年）が世に出、大逆事件研究、あるいは文学や評論もあらわれ始めた。獄中でも仮釈放後の戦前にも無実を叫び続けてきた坂本清馬は、大逆事件から半世紀に近づこうとする一九五〇年代になって、いよいよ再審請求の実現を訴えていた。

一九五九年の暮れも押し詰まった十二月二十三日に、高知県選出参議院議員・坂本昭さんの呼びかけで急遽神田のやぶそばに集まった「秋水会」と仮称する会合があった。出席者は坂本議員のほか、森長英三郎、絲屋寿雄、塩田庄兵衛、渡辺順三の各氏、そして書記をつとめた私・篠塚嫩の六人で、五十周年をどう迎えるかの相談が会合の趣旨だった。話し合いの結果、本格的な五十周年記念は向こう一年計画で実施することを目標に、さしあたり総評から提供されることになっている一〇万円を資金として、六〇年早々に、①事件五十周年を記念し再審請求を訴える集会を東京で開催すること、②その日配布するパンフレットを作成すること、の二点を決定した。

そして、その実現として、翌一九六〇年一月二十四日、東京駅国労会館で、満員の聴衆を迎えて「大逆事件五十年記念講演会」が開催され、その場で真紅の表紙に『大逆事件』と鮮やかな白抜きの表題をかかげ、――その真実の追究と再審請求のために――という副題をもつ二二ページの小冊子が配布された。発行者は大逆事件五十周年記念会準備会・日本労働組合総評議会。目次は、「一、大逆事件は生きている　二、二十六被告の略伝　三、大逆事件略年表　四、再審請求について―森長英三郎・弁護人　五、大逆事件について―尾崎士郎　六、あとがき」となっている。発行者名による「一」は神崎清氏が起草し、「二」と「三」は篠塚が作成、「六」は無署名であるが塩田庄兵衛氏が書いたものである。

「あとがき」は次のように述べている。

「一月二十四日の大逆事件十二被告刑死記念日のためにこのパンフレットをつくった。その日、幸徳秋水の郷里、高知県中村市では墓前祭が執行され、二十五日に中村で、二十六日に高知で講演会が催される。また総評は、唯一の生存者坂本清馬氏を中心とする再審請求運動を積極的に支援する方針をすでにきめている。さらに平野義太郎、神崎清、尾崎士郎、渡辺順三、立野信之、絲屋寿雄、塩田庄兵衛らの作家、評論家、研究者らは、これらの行事に積極的に協力することを表明している。これらの力を結集して、差当り大逆事件五十周年記念会準備会の仮称で統一的に運動を推進し、今後多数の団体、個人の参加をえて組織を確立し、運動を拡大することがのぞまれている。このパンフレットもこの準備会の手によって準備された。各方面の御協力を切望する。」

また、続けて「四」の森長英三郎氏による一文を、次に抄録する。

「坂本清馬氏が再審請求の意思を表明されてから、もうかれこれ十年近くなる。（中略）今年の数え五十周年から、来年の満五十周年までの間にはひろく国民大衆の支持をえて、再審請求ができる見通しもついた。東京の秋水研究家も、こぞって新資料を提供して応援しようと、まってくれている。（中略）

いうまでもなく、再審請求は、坂本氏ら大逆被告を無罪とすることが目的である。しかしこれと同時に、この請求を通じて、幸徳事件のデッチ上げの過程をばくろし、光栄ある最高裁の前身、大審院が権力に屈した歴史を明かにすることでもある。最高裁が大審院のあやまちを、すなおに認めるかどうかは、今後の最高裁の在り方にも関連し、その意味でこの再審請求は今日的の意義をもつ。」

右のふたつの文をここに引用したのは、この集会を経て一カ月後の二月二十三日に結成・発足した「大逆事件の真実をあきらかにする会」と、その機関紙となった会の『ニュース』のその後の性格を決定づけた原点があますところなくここに綴られたことばのなかに表れていると考えるからである。森長さんが述べておられる再審請求を支えるため、という当初の目的はいうまでもなく『ニュース』の基本路線となったし、被告たちの略伝や事件の略年表でさえも、その後の『ニュース』が肉付けし、発展・深化させていった大きな流れのためのささやかな礎石を置いたものだった。

五〇年前の「やぶそば」に会した六人のうち、昨年三月逝去の塩田庄兵衛さんを最後として、五人の人々がすでに鬼籍に入られた。当時まだ一二歳の少年だった山泉進さんが四代目の事務局長となってからも二十数年を閲している。「やぶそば」では二六歳のはるか末輩だった私もいまは後期高齢者の部類となり、「前史」として当時のことを語りうる者は他にいない。『ニュース』復刻版を世に出すに際し、あえて書きとどめることにしたゆえんである。

2 編集実務の内実

さて、『ニュース』の歩みについて、内容に即しての解題は山泉進事務局長が、創刊のときのいきさつやそこから発展した幸徳秋水全集の編纂事情などについては小松隆二さんが記しておられるので、私はもっぱらその編集、とくに印刷技術等の変遷について若干説明することにしたい。

創刊第一号（六〇年四月二十日付）と第二号（六〇年五月二十五日付）の二号だけは、タブロイド判各二ページの活版印刷で、記事のレイアウトも素人離れしているし、広告欄もあり、小さいながら新聞らしい体裁を備えている。この発行の実務は、あきらかにする会の初代事務局長を引き受けられた坂本議員の秘書の景平和平さんや近藤千浪さんが担当され、記事の執筆や原稿集めは主として遠藤斌さんと小松隆二さんが担ったという（小松隆二氏による）。ちなみに、さきのパンフレット作成の折も、印刷・製本等の印刷物仕上げの段階は、景平氏が引き受けてくれたことを付記しておく。おそらく、広告集めなどを含めて資金面の面倒も坂本議員秘書グループが受け持ってくれ、大半は坂本事務局長の負担となったと思われる。第一号掲載の「大逆事件の真実をあきらかにする会規則（案）」によれば、その第一二条に、「本会の事業に必要な経費は労働組合、民主団体並びに個人の義金によって支弁する」とあるが、さきに述べた会発足前に総評から寄せられた一〇万円のほかには、労働組合やほかの団体からのまとまった寄金はなかったと考えられる。その一〇万円のうち五万円をパンフレット作成費に充て、あとの五万円を国労会館での集会開催費用としたことを記憶している。したがって、これより後、「個人の義金」のみが会の主要な資金源となったのだった。

なお、前年末の「やぶそば」の準備会に招集され、あきらかにする会の事務局入りを期待されていた私は、六〇年一月から「日米修好通商百年記念行事運営会」における『万延元年遣米使節資料集成』編纂業務の仕事に就くことになり、それまでの半失業状態からにわかに多忙なフルタイムの勤務に追われることになったため、会の手伝いを従来のように続けることはできなくなっていた。「大逆事件五十年」の年であった一九六〇年は、同時に「日米修好通商条約締結百年」の年でもあり、そして「六〇年安保闘争」の年でもあった。いまふりかえると私は、経団連事務局内に庇を借りた運営会に机を置いて遣米使節や咸臨丸関係の資料集めに働き、オフタイムには反安保のデモに出かけ、また大逆事件再審請求のための資料作りにも精を出すというように、この三つの大きな社会的事件すべてに関わっていたのであった。

続く第三号（六一・九・二付）と第四号（六二・一・二四付）は、編集発行人はやはり坂本昭のままであるが、体裁は前二号と異なり、B５判の冊子型（これが、その後現在に至るまでの祖型となる）となり、印刷はタイプ印刷、ページ数各四ページと、一変する。すでに六一年一月十八日に再審請求が東京高裁に提起されており、簡素なタイプ印字、少ないページ数にも緊迫感が漂っている。広告は無い。

このあと、参議院選挙があった。私の手元に、絲屋寿雄・神崎清・森長英三郎・塩田庄兵衛の四人連名の六二年六月十日付の速達で、「……大逆事件の真実をあきらかにする会の事務局長坂本昭氏が参議院選で高知地方区より立候補され善戦しておられますので、同氏を激励する意味で、激励文と心ばかりのカンパを集めてお送りしたいと思います。……」という参院選挙のさなかに届いた檄文が残っている。しかし、坂本昭さんは残念ながら落選、東京を離れられることになった。この状況にともなって、第二代目の事務局長は森長英三郎さんが再審請求の主任弁護人とともに引き受けられることになった。

第五号（六三・三・二〇付）から第一七号（六九・一二・一〇付）までは、森長英三郎さんが再審請求の経過報告や呼びかけを主とする内容のニュースをほとんど独力で発行し続けられた。会計は依然個人のカンパ（義金）に頼る状況で、その明細を森長さんは毎号克明に報告し続けている。それをみると、いかに森長さんはじめ弁護団が赤字出費に耐え、訴訟記録謄写の弁護人全員頒布もままならない状況の中で犠牲的活動を続けておられたかがわかり、粛然とする。アサガヤタイプ社という印刷所もまた市価の半額くらいのサービスを続けてくれたとは、しばしば言及されているところである。この時期の黄ばみ傷んだ『ニュース』原本は、その外観がどんなに粗末であろうとも、貴重な内容と相俟って、森長英三郎さんを初めとする関係者の尊い努力で光り輝いているように感じられる。

再審請求は、一九六七年七月五日最高裁大法廷による特別抗告棄却と、六七年十二月十八日の裁判官訴追委員会の長谷川裁判官罷免訴追請求の不訴追決定によって、一応の幕を閉じた。森長英三郎さんは、第一七号の編集後記で「現在裁判事件も出ていないので、当分このまま休刊状態に入ろうと思うがいかがでしょうか。」と提案している。ところが、読者からは続けてほしいという声が相次いだ。そこで、これ以上森長英三郎さんに労苦をかけることは忍びないという関係者の意向により、大原慧さんが三代目の事務局長となって、『ニュース』の刊行も同氏が続けることになった。

森長さんは改めて第一八号の巻頭に「無題記」としてそのいきさつについての一文を寄せ、また、大原慧新事務局長（当時東京経済大学教授）は同じ号の編集後記で、「……今回から私と大野みち代さんとで、『ニュース』の編集を行うことになりました。森長さんのように軽妙な編集はとてもできませんが、「大逆事件の真実」をつたえていくことだけは、なんとしてでも続けていきたいと思っています。」と述べている。

こうして、大原慧事務局長のもと、第一八号（七〇・一一・一〇付）から第二〇号（七三・一・一五付）までが発行されている。この間、正春寺に管野須賀子の碑を建立するなど、「あきらかにする会」の活動も活発であった。しかし、この時期は、社会的にはあたかも〝七〇年安保闘争〟の季節であり、会創設以来「超党派」を心がけてきた運営方針に必ずしも服しない一部の動きがあったり、繰り返し再審請求を、と要求する坂本清馬氏の不満が寄せられたりして、ついに大原さんは第二〇号の編集後記に「……私の人格ならびに力量不足のために、今日、大切な「会」を一つにまとめていく事ができなくなりました。その責任を深く感じています。どなたか、つぎの事務局を担当して下さる方がおられたらお申し出ください。」と悲痛な文字を残して、『ニュース』は以後十年間という長い休刊に入った。しかし、その間も事件七〇周年記念事業等、会の活動は続けられていた。

「新しい運動の展開を！」という巻頭言を掲げて、十年ぶりに『ニュース』が復刊したのは、第二一号（八四・一・二四付）からである。巻頭言の筆者、山泉進さん（明治大学法学部講師）が、在外研究のためイギリスへ赴く大原慧さんの後を受けて八三年から第四代目の事務局長となり、新たな意気込みで会の運営に当たることになったのだった。そして、その復刊第1号は、「森長英三郎追悼特集」で埋め尽くされた。会の最大の功労者・森長英三郎弁護士がこの復刊に先立って、一九八三年六月一日、七七歳で逝去されていたのである。一四人の心のこもった哀悼の言葉がこの号に連ねられた。なお、第三代目事務局長・大原慧さんも、一九八五年二月十七日、イギリスの地で客死された。享年五七歳。『ニュース』第二四号の紙面がその追悼に捧げられた。

さて、復刊した『ニュース』の判型は以前と同じB5判ながら、上質紙に活版印刷・一六ページだての瀟洒な姿となり、「立派になって……」と、これを手にした古い会員は目をみはった。巻末には「会員募集のお願い」が掲載され、年会費一五〇〇円とされている。これまでのカンパや印刷物売り上げなどの不安定な収入源に頼ることを止め、会計も近代化する運営方針が読み取れた。この第二一号から第二四号（八五・七・二〇付）までの編集実務に当たったのは、山泉新事務局長のほか、宮脇俊介氏、坂田敏文氏という出版社でプロの編集経験をもつ会員だったので、編集・印刷技術等は一挙に向上したことがわかる。第二五号（八六・一・二五付）も雑誌編集者経験をもつ中村愿氏の協力を得ているという。ただし、もちろん印刷経費も、ザラ紙・タイプ印刷のころと比べると飛躍的に向上している。

その後、第二六号（八七・一・二四付）から第四八号（〇九・一・二四付）までの編集実務は、山泉事務局長のもと大岩川嫩が担当し、現在に至っている。さきの宮脇氏ら協力者の都合がつかなくなったので、古参会員として会の世話人になっていた私・大岩川が、本職のアジア経済研究所勤務の傍ら、実務担当を引き受けることにしたのである。おりしも山泉事務局長は勤務先の明治大学から在外研究のため渡米、二年間留守にすることになってもいた。その間、会務をやはり世話人の小松隆二さんと大岩川が預かることになり、私は主として『ニュース』を担当することにし、山泉氏帰国後もそのまま続けることになった。ただし、この間、第三一号（九二・一・二四付）だけは、大岩川が病気入院のため製作業務に当たることができず、山泉氏が岡野幸江さんの援助を得て作成した。

ところで、私が担当することになったころは、すでに日本語ワープロがパソコンで使えるようになっていた。そこで、集まった原稿はパソコンで入力整理し、割付もしたうえでフロッピー・ディスクに移し、印刷所に渡すという方法をとった。印刷所はさらにそれを写植変換して印刷する、という方式である。まだ当初のMS-DOSによるワープロは幼稚で、フォント（字体）も限られ、見出しなどのレイアウトもできなかったのである。しかも写植変換は思いのほか経費がかかり、印刷費はかさむ一方で会の財政に大きな負担となっていた。

第三二号までは、その状態が続いたが、やがて打開策が訪れた。パソコンに、マイクロソフトの三・一バージョンという基本ソフトが導入され、フォントの多様化、レイアウトも可能という変化が生じたのである。印字してみると、字面は写植には劣るものの、かつてのタイプ印刷に比べればはるかにきれいであり、内容の伝達を第一義として体裁にはとらわれないこうした『ニュース』には十分と思われた。そこで、会費の値上げは避けたかったこともあり、第三三号

（九四・一・二四付）からは大岩川がパソコンですべてのページの版下を作成し、印刷所には刷りと製本だけを依頼するという方式に切り替えた。その結果、印刷経費は劇的に節減できることになった。従来のおよそ半分以下となったのである。以降、基本ソフトもＷＩＮＤＯＷＳ95、98、ＸＰとさらに進化して便利になり、現在までその方式を続けている。それに近年では、執筆者の側にもパソコンで原稿を書き、電子メールに添付して送稿してくださる方が増えてきた。この場合は私が一字一句を打ち直す必要がなく、編集に合せて若干の加工を施すだけでそのまま利用できるため、大いに助かっている。

幸い、会員の方々からは見栄えが悪いという声は聞かれず、かえって「手造り感が親しめてよい」と言ってくださる方もある。またこの方式により、『ニュース』製作にかかる時間もかなり短縮できるようになった。自身の労力奉仕で、会の財政にかなり貢献できている、とひそかに自負しているところである。ただ問題は、この方式で後を継いでくれる人があるかどうかということであるが……。

3　正誤表について

最後に、この復刻版に付した正誤表について簡単に触れておこう。

正誤表を眺めると、いくつかの特徴がある。タブロイド判の第一号、第二号にはミスを発見できなかった。製作者の小松隆二さんたちに敬意を表したい。おそらく、複数の眼による入念な校正作業が行われたことと思う。それにひきかえ、第三号以降では、ミスプリントのなかったのはわずかに第二二号、第三〇号、第三八号の三号のみである。

初期の森長さんがほとんど独力で製作しておられたころのものは、時代的におそらく手書きの生原稿をそのまま印刷所に渡してタイプしてもらっていたものと思われる。その結果であろうか、読みにくい手書き文字は、大逆事件や明治期について知識のある者なら容易に読み取れるとしても、部外者のオペレーターには無理だったのではないか、と思われるミスがある（例・兇徒聚集罪と兇徒衆集罪、領置と領署など）。固有名詞にしてもしかりである（岩崎革也と岩崎草也、絲屋寿雄と綿屋寿雄など）。また、原稿そのもののミスと思われるもののなかで、最も多かったのは、会の名の「……あきらかにする会」を「……明らかにする会」と誤っているものであった。これは現在でもよく間違われるところである。

変わったところでは、森長さん自身が誤記されたらしいミスに、「小松隆二」とすべき人名を「小松丑治」と二十六被告の一人の名とされているところがあり（第一五号）、いかに森長さんの頭の中が再審請求のことでいっぱいであったかが想像され、胸が熱くなった。

また、総じて森長時代と私の担当した号とは、校正を複眼でしていないところからくる避けがたい見落としがあるといえよう。

ひとつ、私の担当した号で、忘れがたい大きなミスがある。第三三号に掲載させていただいた佐藤嗣男氏執筆のすぐれた論考「文学事象としての大逆事件―芥川龍之介の場合―」に、実に一七箇所もの信じがたいミスを生じているのである。まことに恥ずかしいことで、佐藤氏には言い訳の仕様もない申し訳ないことであったが、原因は、前節で述べたように、版下までを作成して印刷所に渡すということをこの号で初めて行ったところにあった。つまり、怱忙《そうぼう》の内に原稿からパソコンに入力した段階ではミスも多いけれども、もちろん校正して最終版としているわけである。それを初めての方式で混乱していたのか、正しく校正ずみのプリントがあったにもかかわらず、印刷所に誤って未校正段階のプリントを渡してしまい、その後は校正の機会が無いまま完成に及んでしまったのが真相であった。従前の写植変換のときは、青焼きが届けられてもう一度校正をしていたので、必ず過ちに気づいたはずなのだったが。

あと目立つのは、いうまでもなく、パソコン入力時代につきものの、いわゆる変換ミスである。後退と交代、感得と監督、請願と青眼など、気をつけているつもりでも見落としがあり、完成後に自分で気づいて冷汗をかくことも間々あった。

次号に必ず訂正は載せるようにしてはいたが、今回の正誤表にはそれも含めて採録していることをお断りしておく。

（『大逆事件の真実をあきらかにする会ニュース　第1号—第48号』（復刻版）解題、二〇一〇年四月）

大逆事件の捜査報告書二つ――信州グループと紀州グループ（上）

大逆事件に関しては、まだまだ未発見の史料の数多いことが推測されている。戦後はじめて、関係者の遺族たちや神崎清氏ら調査者の努力によって世にあらわれ或は存在を確認されるに至ったものも、必ずしもそのすべてが私たちに利用しやすくなっているとは言いがたい。従って、事件の真相・本質の究明にも、いまだ分析・検討の余地がかなりに残されているのである。

ここに紹介する「社会主義者取締並爆発物製造事件捜査顛末」および「社会主義陰謀事件検挙の顛末報告（警秘第一、六八九号）」の二つの史料は、前者は信州方面、後者は紀州方面の捜査状況報告書である。どちらも明治四十三（一九一〇）年の六、七月という捜査進行途上の初期の段階で作成されたとみられるものであって、いわゆる「大逆陰謀」の筋書きがつくりあげられて行くプロセスとてらし合わせてみるとき、極めて意義ふかいものがある。ともに研究史上未発表のものと思われるので簡単な解題を含めてとりあげてみたい。なおその出所は詳《つまび》らかになし得ないが、当時の内務省警保局から出たものである。

〔Ⅰ〕　社会主義者取締並爆発物製造事件捜査顛末（信州方面）

(1)

原本は石板刷二八ページ、約一万一千字におよぶもので、第一ページ目の上方に「極秘」の印が捺されている。おそらく当時官憲側関係者の少数にのみ資料として配られたものであろう。本文は句読点なしの文語体で記述されていて、一二三項の箇条書きになっている。宮下太吉が明治四十二年六月十日に愛知県から信州明科の地へ到着した第一項からはじまり、翌四十三年六月四日に新田融に拘引状が発せられる第一二三項に至って終わっているのである。「大逆事件」が、労働者宮下太吉を首謀者とする「信州グループ」[(1)]の検挙に端を発する一大フレームアップであったことは現在広く知られているが、この報告書はその端緒の時点を解明するための根本史料としての価値を有するといえる。また、従来明らかでなかった検挙開始前後の追究過程を内側から詳細に記述しているだけに、得るところ甚だ多い[(2)]。

(2)

本文内容は項を追ってほぼ次のa、b、c、dの四段階に分けることができる。（但しこれはあくまでも私の附したもので、原本に何らの区切りがあるわけではない。）

a・明治四十二年六月十日―十一月十五日

六月十日、明科製材所に雇われることとなった要視察人物の労働者・宮下太吉が、愛知県亀崎からこの信州明科へやって来る。「依テ同月二十二日名簿送付方山梨県(3)ニ照会シ仝月二十五日ヲ以テ回送ヲ受ケ爾来本県社会主義者トシテ視察取締ルコト、ナレリ」……松本警察署の監視下におかれたのである。以後「生来酒ヲ嗜ミ酔ニ乗ジ偶々乱暴ヲ働クコトアル」という性癖の太吉もこの地では「極メテ実直ニ業務ニ精励シ殆ド模範ノ職工ト評セラルルニ至レリ」。だが、警察側は疑心をゆるめず、ひそかに二人のスパイ(4)を明科製材所内に放って監視を続ける。この間、警察の干渉と解雇のおどかしで太吉が四ヶ条の誓約をする（九月二十二日）などのことがあるが、その後一層の精励を認められて、十一月十五日には改めて本職工採用の辞令を受けることになる。〔以上六項・約六頁〕

b・明治四十五年一月―五月二十五日

翌四十三年一月二十六日、前年十月ごろに太吉がブリキ罐二個(5)の製造を他に註文したという聞き込みが入る。「茲ニ於テ松本署長ハ深ク意ニ介セスト雖トモ多少之ヲ怪シミ、或ハ爆裂弾ニテモ作ルニハアラスヤト言イテ製造ノ目的、製造者ノ氏名、製造ノ場所ヲ極メテ内密ニ偵察スヘキ旨指示シタリ」。（傍点引用者） その結果は太吉の弁明により一応問題にはならなかったが、「一層細密ナル注意ヲ」太吉の身辺に注ぐこととなった。更に三月ごろの屋代町の新村忠雄との頻繁な交渉、東京の幸徳、管野との文通などはますます疑惑を深めていた所、五月十七日に至ってスパイから太吉が汽罐職工新田融に用途不明のブリキ罐を作らせたとの情報がもたらされ、またもや「爆発物ノ類ヲ製造シタルニハアラサルカ」との推定のもとに刑事の活動が開始される。五月十九日の新田の取調べ……太吉が薬研で薬品を砕いていたという新事実の聞き込み……二四個の小罐中一四個の行方不明……。ここに至って県警警察部長への報告、警視総監への通報と、事件は急テンポで動き始める。〔以上、五項、約八頁〕

c・明治四十三年五月二十五日朝

この日早朝六時、刑事らは太吉と親交ある部下の職工清水太一〔市〕郎[6]を襲う（すでに清水の妻と太吉との醜関係をもつかんだうえである）。ここにはじめて、清水の口から太吉が洩らした新村、管野との計画が告げられる。時を移さず検挙についての打合せが長野地方裁判所検事正から松本・屋代両警察署長に指示され、午前九時、三者は裁判所で意見を交換し、検事正の「小罐ノミニテハ直ニ爆発物ヲ製造スル目的ナリトモ認定シ難キニ付キ、差向キ令状ヲ発スルコトヲ得ザル」意見にも拘わらず「準現行犯トシテ」取扱うことに一致、宮下太吉と新村忠雄の即時拘引、家宅捜索が決定された。〔以上二項、約五頁〕

d・明治四十三年五月二十五日午后―六月四日

たちどころに行われた明科製材所と太吉の住まいの家宅捜索により、行方不明だったブリキ罐のみならず鶏冠石粉末、塩酸加里等々の有力な物的証拠が発見され、明科では宮下太吉の、屋代では新村忠雄とその兄善兵衛の拘引状執行が行われ身柄を松本へ送致された。また太吉の線から東京滝野川の古河力作の関係が浮かび上り、「急速取押ノ必要を認メ」たが、力作の身辺からは「有力ナル証拠ヲ発見セズ、依テ力作ノミ拘引状ニ依ラスシテ承諾ノ上同行シ」二十九日には身柄を松本署に送る。新田融についても「共犯トシテ嫌疑ヲ容ルべキ廉尠カラザルニ依リ」三十一日に秋田県下で同行を求め、松本着後改めて六月四日拘引状を発する。

一方、幸徳秋水については、何らの物的証拠も証言もなかったが、「共謀ノ嫌疑アルヲ以テ」早くも二十六日には令状が用意されていたのであるが、「捜査ノ都合ニ依リ直ニ警察官ヲ派遣スルコトヲ得サリシモ、二十七日ニ至リ東京ニ於ケル一二ノ新聞紙ノ太吉忠雄検挙ニ関スル記事ヲ掲載シタルヲ以テ最早一刻モ猶予スヘカラズト思料シタルニ依リ、警部補青木鍵次郎、刑事巡査中村鉄二ノ両名ニ令状ヲ携帯セシメ二十八日午前八時四十八分松本発列車ニテ湯河原ニ向ケ出発セシメタルニ、翌二十九日、検事ニ於テ何等都合アリタルモノト見へ小山警部ヲシテ派遣セラレタル青木警部補ニ対シ小田原警察署気附ケ電報ヲ以テ幸徳ノ引致ヲ見合ハシメタルニ依リ空シク神奈川ヨリ引返シ三十日午后六時帰署セリ」[7]とある。〔以上一〇項、約九頁〕

(3)

紙数の関係から以上のようなアウトラインしか紹介できないのは残念であるが、ブリキ罐製造に向けた疑いを契機としてヒョウタンからコマが出るように大事件が手繰り出されてゆく過程は、詳細を極めている。しかし、おそらく長野県警察部の手によって六月上旬中に作成されたと想定されるこの報告書は、幸徳の検挙に際しての検察側の動揺・躊躇の段階を記述したままで、その五月三十一日の起訴、六月一日の湯河原における検挙には全く触れぬままに終わっている。そして、事件の決め手となった「太吉ハ新村忠雄、管野スガ子等ト共謀シ国体ヲ破壊スルノ目的ノ為メニ皇統ヲ絶ツノ手段トシテ「スガ子」放免ノ後、機を見テ之ヲ使用スルノ見込」という清水太市郎の重要陳述が含まれているにも拘らず、この報告書における事件の性格は、いまだ「大逆陰謀」としてではなく、あくまでも表題の示すように社会主義者取締をめぐる「爆発物製造事件」として取り扱われているにすぎない。このことは最も注目すべき問題点であろう。

一方、事件はすでに中央の手に移り、五月三十一日には幸徳を含めた七名[8]の刑法第七十三条(大逆罪)該当としての起訴が決定されていたのである。全国波及の第二段階もまもないことだった。これを指揮した松室検事総長の疾風迅雷の早わざは、小心翼々捜査に当たった一地方警察の理解と視野を超えた権力の意志の発動であったといえよう。

なお、宮下太吉についての幾つかの新しい事実や、その他この史料から出て来る問題点は多いが、それらについてはまたの機会に譲ることとしたい。(以下次号)

〈註〉

(1) 事件被告二十六名は地域的に信州、紀州、熊本、阪神などのいくつかのグループに大別される。

(2) 事件の捜査過程の内幕を述べたものでは、昭和三年九月に時の検事総長小山松吉が日本社会主義運動史の一部として講演（思想係検事の会合において）した大逆事件検挙苦心談があるが、はるかに簡略である。近代日本史料研究会刊「特別要視察人状勢一斑」所収。

(3) 宮下太吉の本籍地は山梨県甲府市。

(4) 結城三郎（松本署巡査の倅）と斉藤信義（元長野県巡査）の二人をそれぞれ汽罐火夫、工場守衛とする。

(5) 臼田鍋吉に製造を依頼したものであるが、「逆徒判決証拠説明書」（宮武外骨編『大逆事件顛末』所収）には、鉄葉罐四五個とある。

(6) 清水太市郎をめぐる計画的スパイの疑いは、本史料からは否定されよう。

(7) 幸徳検挙に当たってこのようないきさつがあったことは従来知られていないようである。

(8) 幸徳秋水、管野須賀子、新村忠雄、同善兵衛、宮下太吉、古河力作、新田融。

大逆事件の捜査報告書二つ――信州グループと紀州グループ（下）

Ⅱ　警秘第一、六八九號「社会主義者陰謀事件検挙の顚末報告」（紀州方面）

（1）

紀州新宮の町をふるさととする作家、佐藤春夫氏は「わんぱく時代」なる作品を半年ばかり前の朝日新聞夕刊に連載された。その中に点綴されていた紀州の社会主義者たちと大逆事件の回想は、直接の見聞をもととしているだけに生き生きと興味深いものがあった。この小説に実名、仮名で登場する彼ら紀州の社会主義者たちこそ、いわゆる大逆事件「紀州グループ」なのである。

さて、その紀州方面に大逆陰謀捜査の手がのびたのは、「新村忠雄の家宅捜索をして押収した信書及新村が紀州の新宮の社会主義者大石誠之助と云う医者の家に泊まって帰って、そこから兄善兵衛に出した手紙等によれば新村と大石とは深い関係にあることが認められた。そこで不逞の共産主義者を悉く検挙しようと云ふことに決定した」[1]という政治的な段階に入ってからのことである。六月二日、高野検事が紀州へ出張を命ぜられ、五日には早くも何らの証拠もなしに当地方の中心人物とみられた大石誠之助が起訴されている。そして、以後なんとかして紀州の社会主義者たちを陰謀事件に結び付けようとの方針のもとに捜査が続けられ(2)、ついには大石をはじめとして、成石平四郎、高木顕明、峯尾節堂、崎久保誠一、成石勘三郎（起訴順）と、六人にのぼる犠牲者を出したのであった。

ここに取り上げた報告書は、冒頭に「社会主義者ノ陰謀事件検挙ノ概況ハ時々局長迄電報シ又本月三日付及同十一日付報告致シ置候通ニシテ」と述べているところからも明らかなように、紀州における捜査過程のすべてを含むものではなく、主として成石平四郎拘引（六月二十八日）以後について報告したものである。宛名は「内務大臣男爵平田東助」、差出人は「和歌山県知事川上親晴」、そして日付は「七月二十日」となっている。〔I〕と同じく、原本は一八ページ（謄写刷りと思われる）で、「秘」の印が第一ページ目上方に捺されている。本文は約一〇ページ、四〇〇〇字に及び、これに八ページの家宅捜査一覧が附されているのである。

(2)

本文内容には、一応前記のように明治四三年六月末以降七月二十日までの地元捜査の顛末を記しているが、その順序はさきの信州方面のそれのようには、かならずしも首尾一貫してはいない。客観的な捜査過程の事実関係のみでなく、社会主義者の取締方針一般にまで言及したり、各個の社会主義者たちの活動状況をあげつらったりしている点、雑然とまとまりない印象を与えられる。登場する人物名はこれまた計五四名の多きにのぼり、和歌山県地方の捜査がいかに徹底的に、かつ峻酷に行われたかを示している。以下、順を追ってではなく（以上のような性格からそれは不可能であるので）、幾つかの特徴的な点、主な事実を拾ってみよう。

a・成石平四郎関係

平四郎に拘引状が執行されたのが六月二十八日であったことは前にも述べた。しかし、予断をもって逮捕してみたものの、「同人ノ家宅及犯罪ノ端緒ヲ発見スヘキ見込ミアル者ニ対シ予審又ハ捜査上承諾ヲ得テ家宅捜索ヲ為シタルモ何等犯罪ノ端緒ヲ得サリシ」という状態であった。ところが、平四郎の親友である本宮村の湯川英一なる男を尋問してみたところ、「図ラスモ」平四郎がかねがね「自己ノ理想ヲ貫徹スルニハ政府ヲ転覆セサルヘカラス、之カ手段トシテ爆裂弾ヲ使用シ自分ハ自殺スル覚悟ナリ」と語っていたとの証言を得たのを端緒として、峯尾、高木、崎久保、大石夫人らを含む一一人の証人を召喚し合計三〇回に及ぶ予審判事、検事の取調べを強行することになる。そしてその結果――おそらく予定の筋書きであったろうように――東京の幸徳等の「大逆陰謀」の系列に、成石兄弟の爆裂弾製造試験を結びつけることに成功したのであった。いわゆる「紀州グループ」の幻影は、すでに大石の座談を軸としてつくりあげられていたのであったが、この執拗な追究による成石平四郎関係の発見が、その実在的裏付けに決定的に作用したことは明らかである。こうして、成石平四郎、勘三郎、崎久保誓一、高木顕明、峯尾節堂の五名は刑法第七三条該当の名を負って東京へ押送されることとなる。大石はすでに先に送られていた。

b・大石誠之助と高木顕明

興味あるのは、本文中に大石をはじめ紀州の社会主義者たちの日常が点綴されていることである。

「大石誠之助ノ如キ、主義の拡張ニ意ヲ用ヒ如何ニ各方面ニ運動セルヤハ想像以上ニシテ、自己カ医ヲ業トセルヨリシテ常ニ貧民ニ施療シ中流以下ノ者ニ対シテハ自ラ進ンテ薬価ノ請求ヲ為シタルコトナク、貧民ノ請ニ対シテハ如何ニ深夜ト雖モ直ニ之ニ応シ貧民部落ニ信用ヲ得ンコトニ努メ居タリ。其実況ハ拘引後新宮附近ノ貧民カ同人ヲ敬慕セルノ甚だタシキニ徴シ察スルヲ得ヘク」と記された大石誠之助。また「現ニ高木ハ自己ノ檀徒タル特殊部落ニ伝導《(ママ)》シタルノ実跡アリ。然レトモ効果同シキヨリ高木ハ比較的各種階級ノ人ニ直接スル機会アル按摩ヲ業トシ伝導セント決心シタルコトアリ。其熱心驚クヘク」と評された高木顕明。ここには、知友たちによって夙に語られてきた、彼らの医師としての或いは宗教家としての人間愛にみちた日常がうかがわれると共に、その美しいヒューマニスティックな生活態度をすら危険極まりない反逆思想として疑心と憎悪の対象としなければならない天皇制権力のゆがんだ姿がさらけ出されている。

ｃ・その他の人々

犠牲となった前記六名を中心として、およそ彼らと多少の交渉あるもの残らずが四〇名の家宅捜索（六月二十九日～七月八日）を含む綿密な取調べにあっているが、「多クハ嫌疑スヘキ材料無之」ことを認めざるを得なかった。それにしても、牟婁新報社主として著名な毛利清雅（柴庵）などは、大石ら地元の人々とばかりでなく幸徳、堺、森近、管野らとも交際があったことを理由に「必ス本件ニ与ラサルコトナシ」との推測のもとに捜査され、あやうく連累を免れる始末であったし、成石平四郎と親密な社会主義者玉置真吉、石橋恒三の二名もこのときまだ嫌疑が晴れず、「捜査継続致候」と報告されている。

ｄ・運動とその周辺

また、捜査当局を戦慄せしめたのは、教育界、軍隊の中に危険思想の種子が播かれつつあるという危惧であった。前者については、「更ニ驚クヘキハ一方ニ於テ年少者ノ脳裡ニ漸次此思想ヲ注入セシメンカ為メ他方ニ於テ同主義ノ拡張ハ多少文字ヲ解スル者ニアラサレハ其効果少ナキヲ認メタル為メ小学校教員ノ誘導ニ力ヲ須ヒ新聞ヲ配付シ書籍ヲ貸与スル等所有手段ヲ講シテ主義ヲ研究セシメ漸次社会主義者タラシメントル為シツツアルモノノ如ク……」と前置きして、「玉置真吉ハ本県東牟婁郡九重尋常小学校ニ通勤セル訓導ニシテ、西牟婁郡大都河村競智尋常小学校訓導前田徳五郎ナル者モ昨年来主義ヲ廃シタリト云ヘルモ其以前ハ熱心ナル主義者ニ有之、其他ニ於テモ東牟婁郡三里村尋常小学校長風庵事岩本利七、同郡請川村尋常小学校長仲徳等モ社会主義者ト親密ノ交際ヲ為シ絶エス文書ノ往復ヲ為シ居リ、其文意ヨリ察スルニ社会主義者ト認メラレ候。（中略）教員間ニ多少瀰漫セルニアラサル哉ノ疑有之、更ニ調査ノ上相当処分可致候」と、述べている。そして、後者――即ち軍隊内部の問題については、現在入営中の主義者雑賀平四郎ら三名の名をあげ、それぞれ聯隊長・憲兵分隊などに照会、連絡したことを報じているのである。

e・以後の取締方針案

「着手以来昼夜ノ別ナク約十七日間ニ亘リ」徹底的に行ったこの捜査の結果として、官憲側は次のような結論に達した。

すなわち、「従来ノ取締ハ皮想（ママ）的直接ノ行動ニ而已着目シ、其内容ニ付テハ注意ヲ拂ハサリシニアラサルモ最モ難事トシテ飽迄之カ真相ヲ得ルニ努ムルノ熱心ナカリシヤノ感アリ。将来彼等ノ取締ニ関シテハ深ク留意画策スヘキ義ニ有之候得共、通信機関ヲシテ取締上ノ便宜ヲ与ヘシムルハ彼等ノ内情ヲ知ルノ一方便ニ可有之、又軟文学小説其他新聞紙上ニ投稿シテ空論放語シ比較的社會ニ重用セラレサル者、及今回ノ被告ニ徴スルニ身体ニ故障アルカ或ハ精神常ニ苦悶ノ状態ニ在ル者ノ如キハ最モ注意ヲ怠ルヘカラサルモノト被存候。」というのである。

その後こういう着眼点がどの程度実地に応用されたかは論外としても、事件を契機としての全国的な弾圧強化へのすう勢は、はっきりとここにその断面をみせているといえよう。

(3)

またもや紙数をこえてしまった。この上本史料の問題点に立ち入って述べる余裕はもうない。ただ、近来ようやく地方史的掘り下げを通じて今一度大逆事件前後の日本の社会主義・無政府主義運動の実態把握と綜合に至ろうとする動きがあるが、そうした意味からも本史料にあらわれた五十余名の被疑者の住所氏名や行動範囲などは貴重な手がかりとなるであろうことを指摘するにとどめよう。

事件から約半世紀、いま和歌山県下には民主教育を守るための勤務評定反対闘争が力強くおしすすめられている。歴史の重みを感ずること切なるものがある。


〈註〉

(1)「特別要視察人状勢一斑」三五六頁
(2) 七月一日には武富検事が、更に七月四日には小林検事正らが再度和歌山に出張している。同右三七三〜三七四頁

（以上、一九五八・七・十記）

（上・近代史研究会機関誌『鐘』第二号、一九五八年五月三十日）
（下・近代史研究会機関誌『鐘』第三号、一九五八年七月三十日）

ドキュメント・大逆事件再審請求運動を記念する「要望書」

「これは、四十数年前の大逆事件再審請求運動を象徴するタカラモノです」との言葉とともに、塩田庄兵衛氏は一巻の軸装した文書をひもどかれた。拡げられた横長の和紙巻紙の末尾に記された墨継ぎに濃淡のある、いまは亡き著名な社会科学者たちの五つの署名が目にしみるようだった。「今後は、これを〝大逆事件の真実をあきらかにする会〟の保管に委ねます」と、塩田氏は語を継がれた。昨二〇〇五年二月五日、塩田家の一室でのことである。立ち会ったのは、本会事務局長・山泉進と世話人・大岩川嫩の二名だった。

大逆事件再審請求の申し立ては、坂本清馬・森近栄子のふたりを請求人とし、森長英三郎弁護士を主任弁護人とする一〇人の弁護団を代理人として、大逆事件大審院判決のその日から満五〇年の一九六一（昭和三十六）年一月十八日を期して東京高等裁判所に提出された。本会はその一年前に、この再審請求を支援するために有志により結成されて今日に至っている。一〇八点の新しい証拠資料を添えての再審請求であったが、裁判所の壁はなかなか動き出そうとしなかった。

大逆事件再審請求運動を記念する「要望書」

要望書

いわゆる大逆事件ただひとりの生存者である坂本清馬氏、および刑死者森近運平の遺族である森近栄子氏から提出された無罪の判決をもとめる再審請求の審理についてふかい社会的関心が払われています。

非公開の秘密裁判のなかに閉鎖され、ながいあいだ歴史の謎とされていたこの大逆事件も、時代の進展にともない、新資料の発見と学問的探究により、次第にその真実の姿をあらわすようになつてきました。

新憲法下において、国民の基本的人権救済の道をひらいた再審制度のおもい意義を考え、司法権独立の権威を高め、かつ国民の疑惑をとくために、英知と勇断をもつて再審開始の決定をくだされるよう要望いたします。

昭和四〇年一月二〇日

大内兵衛
我妻栄
宮沢俊義
大河内一男
南原繁

東京高等裁判所第一刑事部
裁判長
長谷川成二殿

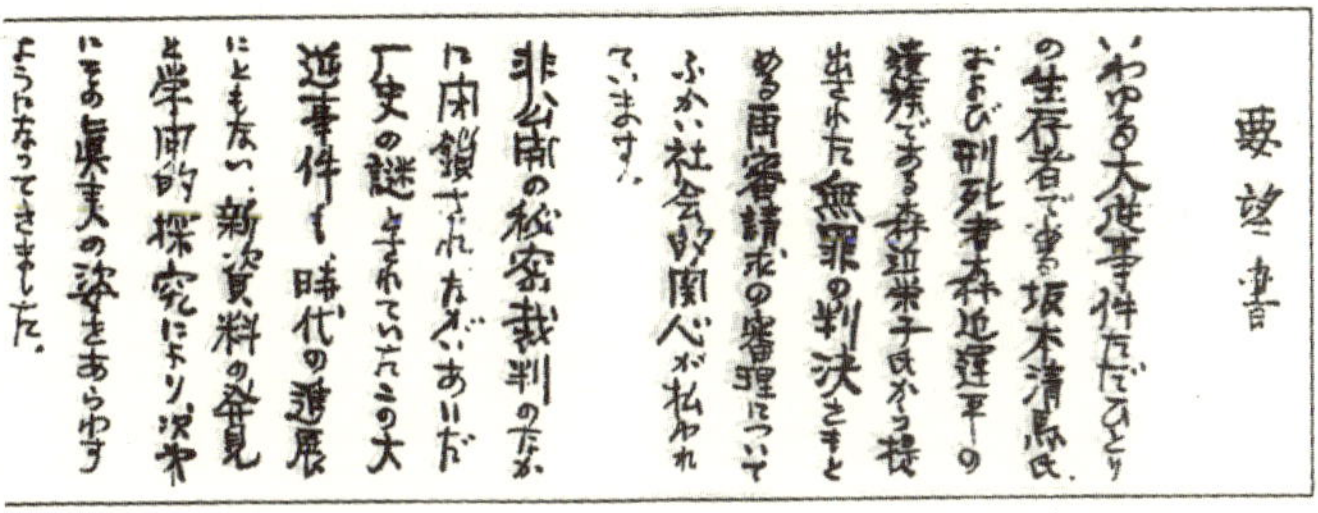

要望書

いわゆる大逆事件ただひとりの生存者である坂本清馬氏、および刑死者森近運平の遺族である森近栄子氏から提出された無罪の判決をもとめる再審請求の審理についてふかい社会的関心が払われています。

非公開の秘密裁判のなかに閉鎖されたながいあいだ歴史の謎とされていたこの大逆事件も時代の進展にともない、新資料の発見と学問的探究により次第にその真実の姿をあらわすようになってきました。

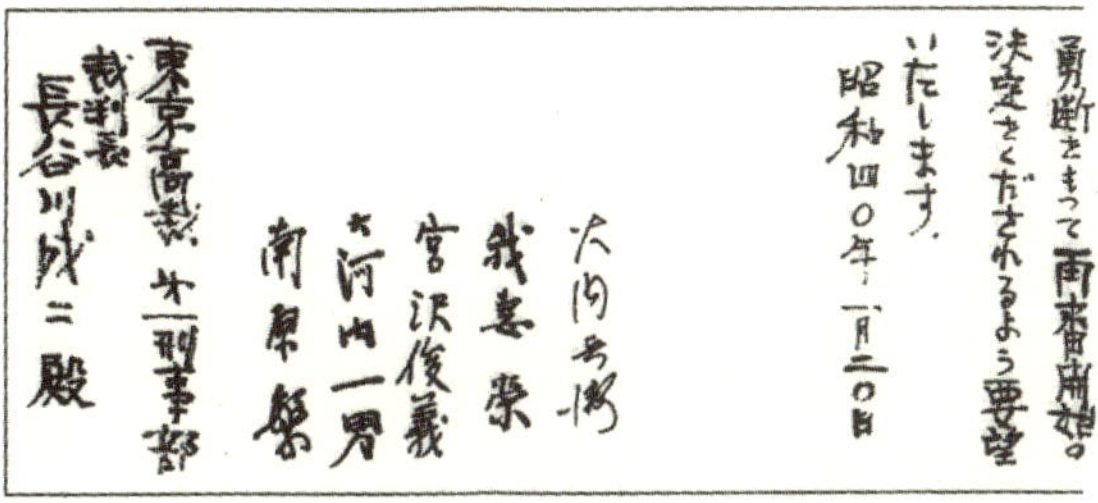

勇断をもって再審開始の決定をくだされるよう要望いたします。

昭和四〇年一月二〇日

大内兵衛
我妻栄
宮沢俊義
大河内一男
南原繁

東京高裁第一刑事部
裁判長
長谷川成二殿

上段は「要望書」の全文。中段と右は原本の一部写真。起草者は神崎清氏。五氏の各署名以外の字は神崎氏の筆跡。

その状況のなかで、一九六五（昭和四十）年一月、担当裁判長宛に提出されたのが、この「要望書」だった。起草者は大逆事件研究者・神崎清、進んで署名人となったのは当時の代表的な社会科学者たち、すなわち、経済学者・大内兵衛、民法学者・我妻栄、憲法学者・宮沢俊義、社会政策学者・大河内一男、政治学者・南原繁の五氏である。いずれも東京大学、法政大学などの総長はじめ戦後日本の学界、教育界の指導的立場を歴任した知識人の重鎮である。

この「要望書」を携えた森長弁護団長と神崎清、塩田庄兵衛氏らは、東京高裁第一刑事部の長谷川成二裁判長を訪問して、これを手渡そうとした。しかし、「非公式」と断って面会に応じた長谷川裁判長は、ちらと目を走らせただけで受け取ろうとはせず、さりげない茶飲み話に終始したという。

そして、やがて一九六五年十二月十日には、「本件各再審請求を棄却する」という「決定」が下され、その手続きの違法性をも衝いて行った最高裁への「特別抗告」も六七年七月に最高裁大法廷によって棄却され、法的には終焉したのであった。受け取られなかった「要望書」は、塩田庄兵衛氏の手元で表装されて一巻の軸となり、そのままこの日まで保存されていたのである。

身辺整理を志された塩田氏の意思に沿って、他の大逆事件関係資料とともにこの記念物を引き継いだ本会事務局は、その経緯を本『ニュース』に明らかにしておくことが適切と考え、ここに本号の記事とすることにした。

塩田庄兵衛著『幸徳秋水』（新日本新書、一九九三年）と同著『二十一世紀へのバトン――塩田庄兵衛の八十年』（非売品、二〇〇二年）の両書には、この「要望書」についての記述があり、前者には文書の写真と全文も添えられている。
　本会が保存を引き継いたことを機会に、ここにも改めて現物の一部写真と、内容全文を掲げておきたい。

（『大逆事件の真実をあきらかにする会ニュース』第四五号、二〇〇六年一月）

松本・明科大会参加記

二〇〇〇年の初期社会主義研究会の地方大会は、懸案の信州行となった。秋の紅葉をも楽しめるのではないかとの目算もあって、実施時期は十月七日から九日までの三日間、長野県松本を中心に更埴市屋代、東筑摩郡明科町をも訪れる計画である。水先案内には、現地在住の会員・山田貞光氏（松本周辺）、望月明美《あきよし》氏（明科）をお願いした。

信州、とくに松本方面は、周知のように自由民権運動以来の初期社会主義とゆかり深い土地であり、木下尚江はじめ多くの社会思想家や運動の士を輩出したばかりか、「大逆事件」発祥の地としての因縁もある。参加者は、堀切利高、大塚雅彦、加藤不二子、原英樹、山泉進、大原春子、大岩川嫩（以上東京方面から）、山田貞光、望月明美、勝野啓三（以上現地参加）の一〇名である。

第一日目の十月七日（土）午後一時、宿所として二泊の拠点とした松本駅近くのニューステーションホテルに集合、山田貞光氏から日程の説明を受ける。以後、『木下尚江と自由民権運動』の著書があり、松本方面の自由民権等運動史関係資料について通暁されている山田氏の穏やかな口調での解説は、全行程にわたって懇切を極めた。

最初の訪問は、山本飼山（一蔵）の養家であった河野家である。東京に生まれたが早く父を失い、山本家の養子であった信州の父の生家、河野家に寄寓して成長した飼山は、松本中学在学の年少時から社会主義思想に目覚め、のち早稲田大学に進学してからはさらに石川三四郎、堺利彦などとも接触して革命思想への関心を強めた。しかし、大逆事件後の時代閉塞状況、大学卒業後の就職問題などの逆風のなかで煩悶、一九一三（大正二）年、東京大久保の線路で二三歳の痛ましい死を遂げた。早熟な俊才の心の軌跡は、先年刊行された西田勝・上条宏之・荻野富士夫編『定本　飼山遺稿』（銀河書房、一九八七年）に見ることができる。

飼山が育った河野家は松本市島内の、代々文人、教育者、学者を輩出した旧家である。江戸時代の建造という大きな構えの屋敷は、いまは一部を改造して蕎麦処を営業していた。ちょうどその忙しい中をお邪魔してしまったが、泉水を前にした昔ながらの一郭の縁先で、老家刀自の富久子さんが相手をしてくださり、家系の由来や飼山にまつわる話などを伺うことができた。

河野家を辞して、ほど近い城山公園に上る。目当ては「木下尚江顕彰碑」。昭和五十一年建立の碑面には、「何一つもたで／行くこそ／故さとの無／為の国へのみ／やげなるらし／昭和十六年十月廿九日」という絶筆がその筆跡のまま彫られている。また碑の右側上部を一段高くして尚江の頭部レリーフがはめ込まれているというモダンでユニークなデザインの顕彰碑であった。

次いで、木下尚江生家をもとの旧天白町からそのまま市内島立小柴の日本司法博物館敷地内に移築・復元して作られた「木下尚江記念館」へ。数々の遺品や資料を興味深く見学した。隣の司法博物館も見学。夕刻も迫ったので、この日はこれで終わり、その他の松本市内探訪は三日目に譲ることとなった。

第二日目（十月八日）は、明治大学の佐藤嗣男教授が途中参加されて、一行に加わった。早めにホテルの朝食を済ませて特急しなのの一号で松本を出発、篠ノ井で第三セクター・しなの鉄道に乗り換えて一〇時一〇分に屋代駅に下車した。目指す関谷山生連寺（浄土宗）には徒歩で一〇分足らず。寺内の「大逆事件」で刑死した新村忠雄と連累したその兄新村善兵衛の墓所に詣でるのが目的である。ここでは、さきに訪れていた大岩川が案内を務めた。

城山公園「木下尚江顕彰碑」前にて

新村兄弟は一つの墓石に並んで戒名を連ねているが、善兵衛の「賢譽至徳善雄居士」、忠雄の「禮譽救民忠雄居士」というそれは、大正末といわれる戦前の建立時にしては大胆なものとして、久しく研究者の関心を集めてきた。命名者は当時の住職・西沢学良和尚という。改めて墓所全体を観察すると、兄弟のものを含む三基の墓石が東面して並び、これと鍵の手になって南向きの昭和三十年代に建てられた「先祖累代之墓」がある。東面の三基は初代、二代の「善兵衛」夫妻の墓、そして三代目に当たる新村善兵衛と忠雄の兄弟墓である。いずれも三重の台石をもち、基壇は約五〇センチ四方、塔石頂点までの墓石全高約一四五センチというかなり大きい立派なもの。

三基ともその様式、外見等から、同一時期に建立されたものと推定できる。その時期が伝えられるように大正末年頃とすれば、二代善兵衛の妻、すなわち三代善兵衛（大正九年亡）・忠雄兄弟の母であるやへが大正一三年に享年七一歳で歿しているので、それを機としてこの新村家三代を集めた墓所が設営されたものと思われる。そして非運に仆れた二人の息子の志を知る母やへの遺志を受けた住職によって当時としては大胆な戒名も授けられたのではなかろうか。――これは大岩川がこの日提示した仮説であるが、当否については他日実証の必要があろう。なお、現住職はその事情を知らないとのことであり、また当日は法要と重なってお話を伺うことはできなかった。

慌しい墓参で香華を手向ける用意がなかったことを悔いつつ生蓮寺を後にして、再び屋代駅から篠ノ井経由松本方面へ向かい、途中の明科駅に降り立ったのはちょうど正午過ぎ。駅前には望月明美氏が、「大逆事件の真実をあきらかにする会」会員の池上昌訓氏とともに出迎えてくださっていた。明治の末、この明科の製材所に勤めていた機械工・宮下太吉の試作した小さな爆裂弾が、「大逆事件」という日本近代史を震撼させた一大フレームアップの〝パン種〟となったのである。なんと、駅前の大きな「明科文化財マップ」という絵図掲示板には、まるで小学生がボール投げをしているような可愛らしい太吉の「爆裂弾投擲場面」が描かれていた。近くの蕎麦屋で昼食をしながら、望月さんの予定説明を伺う。町の様子は戦後かなり長くまだ明治の面影が残っていたが、いまではそのほとんどが消え去っているとのこと。それでも、明美さんの父君で大正・昭和のアナキストとして著名な画家・望月桂さん（一九七五年歿）が丹念に書き残してくだされた絵図面（これは、神崎清『革命伝説』などにも掲載されている）を、さらに明美さんが調査を重ねて補正されたものを参考にしながら探訪を開始する。さらに、明科町教育委員会の生涯学習課係長・大澤哲氏の全面的なご協力を得て、マイクロバスで案内していただけたのは幸いであった。明科製材所跡地はいまでは町役場を含む一郭となっている。何回か居を移した宮下太吉の止宿先をも巡ったが残念だったのは、清水太市郎の住居であった長屋の一軒がついに取り壊されてしまっていたことであった。数年前に筆者がやはり望月さんのご案内で訪れたときには、まだ無住の廃屋ながら明治のそのときのままに残っていたのだったが……。その長屋で太吉は、製材所の部下でひそかに警察とも連絡していた清水の妻と語らい、秘密発覚の端緒ともなったのだった。今回はその露地の入り口から「あそこに……」と覗いて過ぎるに止まった。

ハイライトの現場探訪は、太吉が明治四十二年十一月三日の天長節の夜、ひそかに町の東方にあたる背後の大足山中に分け入って爆裂弾の投擲実験を試みたという地点である。次第に高度を上げて走ったマイクロバスで、その会田川沿いの「なずな沢」と呼ばれる切通しの崖上、崖下の両方に降り立ってみることができた。いまではあたりの樹木も払われて明るい展望になっているが、戦後の望月桂氏のスケッチからも、当時はかなり鬱蒼とした山中であったことが想像できる。成功を「宿望やうやく端緒につけり」と新村忠雄や管野須賀子に手紙で報告した実験の行われたその場所と推定されるのが、ここであった。

明科公民館には、奥まった一室が「大逆事件コーナー」としてしつらえられている。一通りの事件関係年表や当時の明科の様子を語る写真、宮下、幸徳らの肖像などの資料・解説が備えられているが、なによりも特徴的なのは、「大逆事件」検挙の端緒をなした村の警察官・小野寺巡査の功績を称える表彰状や感謝状の現物の数々が展示してあることだった。その一つを例示してみよう。

長野県巡査小野寺藤彦

右者犯罪捜査ニ関シ功労抜群一般ノ亀鑑タリ仍テ明治四十三年勅令第四百三十八号ニ依リ警察官吏及消防官吏功労記章ヲ付與ス

明治四十四年二月二十一日

内務大臣正三位勲一等法学博士男爵

平田東助

幸徳らの判決・処刑直後に出された褒賞状である。また爆裂弾製作に使われた薬研や鉄筒などのモデルが展示してあったが、薬研はともかく、鉄筒は実際のもの（ブリキ缶、直径約三センチ、長さ約六センチ）とはまったく材質・大きさの異なるもので、資料としてはふさわしくない。撤去を望みたい。

公民館を辞し、町の探訪が終わると、最後に望月家にお邪魔することになった。同家には、前記の明美氏父君・望月桂氏（その生涯は小松隆二著『大正自由人物語――望月桂とその周辺』〔岩波書店、一九八八年〕に詳しい）の遺品の貴重な資料の数々が蔵されている。まず別棟の収蔵庫にあるそれを見せていただく。あの有名な大杉栄の背中を見せた夏姿の肖像画オリジナルをはじめ、堺利彦など大正期の社会主義者、アナキストたちの躍動する筆跡、寄せ書き、雑誌等の資料がところ狭しとひしめいているのに、一同感嘆の声をあげた。その保存と管理を一身に担われている明美さんのご苦心は察するにあまりある。やがて、西側の窓から安曇野をへだてて北アルプスの美しい山脈を遠望する二階の座敷に招じられて、夫人や妹さん手造りの信州名物「おやき」などご馳走になってくつろぎ、この日の探訪に満ち足りた思いであった。夕方近く、ようやく明科から松本へと帰途についた。

最終日、三日目の十月九日朝、山田貞光氏がまたホテルまで迎えに来られる。望月明美氏も明科から車を駆って来られ、徒歩中心の市内探訪にそろそろ疲れの見えてきた大原、加藤両女史をなにくれとなく世話してくださった。

この日は、かつて木下尚江も幼い日学び、いまは国の重要文化財となっている旧開智学校（明治九年竣工）を最初に訪れた。あまりにも有名な建造物であるが、現状は各教室を利用して明治から昭和までの学制や初等教育内容を物語る数々の資料が展示されているのも興味深かった。次いで、松本城遺構の中央公園の一角にある日本民俗資料館をも見学する。旧開智学校も、この資料館も、山田氏が前者は所長として、後者は副館長としてその運営に密接にかかわってこられた施設である。

昼食を挟んで、木下尚江生家跡、尚江の少年時代の遊び場であった天白神社、明治十年代のころ松本の自由民権運動の演説会がしばしばその本堂で開催されたという宝栄寺などにも案内され、往時を偲んだ。

また、松本中央図書館の前庭に、つい五年ばかり前に建立された「普通選挙運動発祥の地記念像」にも足を止める。明治三十年に全国に先駆けて木下尚江、中村大八郎らが普通選挙期成同盟会を組織して普通選挙請願を行ったことを記念して建てられたものであり、ここにも松本平の誇り高い足跡があった。

木下法律事務所跡や信陽日報・信府日報跡などは、いずれも現在の近代化された松本市内ではそれとわかるような痕跡はとどめていない。山田氏の密度の濃い解説にうなずくばかりであった。

午後三時ごろ、予定した探訪日程を終えて解散。それぞれ帰途につき、一部の者はさらに安曇野方面へ足を伸ばすことにした。

紅葉にはやや早かったが、信州松本・屋代・明科をめぐった三日間は、総じてこの地域が日本近代における民主主義運動のなかに占める独自の位置を再確認する旅であったといえよう。折から、長野県知事選挙戦のさなかであり、いたるところで保守長期政権だった吉村知事の後継を目指す官僚系の候補者と、これに対抗する田中康夫候補との二人のポスターが目に付いた。山紫水明のこの大県の人々は、火種を深く蔵して、時代が動こうとするときにはいちはやく革新ののろしを上げるという伝統をもっている。そのことを三日間の学習を通して思い起こし、口々に予感を語り合った旅でもあった。

（『初期社会主義研究』第一四号、二〇〇一年十二月）

第二部　歴史学へ

1
論文

地租改正と寄生地主制の展開

――山梨県北巨摩地方一農村の研究――

第１図　旧塚川村全図　（武井家文書による）

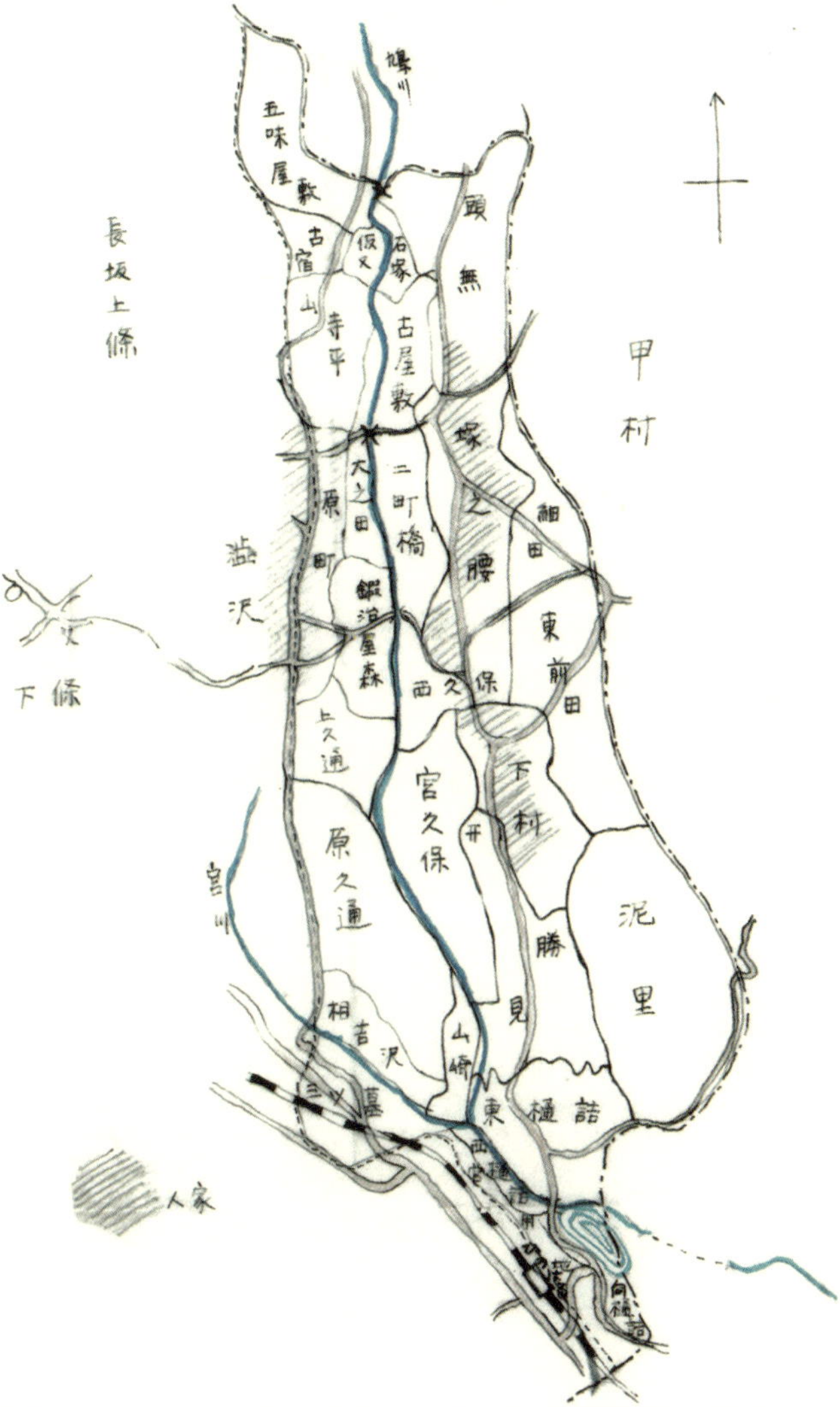

第２図　塚川大堰用水路用　　　（武景家文書による）

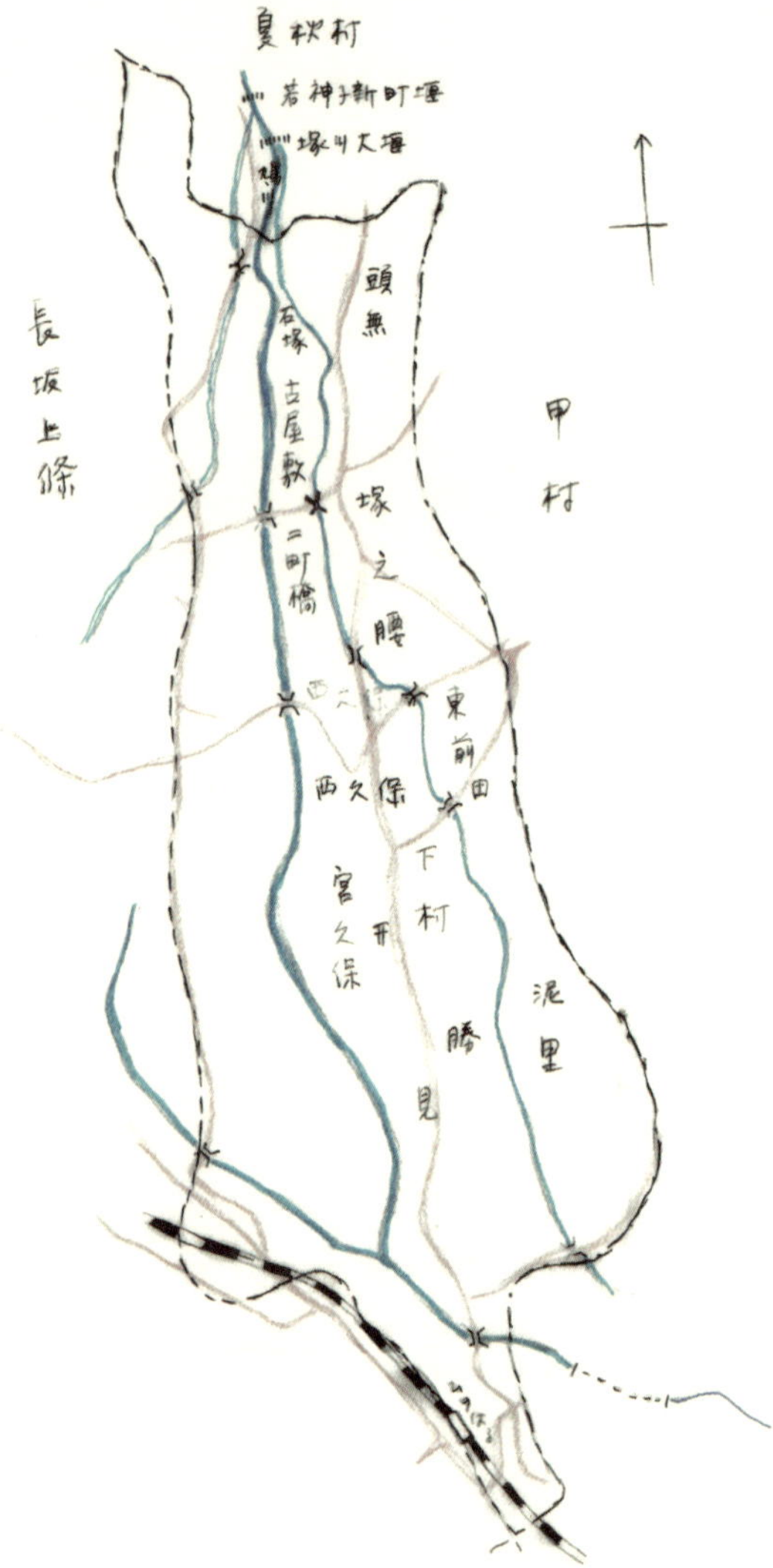

第３図　若神子新町堰用水路用　（年代不明　武景家文書）

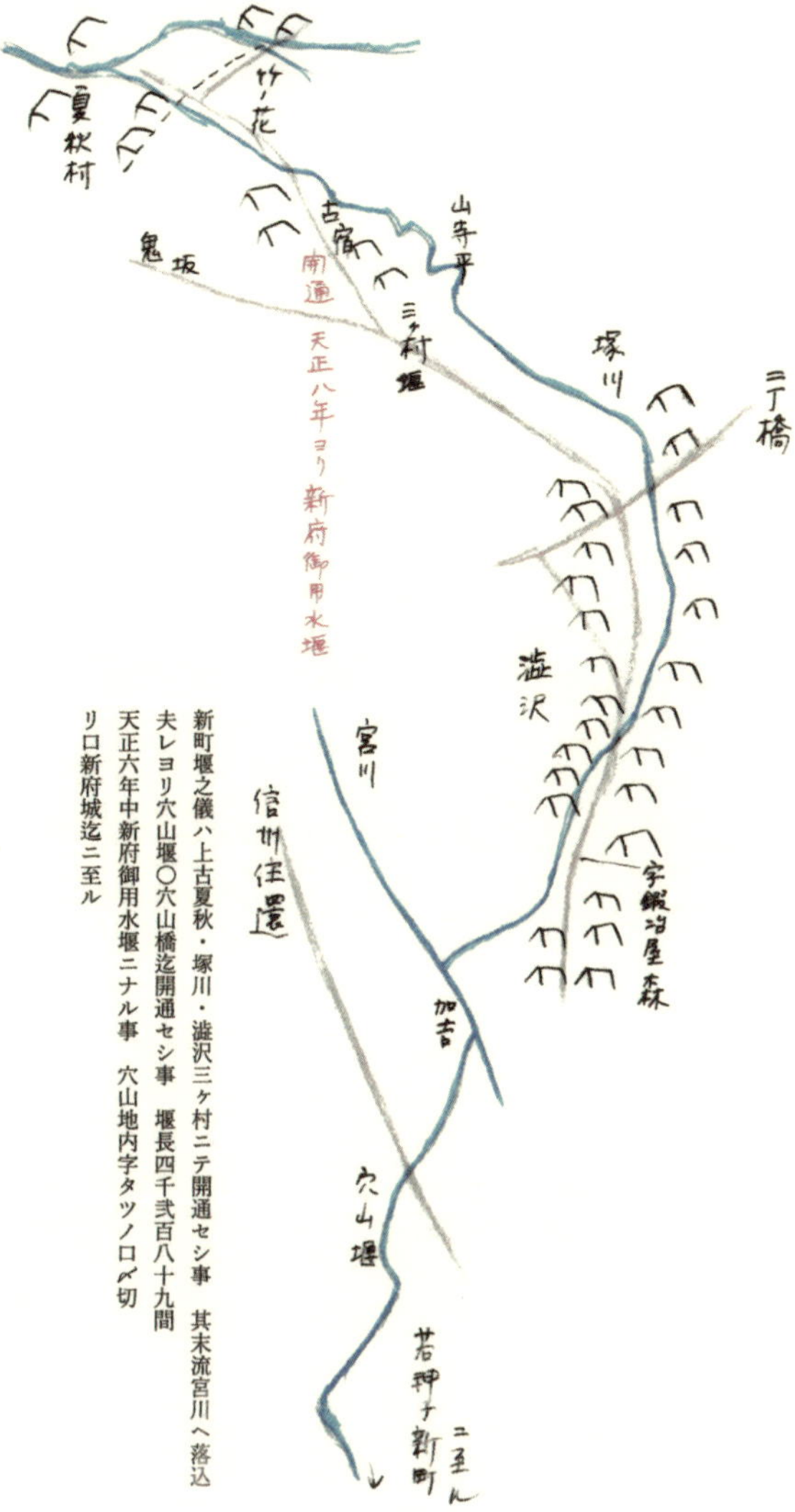

新町堰之儀ハ上古夏秋・塚川・溢沢三ヶ村ニテ開通セシ事　其末流宮川ヘ落込
夫レヨリ穴山堰○穴山橋迄開通セシ事　堰長四千弐百八十九間
天正六年中新府御用水堰ニナル事　穴山地内字タツノロ〆切
リロ新府城迄ニ至ル

目次

（頁）

はじめに

日本近代史の研究に多少の関心をもつ私にとって、その出発点をなす明治維新史のほり下げは是非とも欠かせぬことのように思われ出したのは、二年生の後期ごろからのことであった。一、二年の頃は漠然と日本資本主義論争史などを読みあさり、マニファクチュア論争や自由民権運動などのはなやかな主題に目をうばわれがちであったが、直接近世の地方文書《じかたもんじょ》などの農民資料にふれる機会が多くなるにつれ、また文献、論著などを読みすすむにつれ、社会変動の基盤である農村構造の問題が次第に関心の中心的な対象となってきた。しかも、その変化、発展の様相をもとも中央の政策と密接なつながりをもつ時点において統一的に把握し、明治絶対主義政権の性格究明にも、以後の日本近代社会八〇年の歩みの解明にも手がかりとなるような研究対象としたい、という問題意識によって漸次形成されたのが、日本における本源的蓄積の重要な一環をなす地租改正と、これによってその進路を確定された寄生地主制のテーマであった。

地租改正の性格については、昭和初年以来幾多の研究者によって論ぜられているが、その実証的な農民史料を基礎としての研究には極めて乏しい。これも上述のような問題意識とあいまって私を一農村を素材としての実証的な研究へ向わせた一つの理由である。幸いにして史料にめぐまれ、研究に着手したのは本年四月からのことであった。わずかな時日をもってこの厖大な深みをもつ問題ととりくんだ浅慮には今更ながら汗顔あるばかりであるが、これからの勉強の出発点として敢て一応のまとめを以下四章に記述したものである。

第一章　寄生地主制成立の前提

第一節　山梨県北巨摩郡塚川村の概況

㈠逸見筋の村

山国として名高い甲州には、甲府盆地を中心とするわずかな平坦部にふるくから村落が形成されて来た。

地図をみると、甲府盆地の手足のような形をなして山中を縫いながら幾筋かの村落のつらなった線が四方に走っているのが見出される。文化十一年（一八一四）幕府の内命をうけて時の甲府勤番松平定能が著わした「甲斐国志」（全百二十三巻）の記述によると、これらの筋々は、萬力筋、栗原筋、大石和筋、小石和筋、中郡筋、北山筋、逸見筋、武川筋、西郡筋の九筋に分けられているが、本論文の研究対象とした旧塚川村はこの中の逸見筋に属する村の一つである。

「據二八嶽南面一山多二出泉一従レ高漑レ田自在ヲ得タリ。川澤沃衍山谿明麗不レ旱不レ溢風俗淳朴善二治生㆒駒犢ヲ産シ秣蒭繁シ」（巻之一 提要部）と甲斐国志に述べられた逸見筋は、近世には「領村六拾」（同前）と言われ、甲府盆地から北方の信州方面へ向かって伸びたひとつらねの村々であった。北には八ヶ嶽を間近に仰ぎ、西には鳳凰三山、甲斐駒の山々を、南には富士、東には金峯山、剣ノ峰等々のそびえる景観は、「山谿明麗」と謳われる通りであるが、八ヶ嶽山麓地帯にかかるこれらの村々を「川澤沃衍」「不㆑旱不㆑溢」と桃源郷のごとくに称する国志の記事は首肯しがたい。むしろ、「本州ノ気候ハ大小高嶽四維無㆓限断㆒畳立シタル國ナレハ、瘴気内ニ靉靆トシテ陰包㆑陽運動スル事常ニ晩シ。（中略）概シテ之ヲ測ルニ陽気較々劣レリ。如何トナレハ早稲《ワセ》ハ常ニ實少シ。晩稲《オクテ》若シ持㆑暖歳ニ會ヘハ雖㆓其利許多㆒、高山ニ雪下リ秋冷蚤ク到レハ農夫空㆑手スル事アリ。（後略）」と同じ甲斐国志提要部に甲州全般について述べている記事の方がこの地帯にとっても適切であろう。塚川村の近世から近代に至る史料の中にも度々の旱害、冷害、水害の記録が実見され、また一三〇年間も一つの水利をめぐって他村との水争いを継続せしめられるような山村特有の不自由な水利関係が存在して、「従㆑高漑㆑田自在ヲ得タリ」という国志の記述を否定するのである。

㈡村の生い立ち

このような山村地帯ではあるが塚川村の村落形成はかなり古く、すでに中世には逸見筋一帯に人家散在して農耕が営まれていたらしく、国志によれば多摩庄・熱那庄、大八幡庄らの庄園が存在したという（巻之四十七古蹟部第十）が、塚川はその中の大八幡庄に属したとされている。大八幡庄については、現存する小淵澤村天神祠の金鼓の銘に「奉㆓施入㆒甲州大八幡庄山宮天神鰐口事。奉㆓施入㆒課方立合大行神。應永廿九年九月廿五日施主敬白」とある（同前）ことが知られる。また、「起源ヲ往古ニ遡リテ尋ヌレバ数百年前鎌倉幕府時代往来ノ人々ノ難儀ヲ見ルニ忍ビズ人助ケノ為メニ幕府ハ要所々々ニ扶持米ヲ給シテ数戸ノ家ヲ構フニ初ナリ」（日野春村自治発達史 大正十四年）ともいう。

戦国には武田氏の領国としてその支配下にあったが、天正十八年（一五九〇）には徳川家康の支配下に入り、江戸開幕以後は天領となった。慶長六年（一六〇一）の徳川氏による検地の際には屋敷数十六戸と記録されている（武井家文書）が、七十三年後の延宝七年（一六七九）の検地には家数は七十戸となり、村高も四百十七石五升五合から五百三十四石二斗六升七合と増加して、ここにようやく近世村落としての姿を整えて、以後明治維新に至るまで山村地帯の一農村として近世的秩序のもとにその営みをつづける。

明治以後は行政村として隣接の澁澤・長坂上條・長坂下條・日野・富岡の五ケ村と合併して日野春村ととなえ、その一大字となった。更に今次の町村合併によって現在は長坂町塚川となり、国鉄中央線日野春駅に近接して、その聚落の形態などは殆んど旧村時代と変らぬままに、だがその内部には時代とともにはげしく変貌した農村構造の実態をひそめる村の姿をみせているのである。

㈢生産の条件

等高線六二〇メートルから六四〇メートルの高地に位置する塚川村を実地に歩くと、その高低のはげしい地形におどろく。猫が後ろ向きに座っているように見える南北に細長い村の、三分の二ほど西によった低部を貫流するのが鳩川であるが、この川から直接に水を引くことは出来ない。耕地部分は村全体の五〇パーセント弱であり、残りは山林原野に占められているという、いわゆる山村的な様相が現在でもいちじるしいこの村においては、農業生産にとって最大の問題は水利の不便なことである。鳩川は村内では低部を貫流しているために堰を設けて漑水することもできず、そのために塚川村はふるくから北方の隣村夏秋村（等高約六七〇メートル―七〇〇メートル）の地内に位置を定め大堰を設けて鳩川の水流を分水し塚川村に導入することによって村内の水田をうるおして、農業生産を営んできた（第2図参照）。この大堰用水路は平均巾四尺、深さ三尺、長さ千八百七十五間に及び、村内の水引入口は二〇ヶ所、水掛反別は二三町五反三畝二七歩となっている。

この塚川大堰に対してもう一つ若神子新町堰というのがあり、この新町堰の歴史は下流の新田村である若神子新町村との二〇〇年にわたる紛争の歴史である。堰の所在は同じく夏秋村であるが、大堰よりもやや上流に設けられているため、大堰に落ちる水流が二分されることになり、塚川村にとっては一大事なのである。新町堰はその名の示す通り、慶長八年に徳川入国を記念して塚川村の下手に開発されたという若神子新町に水利を供するために設けられたもので、用水路は夏秋から塚川村の地内を斜めに抜けて一旦宮川へ放水され、再び澁澤村地内で宮川を〆切り引揚げて新町へ至り田畑をうるおす仕組みとされた（第3図参照）。従って塚川村の水利とは密接な利害関係にあり、開通当時から厳重な管理規定が両村の間にとりきめられていたが、明和八年（一七七一）に最初の大規模な水論が発生したのをはじめとして、水不足に悩む旱天の年には深刻な水争いを繰返し、以後安永四年、寛政六年、七年、八年、九年、十一年、文化十四年、文政元年、二年、三年、明治三十二年と約二世紀の間、全く同じ水利慣行の問題をめぐって十二回に達する訴訟沙汰におよんでいるのである。実にこの事情からも推察できるように、「水」の制約は塚川村の生産力発展を阻む重要な条件であった。水不足に悩む一方では鳩川が溢れて水害に襲われることもしばしばであった。

水に制約されながらも村の生産の主体は昔も今も変りなく米を中心とする農業生産にある。特産物として商品生産が発展するほどのものもなく、桑も楮も延宝の頃からつくられてはいるが言うに足りない。反当収量も概して低いが、この生産力の低さを補うものとしては、奥山へ小屋掛けしての山稼ぎ、馬に荷をつけての駄賃稼ぎ等の山村特有の作間稼ぎがある。

肥料、まぐさ等を得るために必要な入会地は村内にもあったが、それでは足りずに、隣村黒澤村に慶長年間から入会山をもっていた。山稼ぎの場所としては入会地は他の多くの村々と同じく西面する鳳凰三山に加入していたことが知られる。

以上のような生産条件を基本として、塚川村は生成し、農民生活の展開も村落構造の変貌もこの条件を軸として行われた。類型から言えば東日本におけるおくれた高冷地の一農村としてこれをかぞえることができよう。

このような村において農村構造の発展、変化はどのように実現したのか、寄生地主制の展開はどのような基礎の上に進行したのであろうか。それを地租改正の時点に中心をおいて考察しようとするものである。

第二節　江戸時代　その一
――近世的秩序の生成――

㈠検地と新田開発

天正十三年（一五八八）八月、はじめてこの村に検地が行われたことが、塚川由来記をはじめとし数種の史料に散見される。純粋封建体制の基をなした太閤検地が及ぼされたものであり、伊奈熊蔵の手によるものとして有名であるが、古帳は現存せず、村高、その他も不明である。同じく天正十九年（一五九一）に再び浅野弾正の支配下に縄入れが行われているが、これも同様である。徳川の支配に移って、慶長六年（一六六一）十月六日、七日、八日、九日の四日間に亘って行われた検地は、検地帳も塚川区有文書中に現存しているが、利用できず、村高、屋敷数

(十六)、字総数(四十四ケ所)が塚川由来記によって知られるほかはわからない。武井家文書「峡斐國内塚川村御縄始」という控え書によれば、以後、江戸時代には九回の検地があったことがわかるが、そのうち基本的なものとして一貫して用いられたのは、延宝七年(一六七九)八月に天正以来五度目の検地として行われたものであり、現存しかつ利用できた史料も、この延宝のものを唯一とする。塚川村における検地一覧は第1表の通りである。

寛文六年の検地による村高は六百石を越え、それが延宝に再び七十石近くの減少をみて、あとはこれが基本となり新田を全部加えても六百石に満たぬ村高で明治に至るのであるが、この間の事情は塚川由来記には「寛文六年八月廿八日六百石四斗九升参合トサレ、本縄厳重ナリシタメ再縄ヲ願テ延宝七年八月十一日遠藤次郎左衛門ヨリ五百三十四石二斗六升七合ト改メラレタリ。」と述べられている。古記録によっての記事とみられるので、一応信ずるに足るものと思われるが、この六十六石、反別にして十町ほどという大幅な減少は、実際の数字とはどのような関係をもつのであろうか。つまり「本縄厳重」という表現をそのままに、延宝の減少分は縄延びとしてみてよいのか、それとも延宝の再検が実数に近いのだろうか。この生産力の低い村全体がかろうじて貢租収奪から幾分の余地を得てその後の発展のための足がかりとすることができたかどうかという点にかかってもくる問題であり、軽々には見逃せない。

この問題点を念頭において第1表をさらに考察すると、十七世紀後半より十八世紀へかけての新田の増加の仕方が浮かび上がってくる。延宝の検地から十年を経た貞享五年(一六八八)には

（武井家文書より作成）

反別	田高	畑方	新田・高	新田・反別
不明				
不明				
70町2反5畝1歩	37町6反4畝19歩	32町6反0畝12歩		
〃	〃	〃	22石1斗1升8合	3町2反1畝28歩
〃	〃	〃		1町6反5畝6歩
〃	〃	〃	7斗1升5合	4反6畝24歩
〃	〃	〃	1石7斗4升6合	
〃	〃	〃		3反5畝15歩
〃	〃	〃	1石9斗3升3合	5反0畝18歩
〃	〃	〃	1石6斗4升4合	9反8畝24歩

石高にして二十二石余、反別三町二反余の増加がみられ、これが全時代を通じて最大の新田増加であり、ひきつづいて元禄年間には三回にわたって約二町五反相当（推定）の新田が改められている。以後はやや降って享保・寛政年間にそれぞれ一町に満たぬ開発が行われているにすぎない。そしてこの享保・寛政の分は、ともに幕府の享保の改革、寛政の改革における新田開発政策が直轄領であるこの地に直接に反映した結果とみてよいと考えられるから、真に農民の生産地拡大、村の上昇発展期の動きを示すものとしての新田開発は、さきの貞享・元禄期、即ち一六八〇年代から一七〇〇年代にいたる二〇年間ほどにしぼられてくる。この期間の急激な増加は、全国的な傾向としても一般化されるが、この村でも例外ではなかった。増加反別の規模と山村としての地形構造から推定して、おそらく既墾地の地続きを少しずつ切り開いていった切添の域を出なかったものと思われるが、それにしても、この三十余石の増加分こそはまさしくわずかで

第1表　近世における塚川村検地一覧

回数	施行の年	検地担当者	村高
1	1588　天正13	伊奈熊蔵	不明
2	1591　天正19	浅野弾正	不明
3	1061　慶長6	天野左之助	417石5升5合
4	1666　寛文6	不明	600石4斗9升3合
5	1679　延宝7	遠藤次郎左衛門	534石2斗6升7合
6	1688　貞享5	前嶋佐次右衛門	〃
7	1694　元禄7	秋山新右衛門	〃
8	1698　元禄8	野田勘兵衛	〃
9	1702　元禄15	保坂太左衛門	
10	1724　享保9	後藤陸右衛門	〃
11	1732　享保17	筧　播磨守	〃
12	1793　寛政5	小松太次兵衛	〃

はあれ、上昇期の農民自身のエネルギーの所産であり、新たな農民層階層分化の起点でもある。そしてまた、このように考えてくるときに提起された寛文—延宝間の六十余石は、この農民の発展のエネルギーを支えるものとして、ギリギリの収奪を免れた、検地帳の裏面にひそむ数字であったと臆断することも許されるのではないだろうか。

㈡延宝七年における階層分化

以上の村落発展の大づかみな考察を妥当とするならば、一歩すすめて、その現実の担当者と成果の帰結するところとを、村落構造の変動とからませて究明していかねばならない。以下さきにふれたように、この村の基本帳簿として一貫して用いられ、また利用できた唯一の現存史料でもある延宝七年（一六七九）検地帳の分析を通じて考察を及ぼしてみよう。

六冊の検地帳に記載された二〇〇〇筆をこえる田畑と

作人を整理すると、一〇九人の名と次の簡単な表（第2表）に示されるような土地所有の分布状態がでてくる。

すなわち、一町以上の土地所有者は計二四名で全体の約二二パーセントにすぎないが、一町歩以下のものは残る七八パーセントを占め、最も多いのは五反歩以下の零細な耕地をもつ層であり、全体の約五六パーセントにあたるという事実が判明する。この時の村役人については記録がないのでわからないが、検地に際して案内者として立ち会った四人の百姓をほぼ村役人相当（名主・長百姓の上位者）と考えてよいと思う。彼らの土地所有順位は、一位（善右衛門）、二位（與惣右衛門）、四位（佐太夫）、七位（平右衛門）を占め、いずれも一町七反三畝六歩から三町八反九畝六歩所有という最上位層に位していることは論を俟たない。

一方、これを別冊になっている屋敷検地帳と対比させてみると興味ある結果が出てくる。検地帳記載の屋敷は総数七〇戸、その所有者六二人（うち二名は田畑名寄に見えず）の百姓となっているが、残る四九人のこの屋敷検地に名をだしていないで、田畑作人としては記載されている百姓

第2表　延宝7年における土地所有

土地所有面積	人数	%
3町以上	1	0.9
2町～3町	1	0.9
1町5反～2町	8	7.3
1町～1町5反	14	12.7
5反～1町	24	21.8
1反～5反	38	34.5
1反以下	23	20.9
計	109	

（註　入作4名を除く）

第３表　延宝７年における土地所有と屋敷所有の比較

土地所有面積	屋敷 検地帳にあり	屋敷 検地帳になし
３町以上	１人	０人
２町～３町	1	0
１町５反～２町	8	0
１町～１町５反	13	1
５反～１町	21	3
１反～５反	15	23
１反以下	1	22
計	60	49

とをその土地所有高の比較において問題にしてみると、第３表のようになる。これによると、五反歩以下の層に、屋敷検地に全く記載されていないものが圧倒的に多いことが明瞭である。屋敷を持たぬもので一町以上の土地を持つ者はわずか一名にすぎない。これはいうまでもなく、屋敷なし（検地帳上）の農民の殆んどが村内において最下層の地位を占める零細な農民であることを意味する。具体的には彼らの農民としての村落生活はどのようなものであったのだろうか。

まず四九名という意外に多い屋敷をもたぬ農民の数をどのように見たらよいのであろうか。検地帳に記載される屋敷は、貢租負担の対象となる家のみであるから、必ずしも現実の戸数とは一致しないが、この延宝の検地の場合の七〇戸は、ほぼ村落の実数と見てよいと考えられる。なぜならば、これより四十五年後の享保九年（一七二四）の村絵図（武井家文書「享保九年五月巨摩郡逸見筋塚川村長百姓三之丞控」）に記入された家図は八四戸であり、さらにそれより一世紀近く下る文化年間に著された甲斐国志には塚川村について「戸七拾六、口参百弐拾五男百七拾参女百参拾弐馬弐拾五」（巻之十二村里部第十）とあり、また明治三年の戸籍には八三戸、五年戸籍で八九戸と江戸時代全体を通じて七〇戸から八〇戸前後であったことがうかがわれ、延宝には七〇戸相当とみることが妥当すると思われるからである。検地帳の側からみても、七坪の小家に至るまでの記載があり、また土地所有五反以下の者の屋敷も一六戸にのぼっている以上、記載に際して一定の基準をもつ制限は殆どなかったのではないか。とすると彼ら四九名はどこに住まい、労働の根拠をどこにおいていたのであろうか。農民にとって屋敷はどんなに小さなものであっても、それは単なる寝起きするだけの場所ではない。農具をおさめ、馬を飼い、土間に縄をない、出来秋の収穫物をとり込む大切な生産手段である。これをもたぬ農民の地位がいかなるものであったかは、その土地所有の僅少さとあいまっておよそ想像に難くない。すなわち彼らは、塚川村がほぼ近世的秩序形成の姿勢を確定したかにみえるこの江戸時代前期の延宝七年において、独立した小農民たり得ずに、依然隷属農民として身分的にも経済的にもさきの表にみる五反以上の土地と屋敷を所有してまがりなりにもこの村に本百姓的独立経営者として立つ上層、中層の農民の支配下にあったと考えられるのである。（二三六頁補註参照）

以上に考察を加えた諸点を要約し、この時点における村落構造に焦点を合わせて考えるならば、次のようなことがいえるであろう。

㈠　当時のこの村における生産力を田畑平均して一反歩当りほぼ八斗弱とみるならば、いわゆる本百姓経営の全国的基準とみなされる持高十石程度＝反別一町三反程度以上をもつ百姓は、十二名の上層農民として存在している。またこの層は、事実上名主、長百姓などの村役をも占め、村落の支配層としてたち現われていると推定される。

㈡　五反以上、一町三反以下の農民は㈠に属する上層農民の数に三倍する三六名であり、同時にその大半は屋敷貢租負担者としても現れている。この層も限界線ギリギリの経営の低さにもかかわらず、山村的構造のこの村では独立小農民として村政に参与し得る本百姓的身分を獲得していたと推定される。

㈢　五反歩以下の六一名の農民は明らかに下層農民である。そしてその中でも大半を占める屋敷をもたぬ農民は、身分的にも隷属農民として㈠、㈡の支配のもとにあったと推定される。これは一見農民層未分化の状態を思わしめるが、塚川村のような山村においては、本格的階層分化の後にも、むしろこのようなおくれた層を長くとどめるのがふつうであろう。

家族構成その他を知るに足る宗門帳等の史料が全くないために、平面的な分析に走ったことを恐れるが、以上三点を基礎として延宝期にはこの村にもかなりの農民層分化が進行していたことを結論づけたい。

第４図（第３表をグラフ化したもの）

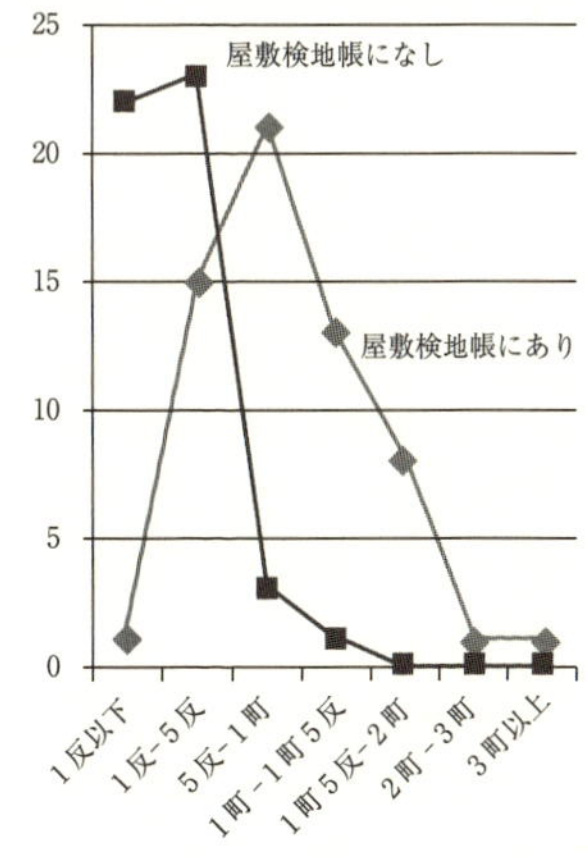

㈢隷属農民解放と村落の発展

このような村落構造がすでに延宝に形成されていたということの認識を前提に、いまいちどこれにつづく貞享、元禄期の新田開発のにない手はだれであったかという問題にたちかえってみよう。さきに「上昇期の農民自身のエネルギーの所産」と包括的に呼んだのであるが、そのエネルギーの主体となったのは果してどの層であっただろうか。元禄期については史料に欠けるが、貞享五年（一六八八）の検地内容については第4表にみるような事実がわかる。貞享五年の検地にあらわれた新検の土地二十八筆、総面積三町二反一畝二十八歩の所有主を、さきの延宝七年検地帳の分析にもとづく階層別に分類してみたのが第4表であるが、これによると、不明、寺領の分は別として、最も多くを占めているのは

第4表　延宝―貞享　階層別比較

註1．不明は延宝度に名のないもの
　2．延宝7年寺領は1町2反2畝1歩
　3．カッコ内は所有者総数における比率
　4．％は四捨五入による

	(1679) 延宝7年土地所有高	(1688) 貞享5年新田所有者数	階層別新田面積	新田の総面積に対する比率
Ⅰ	3町以上	1人（100％）	4反3畝29歩	14％
	2町～3町	0　（0％）		
	1町5反～2町	1　（10％）		
Ⅱ	1町～1町5反	2　（17％）	1反8畝1歩	6％
	5反～1町	0　（0％）		
Ⅲ	1反～5反	4　（11％）	8反2畝8歩	25％
	1反以下	1　（4％）		
(註1)	不明	4	9反8畝27歩	31％
(註2)	寺領	1	7反8畝22歩	24％
	計	14	3町2反1畝28歩	100％

第三の層、すなわち隷属農民の層であることが知られる。

所有者の数は五名、面積比率二五パーセントが彼らの手によって開墾されているのである。第二の階層はわずか六パーセントであり、言うに足りない。第一の農民の手に一四パーセントが集中し、更に延宝度に一町二反三畝一歩を所有していた寺領は貢租負担がないことからしても、当然この第一の層に属するものとして、これを加えるならば三八パーセントにのぼることは一応注目しなければならない。しかしこれは、これら支配的な地位にある上層農民は村落内で経済的、政治的優位にあり、あらゆる点で開発の条件に恵まれていることを考慮するならば、むしろ自然的な現象であろう。たとえば、彼らは隷属農民の労働力を使用することもできたし、村落の未耕地に対する支配権も強く、また最も大切な水利をも優先して利用できたのではないか。これに比していちじるしく劣等な条件のもとでの第三の層の農民の手に二五パーセントが集中しているということ、しかもおそらく「不明」三一パーセントのうち少なくとも半分はこの層に属しているであろうことを併せ考えてみると、さきに提起された「エネルギーの主体」の問題にこたえるものは、この第三の階層にこそ帰せられるといえるのではないか。

一方では、その余力をさらに地主的土地所有の拡大へとむけて行く村内きっての地主善左衛門のような例もある。(彼のこのときの新検は二反七畝二十五歩)。しかし一方には隷属的な地位から脱しようとする下層農民の営々たる努力があり、彼らの独立を求めてやまない上昇へのねばり強い胎動こそが可耕地のギリギリの限界線にまで村落を発展させ、生産力をたかめるエネルギーに転化していくのである。かつて慶長から延宝に至る八十年間に二世代から三世代にわたたって同じように隷農から独立自営の小農民にとみずからを解放してきたのが、さきの分析で第二の階層としてあげた三六名の五反以上一町三反以下を所持する農民たちであった。彼らはその全過程を村落の発展とともに生き、延宝七年検地によってその本百姓的存在を公的に確認されたといえよう。この身分的確認とともに一応の安定を得た彼らは貞享にいたる十年間に積極的な開発のにない手から一歩後退し、彼らの下から新しい解放実現のコースをくり返そうとする階層にエネルギーの主体は移った。こうして、延宝から貞享を経て元禄にいたるおよそ二十年間に、甲州塚川村はその限界線まで耕地は拡張され、村落の発展、上昇もほぼ行きづまりとなる。

慶長以後元禄までの百年間の村落発展の歴史は、一貫して隷属農民がみずからを解放し、村内の階層分化が本来的近世的秩序を形づくりつつ進行する過程の歴史でもあった。この二段階をなす変動の一世紀を経て、はじめて塚川村における近世的秩序は完成し、その仕上げの時期―最後の段階が、貞享―元禄期の二十年間に当たると考えるものである。

〔補註〕本稿脱稿後、隷属農民の存在形態を物語る有力な史料が発見された。「手形之事」とする十通で、いずれも写しではあるがその内容は極めて興味深い。すなわち、これまで誰それの譜代下人であったものが、主人を通して「当所之水呑百姓ニも罷成度」旨を村方へ願い出、詮議の上百姓分を許可されたからには、「慮外我侭」を決してしないこと、もしそのようなことがあれば、又もとのように「門屋ニ被二仰付一」ても一言の中分もないこと、を誓約しているのである。年代は正徳年間一通、同じく享保四、元文二、寛保二、明和一である。

第三節　江戸時代　その二
――うつり行く村――

(一)兼業の村――駄賃稼ぎ

七十余町の田畑がこの村の生産の中心であることはさきにのべた。しかし、第二節でみたように農民の数に比べて、山村であるこの村の農業生産力は低く、また元禄期までの階層分化の程度をさぐって見ても限界線以下の耕地面積しか所有しない下層農民と、地主的土地所有の一般的成立をみるにはまだおくれている上層農民との間に地主小作関係が本格化しているとは言い難い。それを裏付ける如何なる史料もないし、また手作り経営以上のものを推測させる少なくとも一町五反以上の土地を集積している者はわずか九名にすぎないし、寺領、社領を加えても下層農民の労働力を吸収しつくすには足りない。しかも、かかる上層農民の系譜は慶長検地の十六戸を遡れば近世村落の発展以前の土地に居付の中世土豪的なものにまでつながると推定されるのであって、そのもとでの下層農民の労働力使用は、まだ江戸時代前期にあっては地主―小作の関係よりは隷属的支配の関係が考えられるのである。

このような前提のもとに、村人の生活を考えてみると、農業を主体としながらもこれを補う生計の手段を他にもとめなければならなくなる。江戸時代全体を通じて、これにあたるものは、この附近の村々がひとしく行っている馬背によるいわゆる駄賃稼ぎであった。これに関する史料は化政期以降のものしか残っていないが、次のような二、三の史料は駄賃稼ぎが近世初頭からすでに行われていたことを示すと思われる。すなわち、塚川村が隣村黒沢村の奥山に入会うことを定めた慶長十五年（一六一〇）の手形文書（原史料現存せず、塚川由来記、その他にかかげられた写しによる）には馬一匹につき籾京枡一升ずつを山代として黒沢村へ納め、塚川より馬八匹の入会を許されたことが見える。十八年後の寛永五年（一六二八）にはその八匹分の山手（山代）を無沙汰して黒沢村より山止めをされ、籾一俵をもって詫を入れ、再び八匹八升のとりきめで山へ入れてもらっているし、更に三十一年後の万治二年（一六五九）には、「（前略）八匹の山手ニテ入リ申候処近年馬多キノミナラズ山手御無沙汰仕リ其ノ上我ガママ申候ニツキ（後略）」と、またまた山手の無沙汰を詫びると同時に入会う馬の数が増加したことをも認めている。文化年間（一八〇四—一八一七）に至ると第二節引用の甲斐国志の記事にみえるように「馬弐拾五」と全戸数七十六戸のうち三軒に一匹の割合で馬を所有していたことがわかる。甲斐では馬耕も行われ、また江戸前期の刈敷農法では肥料として厩肥が重要であったことなどから、これらの馬は農事にも使用されていたことが推測される。しかし、より駄賃稼ぎの面で重視されていたことを決定的に裏づけるのは甲斐国志にみる地域的な馬数のいちじるしい差異である。すなわち、山梨郡萬力筋・桑原筋・八代郡大石和筋・小石和筋・中郡筋・巨摩郡仲都筋・山梨郡中郡筋・北山筋・巨摩郡北山筋等の村々では高五百石を越える村でも馬数は十を越えることは殆どなく、三七二ヶ村全部を合せても二五二六匹にすぎず一ヶ村平均六・七匹となるに比して（巻之三村里部第一〜巻之十一村里部第九）、逸見筋では六十一ヶ村に対して馬二七七九という数字がみられ（巻之十二村里部第十）、一村平均四五・五匹となっている。前者の村々は甲府盆地に近い平場系の村々が主であって、逸見筋のような街道に接しかつ山岳地域という特殊性をもつ村と条件が異なるのである。これによって、後者に多い馬が農事以外の目的――副業としての駄賃稼ぎに使用されるものであったことは明らかであろう。

塚川村の助郷関係は信州往還（甲州道中）の台ヶ原宿場に所属しているが、村の位置は信州往還からは東へ若干ずれていて、信州往還の内側の韮崎に発し穴山を経て信州下蔦木へ走る脇往還に接している。おそらく馬背に米穀その他の荷をつけて甲府へ運輸する駄賃稼ぎの人々は、この脇往還を通って韮崎へ出、そこから更に甲府城下に向かったのであろう。また、後述するが、反対方向の台ヶ原へ出て、信州方面へもこの駄賃稼ぎは及んでいたことも、史料によって知ることができる。信州には有名な伊那中馬等の中馬業が運輸業として発達していたことが知られているが、この街道筋の甲州逸見筋の村々も手馬をもってする駄賃稼ぎをその農業生産力の不足を補う生計の道としていたのであった。そしてこの駄賃稼ぎに出ていたのは、主として中層下層の農民であったろう。上層は馬を所有していたとしても、それを賃貸しするとか、下層農民を雇って引かせるとかしていたと推定される。同じく甲州の富士山麓の村、津留郡忍草を研究された古島敏雄氏らのグループは忍草村では「駄賃稼ぎに出た村人は、村の上・下層を問わなかった。名主も、年寄も、もちろん水呑百姓も出稼いだ。」（古島敏雄著『山村の構造』四七頁）と報告されているが、それは水田の一枚もなく、最高貢租負担者でさえ一石程度、土地所有は一反以下が圧倒的に多いという極度に生産力の低い山村の例であり、塚川村の場合はともかくも農業生産を主体とできる条件があっての兼業的な駄賃稼ぎであることを考慮すれば、「上・下層を問わ」ない副業であったとは考えられないのである。

この駄賃稼ぎを必然たらしめたいま一つの条件は、甲州ではその生産段階の立ちおくれにもかかわらず、比較的早くから主要な生産物である米がいちじるしく商品化されていたという事実である。この商品化をおしすすめたものは巨摩、八代、山梨の三郡にのみ行われた大小切租法という特殊な貢租法が主要な要因であった。次章にやや詳しく述べるのでここには略するが毎年の年貢をその三分の一を小切と称えて金一両につき米四石一斗四升替の割で金納せしめ、更にその残り三分の二を大切ととなえ、この大切中の三分の一を張紙直段《ねだん》でやはり金納とした貢租法が、大小切租法と呼ばれるものであった。つまり、田畑総貢租割のうち全体の九分の五までが金納化され、残る九分の四が現物の米納ということになるわけであり、しかも小切金納の基準値である一両＝四石一斗四升の割合は据え置きであり、実質的には安石代の制として考えられる。いつごろから実施された制度かということは、従来は地方凡例録、甲斐国志、甲陽見聞録等の記述からこれを武田氏領国時代の遺制とするのが通説とされていたが、最近に至って高島緑雄氏が「大小切租法期限の再検討」（駿台史学第六号所収）で論ぜられたように、信玄の遺法とするのは誤りとみられるふしが多く、史料的に遡り得る限界は延宝七年までというのが一応妥当とみられるようになった。

とすると、第二節で論じたように塚川村に近世的秩序の生成したほぼその時期からは、この大小切租法―貢租の半分以上の金納化という制度がとられていた訳であり、いきおい主穀である米は何よりもまず年貢金調達のために商品化されねばならなかったといえよう。駄賃つけの馬が背にして甲府までを附通した荷物のうち一番多くもあり、たいせつでもあったのは、こうして貢納金に変るために附近の村々を出、甲府の米問屋の手にわたる米穀だったのであった。この運輸のためにも、駄賃稼ぎの馬が街道を往復することは必要とされ、また「稼ぎ」として成り立つ条件をもっていたのである。のちに幕末に至ってこれら駄賃稼ぎを兼業する村々と、附通しを阻んで口銭を要求する郷宿とが対立し訴訟沙汰となる事件が起るが、そのころになると商品の主体は依然米であっても、他の油等々の商品がさかんに運ばれていたことがわかるのである。

(二)小前の成長

前項をもって、第二節の不足部分を補い、塚川村の主要な経済的条件をほぼ静態的には明らかになし得たと思う。ついで、その江戸中期以降の動きの中で、村落生活の変貌を暗示すると思われるものを村落支配の一断面を通じて考察してみよう。

村の支配組織は江戸時代の関東の天領に多く見られたように、名主役が年番名主をもって交代に勤められるという形態をとっていた。その名主の下に長百姓があり、次に百姓代があって、これは村中の寄合をもって指名したことが種々の文書より知られる。なお、塚川村はいつごろより別れたのか不明であるが、上組・下組の二組に分たれてそれぞれの組に名主―長百姓―百姓代―小前層という支配組織が別個に形成されている。これは明治四年に下組の方から廃止統一を申出ていることが「村方議定（武井家文書）中に記録されているが、その中に「一、当村名主役之儀中古より是迠両組弐人ニ而勤来候」とあり、また、「往古江立戻り名主壱人勤ニ」しようと言っている。中古といい、往古というも、江戸時代のみを頭においた表現であろうから、大体において江戸中期―享保ごろに当ると推定される。

名主役が年番となったのもまたいつごろからかよくわからない。しかし関東一円の天領の例で言えばやはりこれも享保ごろからとされているのをそのままにこの村にもおよぼしてよいのではないかと考えられる。一つの組にこの年番名主を勤める家は長百姓全部が代り合っていたらしい。六月が名主交代の時期であって、平和なときには受け渡しもスムースに行われたが、一旦年番名主が不正や疑惑の対象になったりすると引渡しの時期には村に騒動が起る。主な原因はたいてい経済的なものであり、水利をめぐっての故障――若神子新町との水争いの訴訟沙汰、堰の破損修理等―が多く、また道路普請の度々の必要など、とかく村入用が嵩むこの村では、毎年貢租の勘定と共に高割・戸割りにして戸毎にかかってくる諸入用銭、および国役としての夫銭等の負担は往々にして農民には耐えがたい重さをもつものであっただけに、これを扱う名主の態度に不明朗なものがあるときは、全村一致してその年番名主の排斥、退役運動にまで発展するのである。こうした度々の摩擦のなかでも規模の大きかったものと思われる村方出入が前後二回あった。さきのものは安永二年、三年（一七七三―七四）にかかる名主五郎右衛門一件であり、あとのものは文政十二年から天保三年（一八二九―三二）へかけてのこれも同名の名主五郎右衛門一件である。

前者をとくに取り上げて史料の少ない江戸中期の政治的な動向の一断面をさぐることにより、村落構造の変質―農民相互内の力関係の変化をみることができると思われる。

安永の名主（上組）五郎右衛門が訴えられた内容は、

一、安永元年（一七七二）に名主であった五郎右衛門は、毎年十二月に村役人百姓代が寄り合って免定を上下組に割合い年貢の皆済方を古帳と引合せて決算するという貢納上の通例を破って、明春名寄帳を仕立てた上で勘定すると称し、寄合を開かなかった。

一、同じく安永元年に小前が納めた年貢は引き合わせてみたところ過納になっているが、これは村入用の方に差加えたという。しかし夫銭についても減る筈だが、一向に減らず、利分を取立てたふしがある。

一、五郎右衛門は、自分の持高が四石余りも過高になっているとし、又小前百姓の分もたくさん間違いがあるようだから、明春名寄帳につくり直すと称しているが、今まで村役人を勤めていながら彼の分がそんなに違っているはずはない。それにここ二年ほど旱損や水論などのために村入用が嵩んで小前は難儀しているのに又ぞろ名寄帳を仕立てたりしてその筆墨紙代がかかってくるのではやりきれない。古帳で十分である。

一、年貢米貢納の際の五里外の駄賃を明和七年（一七七〇）の分が下附されているのに、五郎右衛門はそれを小前に割戻そうとしない。早速の割渡しを要求する。

（武井家文書、安永二年正月廿八日甲府御役所宛願書より）

という四点であり、「塚川村百姓代奉願上候」と冒頭に書き出されているように小前層の動きが「我意募」る五郎右衛門弾劾の原動力となっていることは文面の随所にうかがえる。これに対して願書を受けた役所は塚川村の下組名主、長百姓らに調査を命じたらしい。下組名主四郎右衛門、長百姓傳左衛門、三之丞（武井家の当代）らが加印して差出した同月の返答書では、名寄帳を仕立てるという五郎右衛門の言い分については時期尚早であるとしてその非を認めつつも、夫銭、駄賃等に関する小前の割戻要求については五郎右衛門の弁明をそのまま容れて、わずかな額でもあり両替の際に金薄にもなるから他日の村入用等で差引くよう預るのが至当である、と全く同じ村役人としての立場から小前の言い分を非としているのである。この結果、役所からは小前の願いは殆んど取り上げられず、惣代七名の者が慎みを命ぜられる始末となった。これに再び下組の名主三之丞（四郎右衛門と交替）、長百姓四郎右衛門、百姓代傳右衛門等の村役人が仲裁に入り、

河原部村の郷宿（韮崎宿）の源太右衛門、文蔵が立会いとなって、
一、名寄帳は五十日日限で村役人が作成し賃として甲金五両を惣高割とすること。与頭も惣代として一人ずつ立会い、甲金六分を請取ること。
一、筆墨紙は村入用で賄うこと。
一、問題の安永元年分の年貢は古帳で勘定し、村役人（五郎右衛門）も小前も過不足を申し立てぬこと。
一、当安永二年の年貢その他は新しい名寄帳によること。
一、五郎右衛門の持高過高の分は、もし事実となれば安永元年の年貢を半分とすること。
という案を出し、済口證文まで作成している。

（武井家文書安永二年四月五郎右衛門出入につき河原部役所宛済口證文の下書より）

これに至っては、さきの返答書にあった名寄帳否定の面すら消えて、仲裁とは言いながら完全に小前層の要求を無視した押し付け案である。村役人の立場としては、この機会に名寄帳を作成することの便利も考えたのであろう。しかしそれは五両を村民から徴収しての村役人の請負仕事でもあり、わずかな筆墨代の費用が嵩むことさえ耐えがたいと感じている小前層の切実な立場とは全くちぐはぐな解決案でもあった。また何よりも小前の要求した五郎右衛門糾弾の意は何ひとつ反映していないばかりか、「我意を募」っての過高云々の言い分までもが、全面的に擁護されている。小前層はこの済口證文で引込むことを拒絶した。それは次の文書によって知られる。

「　乍レ恐以二書附ヲ一奉二願上一候
一、長百姓五郎右衛門（註1）義取斗不二宜敷一ニ付私共一同難儀之筋願上候。以来不レ依二何事一五郎右衛門取斗相頼申候儀者決而無二御座一候。度々御願申候得共諸々私共方江も御異見ニ御座候間及三延引ニ二是迨一候也。長百姓五郎右衛門非分之取斗ニ御座候間、私共何分得心可レ仕候様御座候。依レ之右五郎右衛門退役仕候様奉二願上一候。左も無二御座一候而者御年貢諸筋等之義別納ニ可レ仕候。乍レ恐奉レ存候。右躰之五郎右衛門ニ御取間酒応之儀者数多御座候間御尋之節辺々口書ヲ以可二申上一候。五郎右衛門ニ休役いたし被二仰付一被二下置一候様奉二願上一候御事。
右之通リ少しも相違不二申上一候。右願之通被二仰付一被二下置一候ハハ村方明路（ママ）相可レ納与相助リ仕合奉レ存候。以上。

安永三年　　　塚川村
午八月　　　平百姓
平右衛門
奥右衛門
彦左衛門
（以下五四名略）

上下

御役人中様」

（武井家文書）

平百姓五十七名のこの五郎右衛門退役の強硬な要求はついにとげられた。同じく八月、これまで五郎右衛門を擁護していた村役人たちは、この小前層の八ヶ月にわたる団結した力に推されて、「五郎右衛門取斗不ニ宜敷一ニ付村中一同難儀之趣申出、以来不レ依ニ何事一五郎右衛門取斗相頼申間敷旨村中一同名主所江厳重相願候ニ付、小前方江も異見仕候得共、何共得心不レ仕、私共五郎右衛門与同勤候而者村方順路ニ不ニ相治メ一御年貢御上納可レ仕様御座候。右躰之者御座候間、五郎右衛門長百姓役御取揚被レ可ニ成被レ下一候。」（安永三年八月、武井家文書、傍点筆者）と、名主二名、長百姓四名、百姓代六名の連署をもって五郎右衛門からの役儀取上げを願出るのである。この村役人一同の転回は、これ以上小前の要求を抑えることは、すなわちことが五郎右衛門に対する問題をこえて発展する可能性をもっていることを見ぬき、それをおそれたためにほかならないことが、右の文書中の傍点の部分によって明らかである。小前たちの勝利であった。

以上の安永の五郎右衛門一件を概観して第一に考えられるのは、第二節でこの村の近世的秩序の生成期を先進地帯からは一世紀おくれた延宝—元禄期に想定したのであったが、それより七〇年後のこの安永年間に至って、それは成熟の期に達して、新たな階級分化の起点に立ち、激しく動揺しはじめているということである。この安永期の直前、明和八年（一七七一）にはその前年の大旱魃のため若神子新町との最初の、そして最大規模の水争いが起り、共同体の利益をもって、一致して水論勝利のためにことに当った村人たちであった。だが勝訴と共にその「水」を媒介とする共同体的紐帯は弛緩し、かわって村落内部の矛盾が爆発する。かつての多数の隷属農民を擁し、中世的支配関係のおもかげをとどめていた村は、もはや変貌をとげ、「平百姓」を名のる小前たちが八ヶ月にわたっていささかも屈せずに村落支配者たちとねばりづよくたたかいぬく近世中期の「村」である。

こうした変貌の基底をなす経済的条件はどのように変っていただろうか。それを示す史料はない。しかし、人名等の照合によっておよそちょうどこの安永の騒動直後のものとみられる年代不明の一つの数字がある。（第5表）

この個人別持高惣書上げは、おそらくあの紛争の末に作成された名寄帳によったものであろうと思われる。下組のみのものであるので、村全体を類推するには不完全さをまぬかれないが、この表の最高の石高所有者である三十五石一斗一升五合の百姓は、さきの安永度五郎右衛門一件に下組名主・長百姓として名を出す四郎右衛門と同一人と見られ、三位にある十六石七斗一升二合の三之丞も同様である。これに対して、十石以下の二十八名のうち十七名までが「平百姓」として村役人糾弾の文書に名をつらねた者であることがわかる。おそらく他の十名ほども若干の年代のずれのために代替わりその他で名が変っているにすぎないのであろう。

階層別比率をみると、延宝度に比して、上、中、下の三つの階層の比率がいちじるしく安定したことがわかる。すなわち上層は一〇パーセントから一二・四パーセントと大して変りはないが、中層においては一二・七パーセントから七八・二パーセントへと大幅に増加し、逆に下層は五五・五パーセントから九・四パーセントへと減少している。上層に四十石近い高持ち（反別約五町近いと想定される）が出て来たということは手作り経営から脱皮した地主的土地所有が進行していることを示すと考えられるし、一方における中農層の大幅な進出は、中世的隷属の羈絆を完全に脱してみずからを堂々と「平百姓」ととなえ、要求をかかげて村落支配者たる村役人と対立し、「左も無二御座一候而者御年貢諸筋等之義別納ニ可レ仕候。」（前掲武井家文書）と言い切る小前たちの力がどこに由来するかを示すものであるといえよう。

そして、彼等がこうして身分的な隷属関係を脱し切ったということは、本来的地主―小作関係もほぼこの時期には確立され、やがて幕末を経て明治に至る地主制展開の基礎条件が形成されたこと

第5表　安永期（推定）における塚川村下組持高による階層分化

持　高	人　数	総員中比率	階層別比率
30石～40石	1人	3.1%	12.4%
20～30	1	3.1	
15～20	1	3.1	
10～15	1	3.1	
5～10	5	15.6	78.2%
1～5	20	62.5	
0.5～1	2	6.3	
0.5以下	1	3.1	9.4%
計	32	100.0	100.0%

（武井家文書「村方議定控帳」より作成）

が推察されるのである。

㈢幕末―維新

化政期を経て一八〇〇年代前半の幕末期を迎えたころ、この甲州の一山村にも農民生活の急激な変動をもたらす幕藩体制崩壊期の時代の波はひしひしと及んできた。江戸時代全期を通じて一回の一揆件数をも記録しないこの北巨摩地方であるが、幕末に至ると頻々と村方全体の窮迫を訴える嘆願書が差出され、その中にはまさに一揆寸前の農民の実状が訴えられている。それらの文書の中には旱天愁訴（文久三年）等の天災に関するものも含まれてはいるが、かつては支配者への嘆願の主体であった天災によるその年限り、一村限りの貢租減免要求はもはや農民にとって第一義的なものではなくなっている。天候の如何、作柄の如何を問わず、彼らの生活を根本から不安定にし、窮迫に追い込む封建社会全体の経済的、政治的変動の影響が迫ってくるのである以上、農民のこれから逃れようとする努力も封建支配者の経済政策、政治支配そのものの改変を要求するものとして具体化されざるを得ないし、一村限りの従来の枠をこえてひろく数百ヶ村連合しての運動にまで発展する。問題の性質がそれを必要とするのである。しかし、この過程にはまた多くの矛盾が含まれてもいる。一見村落内部での一切の矛盾対立が解消して村をあげての運動が展開されるかのようにみられるこれらの動きの中には、より複雑化した農民階層相互間の関係がおおいかくされていて、絶えず運動の性格を規制し、新たな農民層分解の段階への歩を進めているのである。塚川村の史料からもこうした事実が具体的に検証されることは、維新を経ての寄生地主制への展望にとって重要な前提となるであろう。

甲州では早くから米が商品化され、その運送を主体とした駄賃稼ぎを兼業とする村々も多いことはさきにのべたが、文化八年（一八一一）の秋、山梨、巨摩、八代三郡五百八拾五ヶ村を巻き込んでの、特権商人たる甲府の米穀問屋に対する訴訟一件が発生した。訴えられたのは甲府柳町穀問屋新五兵衛外五人の者であるが、事実上、これは在方の広汎な農民が市中の商人（問屋、仲売）の特権的な米穀買占め法に対抗したものであると同時に、これと結びついた支配者を糾弾するものでもあった。内容は、文化五年に甲府の穀問屋および仲売の者たちが甲府勤番へ願って米穀の売買取引について自分たちの特権的な位置を強める新しい法令を出して貰い、翌文化六年より触書として施行したことが直接の動機である。この訴訟一件に関しては済口證文一通しか史料がないので、触書の詳細な内容はわからないが、文化八年十一月廿五日附の済口證文（武井家文書）によると、従来の慣例を破って在方での米の売買に至るまでを自己の掌中におさめようとし、農民間の、乃至は問屋仲売以外の在方商人の取引に制限を加えようとしたものらしい。これに対して「村々米穀売捌方ニ差障ニ相成候并右荷物附差障候。」（前掲文書）と、触書の撤回を要求して三郡五百八拾五ヶ村が一致して立ち上がったことは理の当然であった。なぜなら彼等農民は同じ文書の中に見られるように、年貢金調達のために毎年甲府の穀問屋から前借をし、後からその代米を差送るという形で高利貸的収奪にあえいでいた状態であり、その上で残るわずかな作物、米穀を売って生活していたと考えられるのであるから、その売買に至るまでを特権商人の手にゆだね、二重の収奪下におちいることは何としてもはねのけねばならぬことだったのである。この大規模な訴訟はそのおそらく最初の三郡こぞっての団結した行動力によって勝利をおさめた。すなわち（前略）「今般被二仰出一御触戻相成候上者、以来前々御融通相心得、（中略）、在村々におゐて百姓同士米穀売買方之義ニ付甲府穀問屋仲賣之者共ゟ決而差障申間敷候。（後略）」と、一旦出した法令を支配者が撤回するという殆んど例をみない解決をもって村々の要求が完全に貫徹されたのである。この一件にみる農民たちの連帯のひろがりは、のちの天保における有名な郡内騒動（註2）につながるものであり、共通の利害に立つときは一致して立ち上がることのできる力が充分に成長していたことを物語るといえよう。

特権商人との対決には勝利したが、この一件中にみられたように貨幣経済の農村浸透と経済的変動は農民生活に影響を深めつつあった。安永七年（一八六〇）に巨摩郡郡中惣代が役所へ差出した「甲金直増願書」（武井家文書）は金位の引上げを農民の立場から願出たものであり、その影響の深刻さを示すに足るものである。願書の趣意はこれまで武田氏以来国金として通用していた甲金が、幕府の鋳造する一般通貨の価値下落にも拘らず換算率を旧来と同じに保っているのでその相対的な比価がいちじるしく安くなり、甲斐国外へ流出して売買され、国中に払底してしまったことを述べ、「何様心痛仕候而茂当時之姿に而者冣早短年ニ甲金与申一名而已相残候様成行可レ申候」と憂い、これを防ぐ手段として金位の引上げを強く要望し、案まで提出しているのである。

すなわち、従来は甲重金・甲定金（註3）壱分が十二匁であったものを一躍四倍の六拾匁にまで引上げることを望み、これによって国外への流出を防止できるものとしている。この巨摩東北郡中物代の名をもっての願書は一応取上げられ、甲金壱分を四十八匁通用とすることになったという結果が、願書控の奥に記されている。引上げ要求の五分の四ではあるが、成功と見てよいであろう。これは農民側の切実な要求と、やはり貨幣政策に頭を悩ましていた役所側との問題点が下からの力に押し上げられる形で一致した例と考えられる。なお、この願書中に、当時田畑質入敷金、貸附金、奉公人身代金などのたぐいが多くは幕府通用金をもって支払われ、しかし證文面では甲金をもって記されていたことが書かれていることには注目する必要があろう。

塚川村の村方議定の綴冊をみると、慶応元年十一月の「郡中議定帳」の内容が全く〝倹約議定〟で埋められていることがわかる。「御時節柄之儀ニ付今般一同相談之上取極メ議定之趣左之通リ」と書き出されて、馬や駕籠に乗ることから衣服の制限はもとより葬礼、祝儀の際の酒を禁ずることに至るまでをことこまかに定めたこの倹約議定を、単に封建支配者が度々農民生活を抑制した同様の倹約令と等しい角度からみることは誤りであろう。農民自身がかかる制限を村方議定として打ち出すことによってせめて眼前の窮乏をいささかなりとも緩和しようと努力しなければならなかったという事実そのものの中に慌ただしい時局の推移がかつてない農民生活窮迫をもたらしていた実態をみることができる。

この農村窮乏の基本的な原因はいうまでもなく安政開港以来の全般的な経済混乱、物価高騰等であるが、それに拍車をかける形でこの地方の農民の困窮を極度にまで追いやる直接の契機となったのは、文久年間から慶應四年までの度々の大規模な助郷役の負担であった。文久元年の和宮下向の際は沿道諸村は大がかりな助郷役にかりたてられたが、役金をさし出してこれに応じた。このとき塚川村外六ヶ村は馬二十匹の負担を馬一匹につき金二両の割合で計四十八両をつとめている。しかし、急転して慶応元年になると、山間の村々を驚かす負担が命ぜられ、村々は一斉に必死の歎願をもってこの負担からのがれようとした。将軍家茂の上洛に際して「人馬多く入候間」（慶応元年五月廿五日附、武井家文書）甲州巨摩郡の四拾弐ヶ村に東海道奥津（興津カ）宿まで七拾人八拾疋の余荷助郷が命ぜられたのである。期限は六月一日より「追而及二沙汰一候迠」であり、これを勤めることは度々の助郷役に疲れ、「殊ニ近年米穀者勿論其外諸色格別高價ニ相成農牛馬鋤鍬鎌其外一切之農具塩味噌等ニ至迠微方之ものとも（小前たち）買求兼迚も永続難二相成一」（慶應元年甲州道中台ヶ原宿定助郷六ヶ村願書、武井家文書）という状態にあった村々にとっては耐えがたいことであった。まして東海道奥〔興〕津宿までは往復七、八〇里の道程である。この余荷助郷に対する必死の免除歎願書の単位は一村からせいぜい助郷宿一宿の範囲を出ず、それぞれの村の特殊事情を訴え（内容はどれも殆んど同様のものであるにも拘らず）、自村の助郷役免除を願出る代りには、他の今まで定助郷、大助郷をつとめていない「手明きの村々」を指名して代助郷を「被二仰付一」るよう肩替りをのぞむという消極的な形態をとっているのである。支配権力の重圧を所詮はねかえすことの出来ぬものとしての見通しからであろうか。それとも目にみえる〝不平等〃には敏感な狭い封鎖的な封建意識によって農民の負担軽減要求がそらされていると解すべきであろうか。だがここで考えねばならぬのは、願書の文面に特徴的に浮かび上がってくる村落内部での階層分解の一定段階という条件である。

どの願書をとってみても、農民生活の衰微困窮と負担の過重を訴える文言にはきまって「微方のものども」「小前一同挙而私共江取縋り悲歎仕リ」等々、村落内部でまさに「追々離散退転ゟ外無之」という状態に陥っていたのは、これら願書の筆をとった村役人層とはかならずしも立場の一致していない小前層であることが限定づきの表現から知られる。更にこれを裏書きする事実として、塚川村を含む甲州道中台ヶ原宿大助郷四ヶ村（白須村、横手村、片颪村、渋沢村）の慶應二年正月に差出した二通の願書（武井家文書）をみることができる。第一通目は村方の困窮を訴え、助郷負担を負っていない附近の村々十一ヶ村を指名して肩替りを願っているものであるが、この願いは却下された。そして第二通目は「精々厚御利解被二仰聞一奉二承伏一候」と要求がしりぞけられたことに村役人たちが屈服したことを示し、その上で改めて一通目の歎願書が下渡されたのを役所でまだ預ってくれるよう頼んでいるのである。その理由は「御歎願書面御下ヶ相成候而者小前末々愚昧之もの共何様申諭候而も頻心配罷有候間、小前一同迠も厚御利解之趣篤与申聞、猶又申上候様仕度奉レ存候間、何卒格別之以二御勘弁を一右歎願書面之義者御支配御役所様ニ而御預リ被二成下置一候様偏奉二願上一候。」という一節にも知られるように、彼ら村役人層＝上層農民のようには容易に屈服することの出来ぬ小前たちをなだめすかすための宥和の手段として、――もっとはっきり言えば、彼ら村役人たちの転回をおおいかくす方策としてこの二通目の願書が差出されているのである。

この内部矛盾がもっと明瞭に示されて来るのは慶應四年（一八六八）—明治元年に至って維新となり明治天皇の江戸行幸に際し再び大規模な助郷役負担が命ぜられたのに対する願書であろう。この場合も負担の重さに苦しむ農民の歎願の趣意は同様であった。せめて臨時助郷の村々へも定助郷の自分らの村と同じように人馬の負担をいいつけてほしいというこの願書には、村役人の立場—村落の政治的な動きを次のように説明している。

「（前略）此上強而是迠之姿ヲ以伝馬夫役被二触当一候而者、御百姓相続難二相成一離散退転ゟ外無レ之与惣百姓打挙而愁歎罷在候義ニ付、村役人共取斗方如何とも可レ致様無レ之、（中略）畢竟村役人共取斗方未熟故、自然与難渋困窮ニ陥リ候義ニ可レ有レ之旨、小前末々愚昧之者共頻ニ憤発いたし強而申聞候得者、即ち惑乱之基与相成何分治リ方難二相成一、村役人共取斗方如何とも可レ致様方便も無レ之、千辛万苦ニ悲歎罷有候義ニ付、難渋当惑之余リ不レ奉レ顧二恐をも一此段御歎訴奉二願上一候。（後略）」

（慶應四年五月三十日附「台ヶ原宿助郷塚川村外五ヶ村歎願書」（武井家文書）

必死となっていたのは「小前末々愚昧之者共」であり、村役人層はここではその一揆前夜を思わしめる状態におびえ「難渋当惑」して村方「惑乱の基」の回避につとめる村落支配者として立ちあらわれているのであり、決して困窮した農民—惣百姓の立場から立ち上がって負担軽減を要求する指導層としての位置に立っているのではない。と同時に、小前層の姿もまた、せっぱつまった窮乏のどん底から一触即発の状態を見せているとはいえ、そこにはかつて安永年間に名主五郎右衛門を糾弾して立ち上がった平百姓五十六名の実力を思わしめる気概はない。追いつめられ、没落して行く、すでに分解過程にある貧農の姿が村役人に取り縋って哀訴歎願する彼らの上に如実にあらわれているのみである。

このような力関係の変化は幕末の急激な経済変動の中で早くも寄生地主制実現の要素が農民層の両極分解という形態をとって決定的に基礎づけられて来たことを明らかにすると考えられるのである。

㈣むすび

「連々貧陋困苦ニ逼リ鋤鍬鎌等之農具等も買求兼候ものも有レ之、必至与農業惰精之基与相成、御田地并老親妻子を捨置逃去リ、或者里方江日雇又者奉公稼ニ罷出候ものも有レ之、御田地何時なく荒地又者手余リ地ニ相成御上様江御上地ニ奉二願上一候義も有レ之……」

（慶応元年、武井家文書）

「一、持高六斗四升三合　儀八

文政三年二月退転、当時相続人無レ之候。

一、持高壱斗五升四合　要蔵

寛政七年四月退転、当時相続人無レ之候。
一、持高弐石壱斗　三郎兵衛
天保八年九月退転、当時相続人無レ之候。
一、持高弐斗壱升五合　忠蔵
文政五年十一月退転、当時相続人無レ之候。
一、持高壱石三斗三升七合　折右衛門
万延元申年六月退転、当時相続人無レ之候。
一、持高弐斗六升一合　庄左衛門
天保十二年丑年十月退転、当時相続人無レ之候。」
（明治三年「甲斐国巨摩郡塚川村戸籍」山梨縣立図書館蔵）

以上二点の史料が示すもの、すなわち農業、山稼、駄賃稼ぎという従来の生産構造の中では生活が維持できなくなり、或いは離散退転をとげ、或いは日雇いや奉公人として賃金労働者に転化して行く農民たちの姿が、幕末を経て明治維新を迎えた北巨摩地方の村々の実態であった。塚川村の史料からは農民が維新の変革に何らかの期待をかけたとみられるものもない。明治初年の村はやはり幕末と同じように小前たちが窮乏に苦しむ村であり、その条件のもとに地主的土地所有と地主の支配力が徐々につよまって行く地主制下の村なのであった。

註1、年番名主は長百姓が代り合っていたものであり、五郎右衛門が長百姓役にとどまることは、依然名主役にとどまることを意味した。

註2、天保七年八月に甲州に起った大規模な農民一揆。うちつづく凶作と、そのための米価の暴騰に苦しむ甲州道中二二ヶ村の農民が米の買占めを噂される穀屋と、これを取締ろうとしない代官所を襲撃して打ちこわしを行ったもの。狼狽した幕府によってまもなく鎮圧はされたが、直接、代官所襲撃という形で幕府権力とたたかった点で天下を震撼させたことが知られる。江戸ではりつけに処せられた主謀者は四二名に達した。なお、北巨摩一帯―塚川村はこれに参加していない。

註3、甲州にはふるくから甲金と称して国中通用の貨幣が鋳造され、使用されていたが、その種類は煩雑を極めた。だが、中でも甲重金、甲定金は最も一般的に使用されたものであったらしく、いずれも享保年間に鋳されたもの。換算率は寛永通宝の頃は金一両に四貫文、慶応、明治初期十貫文以上であった。

なお、こうした貨幣の他に甲州独自のものとしては甲州枡と称する枡があるが、その容量は京枡の三倍、すなわち甲枡一升は京枡の三升にあたり、長く農民間に使用された。明治、大正期に至っても「京二升、大（甲枡）三升」というように京枡と併行して用いられていたことがわかる。

（「甲斐貨幣の変遷」赤間重樹氏による）

第二章　地租改正の実現過程

第一節　大小切騒動

明治五年（一八七二）八月、地租改正反対一揆の先駆をなすものとして名高い大小切騒動が山梨県の大半を巻き込んで勃発した。騒動の過程についてはは『明治初年農民騒擾録』（土屋喬雄・小野道雄編）にも官庁史料が収録されているし、小野武夫氏『維新農民蜂起譚』や山田道夫氏「大小切騒動覚書」（歴史評論第三十六号所収）に詳しいので略するが、その本質は明治二年に飛騨高山に起った梅村騒動と同じく旧幕時代の貢租負担の均一公平化の美名のもとに明治政府がとった安石代制廃止の挙に対する全農民的抵抗であったといえよう。とりわけ、山梨の場合は地租改正条例の発布に先だって、その前触れとして大小切租法の廃止が強行されるという事態のもとで発生した大規模な騒動であったことが特徴としてあげられるのである。

甲州の農民たちにとって五年六月大小切租法廃止の令は深刻な衝撃であった。たちまちにして大小切存続の歎願運動が山梨、八代、巨摩三郡の村々に展開され、猛烈な勢いで拡大されて行った。塚川村の関係資料では、逸見筋の村々が行動を起したのは八月に入ってからである。巨摩郡十六區正副戸長の名をもって八月十五日には刻付の廻章が発せられ、この件につき相談のため翌十六日に各村の「重立候御仁御一両輩づゝ」若神子村為圓寺境内に弁当持参で参集することが要請されている（武井家文書）。その結果であろう、八月廿日付の「乍レ恐以二書付一御歎願申上候」とする塚川村はじめ十ヶ村連名の歎願書が差出され、各村とも名主、長百姓、百姓代がそれぞれ一名ずつ名をつらね、塚川村では名主武井左源太（武井家の当代）、長百姓三井武右衛門、百姓代堤小右衛門が出ている。

歎願書の内容をみると第一章第三節で考察した助郷役免除歎願のときと共通するものがみられる。すなわち、年貢納入もいまは滞っているほどの村方の窮状が縷々訴えられ大小切租法の据置を歎願しているのであるが、さもなくば「小前一同動乱致候得共左候得者御上様江對シ奉二恐入一村々役人共ニ而取鎮置、今般奉二歎願申上一候。」（武井家文書）と、明らかに一方では村落の秩序維持者としての地位に立ちながら権力との間に仲介的な役割をつとめる村役人層の立場が、「小前一同」とは多分に距離を保ちつつ語られているのである。これを、大小切騒動の主流をなし、八月廿三日ついに甲府城下に押寄せて軍隊によって鎮圧されるまでの事態に至った山梨郡栗原・萬力筋九十七ヶ村の場合と比較すると、非常な差異がみられる。山梨郡両筋の場合は騒動鎮圧後絞首二名、懲役五名を含む三七七二人という大量の処刑者を出しているが、その中には死刑となった二名が名主および長百姓であるのをはじめとし、名主九二名長百姓三九三名が含まれている

（以上峡中新聞第五号、武井家文書による）ことからみてもわかるように率先してことの指導的役割を果たし、また最後まで小前層を裏切らずに行動したのが、各村の名主、長百姓級の村役人層であった。この事実から大小切騒動の性格を「維新改革の支持層たる名主、長百姓等の豪農層を最後の瞬間まで農民闘争の先頭から切り放しえず」（農業発達史調査会編「日本農業発達史」六一頁）に明治新政府が農民と相対決したものとする評価が一般的である。しかしこの評価は栗原・萬力筋九十七ヶ村の場合には正当であるが、騒動の規模を拡大してまがりなりにも請願および信玄廟所への示威的参詣までの行動を共にした巨摩・八代を含む三郡全体にまでおよぼすときには必ずしも正しいとはいえない。塚川村の場合は九月七日の日付をもって出された次の始末書にみられるように、逸見筋よりの一二〇〇人といわれた出動人員（「明治初年農民騒擾録」一八三頁）はすべて「小前の者共」であり、村役人層は一人も参加していなかったことが明らかである。

「　　巨摩郡第十六區
　　　塚川村役人

今般当国大小切御廃止被二仰付一、（中略）素ヨリ当村方ニテ者強願挙動等仕候義無レ之候得共、去月廿日小前者トモ之内、玄公為二参詣一ト古府中村大泉寺エ罷越、早速其場ヨリ帰村奉二恐入一相慎ミ罷有候。（中略）此上挙動ヶ間敷義不レ仕、謹テ奉レ仰二上裁ヲ一候間、農民安穏相続出来候様御仁恤之御沙汰蒙リ度、此段奉二願上一候。以上。

壬申　　右村

九月七日

百姓代
日野原傳兵衛
長百姓
輿石庄右衛門
名主
武井左源太

山梨縣御役所

」（武井家文書）

また、明治初年農民騒擾録に収録されている官庁史料には、八月九日より廿三日までの三郡動揺の実態が三十項にわたって記されているが、その中でも逸見筋のみは「逸見筋村々の内小前の者共各所に群集不穏形勢」（八月廿日条）、「逸見筋村々小前の者共動揺」「小前の者共多人数屯集」「戸長村役人共よりも精々申諭候へども不二聞入一、」（以上八月廿一日条）とはっきりと村役人層と小前層とが別行動をとったことが示されている。

このような、東山梨における両者の統一、北巨摩における両者の離反という対比的な事実が暗示するものは、それぞれの地方での農民層分解の質的差違であろう。すなわち、江戸時代から養蚕蚕糸業を行い甲斐絹、郡内絹と呼ばれる特産物の商品生産の発展という背景の上に名主、長百姓等の上層農民が豪農化して、この時点では明治政権に政治的にも対抗できるだけの農民指導層を形成していた甲府盆地に接続する東山梨一帯と、ブルジョア的契機の一片をもたず、前章に考察したようにすでに幕末から豪農的発展をぬきにした寄生地主化への傾斜をみせていた山村的構造の北巨摩地方とのちがいが、大小切騒動に際して如実に現れたと解すべきであろうと思う。そしてまた、逆にこの事件から北巨摩地方における地主制の性格も照明をあてられると考えられるのである。

第二節　改正事業の貫徹

(一)準備期

大小切騒動の年、明治五年（一八七二）二月十五日、太政官布告第五〇号が発布され、地所永代賣買解禁を令した。徳川幕府による寛永二十年（一六四三）の禁制以来二三〇年の封建的束縛がここに解かれたのである。ついで都会地を手はじめとする地券発行が定められ（同年二月二十四日大蔵省達第二五号「地所賣買譲渡ニ付地券渡方規則」）、七月には田畑その他の全国の土地を対象として地券交付を行うことになった（大蔵省達第八三号）。これによって当時まだ成案を得るに至らなかった地租改正のための準備はととのえられ、その実施に具体的な指示を与えるために租税寮改正局より発行され、のちにそのまま地租改正事務局にひきつがれた「租税寮改正局日報」は五年八月十七日よりはじまっている。

大小切騒動を「若亦心得違何等挙動於有レ之ハ、老若男女ヲ不レ問、盡ク屠戮可レ致為レ夫我分営奉二朝命一出兵候條此旨明ニ相達候也。」（峡中新聞第四号）と強権的・反人民的性格をあらわに表明した東京鎮台第二分営の出動をまで仰いでようやく鎮圧した山梨縣では、大小切租法廃止は強行されたがその後の処理に苦慮していたことが、この租税寮改正局日報に収録されている左の申立によって知られる。

「山梨縣申立大意〔一四〕

当縣管下甲斐国従来之租税安穀代方法改正之儀容易ニ難二行届一事情申立置候處（中略）当国小切金納之如きハ方今之米價ニ照し格外之安直段ニ相当甚敷甘法ニ似候得共、其実全ク甘法と耳一概難二指枉一次第有レ之、縦令廃止適当之確定有レ之候共、一時民心転倒奉公を失候ニ付軽忽決定之場ニ難レ至、（中略）然ル處今般全国之租法一途ニ出テ偏重偏軽之患を改メ中正公平之沽券法御施行ニ付御規則等不日御達ニも可二相成一趣為二心得一御達有レ之、依而ハ右地券税法ニ御改正之儀甲斐国ハ当申年より御施行相成候様致度、左候ハ、苟且改正之手数モ省ケ民心苦情無レ之、両全之儀と存候旨。」

（租税寮改正局日報明治五年第四号壬申八月廿九日、「明治初年地租改正基礎資料上」所収）

廃止はしたものの、大小切租法かならずしも「甘法」ではなかったとし、転倒した民心を収めて一般貢租法を適用することの困難を述べて、解決策として近年中に施行されると予告のあった新地租法を甲州のみはこの壬申五年より施行してほしいと申立てているのである。もとよりこれに対する指令は「書面地券税施行之儀ハ全国一般之儀ニ而追々施行之順序御布達之筋も可レ有事ニ付、甲州而已当年より施行之儀ハ難レ致二採用一候條、安穀代廃止之儀ハ最前指令之通可二相心得一事。」（同前）という拒否であった。

が一方、従来の不公平を廃すると宣して大小切租法廃止を強行した以上、政府は旧来の定免の村々中でも不公平の貢額を負っていると思われる所には再検の願出を許すとの口約を与えぬ訳には行かなかった。たちまち同年九月には再検を願い出る村数三百余におよび、縣官のみならず租税寮からも九月廿三日官員が出張して調査に当ったが、この仕事は困難を極めた。というのは、明治元年以来山梨縣一帯は二年、三年と凶作、水害が打ちつづいて未曾有の荒廃に陥っていた上、四年は普通と見做すとしても、五年は又々その二割、三割減という作柄だったからである。「本年之作柄比較之目的甚六ヶ敷、辰巳年ハ凶、午年ハ水損等多ク且不揃之出来方而照準ヲ取リ難ク、数年前ハ損地皆無等有レ之、漠乎トシテ比ス可ラス。」（租税寮改正局日報第二十一号壬申十月四日山梨縣出張当寮官員ヨリ之来翰）という状態であったが、それでも「縣官モ大ニ勉強仕候間、戮力適宜取計可レ申、御省念奉二希望一候。」（同前）と、縣命の努力をもっての検見の遂行を約し、縣官側は縣令土肥実匡以下二十四名が総出動し、租税寮側からは四名の係官が派遣されて、坪刈、竿入れその他に関する詳細な田方検見心得（明治初年地租改正基礎資料上四三頁）を作成してことに当っている。

やがて翌六年四月には塚川村においても「村調」とよばれる一筆限りの地価取調が行われて、のちの明治八年四月より改めて実施される地租改正事業の際の基本帳簿となるのである。この大小切騒動の善後処理をも含めた形で五年から六年へかけて山梨縣に実施されて行った土地の再検、一筆限帳の整理によって地租改正への道は最終的に地均らしされたと考えられる。

㈡地租改正期を迎えた村落構造

塚川村の史料に即してこのような推移がどのような基礎の上にいかにむかえられて行ったかを考察してみよう。

村調を実施する直前の明治六年（一八七三）二月に取りきめられた村方議定（武井家文書）では、七ヶ条の調査心得を挙げて、戸長、副戸長、百姓代、組頭、地券掛以下村民残らずが連署して積極的な協力と実行方を誓っている。そこには、いささかの不安、疑惑、ないしは抵抗を予想させるものはみられない。とりわけ注目すべき点と思われるのは、七ヶ条の議定の中心が明らかに土地の私的所有権確認にあることである。七ヶ条全部をかかげると、

1、地所に附す代価については、一旦至当の代価を定められた上は地主は不服を言ってはならない。又他人からかれこれ言ってもならない。

2、どんなわずかばかりの添え地のようなところでも境界ははっきりと定め、将来争論のないようにすること。

3、地券入費の出金は当地主より出金すること。証印状の入費は元の地主より出金すること。

4、地所取調中毎日出勤する者の弁当料は一日一人につき一匁六分ときめ、戸別負担で出金すること。
5、地券調之節はその地主が立ち会っていささかの紛れもなく現在の境界を申立てること。
6、地所質入については従来はそれぞれまちまちに年季を定めていたが、改正以後は三ヶ年季に統一すること。
7、地所質入証文の書替手続は七月限りとし、戸長の奥書を願うこと。期限後は異議は一切許さず、地券名通りの所有とみなすこと。

第七項にいう質入証文の書替云々は明治五年以前に質入の名目で行われていた実質的な売買―土地所有権の移動を法的に確認しなおすことに注意を喚起したものであろう。幕末以後の土地の移動の激しさを推察させると同時に「田畑屋敷山林其外とも検地帳古畝歩ニ不レ拘、現今之実地間数尺寸詀聊も無ニ用捨一取調可レ申、」という議定前文にも、このたびの地券発行を村内地主層がみずからの土地所有権確認の機会として歓迎した機運が察知される。

ここにいう地主層とは、どのように形成されていたのかを明治三年における持高構成を中心に分析してみよう。

前章より度々幕末から維新へかけての農民層分解の進行を強調したのであるが、ここに明治三年の石高による階層構成を第6表のように整理してその階層別比率をさきにみた安永期のもの（第5表参照）と比較してみると一〇石以上を所持する上層農民の若干の増加と共に、中層農民の

第6表　明治3年（1870）石高所持にみる農民層分解

	持高	戸数	階層別比率		安永年間	
	石	戸		%	（15-40石）	%
A	10–25	2	3.7	15.9	9.3	12.4
	10–15	10	12.2		3.1	
					（10–15石）	
B	5–10	13	15.8	54.9	15.6	78.1
	1–5	32	39.1		62.5	
C	0.5–1	13	15.8	29.2	6.3	9.4
	0.5以下	11	13.4		3.1	
	計	82	100.0		100.0	

山梨県立図書館蔵「甲斐国巨摩郡塚川村戸籍」（明治3年）より作成

大幅な没落と、一石以下の下層農民の増大、という結果がみられる。すなわちこれをA、B、Cの三つの階層として具体的にみると、Aは安永期の十二・四パーセントから一五・九パーセントと三・五パーセントの増加を示し、Bは七八・一パーセントから五四・九パーセントと二三・三パーセントの急激な減小をみせ、一方最下層のCは九・四パーセントから二九・二パーセントへと一九・八パーセントも比率を増しているのである。なお、総石高に対する各階層別の石高比率は第7表のごとくであり、戸数では一六パーセント弱にすぎないA層が、石高所持の点では四七パーセント強を集中して、B層全体に匹敵する状態であることがわかる。しかも戸籍に現れたこの貢租負担上の石高はかならずしも現実の数字と一致していない。このとき一三石二斗三升を

第７表　明治３年（1870）における階層別にみた石高所持

階層	石　　高	比率
A（13戸）	184石３斗２升９合０勺	47.4%
B（45戸）	196　２　０　１　５	48.7
C（24戸）	12　９　８　３　３	3.9
計	393　５　１　９　８	100.0

所持して、長百姓、名主役をつとめ、Aの層に属する武井家の場合をみると、この公式の石高の他に万延年間（一九六〇）から明治五年（一八七二）までの間に五筆、反別七反五歩（内、田一反九畝一三歩、畑一反二畝二歩、芝地三反八畝一五歩）にのぼる地所を、最短五年から最高二〇年という長期間の年季をもって質取して自己の手中におさめているのである。質取の相手はA層に属するものが一人あるほかは全部B層の農民である。こうした事実から類推すれば、実質的にはB層の分解はさらに第六表の数字を上廻って激しいものであることが想像されよう。

この期の地主小作関係を具体的に表している資料がないので推定の域を出ないが、C層はもとより、B層の多くも実際には喪失した自家経営の地所の代りに、質地小作その他の段階を経て小作化していたと考えられる。

地主は武井家の例に見るように、常時一名乃至二名の範囲を出ない年季雇の労働力を家族労働力に加えて、田畑一町程度の手作り経営を保ちながらも、質取地をそのまま質地小作に出すなど集積過程において地主的性格を強めて行き、この時期にはすでに強固な地主制の地歩が固められていたことを思わせる。その基礎的条件をなす高率小作料の確立は江戸時代を示す資料は欠くが、おそらく化政期以降の分解過程にこれを求めることができるであろう。明治八年の地租改正のための資料によると、第8表の通りである。

一等地より九等までの九段階に分けて、それぞれの小作料が村方の標準をもって定められているが、その反当収量に占める比率は六三パーセント前後が多く、平均して六二・六パーセント、優に六割を上回るという高率である。ここからさらに考察すれば、当時かりに五等地一町歩を分散させて小作に出せば、一〇石の小作料収入を得ることがわかる。これは地主的土地所有にとって必要かつ十分な条件を示す数字であろう。

一方、右にみた地主制の確立は村落支配の面にどのように実現していたであろうか。これは明治六年の村方議定に名をつらねた戸長、副戸長（明治三年戸籍では名主、長百姓）地券掛、百姓代、組頭、という村役人の系譜と、第6表にみたA、B、Cの階層との関係をみることによってほぼ明らかとなる。

名主、長百姓をつとめる家柄は旧幕時代以来殆んど変化せぬ村落最上層の地主である。系譜の明らかなものとしては第9表で一一石二斗一升九合の持高である堤半十郎家は延宝七年検地の案内者與惣衛門の末で、二〇〇年間その支配的位置を動いていないし、同じく武井左源太家の場合は後章に詳述するが、延宝七年の村落内第一二番目の上層農民の地位からおそくとも安永期以前に名主、長百姓級の地位につき（安永三年五郎右衛門一件のとき の下組名主三之丞）、以来最も有力な

第８表　明治８年小作料（田方）

土地等級	反当収量	反当小作料	小作料比率
1等	2石2斗1升0合	1石4斗	63.3 %
2	2　0　5　5	1　3	63.1
3	1　8　9　8	1　2	63.2
4	1　7　7　9	1　1	61.7
5	1　5　8　2	1　0	63.2
6	1　4　2　6	9	63.0
7	1　2　6　6	8	63.1
8	1　1　0　7	7	63.2
9	9　1　7	5.5	59.9
平均	1　5　8　2	9.94	62.6

（武井家文書「村方入小作定方」より作成）

第９表　明治初年持高構成よりみた村役人出身階層

	明治３年持高	名主・長百姓 (戸長・副戸長)	地券掛	百姓代	組頭
A	15石〜25石	2人	1人		
	10　〜15	4	3	2人	
B	5　〜10	2	3	2	
	1　〜　5		2	1	6
C	0.5　〜　1			1	2
	0.5 以下				
	計	8	9	6	8

註　地券掛は名主・長百姓と重複しているものが３名ある。

村方地主であった。

百姓代は通常政治的には平百姓小前層の中から選出されてこれを代表するものとされるが、甲州、とくに北巨摩地方では村方惣寄合によって定める形式をとりながらも事実上は名主、長百姓級の指名によってその縁故者や従属関係の密接なものが平方から撰ばれる慣行となっていた（山梨縣立図書館郷土室上野晴朗氏談）ものであり、村落支配強化の具としての内容をもっていたにすぎず、また、この明治六年の資料にはじめて出てくる組頭も、おそらくは慶応の助郷役反対運動から大小切騒動へかけての小前層の革命的な動向をおそれた支配層が支配組織を更に強化拡大する目的をもって新たに設けたものと思われる。

要するに、これら村役が農村生活の中で果たしていた役割は、それ自体地主的性格をになうものであったと考えられるし、第9表にみるように名主・長百姓層、百姓代、組頭の出身階層は、表面的にもそれを裏がきするものである。

明治六年の地券法施行を地主的土地所有確認の機会として積極的な姿勢をもって迎えたのは、このような村落内部で主体的なヘゲモニーを握っていた地主層であった。それは地券掛として、いち早くえらばれた九名のうち三名まで名主、長百姓の役職と重複していること、さらに九名の平均石高は九石六斗三升三合となり約一〇石の水準を示していることからも察知されるであろう。

幾多の屈曲を経ながらもようやくこのころにはまさに明治絶対主義政権の基盤としての地主制創出を意図する政治方針を明確に打ち出して来た新政府の政策が、塚川村の現実に照応してスムースにうけとめられてゆく第一歩をすでにここにみるのである。

㈢地押丈量から等級査定まで

塚川村に前項にみたような経過をもって「村調」が行われた直後の同六年七月、政府はようやくにして陸奥宗光案を基礎とした地租改正条例を発布し、ここにはじめて全国画一の金納地租法が施行されることとなった。

山梨縣における地租改正事業の実施は「明治六年十一月ニ着手シ同十二年七月ニ至リ整頓ス」（「府縣地租改正紀要、中」山梨縣）と公式に報告されている。その実施順序は「地押丈量以前先ツ人民ヲシテ毎地ニ番号ヲ付シ畝杭ヲ建テ一村限リ地図ヲ整セシメ然後官吏毎村ニ臨ミ丈量検査ヲ為セリ」（同前）とまず各村での地押丈量をもとにしてそれを官廳側が検査するというのを第一段階とした。塚川村にもこの時作成された巻紙に毛筆で字ごとに地形をかき込んである地図が残っている。この六年の地図はのち明治二十五年に作成された同様の様式の地図および明治二十九年に完成された大規模な切図（全四十八枚）等にはおよばないが、現在みてもかなり精密なものであり、田畑、山林、原野の一筆ごとに地番を附してある。おそらく検査に際しても訂正等のことは殆んどなかったのであろう。この過程は極めてスムースに進捗している。

塚川村にいよいよ係官が実地に臨んで、地所の一筆ごとの突合せが開始されたのは、翌明治八年四月一日からである。以後の経過は、武井左源太の跡をついでこのとき他の五名の地主たちと

共に案内役に立った佐太郎氏の日誌風に記された手控えに詳しい。（武井家文書）

これによると、出張の地券掛笠井藤右衛門、長谷部民平の二人が塚川村地内の大体の突合せを終ったのは四月四日の正午であり、約三日半を費やした上で無事終了したものとみられる。

しかし、四月十一日の次のような記事は何を意味するであろうか。

「四月十一日
午コヨリ官用地旧界設帳謬ヲ笠井、長谷部右二名見分有。（日野田中ニ宿）
地券派出所　台ヶ原小松ニ宿ス
台ヶ原派出一行ェ甲戌（七年）七月収穫相場帳差出并古検地帳并三諸新田帳差上御写ノ上下ケ。尤相場ハ高直ト被仰聞有。
大長以下兵三十人詰區（改正ニ付丸屋ニ宿ス）
宿ハ　タカスナ斉藤半、大八田山木甚五、渋サワ波木井四□□、下条植松佐一
台ヶ原掛　一六區―二二區
若神子掛　一〇區―一五區
」（原文のまま）

塚川村は当時の行政区分では第一六區に属し、従ってここにみられる台ヶ原派出所の管下にあった。看過しがたいのは、右の記事中に、〝改正につき〟大長以下三〇名の兵隊がこの台ヶ原派出所に詰めていたという事実がみられることである。派遣された係官はわずか二名であったが、

その背後に立って農民を威圧し、苦情の声を封じ、妨害を排したのは実にこの三〇名の兵力であり、国家権力そのものであったことが明瞭であろう。このような状況下では「官用地旧界設帳謬」を一方的に係官から言い渡されても村側で何らの反駁も加えていないことはむしろ当然と考えられる。地租改正事業がその過程で農民の抵抗を常に軍隊の出動をもって、血なまぐさい事件まで惹き起しつつ（註1）圧服して遂行されていったものであることは一般に知られているが、一見平穏裡に進行したかのように見える地方でもこの場合のように最初から無言の制圧をもって農民をおびやかしつつ行われていったことに注目しなければならない。

　これよりさらに一ヶ月のちの五月十一日ごろまで係官は派出所に滞在し、村々から古検帳や六年作成の一筆帳、収穫帳、小作米を記した入附帳などを差出させて種々調査の上、引揚げたらしい。以後の六月から年末までの半年は慌ただしくすぎる。壬申地券の計算、整理等の仕事は村側に命ぜられ、武井佐太郎氏ら数名はその仕事に忙殺され、十一月初旬には再び実地の再検分がなされ、十一月十一日から十九日までの九日間をついやして等級計算がなされて、地位等級が定められた。等級は一等より九等までに分けられて、（畑方は八等まで）塚川の田畑についてこれをみると第10表のようになる。

「一村コトニ（該村限リ他村ニ比較セス）毎地ノ等級ヲ分ツヘシ。（級数ハ凡十等以内）毎地ノ等級ヲ分ツニハ實地調査ノ後村民集議シ毎一筆便否、沃瘠等ニ由リ、公平至當ニ其等級ヲ分チ各人遺憾ナキニ至リ一筆限帳ヘ其等級ヲ朱書シ、帳尾ノ反別合計ニ其等級ニ応スル反別ヲ内譯シテ之ヲ進達セシムヘシ。」

第10表　①明治初年地租改正による塚川村地位等級表（田方）

	田　方		
等級	反　別	収穫米	反当収量
1	2町1石8畝9歩	48石5斗0升9合	2石2斗1升0合
2	5　8　7　12	120　8　3　7	2　0　5　5
3	3　6　2　28	68　9　1　8	1　8　9　8
4	2　7　4　24	47　8　3　4	1　7　7　9
5	5　6　6　10	89　6　1　8	1　5　8　2
6	4　7　5　5	67　8　7　3	1　4　2　6
7	5　1　5　5	65　2　0　7	1　2　6　6
8	5　5　7　1	61　7　0　2	1　1　0　7
9	8　4　0　25	77　1　7　1	9　1　7
計	43　9　8　19	647　4　7　9	——

（武井家文書より作成）

第10表　②明治初年地租改正による塚川村地位等級表（畑方）

	畑　方		
等級	反　別	収穫麦	反当収量
1	町9反8畝12歩	16石3斗6升5合	1石7斗5升
2	1　8　0　29	28　3　2　8	1　5　6
3	2　3　8　11	32　8　5　8	1　3　8
4	1　8　4　21	22　0　0　8	1　1　8
5	3　5　0　17	35　2　1　7	1　0　0
6	6　5　6　6	53　6　5　4	8　1
7	5　0　0　24	27　0　4　4	4　7
8	4　8　3　0	14　1　0　5	2　9
9	——	——	——
計	27　5　8　0	229　5　7　9	——

（八年七月、地租改正条例細目ノ内第一章第二条第一報「明治前期財政経済史料集成〔以下「集成」と略記〕第七巻」二六七頁）

と、はじめは六年七月公布の地租改正条例に含まれていなかった地位等級の組立てが令されたのは、明治八年七月になってからであった。その間の事情を有元正雄氏は、本来地価算定の場合に必要でなかったために改正当初のころは当事者の意識にのぼらなかったものが、改正事業の進展につれて、「その現実の過程から、別な地価算定の体系＝地位等級の体系が生成し、それを中央において法制化したのではあるまいか。勿論、これを単なる技術的観点からのみ見ることは不充分で等級の体系を要求する一定の社会的勢力が存し、そこから出て来た筈である。その社会的勢力こそ後述する「地租改正の担当者」―地主・上層農民と推定してよいのではないか。」（「地租改正における地価の決定」史学研究第六〇号所収）と考察されているが、妥当と思われる。塚川村においても事実上「村民集議」した形跡はなく、地券掛に任ぜられた上層農民の判断がそのまま等級を決定し、一律の収穫量を同等地に想定することによって地価算定に必要な要素である収穫代金規格を媒介するのである。この等級組立の段階が地主・上層農民の手にゆだねられたこと自体が改正事業の性格を示すといえよう。

この等級定めをもって実地に行う基礎作業はほぼ完了して、あとは地価の決定――すなわち地租の決定――をまつばかりとなった。

㈣地価決定をめぐって

その百分の三を地租として徴するために、という目的をもって算定し、決定することになった地価は、一応合理的な算定方式を設定して農民にのぞまなければならなかったので、地租改正条例立案者の最も苦心した所と思われる。ここに有名な明治六年七月二十八日の地方心得第十二章検査例第一則、第二則（「集成」第七巻三二九頁）が誕生したのであり（註2）、地価を構成する要素をその土地の収穫代金、種子肥料代、地方費、地租、利子率の五要件としている点、明治三年（一八七〇）の神田孝平の「田租改革建議」（集成第七巻三〇一頁）が地主の附値段と売買上の慣習とでこれを定めようという素朴な見解をとっていたころと比較すれば格段の進歩を示している。しかしこの地価算定方式が一見合理的、近代的な外被をまといながらも、その生産費控除面ではわずか一五パーセントの種子肥料代を控除しているのみで労賃が全く含まれていないこと、それにも拘らず自作地六分、小作地四分の利子率は明確に編み込まれて利潤を設定していることなどの点にあらわれているように、その本質は高率貢租維持のためのものであることは早くから指摘されてきたところである。

すでにこの算定方式をば受け取るより外なかった農民側にとっては、問題は収穫代金算出の基準となる米価の決定如何が目前の最大関心事であった。したがって、農民の地租改正に対する抵抗も、この地価決定の段階に集約されてあらわれてくるのである。

「尤地価之義御詮議之上豫テ御達シ可二相成一被二仰聞一奉レ畏、依レ之奉二御受印差上一候。」（明治

八年十一月二日「差上申一札之事」（武井家文書）とあらかじめ天下り地価への服従を約していた塚川村でも、翌九年（一八七六）四月となってすでに山梨郡一帯に地価決定をみた頃となると、それまで抑制されていた地租改正に対する不安・疑念・抵抗はせきを切ったように下層農民の動揺となってあらわれてくる。

「（前略）既ニ山梨一郡御施行相成候處、右ハ休戚ニ関スル大事件と一同心配之餘リ名前外者共多人数陰ニ廳下ニ出張、無益之費用ヲ不レ顧加之甲乙互ニ地價ヲ比較シ間々情私ヲ多少、御施行之妨害ニモ可二相成一儀ト奉レ存候間、此段巨摩八代御呼出之儀者各處々長ェ擔當為レ致方、万一該區之内毎村之地價収穫其他了解致兼候儀者該地主実際ヲ具陳シ得二御弁解ヲ一而テ御各人江為レ談候ハハ甚簡易ニ可レ在レ之奉レ存候間、此段御詮議之度上申仕候也。

明治九年四月十五日　區長総代理

山梨縣令　藤村紫朗殿」

（武井家文書）

右の文書が端的にあらわしているのは、一、「名前の外の者共」という蔑称でよばれる下層民が「多数」甲府まで出かけて「無益の費用を顧みず」に一触即発の不穏な形勢にあること。二、これを心配した村役人層としては地価決定に関してはまず自分たちが処理を担当した上で「了解致兼」ねる点につき地主からの実状具陳をとりつぎ、「御弁解」を得てから各人の説得につとめることにしたいこと。の二点であり、大小切騒動のときと同様の役割を積極的に担おうとする村落支配層の動向と、おくればせながら、しかしそれだけに爆発的に抵抗の主体として動き出した下層農民の姿とが対比的にうきぼりにされている。

このような動揺が持続され、拡大されて行ったことは、その力に押されて頻々と農民の不安、疑念を表明する伺書が縣令あてに差出され、その抵抗の中心点が次第に天下りの高すぎる米価査定にしぼられてくる九年五月、六月の動きによって知られる。五月二十三日附巨摩郡一區～十區（塚川村は当時十區に所属）區長連印の伺書（武井家文書）では三ヶ条の疑問点―災害の年の地租は免税になるか、地所調査のまちがいはあとで訂正してもらえるか、改正後でも不平等のある村では村方の協議で変更してもかまわないか、等―を提出していて、米価の点にはまだふれていない。しかし、二日後の五月二十五日にはにわかに、「地租御改を地價表御下附ニ付各區村々ェ相渡候處縷々苦情在レ之テ付ケ状ヲ以奉二願上一候。」（同前）と前おきして、五ヶ条の要求をかかげて巨摩・八代一般區長連署という大規模な抵抗をこころみている。おそらく地価表の下付は二十三日から二十五日のこの二、三日の間に行われたのであろう。とすると、この敏速な対応は、「苦情」の内容が決してさきにみた下層農民だけではなく、上層農民＝區戸長級の層をもまきこんでの反対を展開させるようなものであったことを意味する。そして、それは地価算定の基準値となる過去五ヶ年（明治二年―七年）平均相場として呈示された米価査定が、農民側の予想以上の高値をもって、一石あたり四円九〇銭と決定されたことが中心点であった。この五ヶ条の要求は縣令藤村の名をもってにべなくしりぞけられたが、農民側からはつづけて六月二日、六月八日と同様趣旨の願書を提出し、米価査定の不当を訴えつづけるのである。なかでも、六月八日付の願書は米価問題のみに終始して、新旧租額の予想、比較までを具体的に指摘し、このままでは重大な結果を招来しかねないという手にまで官側を想到せしめようと努力している。そのあらましは、

1、一石につき五ヶ年平均金四円九〇銭と定められたが納得が行かない。本州は米は廉く、今年などは一円以上これより低いはずである。隣縣筑摩縣の決定米価と比べてみても、筑摩は一石三円五〇銭で、一円三〇銭も差がある。

2、なぜ五ヶ年平均でこのように高くされたかを熟考してみたところ、明治七年中は佐賀の乱のために米を外道に輸出し、新穀払底して一時高騰したのが入っているからではないかと思う。これは一般通価とは異なる要素としてはずしてほしい。

3、甲府・韮崎・鰍沢・黒沢・勝沼の五ヶ所をとって平均相場を出されたのだが、勝沼・黒沢の両地は不適当である。

4、昨明治八年は石代仮相場をもって租税を納めたが、この仮相場租額と新租額とを比較すると、およそ金八万円ほども増加することになる。その上、八年の貢納残部およそ六万円があり、また今年の正租九月まで納入の分が十一万円（改正新税額によれば金二五万円）におよび、又証印税六・七万円という取立ても見込まれる。これを全部支払うとなると、「中産之者」はそのために「家産ヲ亡シ向後生活之目途ヲ失ヒ候者多々可レ有レ之」という状態となり、また「中産以上之者ト雖モ」この不景気の折柄「金融殆ト差支」えている現状だから納入は不

可能であろう。新租は八年には遡及しないでほしい。また増加分も取立てないでもらいたい。」（武井家文書による）

という諸点である。第四点にはっきり言われているように、ここではもはや中産の者、中産以上の者の危機が叫ばれているのみで、「名前の外の者ども」の困窮は、〝御上〟の仁恤を仰ぐきまり文句としてさえ出て来ない。こうした地租改正の支持層であったはずの地主たちと矛盾対立を生じ、強い反撃をうけたことは、この願書に対しても通達第一〇三四九号をもって依然却下の態度をとる縣側ではあったが、やはり手痛い打撃であった。その結果は、官側の妥協、後退となって現れる。

「　米價　四円五十八銭

　麦價　弐円四十五銭

地租改正検査ニ相用候石代之義ハ成規ニ因リ従来石代相場用来リ候甲府町外ヶ所五ヶ年間上・中・下米麦平均算定致、伺之上先般布達候處、右五ヶ年平均ニテハ全ク管内平準ヲ難レ得義モ可レ有レ之、旁反覆案之上各所之相場ヲ参考シ市川大門村、南部村、五町田村之三ヶ所ヲ加、八ヶ所平均算定、更ニ其筋ニ及ニ稟議一置候處此般前書石代之通許可可ニ相成一候ニ付、右ヲ以及ニ検査一候條、此旨相達候事。

乙子九年　六月廿六日

山梨縣令　藤村紫朗

」

（武井家文書）

地主層が主導権をとっての米価査定額引下げの運動は、三十二銭の官側の譲歩をかちとって完結された。これ以上をのぞむ声はもはや表面化することなく、ふたたび地主たちは地租改正の推進者としての役割をになって各村落に支配的にのぞんで行く。新米価、一石四円五十八銭（麦二円四十五銭）をもとにして体系づけられた地価決定に対して、彼らは村内下層農民の抵抗を排除し、調印をせまる積極的立場に立つ。武井家の古い御用箪笥のなかに見出された一枚の文書は、それをものがたる得がたい資料であると思われるので、全文を左にかかげよう。

「　後約証書

今般地券御行ニ付、村吏并地券擔當人協議ノ上、数日間、地所一筆限リ、地位等級ヲ論スト雖モ耕耘ノ精粗、或ハ肥養ノ多少ニ依テ収額の増減無ニシモアラス。些少ノ際ニ至テハ、該地方ノ厚薄ヲ究メ、必ス公平均一ヲ得タル者ト云難シ。是ヲ再議セント欲スト雖モ、縣官理事期限アリテ年月ヲ伸縮スルナシ。依テ事ヲ爰ニ定ルハ時限切迫シテ止ヲ不得ハヤ。若各自所有地ニ依リテ些少ノ甘苛アルモ、其苦情ヲ忍ヒ、一筆限リ帳江調印ヲ拒ム事無ラシム。（~~不服ヲ生スヘカラス。~~）（抹消）尤各地ニ於テ顕然（格別）差等ト見倣ス分ハ、其所有者ヨリ村吏ニ申出ヘシ。村吏ニ於テハ隣接地比例ヲ以、毎地券御改正ノ節迠ニハ、其差違相改可レ申、其他間数呼違ヒ書換等モ萬一有レ之ハ、悉皆其節迠ニ正誤致置、屹度、改正可レ致、依レ之村吏并地券擔當人一同連署シテ後証トス。

第十區
」
（武井家文書）

日付もなければ、署名もないこの文書は、おそらく下書であったのだろう。一旦書いた字句を抹消して表現を改めている箇所もある。しかし、「村吏」であり、「地券担当人」でもあった武井佐太郎氏の手控えに「地券代カ〔價〕受印仕。」と記されている塚川村の調印の日が七月十四日であることと照合すると、おそらく七月上旬のものであろうことは疑いをいれない。

「公平均一ヲ得タル者ト云難」い現実の矛盾を明らかに知りつつも、農民に空手形に終った明治十三年の改正（註3）を約して「苦情を忍ヒ一筆限リ帳ェ調印ヲ拒ム事無ラシ」めたこと、しかもそれを村落支配層の支配力を媒介として貫徹せしめ得たこと、ここに明治政府の経済政策面―地租改正事業における、そしてまた政治政策面における二重の成功が大きく立ちあらわれるのである。

註1、地租改正をめぐる農民騒擾は数多いが、なかでも明治九年の三重県に起ったいわゆる〝伊勢暴動〟は百分の二・五へ減租の直接の契機をなしたものとしても著名な大暴動である。他に茨城県真壁郡、那珂郡の騒動、熊本県阿蘇一揆なども著名（「明治初年農民騒擾録」参照）。なお伊勢暴動に関しては史学雑誌六五ノ七、八所収の大江志乃夫氏「地租改正反対一揆―伊勢暴動―」がある。

註2、検査例第一則は自作地、第二則は小作地の例とされている。なお、これを公式に直して示すと、次のようになる。

註3、明治十二年の改正とは、地租改正後五年ごとに地価を更新するという明治八年の公約を第五三号布告をもって「仍ホ明治十八年迄据置収税致スヘシ。」（集成第七巻三五八頁）と反故にし、十七年には地租条例発布と共に永久に据置くこととしたもの。

第1則

収穫代金をｘ、地価をＰとすると

$$P = \left[x - \frac{15x}{100} - \frac{P}{100} - \frac{3P}{100}\right]\frac{100}{6}$$

（地価）（収穫代金）（種子肥料代）（地方費）（地租）（利子率）

$$\therefore P = \frac{100x - 15x - P - 3P}{6}$$

第2則

$$P = \left[x - \frac{32x}{100} - \frac{P}{100} - \frac{3P}{100}\right]\frac{100}{4}$$

$$\therefore P = \frac{100x - 32x - P - 3P}{4}$$

（有元正雄氏「地租改正における地価の決定」より）

第三章　地租改正以後の村落構造の変貌

第一節　地租改正の結果にみる村

㈠耕地の縮小

「府縣地租改正紀要」（地租改正報告書第一三款）によれば、地租改正の結果として山梨縣の租税額は、大小切租法を廃したのちの旧租額に比べても一六、〇七九円の増加を見たことが報告されている。その原因は、「田方反別ニ七割餘、畑方反別ニ四割餘の増歩アリシニ由テ」であるとされる。塚川村の場合はどうであったろうか。

第11表は明治九年（一八七六）に完成された山林原野を除く耕地および宅地の状況である。四十四町弱の田方と二十七町弱の畑方約八町の宅地が打ち出されているが、これを改正以前の数字と比較しようとするとき、前記の山梨県全体に関する紀要の報告とは全く対比的な事実に注目せざるを得ない。すなわち田畑合計しての反別、七一町六反七畝一五歩という全耕地面積は旧幕時代と殆んど変りない（第一章第1表参照）のみならず、減少さえしているのである。この明治九年から約二〇〇年以前の延宝七年（一六七九）検地における七〇町二反五畝一歩に新田反別の約八町を加えるならば、七八町余という数字が寛政期以降にはみられるのであり、これからみると地租改正によって縄のびや隠田がうち出されるどころか、逆に減少しているという不思議な現象が塚川村に出て来ていることを知る。その原因はどこにあるのだろうか。

ここで一筆限帳の検討が必要となってくる。本論文のために資料として用いた「一筆限反別地価取調簿」（武井家文書、日野春村役場史料）は完全ではなく、地番二八五四番までの全村筆数中一六四七番までを調査し得たにとどまるのであるが、その中で注目すべき点と思われるのは、地目をみると田、畑、宅地、林、竹林、芝地の六種のほかに「畑竹林成」「畑芝地成」「田芝地成」等々の呼称であらわされているものが非常に多いという事実である。いうまでもなくこれは畑や田であったものが、竹林に、或いは林や芝地に、と様相を変えてしまったことを示すものであり、山林原野の増大、耕地の縮小を意味する。塚川村全村にわたってそのような地所がどれほどあったかをまとめると、次の第12表となる。

最も多いのは「畑林成」で二三町六反余もあり、全体の合計は二六町余と

反当収量	地価金	反当地価	利米
1石4斗7升2合	24005円5銭6厘	54円57銭6厘	6分5厘
8　3　0	4468　8　7	16　15　4	6　7
――	2220　16　1	27　95　0	6　7
――	30694　30　4	――	――

いう面積に達する。耕地に乏しい塚川村にとっては決して小さな数字ではない。これによって田方は殆んど変っていないのに、畑方総反別が延宝度とひきくらべてさえ五町も減少していることの理由はわかるが、ではなぜこのような事態が生じたのであろうか。

第一に考えられるのは、度々の水害、旱害等の天災によって荒地となり、そのまま放棄されたということである。しかし、単にそのような自然的原因にすべてを帰することはできないであろう。第二には、畑作をするよりも林に転換することが有利な条件があったと仮定することであるが、これも第11表にみるように畑と林の反当地価が問題にならぬほど林の方が低いことから考えてみても非合理である。但し、相対的にみるならば麦のほかは多少の桑と雑穀類がつくられるのみで、換金作物の生産に乏しいこの村の畑は田に比して収益が少なかったことは事実と考えられる。すなわち、山梨県全体と比較してみても、田の地価が一反当り五四円五七銭六厘（県平均五三円一〇銭五厘）と一円五〇銭近く高いのに、畑の方は一反当り十六円一五銭四厘（県平均一七円一九銭八厘）と県平均を一円ほど下回るのである。わずかな差ではあっても、この村で田と畑の価値にかなりのひらきがあったことを示すといえよう。

第11表　明治9年（1876）地租改正にみる塚川村（武井家文書より作成）

	反別	収穫
田	43町9反8畝15歩	米647石9斗7升9合
畑	27　6　6　0	麦229　5　7　8
宅地	7　9　4　0	——
計	79　7　8　25	——

第12表　明治初年の耕地荒廃

地目	反別			
畑竹林成	1町	0反	0畝	28歩
畑　林成	23	6	4	26
畑芝地成	1	3	0	7
田芝地成		1	0	28
計	26	0	6	29

（武井家文書より作成）

しかし、せっかく拡大された耕地が農民の手から放棄されるということは、もっと強力な原因がなくてはならない。その一つは社会的条件であり、他の一つは経済的条件である。すでに、耕地放棄が現実に行われているという時点があったという事実について想起してみよう。第一章第二節における幕末期の農民窮乏と分解を示すものとして、そのむすびにあげた史料（慶応元年、武井家文書）には、窮乏の余り農具も買いかねて「農業惰精之基与相成」り、みずからの耕作地をも家族をも捨てて或いは村から逃亡し、或いは日雇いや奉公人となって里方へ出て行く下層農民の姿と、そのために「御田地何時なく荒地又者手余リ地ニ相成」る状態が訴えられてはいなかったか。ここにみるものは、農業再生産をさえ不可能ならしめるほどの、幕末―維新期の社会的条件による窮乏である。

またこれと関連して経済的条件の問題を考えるとき、いまいちど「畑林成、芝地成」等々の土地が一体誰の所有にかかる地所であるのかを確認することが必要であろう。上層・中層・下層の農民の三者のそれぞれから一名ずつをアト・ランダムに抽出してその持地状況を調べてみた第13表の示唆するところは大きい。

三井松軒家は地価金二〇〇〇円以上をもち、この時点では村内第一の地主であるが、二一八筆にのぼる所持地の中で、九筆、四・一パーセントが畑―成地にすぎない。三井新左衛門家は四〇〇円近くをもち、ほぼ自作の中農とみられるが、比率は松軒家の二倍となる。最後の堤新作家は明らかに小作人として明治八年の小作料調査に名を出している下層農であるが、そのわずか一五筆の持地のうち四筆（二三・三パーセント）までが畑―成地である。

もっと多数について調査すれば、更に明確となるであろうが、これのみをもってしても、幕末から維新へかけての急激な農民分解と寄生地主制への傾斜の過程は単に土地の集積・移動のみを通じて行われたのではないことがわかる。すなわち上層農民＝地主層の経済的余裕による再生産力の圧倒的優位と、社会的変動の打撃をまともにこうむった下層農民の再生産力の喪失――耕地喪失――という新たな条件は、地主のもとに維持されかつ確保された耕地（とくに田）の相対的価値をいちじるしく上昇せしめ、小作地の急激な増大をもたらしたといえよう。

こうした複雑な経済的条件の変化を媒介とすることが、とくに地主による商品流通面の掌握等

第13表　階層別にみた所有地荒廃状況

氏名	A 畑・林・芝地・竹林成地筆数	B 所持総筆数	AのBに対する比率	所持地価金額
三井　松軒	九	二一八	四・一％	二、〇九一円五七銭五厘
三井新左衛門	二	二三	八・七％	三九〇円四三銭三厘
堤　新作	四	一五	二三・三％	一六五円五〇銭一厘

（武井家文書「一筆限反別地価取調簿」より作成）

の媒介をもたぬおくれた村落構造の内部でいちはやく地主制が実現していくためには重要な要素であったと考えられる。
このように考察してはじめて、地租改正によって明らかにされた塚川村における耕地縮小という現象もまた、寄生地主制進展への一つの契機として理解できると思う。

㈡官民有區分と農民的入会地利用の解体

塚川村において山林原野の占める割合は大きい。明治十年代には、全村面積二三四町九反二畝九歩のうち、実にその五五パーセント強（前項の「畑―成地を加えれば六六パーセント）にのぼる一三〇町六畝一〇歩までが林、芝地なのである。この山林原野に関する調査は塚川村においては地租改正事業整頓の最終期にあたる明治十三年（一八七九）七月に至って地押丈量および地価金決定が完成し、七月十日に村が受印している。（武井家文書）
府縣地租改正紀要では、「山林原野ハ官有地ヲ除クノ外毎筆丈量ト同時ニ地押ヲ施為セリ」（中巻山梨縣他第四項「山林原野各種地ノ調査」）と述べているが、この「官有地ヲ除クノ外」とは、塚川村の場合にこの明治十二年に農民のものとして認められたのは一三〇町余の山林原野のうち個人所有にかかる地所の九四町四反八畝（内、林三九町四反七畝二〇歩、芝地五五町一畝五歩）のみであったことを意味する。
残る村持の地所三五町五反余はどうなったであろうか。「地租改正と林野のいわゆる「官民有區分」とは、明治維新における土地制度改革の二つの側面をなし、両者をきりはなすことができない。」（農業発達史調査会編「日本農業発達史」七〇頁）といわれ、明治七年から開始された「官民有區分」によって従来慣行的に農民の入会地として利用されていた林野の巨大な部分が官有地として編入されて行ったことはひろく知られるところであるが、塚川村の場合もその例にもれてはいない。すなわち、これまで村持とされていた三十五町余の地所のうち斃馬捨場、元高札場（掲示敷）、郷蔵敷芝地成計わずか八畝九歩を除くほかは、芝地、石地ともにことごとく官有地とされてしまったのである。これは秣場として、また刈敷肥料の供給源としてこれらの土地を共通に利用していた村民にとって非常な打撃であったことは疑うべくもない。前節にみたように兵士三〇名をひきつれて「官用地旧界」に謬りありと断じながら区分を強行してゆく過程にあってはこれに対する抵抗もなし得なかった農民側であったが、その農業生産にとって不可欠の三十五町歩をこえる原野の収奪に遭ってはみすみす黙っているわけには行かなかった。だが政府はこの三十五町の旧村持地のうち、字三ッ墓（塚川村全村図参照）にまとまっている一二町二反一畝一五歩を一旦皇室財産に編入した上で更に山梨縣に「恩賜縣有財産」として下賜し、いち早く官有地として確定してしまい、そして、村民からの入会地総代、人民総代を通じての歎願に対しては、明治十四年（一八八一）に次の申渡しをもって応じたのである。

「明治十四年七月十五日旧村持并入会山及ヒ郡役所ェ各村御呼出シ御被仰聞。

芝地反別三拾五町五反七畝拾五歩

内　反別　廿三丁三反六畝　詮議中
　　反別　拾二丁二反壱畝十五歩
　　　　　　　　　　　　官有地
　　反別　三反五歩　　溜井地
　　　　　　　　　　民有第二種
　　　　　　　　　　　　　　　　（武井家文書）」

「詮議中」とされた村内の各字に二反、三反と分散している二三町余の芝地も、結局は明治七年（一八八四）には「拂下予定地」として官有地區分が決定された。村側は早速十七年三月八日に請願人一同の名をつらね、一反平均約四銭二厘、合計七円一〇銭四厘の地代金をもって払下げを出願したが、「代價不相当之趣」（北巨摩郡日野春村旧塚川組官有地御拂下願遷延顚末）武井家文書）ということで却下されてしまった。やむなく村側は翌十八年再び一四円一銭六厘に訂正して差出したが、これも却下、つづいて三二円四〇銭一厘の十九年願書も却下され、ついに二十一年四月に縣側の内示に従って七〇円八銭の請願を出して、はじめて払下げが実現するのである。

「二十二年二月一日御指令
　原野反別　廿壱町五反五畝〇六歩
　拂下金　六拾四円六十四銭六厘
　　　　　　　　　　　　　　　　（武井家文書）」

もともと民有の原野を残らずとり上げ、これを還付するに当たっては「官有地拂下げ」の形をとって一方的金額をもって売りつけるという二重の収奪が敢て強行されたのであった。

右の文書にみるように、払下げられたのは廿三町三反六畝の出願中二一町五反五畝六歩の土地であった。残る一町七反一畝二四歩および先に確定された字三ッ墓の一二町二反一畝一五歩はそのまま官有地として劃然と区分され、農民的利用の枠外におかれたのである。しかし、この三ッ墓の一二町歩こそは従来村民の入会利用の主体をなす部分であっただけに、農民にとっては一年といえどもこれを放棄することは出来ず、すでに官有が確定された明治十三年には「右ハ従前旧塚川村持ニシテ該各戸一統勝手ニ支配ノ慣行ニテ肥料秣之為メ年々刈取来候處今般官有地ニ御確定相成候得共」と暗に官側を批難しながらも「御達之旨堅遵法可ㇾ仕候間、」一反に付き三厘の芝草代金をもって明治十八年まで五ヶ年季の芝草払下を出願している。

これを最初として、以後度々芝草払下を願い出てせめて入会権の確保にと努力していることがみられるが、その利用にはかなりの困難があったらしいことは、二十三年（一八九〇）に提出された「官用地芝草拂下願」（武井家文書）に「右ハ従前當組肥料秣手當トシテ刈採リ来リ、古来慣行之處先般官用地ニ御確定相成候ニ付テハ實際差支一同艱難之余リ右事情ヲ具シ出願仕候」と再応実情が訴えられていることから推察される。

この三ッ墓の芝山から採草される芝草の量は三五〇束（但し、九尺縄〆一束）といわれ、重要な刈敷肥料であった。しかし、以上のような苦心を払ってやっと許可を得た入会権には、もう農民にとっては過去の自由な利用から得ていた利益は失われていた。十一条にわたる面倒な「保護取締約定書」が作成されてその利用形態はいちじるしく制限されたうえに、度々の出願に要する費用や新たに置かれた山番に払う手当、またその他の臨時の費用や芝草代金等一切が彼ら自身の負担において支出されなければならなかった。これは、それまで最も共有地利用に依存するところの大きかった下層農民が事実上負担の重さに耐えかねて入会権から閉め出されるという矛盾を生み出す原因となるのである。

こうした条件の上に、塚川村における山林原野の〝農民的利用〟〝共同体的利用〟は解体し、終焉する。いうまでもなく、ここでもとって代るものは寄生地主制展開の一環としての〝地主的利用〟である。明治三十六年（一九〇三）にはじめて、次のような願書が提出されて、かつては「古来慣行」として「各戸一統」の農民が自由に利用していた入会地が国家的収奪の段階を経て、やがて生成し来った寄生地主の掌握下の土地へと変貌して行く実態を示している。

「　御料地拝借願
甲斐国北巨摩郡日野春村内字三ッ墓御料地
反別拾弐町弐反壱畝八歩之内、
一、実測反別三反五畝弐歩　家屋敷
　此壱ヶ年分拝借料金拾円五拾弐銭
　　但壱町歩ニ付金三拾円

此拝借期限　自明治三拾六年至仝四拾六年十二月　拾ヶ年

一、實測反別壱町弐反弐歩　桑園用

此拝借期限　自明治三拾六年至仝四拾年十二月　五ヶ年

右御料地前記使用之目的ヲ以テ借地仕度、
御許可之上ハ御指定之受書差上可レ申、
勿論年々御達之期日内ニ料金上納可レ仕、
依レ之図面相添此趣奉二願上一候也。

明治三拾六年六月三拾日　武井佐太郎

甲斐国北巨摩郡日野春村塚川區

輿石　安幸

三井　亀六

堤　恵作

保証人　武井　勘一

御料局静岡支廳長

御料局理事秋山謙蔵殿

」（武井家文書）

宛名が御料局となっているのは、再び皇室御料地に編入されたものであろうか。ともかく、右の願書を提出している四名はともに村内最有力の地主たちであり、武井佐太郎氏の場合は明治十七年以来この三つ墓官有地に関する入会人物代であったことを指摘すれば、この地主的利用への転換の過程もおよそ想像されよう。もはや、その土地利用形態は採草地や秣場としてのそれではない。家屋を建てるために、そして桑園を経営するために、その貸与を欲しているのである。そして、この出願に村としてとった態度は、これらの土地を「本村武井佐太郎外三名ニ貸與スルモ本村ニ於テ支障無レ之ニ付、右証認候也」と、わざわざ日野春村長小尾清太郎の名をもって添書をしていることで明らかである。借地願は許可され、更にこの場合は一二町のうち一町五反五畝四歩の部分にすぎないようにみえる地主による私的支配は、やがて明治四十四年（一九一一）十二月二十日に塚川區の八十五戸の農民が、「拙者共今般都合ニヨリ」武井佐太郎、輿石安幸、堤恵作の三名を「当塚川入会部落民惣代人ト相定メ左記事件一切之處弁方ヲ委任」する委任状に一人残らず捺印させられたことによって形式的にも確認され、貫徹されるのである。

　共有地、あるいは共用地に地主的支配が貫徹するこの最後の段階が、いかにみごとに国家権力の存在形態と結びついているかということは、以上塚川村の場合について具体的にみたところであるが、従来の研究が入会地の喪失、地主による掌握をまだ一般的には単に地租改正および官民有区分の時点においての名義書換収奪などの過程にみるにとどまっていることは不十分といえよう。塚川村のかかる実態にみるように、強化されて行く地主制と、それを基盤とする絶対主義的国家権力とが相互に補完し合いつつ寄生地主制の成立に対応する林野支配の形態を形成して行く過程が、もっと精力的に明らかにされる必要があると考えるものである。

㈢地方税体系の地主的性格

地租改正により地価金の百分の三と定められた地租額は各地に相次ぐ地租軽減を要求する農民の抵抗に押されて「地租百分の二個半減租の詔書」（明治十年一月四日太政官布告第一号、地租関係書類彙纂七七）の発布となり百分の二・五に引き下げられたが、①その内容は依然封建貢租を継承する重さをもつものであったこと、②地主のみを直接の金納地租による納税者としながら地主・小作関係には現物納による高率小作料が温存されたことから地租改正の時点は地主制の確立に劃期をなす時点となったこと、の二点については地租改正の本質を示すものとして平野義太郎氏以来つとに指摘されて来ているところである。ここでは国家による収取の面は一応措いて、正租以外の負担、すなわち農民生活に影響すること大きい地方税、村税等の諸負担と地租改正との関係を村落構造の問題に焦点を合わせせつつ考察してみたい。

明治十二年九月、はじめて日野春村村会（註1）の議事録に「地方税戸数割議案」が現れる。地租改正以前は郡費、村費等の諸負担はすべて高割にして戸別に割りかけ、これを支払うという旧幕時代同様の方法を用い、地租改正に際して要した民費も塚川村では総額一六四円八八銭四厘のうち入作八〇余石に四円八四銭六厘六毛を配賦し、残る一六〇円八四銭六厘を村高に応じて高割とし、一石につき金三〇銭六厘三七を徴収してこれに充てたのであった。（明治九年八月、武井家文書）。明治九年に塚川、渋沢、長坂上條、長坂下條、富岡、日野六ヶ村の合併が実現して日野春村となってからの村費徴収も、やはり高割制をとっているのである。

しかし、地租改正と共に国税のみならず地方税も新しい沽券税法に統一しようというのが、明治政府の当初からの方針であった。明治六年（一八七三）六月十五日には早くも大蔵省第九十八号達をもって、「郷村諸公費従来石高に賦課セシモノハ這回下付ノ地券面地價ニ配賦シ、猶各種類例ニ依リ反別戸数等へ分賦シ、各地ノ景況ニ随ヒ務テ其平準ヲ失ハサル方法ヲ設立スヘシ。」（「集成」第七巻一九七頁）と指示を与えている。むしろ地租改正による地価百分の三の国税に先行するものとして壬申地券発行後の地方税を規定したものであった。これがどの程度府県において実施されたかは、塚川村の場合にみるように疑問である。地租改正法の施行後は、改めて国税との矛盾を防止する意味においても地方税法の確立、劃一化が必要とされ、八年七月八日「地租改正条例細目ノ内第八章第一條、第二條」（同前一九八頁）をもって、

一、土地に賦課する村費は本税の三分の一を超過してはならず、必要額が超過した場合はその分は地所賦課以外の方途を講ずること。

二、村費は改租後は必ず地券金高によって賦課すること。

の二点を定めている。やがて改租完成も見通しのついた明治十一年には次の布告が発せられ、地方税の基本となった。

「十一年七月廿二日第一九號布告

従前府縣税及民費ノ名ヲ以テ徴収セル府縣費、區費ヲ改メ更ニ地方税トシ規則ヲ定ムル左ノ如シ。

第一條　地方税ハ左ノ目ニ従ヒ徴収ス。

一地租五分の一以内（其他ノ税目略ス）」

（「集成」第七巻二〇一頁）

のち明治十三年（一八八〇）に至ってこの「五分の一以内」の制限は「地租三分の一以内」（十三年十一月五日第四八號布告）にまで引き下げられたが、各府県ではそれぞれこの制限範囲ぎりぎりまでを収税する状態が一般的であった。

山梨県の場合は、先記した明治十二年以降の村会議案に即して、この地租法に準拠した地方税の体系がいかに形成されてきたかをみることができる。ところが、政府によって規定された以上のような地方税賦課の原則を前提として日野春の実態と照合するとき、この原則が決して守られてはいないことを知るばかりではなく、村落支配層―村会議員として地方自治体の政治支配の場を確保した有力地主たちの手によって、明瞭な歪曲が与えられている事実をも知るのである。

十二年の場合をみよう。「地方税戸数割議案説明」（従明治十二年九月至明治十七年迄　村會原案・全　日野春村」、武井家文書）によると、次のような実態が判明する。

1、山梨県会で議定された地方税は前記のような中央の方針を体してほぼ正租五分の一にあたりその課額が各村へ配賦されたこと。

2、日野春村村会ではこれを村民に課するに当って、「平等戸数割」「延戸数割」なる二本建ての戸数割を採用したこと。

地主的歪曲が与えられたのは、実にこの第二の段階、即ち、村会によって平等戸数割、延戸数割という戸割法が採られた時点においてであった。その内容をやや詳述すると、以下の如くである。

議案説明は、まず縣より村へ課された額を「是ヲ村會ニ於テ毎戸之課額及其加除スヘキ者ヲ議定スルモノ」であることを明らかにし、ついでその課税実施に当たっては、方法其過ヲ得サレハ容易ニ是ヲ課スル事不能。本村ノ如キハ辟地之村落ニシテ其情状ヲ斟酌スル」必要があると説き、「正是公平ニシテ聊甘苦ノ弊ナカラシメントス」として一つの方法を案出しているのが、「平等戸数割」と「延戸数割」の法なのである。

「平等戸数割」とは、地方税全額の四〇パーセントを算出して、これを全村の各戸へ一律に割り当てるのである（但し、隠居と雖も別竈を設けるものは一戸とみなす）。その上で、残りの六〇パーセントを「延戸数割」で課税する。延戸数とは、各自の所有する地価金額によって一等（地価金五千円以上）から二〇等（五〇円―八〇円）までに分け、（等外も設ける場合がある）て、それぞれの等級に応じて一人当りの税額を乗じて行くのである。少々わかりにくいので、明治十二年の実例をもって示すと次のようになる。

Ⅰ　平等戸数割算出法

地方税総額　260円39銭5厘

平等戸数割総額

$$\frac{260.39.5 \times 4}{10} = 104.15.8$$

平等戸数割1戸当

$$\frac{104.15.8}{363} = 25.9$$

但し全村戸数363戸

{ 本戸355戸
  借家、寄留戸8戸

Ⅱ　延戸数割算出法

（同上）260円39銭5厘

延戸数割総額

$$\frac{260.39.5 \times 6}{10} = 156.23.7$$

延戸数割総額一戸当

$$\frac{156.23.7}{304.06} = 51.38$$

（但　延戸数　304戸06厘）

註　Ⅰ、Ⅱは正確にそれぞれ地方税40対60％の比率で算出したのであるが、村議会案の数字（平等一〇四円一八銭一厘、延戸一五六円二一銭四厘）とは二円三銭のずれがある。

第14表　明治12年（1879）における地方税負担延戸数割表（日野春村）

等級	地価金	人員	1人当延戸数	1人当租額	等級内延戸数	等級内租額
1等戸	5000円以上	1人	13.4戸	6円88銭4厘	13.4戸	6円88銭4厘
2	4200 - 5000	0	---	---	---	---
3	3400 - 4200	0	---	---	---	---
4	2700 - 3400	0	---	---	---	---
5	2100 - 2700	1	7.5	3. 85. 3	7.5	3. 85. 3
6	1600 - 2100	6	5.8	2. 88. 0	39.8	17. 88. 0
7	1200 - 1600	3	4.4	2. 26. 1	13.2	6. 78. 3
8	900 - 1200	9	3.3	1. 69. 5	29.7	15. 25. 5
9	700 - 900	10	2.5	1. 27. 9	25.0	12. 79. 0
10	550 - 700	17	2.0	1. 02. 8	34.0	17. 47. 6
11	450 - 550	9	1.5	79. 1	13.5	6. 93. 9
12	370 - 450	11	1.25	64. 7	13.75	7. 06. 2
13	300 - 370	20	1.0	51. 4	20.	10. 28. 0
14	240 - 300	27	0.84	43. 4	22.68	11. 66. 4
15	190 - 240	26	0.67	34. 9	17.42	8. 94. 4
16	150 - 190	29	0.53	27. 4	15.37	7. 94. 6
17	120 - 150	32	0.42	21. 6	13.44	6. 91. 2
18	100 - 120	25	0.34	17. 5	8.5	4. 37. 5
19	80 - 100	20	0.24	14. 4	5.6	2. 88. 0
20	50 - 80	29	0.2	10. 3	5.8	2. 98. 7
等外	50以下	104	0.1	5. 1	10.4	5. 30. 4
計		379			304.06	156. 21. 4

（武井家文書「従明治十二年至二十七年日野春村会原案」より作成）

この面倒な計算によって纂出された地方税は各戸に賦課されるときにはⅠの二五銭九厘プラス、Ⅱの自己相当額となってくる。つまり、地価金五〇〇円を所持する農民Bは等級一一等戸と呼ばれ、延戸数のうち一・五戸分を負担することになってその七七銭一厘に加えるに平等戸として二五銭九厘、計一円三銭となる。五〇円以下等外の農民Aは延戸数割による負担は五銭一厘にすぎないが、やはりこれに二五銭九厘を加えて三一銭を課出しなければならない。一方一等戸に属する農民Cは延戸数割により一三・四戸相当の六円八八銭四厘が課せられるが、二五銭九厘を加えて七円一四銭三厘が全額となる。このような賦課法が「正是公平ニシテ聊甘苦ノ弊ナキ」方法として村会で決定されたところであった。

しかし、この算定方式が、いかに露骨な地主的性格をもつものであるかは全く明瞭であろう。第一に「平等戸数割」「延戸数割」の二本立てとしたこと自体がさきに引用した政府の指示（地租改正条例細目ノ内第八章第二条）とさえ矛盾するものであること、第二には平等戸数割の比率が全体の四〇パーセントという高率に及んでいること、の二点からみて、この方式が、地価金高額所持者に有利であり、低額者にはいちじるしく不利であることがはっきりするのである。こころみに、先述した農民A、B、Cの場合を仮定してみるならば、第15表のようになる。すなわち最も下層のAがその所持地価金の六・二パーセントという正租に二・五倍する地方税負担を負うのに比して、五〇〇〇円をもつ最大の地主Cはわずか〇・一四パーセントを課出するにすぎない。金額にして正租負担の二八分の一以下、比率にしてAの四四分の一以下というおどろくべき結果と

第15表　地方税負担階層別比較表

農民	地価金	地方税負担	税率
A	50円	31銭	6.2%
B	500	1円3銭	2.06%
C	5000	9円14銭3厘	0.14%

なる。

右の賦課法は明治十二年の村会を「原案通リ」可決されて通過し、そのまま実施された。翌十三年には再び同様の議案が村会に提出され、これも通過しているが、ただ平等戸数割と延戸数割の比率が前年の四対六から三対七へとわずかばかり後退している。以後、この県税賦課法は定式化され、他の村費、區費等の地方費もこれに準じて徴収されている。また、日野春村のみでなく、これと同様の地方税体系が少なくともこの地方一般に用いられていたことは、隣村秋田村の同様の資料が武井家文書の中から発見されたことによって推定できよう。

この地方税体系の生成にみる強烈な地主的性格は、この地方における寄生地主的支配が地方自治体制の名のもとに地主支配の手に農村をゆだねてその優位性を助長する政治的場を与えた明治政府の政策と相俟ってこの時点ですでに確立の域に達したことを示すと考える。寄生地主制成立の劃期をめぐっての諸論に対しても一つの示唆をあたえるものではないだろうか。

第二節　明治十年代の農民生活

㈠中小地主の小作化

足かけ六年の歳月をついやした地租改正事業は明治十二年（一八七九）の山林原野改正を最後として完了した。この期間を通じて、村における幕末・維新期の経済的関係の変動は一応の整頓をみ、清算されたといえよう。地租改正の実現過程でいかに村内の地主層が終始恣意的にその利害をつらぬきつつ積極的な推進力となって行ったかということは前章に考察した。そしてまた、明治政府による絶対主義的国家権力によって補完されながらこの期を劃期として村落の地主制的支配の性格も急速につよまったかのようにみえる。その基盤となった農民層構成の実態は第16表にみられるような状態であった。

この表の数字によると明治十年と十四、十五、一六年との間にはかなり顕著な変化――分解の進行が認められるが、十四年以後の三年間はA、B、Cの各階層間の百分比にも、また階層内の百分比にも殆んど変化はなく、固定化している。しかし、それはかならずしも十四年ごろを境として分解の進行が停止したことを意味しない。むしろ、十年――十三年の時期の変動は、先述した幕末から明治初年へかけての変動を清算する最後の段階として存在したのであり、地租改正を起点とする新たな分解過程は十四年以降にあると考えられる。（この問題については後述。）

なお、地価金額による表示から従来みてきたような土地の広狭別や石高別の階層構成　を類推

第16表　明治10年代の階層構成　（武井家文書より作成）

	所持地価金	明治10年	明治14年	明治15年	明治16年
A	1000円以上	4人（4%）	4人（3%）	3人（2%）	4人（5%）
	700円-1000円	7　（8）	4　（3）	8　（6）	6　（3）
B	500円-700円	5　（6）	9　（8）	8　（6）	19　（6）
	300円-500円	11　（12）	8　（7）	11　（8）	9　（7）
C	100円-300円	29　（33）	47　（39）	56　（39）	43　（34）
	10円-100円	33　（37）	39　（33）	45　（32）	43　（34）
	10円以下	0　（0）	8　（7）	8　（6）	9　（7）
	0	0　（0）	0　（0）	2　（1）	5　（4）
	計	89（100）	119（100）	141　（100）	126　（100）

することは困難である。各人の所有地は田、畑、林、芝地、宅地等、それぞれに比率も異なり、これらの土地は地目によっていちじるしく地価に差異があるのである。いま、これをA、B、Cの階層に分けた基準はもっぱら自・小作別の経営内容においてみた。

A、自作兼地主＝地主手作りを展開しつつも、かなりの耕地を小作地としている。

B、自作兼小作＝自作を主としながらも、小作もしている。

C、小作兼自作＝小作が主であり、自己所有地は零細である。

塚川村における自・小作別の耕地比率もしくは一定年度の戸数による比率を示す資料は全くないので、以上A、B、Cの分類に当っては、明治十年代におよそ一一〇〇円から一四〇〇円の地価金所有者であった武井佐太郎家の小作帳から明治六年〜二十年間に同家の小作人となった農民三〇名の氏名を抽出してそれぞれの所持地価金を調査し、その最高額、最低額、年度別の平均を求めて資料としたものである。その結果を第17表に示してみよう。

第17表　明治10年代の武井家小作人の実態

	明治10年	明治14年	明治15年	明治16年
1. 小作人所持地価金最高	802円	525円	614円	600円
2. 小作人所持地価金最低	16円	22円	22円	22円
3. 平均地価金額	268円	237円	353円	355円
4. 地価金ナシ小作	1人	2人	2人	3人

註　1. 円以下は切捨て　2. 調査人員は30名　3. 武井家の貸付地は5町1反1畝10歩

これによると、地価金八〇〇円を有する上層の地主さえ小作人となる場合があったことがわかる。しかし、概して自作・小作を兼ねる者は六〇〇円台以下であり、二〇〇円—三〇〇円の層が最も多く、平均地価金額が二六八円—三五五円となることもこれを裏がきすること、などがいえよう。なお地価金をもたぬ純小作の数は三〇名の小作人中に八名に過ぎず、まだ明治十年代にはこの層が基本的ではなく。零細でも自己所有地を持つ層が圧倒的であったことを示している。このような実態の調査からさきにあげたA、B、Cの階層別分類を行ったのであるが、一応の手がかりとして利用できるであろう。

第16表によってみるA、B、C間の比率は、すでにこの明治十年代に塚川村の農民層構成が寄生地主制への指向を明らかに示していることを物語る。すなわち、十四年以降の三年間をとってみると、A層は百分比にして六パーセントから八パーセント、B層は一三・四パーセント、C層は七八・九パーセントをそれぞれ動いていない。ここにみるものは、上層の占める比率の低さと、C層の約八割に近い圧倒的比率である。その上、純小作のD層ともいうべき層をこれに加えるならば、更にその比率は増加するであろう。一方、一〇〇〇円以上の地価金所持者はわずか三名から四名を年々かぞえるにすぎないが、その地価金を合計して塚川村全体の総地価金に占める比率を算出してみると、明治十年には十九・三パーセント、十四年＝二〇・二パーセント、十五年＝一六・〇パーセント、十六年＝一九・四パーセント、と戸数比率からいえばわずか三パーセント前後のこれら最上層地主の手に全村の二割に近い金額が集中していることを知るのである。

しかも、第16表の数字は表面的なものにすぎないことはさきにふれた。この表面的な数字は、単に十四年から十六年までの間には売買による耕地集中の形では中小地主の分解過程がいまだ表面化していないことを示すにすぎない。封建貢租の重さをそのまま継承している地租、上層地主の恣意のままに生成した過重な地方税体系、入会地の喪失に原因する購入肥料への転換による生産費の増大、西南の役（明治十年）後のインフレーションによる物価の騰貴、なかんずく明治十四年に始まるいわゆる松方紙幣整理によるデフレーション政策と米価の急落、等々の圧迫が中・下層農民にのしかかり、その完全な分解を促進して行く歴史的過程こそが明治十年代なのである。だが日本の農村における分解のコースは決して一直線の没落ではない。近世本百姓の系譜をもつ彼ら中小農民たちが売却によって先祖代々の土地を最終的に手離すまでには、どれほど多くの苦痛と犠牲が支払われるものであろうか。「一筆限反別地価取調帳」（日野春村役場資料）の頁を繰ると、そこには地所所有者の姓名記載の上に二枚三枚、あるいは四枚五枚と重なっている「張掛」が見出され、そうした農民のなまなましい努力の実態を示している。一例をとろう。

「例A」

第千三百四十九号
字塚ノ越　五等　堤Ⓐ　忠治郎　㊞

一、畑　七畝廿壱〔歩〕

此収穫麦七斗七舛四合

此地價金拾五円六銭四厘

(A)へ張掛の紙五枚

1、明治十四年二月一日　輿石新左ヱ門ら請戻、堤忠治郎入。

2、明治十六年五月廿五日　堤忠治郎ら長埜縣立沢村　高見紋重郎へ書入、明治十八年一月廿日取消（朱書）

3、明治十八年一月ヨリ仝廿年十二月廿日迄仝村　輿石常吉へ質入

4、明治廿年十一月廿一日　堤　仙太郎へ譲渡

5、明治二十一年三月一日　堤　仙太郎所有タ

ルヲ証明ス

この農民堤忠治郎は、十年代の数字では地価金三六二円四八銭七厘（反別、田五反七畝一一歩、畑三反七畝三歩、芝地七反三セ一ブ、林一反五畝三歩、宅地一反三歩、計一町九反二畝二一歩）を所有するB層に属するものであるが、殆んど全部の地所に同じような張掛がみられ、惨憺たる経営状態をみせ、ついには二十年代に入って大半が売却されているのである。

こうした経過を辿っているのはひとり堤忠治郎のみではなく、枚挙にいとまない。手離すに至っているのは二十年前後以降が最も多いのであるが、やや早いのは明治十七年がある。

「例B」

第千六百十三号
字　細田

一、畑林成九畝〔歩〕　　　　　　　　(B)細木傳右衛門

此収利金弐銭九厘

此地價金弐拾六銭壱厘

(B) へ張掛六枚

1、明治十六年五月廿日代替ニ付書替

細木彦造

2、明治十四年十二月廿日同村相吉保作へ来明

治十五年二月迄書入

3、明治十五年二月二日　同村相吉保作ゟ

返金ニ付消印

4、明治十五年四月十日同年九月十日迄　武

井佐太郎書入〔註〕

（朱書）明治十五年十二月廿六日消印

5、十五年十二月廿三日ヨリ十六年五月廿日迠ニテ

輿石庄兵ヱへ書入

（朱書）明治十七年二月七日返金ニ付消印

6、明治十七年一月八日同村輿石金太郎江売渡

〔註〕武井家の帳簿には質取として記載されていない。

おそらく短期間のため省かれたのであろう。

例Bの細木傳右衛門（彦造）も明治十年には地価金四三一円九八銭四厘を所持する農民であった。零細な金を借りるために転々とする抵当物としての土地は、こうしてもはや実質的には没落農民層たる彼の手中には残されていないのであるが、名義上はなお、所有主としての地位を保と

うとするこの悲惨な執着も、結局は彼ら中小農民の手から生産手段の基本部分である土地をもぎはなす強力には抗し得ない。そして、このようにして最初の持主から分離された土地は、なお幾多の曲折を経ながらも、最後には明治三十年代から殆んど完全に寄生地主化する少数の大地主の手に集中されて行くのである。

「昔時農家ノ田畑ヲ愛スルコト非常ナルモノニシテ、一家退転ノ大不幸アルニアラザレバ他ニ土地ヲ譲リ渡スコトナシ、故ニ名主村役人等も土地譲リ渡ノ事ヲ取扱フハ僅々ノ事ナリキ。然ルニ今日ハ戸長役場ニ日トシテ抵当売買ノ公證ヲ乞フ者ナキハナシ」（「興業意見」集成第一八巻三七頁）とまで言われたように、以上の事実は塚川村のみではなく、明治十年代の全国いたる所の農村にみられた現象であった。

こうして没落した彼らの大半は農民として村内に留まる以上必然的に小作農として地主の門をくぐる外に生活の手段をもたない。再び武井家の小作帳を繰るとき、明治十六年十二月より小作人として名をつらねる細木彦造の姿をみるのである。

第16表に表示されたこの時期の農民層の構成は、かかる動態的な側面からの考慮を加えることによってはじめてその実態を知ることができよう。明治十年代という時点に立ってその最終的な階級分解―生産手段たる自己所有地からの分離―を目前に空しく苦闘するB・C農民の姿から、寄生地主制が一方では国家組織による農民収奪を、他方ではこの地方において地租改正により創り出された諸条件をその槓桿としつつ生成・展開する過程を明瞭に展望できるのである。

なお、明治十六年における山梨県全体の自作地小作地の比率は、府県統計書によれば五一・八パーセント対四八・二パーセントで、小作地率の高さは富山県（五一・一パーセント）に次いで全国第二位であり、また、農民構成中に小作農の占める比率は二九パーセントで、全国第一位であったことが知られている。（山口和雄氏「明治前期経済の分析」一九五六年刊より）

㈡農民疲弊の実態

一方、明治五年（一八七二）の徴兵令、学制令等をはじめとし地租改正に前後して相次いで出された明治政府の中央集権的政策の農村への影響・浸透の深まりも、この明治十年代の農民生活とは切り離すことが出来ない。これらの実施に要する費用もまたすべて人民の負担にまったことはひろく知られるところであり、地租負担、県税負担以外の農民の負担の膨張は想像以上のものがあった。明治十二年（一八七九）の日野春村会では、協議費予算の加重を説明して、前年度と同じ費用（布達購求費、新聞紙代、道路橋梁修繕費、および各組定使費、田養水路諸入費等）をあげ、次に、「而シテ村會費及ヒ災害豫備費、斈校補充費、伍長手當等ハ今新タニ興ルモノニシテ是又不㆑得㆑止之経費ニシテ皆協議費ナリ。必スシモ後年ニ譲ルベカラザルモノニ付、」と述べている。この年の協議費は右の文中にあげられた九項目計八九円九九銭に更に議員惣代手当（七円五〇銭）、種痘諸入費（四円）、虎列剌病豫防費（五円）を加えて一〇六円四九銭となっているが、その賦課法はもとより県税に準じての「戸数割」四割、「延戸数割」六割という下層農民に苛酷な地方税体系が適用されている。学制施行、種痘、コレラ予防（その実、コレラ病予防委員を選出し、これに日当を与えるだけのもの）等の一見近代的・開明的な一連の政策も、このようにしてなんらの国家的補助もなく窮迫した農民自身の負担によって遂行を強要されたことは今更ながら注目しなければならない。この協議費は年々増加の一途を辿り、約一〇年後の明治二十三年度には六百二十九円五十二銭となっている。一方において正租である地租は地価金の二・五パーセントの永久据置が、明治十七年三月に明治政府の新地租条例の公布と五年ごとの改正を約した地租条例第八章の撤廃という形で確定し、地主の有利な地位が将来にわたって保証された。この事実と、年ごとに増大する中・下層農民にとっては過重以上の地方費とをからみ合わせて考えるならば、前項にみた急速な分解もより具体的に把握されよう。

前記の資料中「災害豫備費」としてあげられているものがある。これは、旧幕時代の「貯穀法」、明治六、七年の「義倉法」をそのままひきついだ性格のもので、凶荒に備えて毎年新穀を積立てる趣旨のものにほかならない。しかも、その積立の方法に至ってはもはや戸数割法すら全く姿を消し、全村（日野春村）一八九一人（内男九七七人、女九一四人）の全人員に一律に割り当てられるのである。すなわち米穀は男女とも一人に付籾二合ずつ、麦は男一人三合、女一人二合ずつを老若の別なく差出して備蓄することが十二年の村会で決定されている。「但現今逃亡失踪又ハ他江寄留之者ト雖モ戸主ニ於テ是ヲ納ムヘシ。戸主逃亡失踪又ハ他江寄留之者ハ跡引受人ニ於テ納ムヘシ。」とある但し書きは、取立て方の苛烈さを示すばかりでなく、当時の農民の状態を窺わしめる。しかも翌年の明治十三年になってもまだ義倉時代の十ヶ年期をもって貸付けた籾高の第七期分十二俵余を四十五人の農民から取立てているような状態（明治十三年度分明治十四年十二月「義倉貸附置第七期取立簿」武井家文書）では、こうした相互扶助的積立法自体が現実には何の基盤ももたぬ上からの立案であり、強制力そのものが地主的村落支配の内容を示すにすぎぬといえよう。

しかし、「凶作ニ不レ拘病難及鰥寡孤独廃疾無極之窮民ニシテ全ク事業ニモ就キ兼ネタル者アルトキハ議員中衆議之上救助スヘシ」（「災害豫備積蓄穀議案」第七條、武井家文書）との一条を設けて、窮民対策的色彩を強調せざるを得ない現実の農民疲弊の実状は、その前年の次の文書によってもわかるのである。

「　　御施薬願

十區日野春村廿六号戸
武井庄太郎

右ハ私儀農間為ニ出稼候一本縣第一區□水町雑業武井茂右衛門方ニ而人力奉ニ稼致一候。然候處本年三月中ゟ長病相起本縣御病院江御診察受居リ候處今以前回不ニ相成一且私素ゟ貧民ニシテ地録（ママ）等一切無レ之漸次出稼ヲ以相企候資金本年五月遂ニ費消致其後伍組親類ニ而補助致呉候得共一同自力難レ及候ニ付今後ゟ御施薬入院被ニ仰付一度此如一同連署ヲ以願上候。以上。

右

明治十一年八月十五日

武井庄太郎

清水　利平

武井佐太郎　」

（武井家文書）

宛名はないが、多分県庁へ差出されたのであろう。「地録等一切無レ之」と称する当年二五歳の庄太郎も明治三年戸籍の父善兵衛の代にはわずか九斗七升三合ながらも高持百姓として記載されているのであった。それはともあれ、「伍組、親類ニ而補助」はしたものの、一応はそうした旧来の村落共同体関係内部での処理からはみ出して、県庁を対象とした社会的生活保障を求めるところまでになっていた農民層であったものが、再びこれに対応する封建時代そのままの「災害豫備積立法」の枠内に押しもどされるところに、半封建的諸関係の温存が明治政権に対してもっていた意義の一端をみることができる。

明治十一年はまた学制が施行されて六年目にもあたる。すでに日野春村では長坂に小学校を設立し、更に十一年には渋沢学校をも新築して、その費用の一端には八年の地租過納金（一四一円四四銭八厘）がようやく十一年七月に下げ渡されたのをも充てるなど経営に苦心して来たが、以上にみたような農民大多数の苦しい生活からは学齢に達した児童を就学させることは困難であった。

「　明治十一年五月学齢就学不就学

男女人員取調書

第十區日野春村

一、戸数三百八十九戸

孳齢　男百五十六人

女百三十七人

就孳　男百廿人

女　十人

不就孳男三十六人

女百廿七人」

（武井家文書）

右の数字は、就学児童は男子七六・九パーセント、女子七・三パーセントしかなく、合計就学率は四二・一パーセントにすぎないことを示している。これを五年前の明治六年の全国平均男子四六パーセント、女子一七パーセントに比べてみると、この村の就学率の低さがわかるであろう。この数字をもたらしたものは、決して単に農民の無知や教育に対する認識不足などに帰せられるべきではなく、貧困こそが最大の原因であった。

これまでなるべく具体的に明治十年代の農民生活の各側面を考察してみたのであるが、このような条件のもとにおける地主制の発展を、何よりもヴィヴィットに示すものは、第18表にみる地

第18表　明治10年代の地主上昇

年度	小作米総額
明治5－10年	（1年につき）10俵
11,12,13	（　〃　）45
14,15,16	（　〃　）41.5
17	68
18	73
19	63
20	62
21	70

（武井家文書より作成）

主武井家の小作料収入の変化であろう。

また、この時期の米價の変動状態は第19表の通りである。

十二年、十三年、十四年の高値は西南役後のインフレーションを示し、十六年、十七年の急落は松方紙幣整理による不況の影響と考えられる。一〇年間の平均値は算出の通りであるが、これを石単位に換算すると玄米は一石一四円一〇銭となり、明治九年地価査定の際の一石四円五八銭よりおよそ三倍を回る高値となる。最も米価の低落した十六年でさえ一石八円一三銭となって査定額の二倍近い。金納地租の据置かれた以上、この米価騰貴による利益は米を市場に出すことのできる地主の取得するところとなることは自明の理であった。

地租改正実施後の一〇年間をとって、農民生活の変貌の実態を概観し、北巨摩地方における寄生地主制発展への展望を試みたのが本節であった。旧塚川村、ないし日野春村全般にわたる考察はこの年代にとどめ、一八九〇年代以降については次章武井家の場合にゆずりたいと考える。

第19表　明治10年代（1877-86）の当地方における米価

年度	玄米1俵	糯米1俵
明治11	4円80銭	5円11銭
12	6　50	——
13	9　00	10　37
14	8　95	10　30
15	5　50	7　85
16	3　25	3　50
17	3　95	4　16
18	5　20	6　30
19	4　70	5　20
20	4　50	5　20
平均	5　64	6　44

註．武井家文書「雑穀払元帳」より作成。但し米価は新米を基準とした。1俵は4斗入り。

註1、明治政権下の町村会法が確立するのは明治十三年の區町村会法創定によるが、それより先明治十一年七月に自治制の施行に関するいわゆる三新法、すなわち郡區町村編制法、府縣會規則、地方税規則が公布されてから各地に町村会が設立された。すでに八年に日野春村成立をみていた当地でも、十二年にこの趣旨により村会を開設したものとみられる。

第四章　村方地主から寄生地主まで——武井家の場合——

第一節　塚川村における武井家

(一)その系譜と土地所有

塚川村における地主経営の変化の様相を全般的かつ具体的に明らかにすることのできる資料はないといってよい。したがって、ここに用いる武井家の場合を江戸時代から大正年代中期までにわたる地主的発展の経過をたどる唯一の手がかりとして考察の対象とし、前章までの全村落的鳥瞰図をいささかなりとも具体化してみたいと考える。

武井家の系譜をさかのぼると、第二次大戦中に歿した先代左京氏より延宝年間（一六七三—八〇）の上層農民勘兵衛まで、およそ一三代にわたる在村の系図について確実性をもつものとして知ることができる。先々代佐太郎氏の手になる「塚川由来記」「武井一家人別出入控簿」にはともに人皇七代の昔、塚川開闢以来の武井家の出自が記されているが、もとより、これは問題外としても、実際にはかなり古くからの中世土豪的系譜をもつ近世初期本百姓の姿にその端緒をもとめてよいであろうことが推定される。檀那寺（龍岸寺）の過去帳と墓碑銘、位牌を照合しての調査、前掲人別出入帳、村役関係の文書等々を照合した上で作成した延宝以降現代に至る十三代の系図を示すと、次ページのようになる（当主以外の生歿年は省略）。

代々のうち①の勘兵衛は延宝七年（一六七九）の第一章第一節に考察した検地帳に名を出す第一二位の地主勘兵衛その人であると考えられる。また、⑥の三之丞はおなじく第一章第二節にみた安永の五郎右衛門一件をめぐる文書に下組名主・長百姓として名をつらねる三之丞であり、⑪の左源太は安永年間より長百姓・名主をつとめ、明治に入ってからは塚川村戸長・日野春村副戸長となり、明治八年（一八七五）引退して代替りしている。そして⑫の佐太郎氏は三十歳で地租改正事業のさなかに武井家の当主となり、第二章第三章でたびたびふれたように明治十年代から大正へかけての地主制変質期に村会議員、日野春村助役、塚川區長等の役職をも兼ねながら村内最有力地主として非常な活躍をとげ、大正期の寄生地主制最盛期をむかえる。また、その子の⑬左京氏は明治に生まれ、はじめて代々の農業を継がずに年少にして官途につき、甲府の県庁につとめて中巨摩郡郡長、甲府市助役などを歴任する官吏となった。寄生地主的土地所有はこの左京氏の代に至って確定し、戦後の農地改革までつづくのである。

この間に分家は文化八年（一八一一）、明治八年（一八七五）の二回しかされていない。また、武井家の血統が絶えかけて化政期には養子（⑨左源太）をもって名跡をたてていることのほかに

第6図　山梨県北巨摩郡日野春村塚川　武井家系図

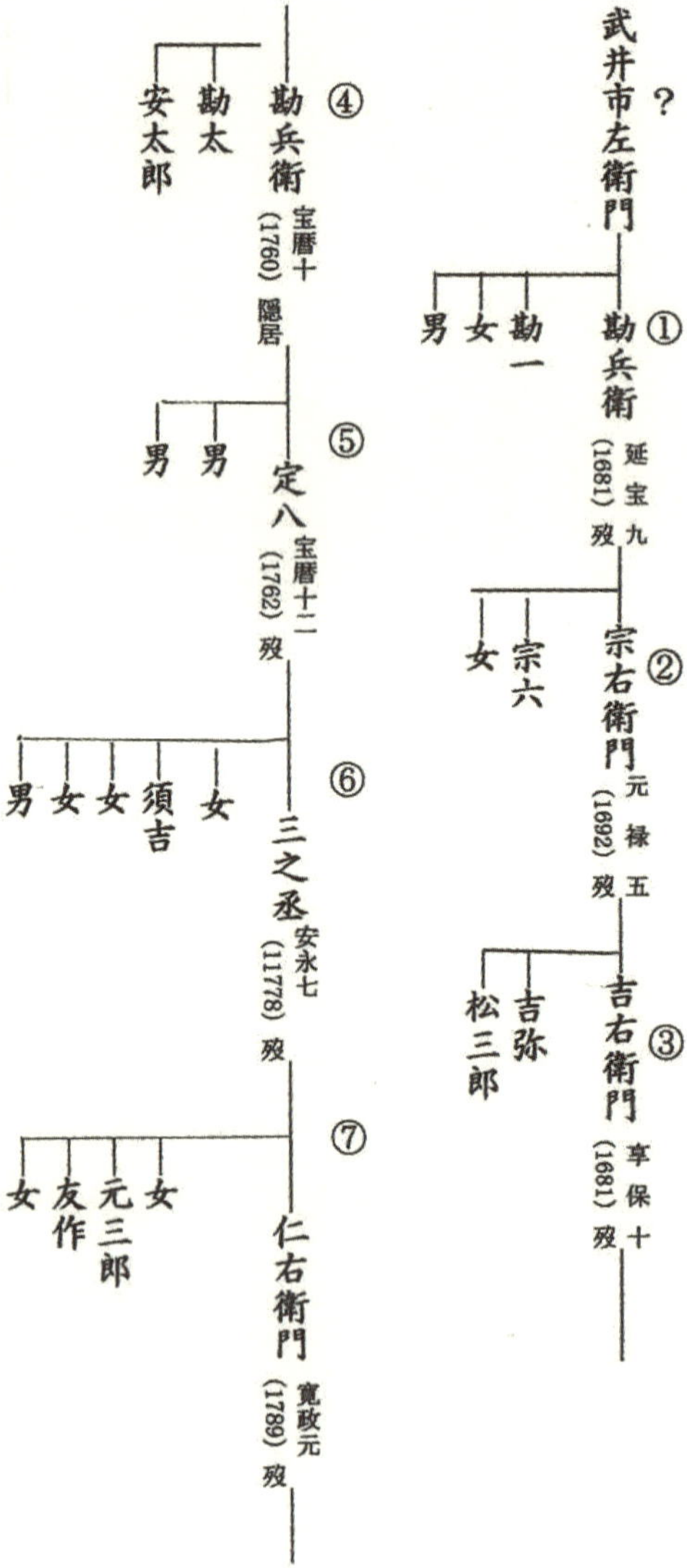

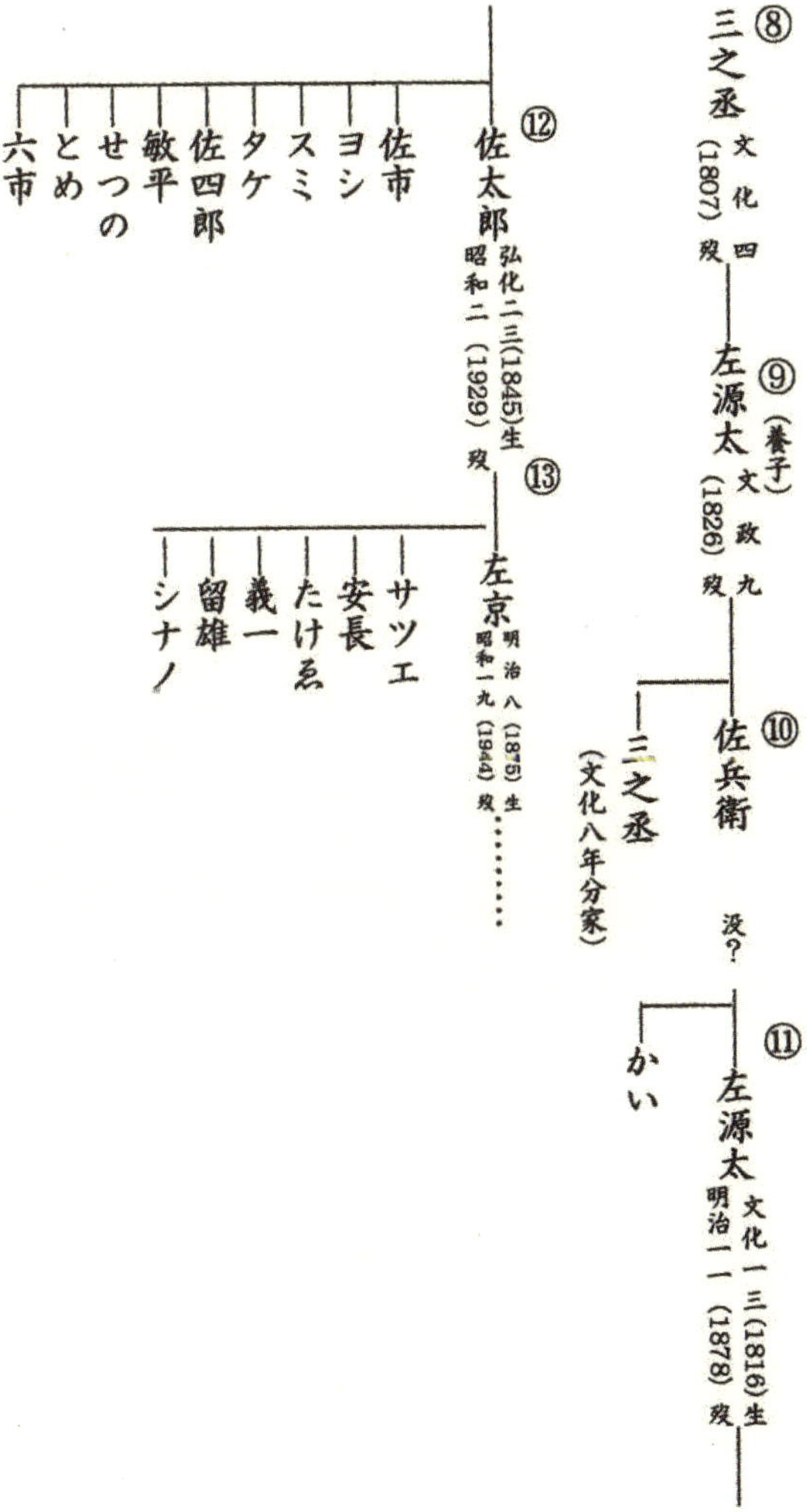
⑧
三之丞
文化四（1807）歿
⑨
左源太
（養子）
文政九（1826）歿
⑩
佐兵衛
歿？
三之丞
（文化八年分家）
⑪
左源太
文化一三（1816）生
明治一一（1878）歿
かい
⑫
佐太郎
弘化二三（1845）生
昭和二（1929）歿
佐市
ヨシ
スミ
タケ
佐四郎
敏平
せつの
とめ
六市
⑬
左京
明治八（1875）生
昭和一九（1944）歿
サツエ
安長
たけゑ
義一
留雄
シナノ

は、目立った特徴はない。

その石高、あるいは土地所有の変遷をみることは全時代にわたっては難しく、先に述べたように安永の数字をわずかに知るのみである。しかし、幕末の嘉永五年（一八五二）より明治期の数字については詳細にわたって知ることができ、寄生地主としての発展過程をみる好個の材料たるを失わない。次にこの範囲内での簡単な年代別比較を試みたのが第20表である。

延宝度の田畑合わせて一町四反二畝二三歩から、寄生地主制最盛期といわれる大正六年の一二町三反九畝一五歩まで、地味ながら着実に同家の土地所有が拡大されて

地価金	備　考
	塚川村第12位。但し田畑のみ。延宝7年検地帳による
	塚川村下組第3位
	年貢米金納通帳（嘉永5－明治39）による
	明治3年戸籍持高による
833円74銭8厘	武井家地所所有原控簿（含山林等2町9反）による
1454.　1.　6	明治13年正租諸費納控による
1792.　50.　2	〃
1912.　99.　2	〃
2159.　00.　8	所得税申告簿による
2,221.　46.　6	正租諸費納控による
1988.　42.　2	〃
3011.　39.　5	地租額より算出。但、左京分を含まず。
{ 2,886.　40.　0	地租額より算出。
1023.　20　0 }	
{ 2825.　20.　0	
1028.　00.　0 }	〃

行った過程は、一応この表中にもあらわれている。安永期（一七七〇年代）の一六石余から嘉永五年（一八五二）の一三石へと減少しているのは、さきにふれた文化八年（一八一一）の三之丞分家によるものであろう。また、⑪左源太の代は、安政五年（一八五八）の長百姓就任から維新期へかけて土地集積の絶好の条件のもとにあったにかかわらず、一三石余の石高が余り増加していないのは、長男佐太郎はじめ一〇人もの子供をもつという大家族となって、十分な余裕をもてなかったことにもよると推察される。

しかし、次の佐太郎氏の代にな

第20表　近世前期より大正中期に至る地主としての武井家

年度（西暦）	武井家当主	反　別	石高
延宝7（1679）	勘兵衛①	1町4反2畝23歩	?
安永（177？）	三之丞⑥	?	16石7斗1升2合0勺
嘉永5（1852）	左源太⑪	?	13　1　4　9　1
明治3（1870）	〃		13　2　3　0　0
9（1876）	佐太郎⑫	3町5反5畝22歩	
13（1880）	〃	?	
18（1885）	〃	?	
23（1890）	〃	?	
28（1895）	〃	7町9反7畝29歩	
33（1900）	〃	?	
38（1905）	〃	?	
40（1907）	〃	?	
大正6（1917）	佐太郎・左京⑬	12町3反9畝15歩	3909円60銭
大正10（1921）	佐太郎	7町8反6畝6歩	
	左京⑬	?	3855円20銭

ると、折から地租改正期をむかえて精力的な村政活動とともに明治十年代以降地主的土地所有の拡大に努力したことが第20表中の数字にもありありと読みとれるであろう。

以上が、本章の前提をなす武井家の系譜と地主的発展の大まかな把握である。

(二)近世における武井家

「　差出シ申居明手形之事

一田　四舛蒔　名所中嶋御縄請勘兵衛分

一畑　四舛蒔　名所柳田　同人分

一屋敷二ツ割　刈敷山東林二ツ割右之分三ヶ所

一此外田畑屋敷林共ニ持切之分ハ不残相渡候。

右者我等居席相定め申候ニ付、親類ノ立會相談《そんだん》之上右書面《じやうめん》之通隠居分請取、御年貢之義ハ右當分《とんふん》隠居御上納可致候。残リノ分無相違早々相譲《あいゆずり》リ可申候。居□方ニ而茂所持《志ようちえ》分御年貢御上納致可申候。万一居席庄次郎相屋ニモ無構罷帰《かいり》リ申候ハハ田畑林何と茂無構罷帰《かいり》リ申候。我等方ゟ不足ニ存《そんち》候而出し相返し候。右之田畑林割合ニ而相渡し可申候。為二後日一依而如件。

宝暦十辰年　　　　　　　　　　塚川村
極月廿七日　　　　　　　　　　譲主
　　　　　　　　　　　　　　　　勘兵衛
　　　　　　　　　　　　　　中人　定八
　　　　　　　　　　　　　　一家　兵左衛門
同村
　加兵衛殿

〔ルビは原文のまま〕

延宝の勘兵衛から四代目、宝暦の勘兵衛が定八⑤に家督を譲って転居する際の隠居分その他をとりきめた旨を村役人宛差出した宝暦十年（一七六〇）年末の手形である。田畑も畝歩をもって表わされていないし、文面も整わぬ稚拙さをただよわせているが、当時の農民生活をうかがわしめるものといえよう。ここにみられるのは、一七六〇年ごろの武井家の経営内容が明らかに自営本百姓としてのそれであったということである。その公儀の百姓たる身分と内容を子に譲り、なおしばらくは隠居分を自作しながら別竈を設けて暮す姿は、分割するほどの経営をもたぬ下層農民にはもちろん見られぬものであった。このときの武井家の石高はおよそ一四・五石、反別にして一町七、八反と推定されるが、これを手作り経営する基本は殆んど家族労働をもってまかない、他をまだ残存していた譜代下人（門屋）のような隷属的な小農民の労働力をもって補完する程度であったのだろう。（塚川村における譜代下人独立の証書は明和年間までみられる）。また、「刈敷山東林二ツ割」とあるのは、すでに刈敷農法による肥料源として重要な山林に村落上層農民の所有権が確立していたことを示す。

一方、この時点での武井家の村落内の地位は名主、長百姓級ではなくとも、すくなくとも百姓代程度であったと思われる。この勘兵衛隠居の前年である宝暦九年（一七五九）に村方の平百姓一統が村役人中—名主、長百姓、百姓代—に対して差出した一通の文書がみられるが、そこに名をつらねた三六人の平百姓の中には、勘兵衛の名はみられない。ということは、彼が宛名の「名主、長百姓、百姓代御中」とされた村役のなかに含まれていると考えてよいのではないだろうか。第一章に考察した近世的秩序の生成期たる延宝、元禄期と、安永の小前騒動の時期とをつなぐ時点としてこの宝暦の手作地主の存在形態を勘兵衛—定八の代替りの史料にみることは興味ふかい。延宝七年検地よりほぼ八〇年、延宝期には上層農民の末端に位置していた武井家がゆるやかな手作経営の発展の過程を経て上昇をとげ、十数年後の安永年間には村落支配層としての活動を展開する基盤はこのときすでに明瞭である。

やがて、安永期となり、五郎右衛門一件の際には名主、長百姓として小前層と対した三之丞⑥の姿がみられる。このとき武井家の石高は十六石七斗一升二合、反別を推定すれば、およそ田畑のみで二町二、三反を所持していたであろう。さきに本来的地主、小作関係の成立をもほぼこの安永期と考えたのであったが、それは一面においては第一章第二節に強調したように、隷属農民の身分的解放の達成という条件に規定されて成立するものであると同時に、他方ではかかる武井家の場合にみるように、また同じときの三五石余を所有する四郎右衛門家、二二石余の源蔵家の出現にみるように、村方地主的土地所有の発展、成立という条件によっても規定されなければならない。そしてこの時点においてはじめて、下組第三位の地主にまで上昇した武井家は自作の上層農民としての経営内容から歩を進めて、わずかではあれ小作地をもつ村方地主としての経営を展開していくのではなかろうか。

地主的土地所有の生成はすなわち地主としての社会的諸関係の成立を結果するのであり、これより以後、幸いにして没落の目に遭うことなく着実な発展をとげて行く武井家の場合は、この山村、塚川村地主の典型的コースとしてみることができよう。近世の武井家について語る場合は、こうしておよそ一七七〇年代においてその村方地主的存在が確立されたことを指摘するにとどめ、明治期以降の寄生地主制的発展の過程をたどりたいと思う。

(三)起点となった明治八年

明治八年（一八七五）という年は武井家にとっては意味ふかい。この年、三〇名の兵力を背後にしたがえてはじめて中央政権の直接の代行者たる地券掛が村にのぞみ、農民の土地をくまなく調べあげるという歴史的な過程がこの村を訪れたのであったが、同時にそれはふるくからの共同体として村民の意識と存在のすみずみまでを支配していた「塚川村」が「日野春村塚川區」となった年でもあり、また武井家においては安政年間から子福者の当主として家をつかさどり、幕末、維新の目まぐるしい変転の中を老巧な名主、戸長、副戸長として村の有力者の中でも重きをなしてきた当年五九歳の左源太が、すでに成人しおそらく近年は補佐役として何くれとなく父を扶けていたであろう三〇歳の長男佐太郎にすべてを譲って引退した年でもあり、そしてまた、やがて数百年来父祖の営んだ農民生活から離れ官吏への道を歩み塚川村における武井家の最後の代となった佐太郎の子左京が誕生した年でもあったのである。

隠居した左源太は三年後の明治十一年（一八七八）に歿したが、この明治八年という日本の地主制成立にとって重要な意味をもつ時点に代替りが行われ、若くかつ有能な佐太郎氏が当主として立つことになったということは、以後の武井家の地主的発展のためには決して無視できない大きな要素となったといえよう。一般的必然性、社会的条件の存在は、それが特定の、個々の事例と結びつく場合には、それらの事物の個別的、具体的な条件と相互に作用しあってはじめてその法則をつらぬく。一方には落魄し、没落するふるい地主の家があり（一例をあげれば、堤半兵衛家は延宝の與惣右衛門家村落第一位以来の三百年にわたる村落支配者であったが、明治初年には村役人としての家格を保つのみでその経営内容は没落の一途をたどり、明治十一年には武井家へ田九畝歩を質入する状態となる。）、一方には時代に敏感に適応しつつ上昇し発展する地主があるという事実の中から、複雑多様な歴史の発展法則をより的確に知る思いがするのである。

佐太郎氏があらゆる意味で「有能な」地主であったという証左は、いたるところに見出すことができる。自家の経営内容を種類別に記した克明な分厚い帳簿類、村役としての活動内容を詳細に記している数々の村政関係の個人的な控簿、塚川由来記の執筆などにみられる村の歴史への関心、とりわけ過去数百年にわたって塚川村の生産力発展を阻害してきた鳩川による水害を根絶する治水工事完成をめざして率先活躍したことや、昭和二年、八二歳の老境に入ってなお村民に副業組合の組織化を提唱し、農事試験場の最新技術を農業生産にとり入れることを強調し、農具改良、用水改善、村道の改修等をこと細かに論ずるという態度にも現れているように一貫して村の生産力向上に対して示した熱意、等々の事例は佐太郎氏の在村地主としての積極性を強く印象づけるのである。その意味では彼は決して単なる寄生地主とはなり切らなかった。最後までわずかながらも手作り地を手許に残したことにも、収益の多寡の問題をこえた農民生活とのつながりがみられるのではないか。また、佐太郎氏の遺した数多い書いたものの中には、よく地方の豪家に見出されるような閑暇をもてあそんだ田舎文人まがいの歌、俳句のたぐいや書画・骨董に凝るといった傾向は全く見出されない。すべては実際的な記録であり、また一銭、一厘のつけ落しも許さずみずから筆をとった帳簿類なのである。

以下、寄生地主制に適応しつつ発展をとげる地主武井家の足跡を具体的に考察しなければならない。

第二節　所有と経営

(一)土地の集積

武井家が地租改正当時の明治九年に所有していた地所は三町五反五畝二歩、うち山林原野宅地等を除く耕地面積は一町四反六畝一八歩であり、田九反五畝二七歩、畑五反二一歩という内容であった。約一・五町歩のこの耕地反別は塚川區全体が七一町の耕地しかもたぬことを考慮に入れならば低く評価されるべきではない。事実、村内有数の地主としてかぞえられ、八九戸中第三位を占めている武井家なのである。(一戸平均反別は八反一五歩)

経営内容をみると、面積からいっておよそ七四・二パーセントにあたる田畑一町八畝二七歩(田六反七畝二六歩、畑四反一畝一歩)を手作りし、他の三反七畝二四歩(田二反七畝二四歩、畑九畝二〇歩)という二五・八パーセントの田畑を小作に出していることが小作帳との照合によって知られる。また、所持反別とは別個にちょうどこのころ質取地として手中におさめていた土地が田一反九畝一八歩、畑一反二畝二歩、計三反一畝二〇歩ほどあったこともわかる。この三反余の質取地はそれぞれ後に期明けの年には返還しているが、五年から二〇年にもわたる長期の年季であり、おそらく質地小作の形をもってそのまま小作させていたものであろう。現にその中の字東前田一八〇七号の田九畝七歩は小作料一俵半をもって小作帳に記載されているのである。この質地小作地をも考えるならば小作地の率はもっと増加することになるが、単に所有地の場合のみをみる場合にはやはり手作り経営を主体とした所有と経営の関係がみられると考える。

しかし、二六パーセント近い小作地を軽視してはならない。明治七年の長野縣下伊那郡大瀬木村の場合を古島敏雄氏が調査した例によれば、一町～一・五町の土地所有者二〇名のうち一・五町～二町を経営するもの二名、一町～一・五町一七名、〇・五町～一町一名、という数字が出ている。すなわち一・五町程度の土地所有者はその殆んどが自己経営で占められ、なかには所有以上の経営を営む者―自作農兼小作農―さえ存在したということが報告されているのである。(古島敏雄「明治初年における農民層の分化」農業経済研究一四巻一号所収)

これに比べるとき、武井家の場合一・五町の田畑のうち二五・八パーセントが小作地化されているということは不耕作地主にはほど遠いとしてもかなりの傾斜として注目してよいのではないか。小作料その他具体的な内容を示すとつぎの通りである。

一、田　一反七畝二三歩（明治六年より小作地となる）
　小作米　五俵（明治十六年より六俵　二十七年より六俵半となる）
　小作人　輿石七左衛門
　　（旧高九石六斗九升一合　地価金三百二円二一銭一厘　所持）
一、田　一反一一歩（明治六年より）
　小作米　三俵半
　小作人　守屋善左衛門

（旧高一〇石 地価金？　所持）

一、畑　九畝二〇歩

小作金　一円五〇銭（明治十四年より三円となる）

小作人　堤與兵衛　（無高）

これに質取地ではあるが小作帳に記載されている九畝七歩の一俵半を加えると、小作料は合計一〇俵（三・六石）、小作金一円五〇銭の小作地収入を得ることとなる。金額に換算すれば明治九年の米価は玄米一俵約四円（但し新米、武井家雑穀拂元帳による）であるから四一円五〇銭ということになる。すなわちこれより地租五円六九銭を差引いた三五円八一銭が地主の純益とみてよい。

一方、自家経営の一町八畝二七歩の内容をみると、田六反七・九畝は反当収量平均一石四斗七升として約二五俵＝一〇〇円の収穫高をあげ、畑四反一畝一歩には麦反当八斗三升を仮定してみると小麦八俵半＝三一円一一銭（小麦一俵＝三円六六銭、同前による）の収穫が見込まれる。この合計一三一円一一銭から地租一三円五二銭五厘（田一一円四六銭七厘、畑二円五銭八厘）および生産費約六五円五〇銭（種子肥料代二〇パーセント、労働費三〇パーセントと推定）を差引くと五一円八六銭の収益が算出される。

こうして、自作経営および小作地よりの収入を合計した八七円六七銭が一応明治九年度の武井家の所得額となる訳であるが、その自・小作地別の比率をみると、約五九パーセント対四一パーセントとなり、耕地面積の比率が七四対二六であるのに比して、小作地への依存率がいちじるしく高くなっていることがわかる。もとよりその差は小作人の労賃部分へ喰い込んで、地主の収益となっていることはいうまでもない。この村ですでに反収の六三パーセントを前後する高率小作料が幕末維新期を通じて確立されていたことは第二章で述べたが、武井家の小作帳をみると、生産力の上昇にともなって確実に小作米も値上げされて地主の側に生産力上昇分を吸収しようとしていることも明らか（前掲小作米・金の下のカッコ内参照）であり、よしんばそれが一〇〇パーセントの吸上げではなかったとしても、高率小作料の維持につとめる地主の取り分確保は強力なものがあったといえよう。この小作地化の有利性こそが、当面一町ほどの手作り経営を縮小させるまでのことはなかったにしても、新たな集積地のことごとくを小作地化させ、手作経営を主体とする村方地主たる武井家が徐々に寄生地主的性格に変質していくための最大条件となったといえよう。

この地租改正期を起点として、武井家の明治十年代における質取地、買入地増加—小作地の増加はいちじるしい。

第21表にみるように、武井家の土地所有の変遷を時代別に概観すると、明治十年代までは質取地が殆んどで買入地（質流地をもふくむ）はわずかであるが、明治十年代以後は質取地が減少して買入地が急激に増加する傾向がはっきりしていることがわかる。このようにして、武井家が幕末から大正へかけての五七年間に質取、買取をもって自家の掌握下に置いた土地は、地券数にして

第21表　武井家の土地集積

年　代	質取・買取の別	田	畑	田・畑 ①	山林・芝地 ②
万延元年-明治9年 1860　1876	質取地	0町1反9畝18歩	7反9畝6歩	反 畝0歩	4反8畝21歩
	買入地	0	1　7　4	0	1　0　6
明治10 -　19 1877　1886	質取地	1　0　1　10	4　3　24	5 9 28	4　9　16
	買入地	9　5　23	2　9　7	1 1 13	4　5　7
明治20 -　29 1887　1896	質取地	6　6　2	0	0	0
	買入地	1　3　6　7	3　8	6 7 6	15　4　15
明治30 -　39 1897　1906	質取地	1　0　22	0	0	0
	買入地	0	9　6	1 1 16	14　3　0
明治40 - 大正6 1906　1917	質取地	0	0	0	0
	買入地	3　2　9	1　1　20	0	9　5　13

（武井家文書「地所々有原控簿」より作成）

註　①田・畑が合筆されていて区別できないもの。
②同じく区別できない若干の田をも含む。

二二八筆にのぼり、質取、買地明細控の記載六一件におよんでいる。ここに質取地としてあらわした地所はすべて三年期から二〇年期までのもので、期明け返済、ないし請戻しをもって元の持主の手に返っているのであるが、質代金として武井家が出しているのは一回について一〇円以下から、最高額は明治十三年十二月の三五〇円（田二反八畝二歩、後に買い取る）である。なお、質入れの時日はどの年をとってみてもほとんどすべて十二月に行われていることは、まとまった金を必要とする年末の農民のせっぱつまった窮迫が質入れの動機となっていることを示すであろう。十年代までに質取した地所も後に買い取ってしまっているものがかなり多く、（第21表ではすべて買入地として扱う）これは第三章第二節で述べたように十年代には中小地主層がはげしい分解の実態をみせながらもいまだ最終的に土地を手離そうとしていない、ということが、集積する地主の側からみれば買入地が少なく質取地が多いという現象となっていると考えられる。また、明治十七年（一八八四）に地租条例の公布とともに地租の永久据置が宣せられて地主の土地兼併の有利性が確実となったことが、以後の買入による集積へと地主を積極的に鼓舞したことも争えない。武井家の場合もまた例外ではなかった。

㈡農業経営の内容

武井家の買収による土地集積が最も活発に行われたのは明治二十年代（一八八七―一八九六）であった。この一〇年間に田畑合わせて二町六畝二一歩、山林芝地一町五反四畝一五歩、計四町一反五畝六歩が買い取られ、買入地八町七反余の五〇パーセント近くの集中を示しているのである。

この間、武井家の所有の拡大にともなって経営の面はどのように変化していたであろうか。明治九年（一八七六）の手作り耕地面積が一町八畝余であったことはさきにみた。二十年代の史料としては二十七年よりはじまる所得税のための申告書の記載を頼るしかないのであるが、それによると二十七年には田九反二畝一九歩、畑五反六畝一七歩、計一町四反九畝六歩、と九年に比べて約四反の自作地の増加をみている。そして、その経営内容は年雇一名と年々一〇円から二〇円の日当を支出する日雇人との労働力をもっていとなむ地主的経営であった。なお、こころみに武井家の所得内容を申告書によってみるならば、つぎの通りである。

「　　所得金高御届

一金弐拾円　　　　助役報酬額

一金八拾壱円　　農業所得
　　但　日ノ春村ノ内　塚川區
　　田反別九反二セ七拾九歩
　　地價金四百三拾九円拾八銭三厘
　　同塚川區
　　畑反別五反六セ拾七歩
　　地價金百拾七円六十九銭
　外
　金拾九円六拾九銭五厘　地租縣税村税區費
　金三拾円　種代并肥料
　金弐拾五円　雇人食給料
　金拾五円　日雇人日当
一金百四拾五円　田地貸付所得
　　但　日野春村内塚川區地内
　　　反別弐町壱反七畝四歩
　　　地價金千百三拾一円三厘

一金拾三円　　畑地貸付所得
但　日野春村内塚川地内
反別七反六セ八歩
地價金百五拾円六拾三銭八厘

一金三円五拾銭　　山林原野所得
但　日野春村内塚川地内
弐町八反五セ拾四歩
地價金九円五拾三銭二厘

一金弐拾円　　田地貸附所得
但　本村内長坂下条區
反別弐反九畝拾壱歩
地價金百五拾円八銭三厘

一金弐拾三円　　田地貸附所得

但　本村内渋沢區
反別四反九畝廿四歩
地價金百九拾四円廿四銭一厘

外

金五拾九円六銭五厘　　地租縣税村税區費

所得高総計金三百〇五円五拾銭

右之通り也」

（明治二十七年―大正十年所得税申告簿）

右の資料によれば、自作地一町四反九畝六歩、貸付地三町七反二畝一七歩と、自、小作地別の比率は二八・五パーセント対七一・五パーセントへと明治九年当時からは全く逆転していることが明瞭である。所得金額の比でも自作分二八・七パーセント、小作分七一・三パーセントと同様である。しかも、税金のための申告である以上、この数字は極めて控え目なものであることが察せられ（事実、他の年に記載された一俵当りの米価を、その年の雑穀拂帳の実際の米価と比べてみると、かなり開きがある場合が認められる）るから、現実の所得はこれをかなり上回るとみてもよいであろう。

また、明治九年の自小作別収益を比較したときに自作地の生産費を算出するに当って労賃三〇パーセント、種子肥料代二〇パーセントと仮定したのであったが、この二十七年の例では全収穫代金一七〇円六九銭五厘のうち種代肥料代＝三〇円（一七・五パーセント）、雇人給料及日雇人日当＝四〇円（二三・四パーセント）となっている。これに家族労働力の労賃を加えるならば、やはり計五〇パーセント前後となると推定される。

明治二十年代いっぱいは、この二十七年度と全く同様の申告が自・小作地別の反別について は続くのであるが、明治三十一年（一八九八）には自作反別のうち田反別が四反七畝九歩となって、減少した四反五畝一〇歩はそのまま小作貸付部分へ移行して小作地率の増加をみている。だが、これを簡単に寄生地主的性格の強化とみるのが早計であることは、三十年代後半に至って再び田自作反別が七反から九反前後を上

附表（第22表）武井家小作地収入一覧

年度（西暦）	小作米（田方）	小作金（畑方）	備考
明治5（1872）	10俵		
11（1878）	45	10円75銭0厘	大豊年
17（1884）	68	6　50　0	
21（1888）	70	16　37　5	
24（1891）	80	16　0　0	
28（1895）	100.75	25　40　0	
32（1899）	108	12　55　0	
36（1903）	97.5	7　75　0	
40（1907）	126.25	13　10　0	中年
44（1911）	114	7　0　0	中年
大正4（1915）	114	14　0　0	
8（1919）	135.5		
9（1920）	142.5	9　0　0	

（武井家文書「小作帳」明治5～大正9より作成）

下していることからもわかるのである。

こうして、武井家はその小作地の増大と明治末年には一二町余におよぶ土地集積、山林所得の増大、また質屋営業や地方銀行との関係などにみられる商業的、資本家的側面(註1)等々の寄生地主化を助長する条件を強くもっていたにもかかわらず、その一町～一・五町の自作経営が縮小、消失するためには、経営を担当する後継者もなく佐太郎氏が引退期に入る大正十年代以降をまたねばならない。

一八四五年(弘化二年)生れの佐太郎が大正十年(一九二一)に七六歳の老齢をむかえ、もはや管理者としても大農経営に当ることはむずかしくなったころ、はじめて、武井家の自作地面積は激減する。

田　自作二反一五歩
畑　自作一反一畝
田貸付　二町八反八畝二六歩
畑貸付　一町一反〇畝廿五歩
山林原野四町五反五畝

これが、大正十年の所得申告に見出される武井家の分割された土地所有状況であり、自作地はもはや田畑合計わずか三反二五歩にすぎない。すでに大正初年から所有地の何割かは長男左京氏の財産として登記されていた模様であり、老境に入った佐太郎氏は三反余の田畑をみずから管理しながらも、やっと殆んど完全に寄生地主としての生活に入ったのである。官吏として甲府に住む左京氏の代に至っては、全くの不在地主として、武井家の在村地主的性格すらも急速に薄れたのであった。

註1　武井家は明治十四年より十六年まで村内において質屋営業を行っている。その収益は税務署への申告によれば年およそ一八〇円から二〇〇円内外となっている。また、月二割五分という高利をもって金融を行っている証文も一、二発見されるが、まとまったものではないので、これをもって直ちに高利貸的側面とはみなしがたい。

特筆すべきは地方銀行である〝株式会社邊見銀行〟との関係であるが、これもいつごろからのものか年代は不明。しかし大正九年の国勢調査では佐太郎氏の副業及副業上の地位の欄には「株式会社邊見銀行監査役」と記され、同時に大正十年の所得税申告には「配当、辺見銀行卅一株、一八六円（但年一割二分配当の六割）、駒電二十株、五〇円（年一割配当一期分ノ六割）」と記されているところからみても、相当額の投資を資本主義的企業に対して行い、みずからもその役職を兼ねるなど寄生地主の典型を示しているることに注目しなければならない。この面からも述べるべきことは多いが、資料および調査の不充分のため略さざるを得なかった。

むすび

㈠問題の提出

江戸時代前期の十七世紀半ばから一九一〇年代の大正中期まで約二世紀半にわたる山梨県北巨摩地方一農村の歩みをたどりつつ以上の四章に考察を加えてきたものは、日本の地主制生成・発展の一形態の歴史である。その中心点は、明治以後に急速に展開をとげ確立をみる寄生地主制の成立期について地租改正との関連性を明らかにしつつ具体的・実証的な研究をなすところにあった。この問題の設定自体がかなりあいまいなものであったために論旨の統一を欠き蕪雑な所論にとどまったのではあるが、これを地方史的検証の一具体例として敢てふりかえるならば、極めて不充分ながら以下の諸点がその検証を通じて提出されているといえよう。

1、封建体制＝領主的土地所有の決定的に支配する近世的秩序は、甲州塚川村の場合にはほぼ江戸時代前期―慶長から元禄期へかけて―に生成し、この過程は「門屋」という形態でこの地に存在した譜代下人＝隷属農民の解放実現という一般的コースをとりつつ村の生産力を発展させて、やがて地主的土地所有が進展するための基礎的な段階をなしたこと。

2、地主的土地私有は当地方においては生産力の一定限度—山村的条件による発展の制約と総体的低さ—という条件に阻まれて、〝生産力上昇による領主取分を上回る地主の余剰生産物収得とその商品化〟を軸とするスムースな進行の形態をとるには至らず、かえって幕末・維新期の社会的変動の影響による農民層の広汎な没落にともなう階級分解を軸として地主支配がつよまり、その後の地主制発展の契機となるという過程がみられること。

3、すでに、このようにして幕末から地歩をかためた村落内部における有力地主層の支配力は、かれらを政治的基礎として国家の手により遂行された地租改正事業の実現過程を通じて確認されつよめられ、急速な土地所有＝小作地の増大と土地集中の進展へと向わしめられたのであり、ここには疑いもなく明治政府の政策が地主制創出に積極的役割を果たしていったものであることが示されていること。

4、武井家の例にみられるように、大正中期にはこの村の寄生地主的土地所有は頂点に達するが、同時に地主手作り部分もまた急速には消滅せずに残存していること。そしてその消滅による地主の寄生的性格の完成は、これまた寄生地主制下降期の起点と境を接していること。

以上の四点はあくまでも塚川村の場合に厳密に限定される問題でありながら、同時に幾多の普遍性を内包している。第一の近世的秩序の生成過程が生産力の一般的上昇に支えられた隷属農民の独立化と、それを収取・支配の面からつかみなおそうとする領主側の太閤検地に代表される政策とのからみ合いにおいて実現するコースは、基本的なものとしてひろく各方面の研究から検証されているところであり、塚川の場合を例外としない。山村的構造の特殊性を強調しながらも、ここにはその自然的条件の規制力よりも強力にみずからをつらぬいている歴史法則の力をみる。それは、第二点に示された地主支配強化の実現過程が、一見非常に特殊かつ偶然的な経路を辿ったかにみえながら、本質的にはやはり再生産力の維持と喪失――地主と中・下層農民のそれぞれにおける生産手段掌握力の如何に決定づけられているという点で、まったく先進地帯におけるそれと共通するところにも見出されるであろう。第三点、第四点についてはいうをまたない。

とくに、この地方で地主の規模がそれほど大きくないにもかかわらず村落内での地主の支配力がいちじるしく強かった事実の裏には、地主層の領主権力・国家権力と密着した官僚化の様相がみられることもまた注目すべきであろう。後進地帯においては、中央とつながる権力機関的側面と村落共同体内部での地主的側面とをむすびつけて体現する地主が他の農民に対するとき、生産力の低さからこれをはねのけるだけの実力をもつことは閉ざされている彼ら中・下層農民を圧倒するに充分な条件が備わることが立証されている。さらに、日本の寄生地主制と地主の官僚性とは切り離しがたい。彼らは産業に大きく投資し或いは経営に参加して資本家化するよりは、むしろその半封建的農村支配を直接的に補完する地主制国家の官僚たる道をえらんだ。地方においては有力者として郡・村長をはじめとするあらゆる地位を独占し、制限選挙制のもとにおいては地方議会＝県会から帝国議会の議員ともなり、その子弟は高等教育をうけて中央官制の高級官吏への道をあゆむ。本論文においてとりあげたのは、その官僚性のうち、わずかに村落内における位置づけのみであった。視野をより拡大するための前提にすぎない。

寄生地主制とはなにか、という問題は、ここにいまだ未解決のまま残されている。一農村の実例がものがたるものは、寄生地主制の一断面であり、全貌ではない。しかし、この一山村の寄生地主的支配はかく生成しかく歩んだ。その消滅―ないしは瓦解までを年代的に扱い得なかったことは遺憾ではあるが、地租改正という国家事業との関係をほぼ明らかになし得たことには多少の意義があろう。現在ようやく本格的な究明の段階に入ろうとしている寄生地主制研究にとりつくための私なりの足がかりとしたいと考えるのである。

㈡反省

反省点としてあげられる点は、準備不足・史料批判の不充分等の根本的な問題をはじめとして余りにも多いが、全般的な欠陥は一応措いて、必要性を知りつつも捨象してしまった具体的な問題の主なものをとりあえず列挙しておく。

⑴　用水路改修および鳩川治水事業の経過を詳らかにしなかったこと。

これは村の生産条件と重要な関係をもつ点であり、またその推進者・指導者と地主制進展との関係を究明する上からも重要である。資料不足と力不足とから断片的にふれるにとどまったことは大きな欠陥である。

(2) 村落内につよい遺制として今日なお存在する諸種のマキ・ユイ等の共同組織関係、ウブスナ及びオヤブン・コブン関係等を地主制との関連において明らかにしなかったこと。

この問題を全く捨象したのは全般的調査不能によるが、立体的に村落構造を知るには是非必要と考える。なお、記録・資料の表面からは完全に姿を没していて、民俗学的方法による調査をまたねばならない。

(3) 地租改正の時点を中心とし、明治十年代の農村を対象としながら、同時代における政治史との連絡が極めて疎であること。

とりわけ、自由民権運動との関係—その影響—が全く無視されている。塚川村の資料には直接にみるべきものがないが、山梨県における自由党の活動等については調べるのが当然であった。また、地租改正の遂行課程の事情についても、当時の地方新聞等の綿密な調査を怠ったことは間違いである。

(4) 現地踏査の不備と、農業生産についての知識のいちじるしい不足。

農業問題に関する前提知識も能力もなく、いきなり農村資料にとりついての研究がいかに根の浅いものであるかは、最も痛切な反省点である。

これらの反省点は、すべて今後の研究のための指針としてふかく認識しなければならないと思う。周到な計画性をもたずに漠然とした見通しのもとに歩をふみだした心構えの甘さを顧みるばかりである。が、また同時に、近代における農村史研究のより正常な発展のためには、このような個別研究の方法ではとうてい満たしえない間隙が存在することをも思わずにはいられない。ここに提起されるのは、総合的・科学的な研究態勢をとり得る共同研究方法確立の必要性である。すでにそのような共同研究は戦後いくつか行われ、いずれもそれなりの成果をおさめて学界に裨益しているが、さらに充実した方法と分野がひろげられることが、つよくのぞまれるのである。

――以上をもって本論文のむすびとするが、これはあくまでも整理された結論ではなく、前方への展望にすぎないことを附記する。――

あとがき

はじめて三月下旬の彼岸会のころ山梨の塚川の地を訪れてから八ヶ月余、とにかく脱稿してのよろこびは大きい。さまざまな自己の研究方法の欠陥を知ったこと、書きながら土のにおいのする地方文書を通して今まで私の生活経験からは縁遠かった農民生活の歴史にすこしでもじかにふれる思いを得たこと、この二つは私にとって貴重なことであった。

貴重な史料を快く貸し与えてくださった武井ひで氏と長坂町日野春役場の御好意、史料借出のため非常なご援助を賜った林講師夫人、地租改正村方資料について教えてくださった先学加藤幸三郎氏および何かとご教示いただいた山梨県立図書館の上野晴朗氏――以上の方々には心から感謝申し上げたいと思う。

なお、病気等の思わぬ障害もあったが、このつたない論文を作成する過程において、私は近世―近代地方史研究を卒業後もつづけて行きたいという気持ちをもつに至った。そのためには、勉強をしなおすこと、それができる条件―健康と環境―を設定して行くこと、が今の私の課題である。

おわり

一九五六年十二月

篠塚　嫩

(國學院大學文学部史学科卒業論文、一九五六年十二月十日提出)

明治末年における南北朝正閏問題
――その政治史的意義を中心に――（上）

はじめに

一九一一（明治四十四）年の初頭、一月半ばから三月にかけてまき起こった所謂「南北朝正閏論争」は、一九〇三（明治三十六）年制定の国定歴史教科書の記述において、南北両朝の軽重を論ぜずあえて正閏の別を附さないという方針をとっていたことが、にわかに問題化したものであった。

歴史家、教育者のみならず、また在官在野を問わず当時の代表的論客の殆んどすべてがこの論争に参加し、諸新聞、雑誌はその報道のために日を逐って大きなスペースを割いた。折から開会中の第二七議会ではこれが第二次桂内閣に対する絶好の攻撃材料となり、内閣はために窮地に陥って、教科書起草の責任者である教科書用図書調査委員会第二部（歴史）主査委員の喜田貞吉博士を休職処分とし、教科書の改訂を声明するに至った。「思うに明治の南北朝正閏論は、国定教科書の記事から発した社会思想問題であり、これが政治問題に利用された事件であった」と村田正志博士はその近著『南北朝論』(1)で述べておられるが、今日では事件の性格をとりあげる者の一致した評価であるといえよう。

事件の経過については、すでに村田博士の同書や大久保利謙氏の「南北朝問題をめぐって―喜田貞吉の休職―」(2)等に詳しいし、喜田博士自身の回顧録(3)をはじめ文部大臣小松原英太郎、桂首相、峯間鹿水ら事件関係者がそれぞれ自己の立場から詳細に書きのこしてもいる。当時の新聞、雑誌、議会の議事録等も比較的容易に目にすることができるので、資料にはこと欠かない。また、戦後になってこの問題は国家主義的教育批判の立場から、あるいは学問の自由に対する弾圧の歴史を糾弾するという角度から、改めて教育史・思想史の問題としてとりあげられ、すでに「社会思想問題」としては論ぜられる機会をもった。中でも、これをわが国近代史上における家族国家観思想体系の形成という観点から分析した石田雄氏の「明治政治思想史研究」(4)は、すぐれた労作である。

しかし半面、この事件がもっている政治史上の問題点については、まだ殆んど分析が加えられていないといってよい。近来さまざまな角度から、明治四十年代、とりわけ四十三年（一九一〇）という時点がわが近代史上に占めるエポックとしての意義が論ぜられている。大逆事件とならんで第二次桂内閣をゆるがした南北朝正閏問題について、政治史的角度からその背景・進展・帰結の意味するものを解明することは、極めて必要と思われる。以下、若干の史料にふれつつ、幾つかの問題点を提起してみたい。

註

(1) 一九五九(昭三十四)年六月十五日至文堂発行。第五章第三節「明治の正閏論」において明治初年以来の南北朝正閏論争の発展過程を綿密に叙述しかつ分析を加えている。史論としての問題点が中心。

(2) 向坂逸郎編『嵐の中の百年—学問弾圧小史—』(勁草書房、一九五二年十二月五日)所収。

(3) 喜田貞吉『還暦記念・六十年之回顧』(一九三三年四月二十五日発行、非売品)抜刷「南北朝正閏問題事件。

(4) 石田雄『明治政治思想史研究』(未来社、一九五四年十一月十五日)一三四頁及び二七二頁以下を参照。

I 政治問題化の背景

〔イ〕一九一一年二月における政治情勢

正閏論争の発端をなしたのは、あたかも大逆事件判決[5]の報道と時を同じくする一九一一年一月十九日付の読売新聞の論説「南北朝対立問題(国定教科書の失態)」であった、とされている。[6]しかし、これより先、一月九日付の同紙第二面には「国定教科書に南北朝を対立し、足利尊氏を以て楠・新田等の諸忠臣と同等に見做したるに就ては民間既に反対論勃興し、単行の著書さへ漸く散見するに至れるが、貴族院議員中にも痛くこれを憤慨し大々的質問を試みんと敦囲く者さへ尠からず、之に付小松原文相の態度を聴くに今更軽挙を悔ゆる色動ける由、さる消息通の談なり」という短い記事がのっているところを見れば、すでに前年十二月一日の東京高師での講習会[7]における喜田貞吉の詳説以来、民間の反対論は紙面に影響しはじめていたのである。後述するように、教科書が尊氏と楠木・新田を同列に扱ったとこの記事でいっているのは事実ではなく多分にデマゴーグの色彩を帯びているが、その傾向は十九日以後の報道に当たっては更に矯激なものとなり、故意に同じく国家主義教育の立場をもってする喜田博士ら文部省一統の弁明を無視するかたむきがあった。このこと自体問題の政治性を示唆するものであるといえよう。

それはともかく、十九日の論説は政治問題化の端緒ではあったが、実際にはこれはかつて講習会において喜田講師の説明を不満とし質問に食い下がった一校長峯間信吉[8]がたまたま友人であった読売記者の豊岡半嶺を動かして書かせたものにすぎなかった。他の諸紙を見ても、十二日に中央新聞が取り上げている程度であり、まだ一月中にはこの議論に同調するものは殆んどなかったのである。本格的な政治問題化は、二月六日、早稲田大学講師の牧野謙次郎、松平康国らにバックアップされた藤沢元造代議士[9]が、衆議院に五ヶ条に亘る質問書を提出してからである。試みに東京朝日新聞をみると、二月九日の第二面に「文部大臣の狼狽」と題して質問書の提出を報じたのを最初とし、以後二月十、十五、十六、十七、十八、十九、二十、二十一、二十二、

二十三、二十四、二十五、二十七、二十八、三月一、二、三、四、五日と、およそ一箇月間にわたって四七の数にのぼる記事をかかげているが、一月中には一回もない。

二月にはいってことが俄かに政治問題化したことの原因は、当時の政情の変化の中に大きな要素をもつと思われる。直接的契機となった藤沢の質問書提出が世人の関心をひいたことは事実としても、藤沢元造自体は小心なロボットであり、質問書の内容もとるに足らぬものであって、ふつうならとうてい政界およびジャーナリズムの支持をそれほど広汎にあつめうるものではなかった。しかるに、質問書の賛成者には河野広中、大竹寛一、小泉又次郎、佐々木安五郎ら五一名の議員が名をつらね、桂首相に懐柔された藤沢の動揺に際しては、これを叱咤鞭励し、万朝報、読売なども全力をあげて同調する。そして、ついに板ばさみになった藤沢が狂態を呈して二月十七日辞職するに至るや、それまで比較的客観視していた東京朝日までが政府を痛烈に攻撃し、御用新聞と目されていた東京日々がこの問題の前後を通じて十七日にわずか二つの記事をのせているほか一貫して沈黙を守っていたのとはいちじるしい対照を見せたのである。

すなわち、南北朝正閏問題は明らかにときの野党的立場をとるすべての政治路線から、純然たる桂内閣攻撃の具として用いられたのであった。では、何ゆえこの時点において正閏問題がこれほど強烈な政治的エネルギーのはけ口たり得たのか。——ときは大逆事件直後であり、「冬の時代」の到来をむかえて社会主義者たちは沈黙を余儀なくされ、第二次桂内閣の官僚武断政治に対する国民の有形無形の鬱積はその代弁者をもたなかった。さらに注目すべきは、一月二十七日、議会に過半数を占める西園寺・原の立憲政友会が桂内閣と〝情意投合〟したとの発表を行って完全に与党化したという事実である。[10] すでに一九〇五（明治三十八）年末以来久しきにわたる藩閥官僚と政友会の妥協にもとづく政権たらい廻しのいわゆる「桂園時代」は中間層の不満を潜在的にもはぐくんでいたが、ここに至ってそれが爆発したものとみることができる。かつての日比谷焼き打ち事件当時の国民大会主催者である河野広中をはじめとする分子が正閏問題弾劾の急先鋒をつとめていることも見逃せない。しかし、この南北朝正閏問題が果してどれほど国民的なひろがりをもつものであったかは、新聞の冷熱の程度をさきの日比谷焼き打ち事件の場合と比較するだけでも明らかであろう。東京日々の沈黙はそれを象徴する。そしてまた、運動の先頭に立ったのがその前年反政友会の三派合同によって結成され、純民党を標榜しながらわずか三年後の一九一三（大正二）年には桂太郎の新党運動の前にあえなく分裂した立憲国民党であったことは、これを裏書きする。

註

(5) 大審院法廷において判決の下されたのは一月十八日。幸徳秋水ら二十四名に死刑（のち十二名減刑）、二名に有期懲役。
(6) 大久保利謙氏の前掲論文。「嵐の中の百年」五二頁
(7) 明治四十三年十一月十日から十二月一日まで東京高等師範学校で中等教員の地歴講習会が開かれ、喜

田は講師の一人として前後を通じて一〇時間にわたる講話を試み、特に最終日の十二月一日には宮内省図書寮編修官本多辰次郎の臨席を求めて南北朝問題の扱い方に関して詳説した。「回顧」一一七頁。

(8) 鹿水と号す。のち東京商科大学予科教授となる。

(9) 大阪府選出衆議院議員。当時著名な儒学者の藤沢南岳の息であった。

(10) 「原敬日記」第四巻一七五〜一八二頁。「新聞集成明治編年史」三六九頁

〔ロ〕一九一〇年〜一一年の転換

なおひるがえって考察するならば、歴史教科書の問題が政治問題化したのは、これがはじめてではない。正閏問題にさきだつことちょうど一年前の一九一〇年一月、権力内部において元老山県有朋が教科書用図書調査委員会に圧力をかけた事実が「山県公爵の教科書不法干渉事件」(11)として万朝報紙上に曝露され、文部省当局をいちじるしく狼狽せしめた。

この問題は、一九〇九（明四十二）年六月、横浜市が開港五十年祝典に際して旧彦根藩有志の発起を容れ井伊直弼の銅像を建立したことに端を発し(12)、これに対する薩長閥権力者の憤慨が小学校歴史教科書の安政条約締結についての客観的叙述にまで飛火したものである。銅像問題では井上、松方、伊藤ら薩長藩閥の元老がこれに関係したが、東京日々新聞の論調すらこの横車に批判的であり、ことにこれが尾をひいた教科書に対する干渉については、万朝報紙は山県の名をあげて正面から攻撃を加え、世論もこれを支持する趨勢であった。おどろいた文部省は、干渉の事

実なしとの声明を出し、委員会内部においても三上参次博士は、「幕末の歴史は余が三十数年来研究の結果なれば、他の反証を見ざる以上は如何ともなし難し」と断固たる態度をとって圧迫に抗したと言われる。(13)けだし、正閏問題に比べると全く正反対と言ってよい現象が、わずか一年前には見られたのであった。

後述するように、正閏問題においても元老山県の果たした役割は大きく、この井伊大老問題は明らかに正閏問題の伏線であり、教科書の内容を権力の支配下に置いて国家主義的道徳体系の貫徹を期そうとする国定教科書制定の第一義的路線がつらぬかれているものといえよう。だが、一九一〇年一月というこの時点においては、「歴史上の事実を曲げんとする魂胆」として山県の干渉をにくみあばいた同じ万朝報が、一九一一年二月には読売と共に歴史上の事実は第二義とする国体論、名分論を根底においた南朝正統論に全面的支持を与え、教科書委員会を論難攻撃して、教科書編纂に対する外部干渉の積極的役割をになったという一見不可解な事実がある。もとより、皮相な観察を加えるならば、どちらの場合も万朝報は反権力的立場をとっているのだ、との見解も成り立つ。しかしそれは単なる一面にすぎない。やはりその本質的な問題点をもとめるならば、前節において述べたように、山県的路線はこの二つの教科書事件にまたがる一年間に強化された半面、万朝報的路線は転換をとげたというところにある。すなわち同じ反権力的立場にしても、それを学問の自由という本来的な場で正面から争うことはもはや出来ず、強化された体制のイデオロギー内部に入り込み、その中から体制側のいまだ整備されていない不統一の弱点をつくという形態をとらざるを得ないところに逐い込まれるに至ったのであった。それだけに一見華々しい政府攻撃の火の手をあげることが出来ても、結果的には却って体制強化の役割を果たすという立場に位置してしまったのである。

この転換を余儀なくせしめたものはなにか――一九一〇年から一九一一年への一年間が大逆事件の年であり、韓国併合の年であり、そして桂内閣と政友会の〝情意投合〟の年であったことがそれを解明する。井伊問題と正閏問題との間に横たわる一年間はかような一年間であり、この二つの歴史教科書事件が示した正反対の現象形態こそは、政治的力関係の変転を物語るものとして決して偶然ではないのだといえよう。

以上に述べた背景を前提として、事件の政治問題化を位置づけることが出来る。次いでその進展過程をいくつかの角度からやや立ち入って分析してみることによって、事件自体の政治史的把握にすすみたいと考える。

註

⑾ 明治四十三年一月二十五日付万朝報記事「文部省の自白」

⑿ 明治四十二年六月二十七日付東京朝日新聞記事は、七月一日の横浜市開港五十年祝典当日の除幕式挙行予定につき、「其筋よりは該除幕式中止のことを周布知事に訓令する所ありしが」と報じている。また七月一日の同紙は「井伊大老の銅像問題に関して」と題する一読者の投書を載せているが、この

投書は「近時物議を惹起しつつある本問題に関して試みに一言せん、大老が開国の本尊たるは、今日普通教育上に使用せらるる処の日本歴史の教科書中に於て之を明記せり。然し此点に於て疑あらんか、我文部省は斯かる誤謬を記載せるを教科書として許可せらるる歟」と、銅像問題と教科書問題を結びつけている。

⒀ 明治四十三年一月二十五日付万朝報

明治末年における南北朝正閏問題
——その政治史的意義を中心に——（下）

Ⅱ　政治過程としての教科書問題

〔イ〕第二次桂内閣の政治的立場

この年一月二十九日、桂内閣は第二七帝国議会の開会中に、衆議院に過半数の議席を占める立憲政友会と「情意投合」を行った。桂首相はこれをもって大逆事件・鉄道広軌案などがもたらした当面の政治的危機は内閣にとって回避されたとし、内心大いに誇るところがあったと思われる。「情意投合」は他方政友会側からは、政党による立憲政治への歩を進めたもの—原敬の考えたように—として理解されていたとしても[(1)]、桂の意思は明らかに自己の政治的生命の延長と、藩閥官僚勢力に対する政党の妥協をかちとったものとしてこれを受けとっていた。このようにして、相対的安定期を迎えるかに見えた政局に、思いがけなく降って湧いたような南北朝正閏に関する教科書問題の火の手は、新たな政治的危機を招来し、さすが権謀に長けた桂の顔色を失わしめたのである。

はじめ、内閣における直接責任者たる小松原英太郎文相は、歴史教科書をめぐる紛議・攻撃は世間の〝誤解〟にもとづくものであるという喜田貞吉博士の立場を支持し、その釈明によって充分この攻撃を切り抜けられるものと考えていた模様である。忠実な皇室中心主義者であった喜田にとっては、彼が南朝を否定し北朝正統論を教科書に導入して国体を誤る教育を植え付けようと企図しているなどという攻撃にさらされたことはまことに意外なことであり、事実と反した。従って、彼はただ、自己の「正閏軽重を論ぜず」と解説した意図がどこにあるかを闡明《せんめい》することによって世の誤解を解き得る、と考えた。そして小松原文相も、当初においてはこの喜田の立場に積極的な支持を与えていたばかりでなく激励すらしていたのである。[2]

ついでながら、この事件を通じて一貫して攻撃の対象とされ、ついには休職処分を受けた喜田貞吉博士を目して、わが近代歴史教育史上における学問的良心を守ろうとした犠牲者として位置づけることは、必ずしも正しくない。これよりさき一九〇一（明治三十四）年五月に内閣より文部省図書審査官に任命され、高等官七等に叙せられて以来の喜田が、歴史学者であると同時に忠実な文部官僚としての側面をもって教科書編纂に従事していたことは、見落とすことのできない事実である。明治四十二年夏、彼がその創設にかかる日本歴史地理学会の小田原における講演会で行った国史教育についての講演内容が、補筆の上「国史の教育」[3]と題して翌四十三年六月に刊行されている。

その内容はまさに、南北朝正閏論争における彼の弁疏《べんそ》をことごとく裏づけるものであった。それればかりでなく、喜田はこの著書の中で、国史教育の根本方針として文部省令である小学校令施行規則第五条「日本歴史は国体の大要を知らしめて国民たるの志操を養うをもって要旨とす」という条項をあげ、この趣旨にもとづいて〝教材の取捨選択が肝要である〟と主張する積極的な国体教育の担い手でもあった。すなわち、国定教科書からの壬申の乱の削除、称徳天皇の道鏡寵幸の抹殺等々、一九四五年八月の敗戦に至るまでの長きにわたった歴史教育上のタブー設定は、実にこの時喜田博士らの手によって如上の見地から裁断が下されたのであった。

喜田が南北朝に正閏を付さないという方針をもって教科書にのぞんだのは、学問的に実証主義史学者としての自己の見解と一致するから、というよりは、むしろそれが「宮内省の方針」（と彼が想定したもの）と一致するからであり、また故伊藤博文公の内意とも一致するから、という理由であった。[4]そこにこそ喜田の苦心と得意の存するところがあったのであり、従って世間の攻撃がにわかに降りかかって来ても、明治国家的意味における至高の権威に恃《たの》むところのある彼の態度は最後まで崩れなかったのである。また、文相小松原英太郎は、官僚出身ではあるが、その青年時代に自由民権派の論客であったという出自をもち[5]、その頭脳と才能をもって山県に擢んでられた人物であるが、政治的敏感性よりも多分に合理的保守主義者としての固執性を有していた。当初彼が喜田の弁疏・主張を全面的に支持していたのも不思議ではない。

こうして、内閣はこの事件を火の手の小さいうちに終息せしめる時期を失し、俄然藤沢代議士の質問演説が行われるという間際になって、狼狽した桂首相みずからが問題処理に手を下さざるを得ない羽目に立ち至ったのである。

喜田・小松原らの態度に見られた官僚主義[6]は実に桂内閣の本質であったが、図らずもそれは内閣の命取りとなった。教科書問題の火の手をあげた松平康国・牧野謙次郎ら国体論者のグループは、はじめからこれを内閣攻撃の政治問題とする意思はなく、むしろ「飽くまでも政治問題となすを好まず」[7]と、極力これを回避しようとしていたのであり、文部省当局のかくも高姿勢のはねつけに遭うことがなかったならば、もっと容易に政府と妥協する道をえらんだであろう。牧野・松平らは、大義名分論者としての自己を貫徹することは欲していたが、保守主義者の常として必ずしも藩閥官僚勢力を代表する桂内閣を攻撃することを欲しなかったのである。彼らが衆議院における質問者として藤沢元造をえらんだのも、藤沢がたまたま牧野の親族縁故関係に当たるというばかりでなく、その政党色のないことが適当と考えられたのであった。この間の事情は松平康国記・牧野謙次郎補の「国定教科書事件手記」[8]に詳しい。

はじめ、政党外に人を求めようとした松平・牧野らは貴族院の谷干城に望を嘱したが、谷将軍は病臥中のため衆議院に転じて、牧野と親戚関係のある藤沢を撰んだというのである。藤沢元造は当時無所属とも、又新会[9]に属していたともいわれるが、はっきりしない。大阪選出の代議士である。喜んでこの委任を諾し、一旦帰省（一月二十八日～二月三日）して父の南岳にはかった上、二月四日に上京するとただちに議院に赴き、南北朝正閏問題に関する五ヶ条の質問趣意書を提出したが、これに賛成署名をした議員は国民党の河野広中・犬養毅をはじめとして、五一名の多数に達した[10]。すでに、牧野謙次郎らの意図をのりこえて、問題は政治化しはじめていたのである。

桂内閣は震駭《しんがい》した。時を移さず、質問書撤回のための裏面工作が同日夜から開始される一方、小松原文相も藤沢と折衝を重ねたが、世間の耳目を集めて意気上がった藤沢らの拒否にあい、ようやく当初二月七日の月曜日に予定されていた質問演説を十六日に延期せしめるという効果をあげたにすぎなかった[11]。この時点では、政府側の説得工作は、ひたすら、ことは〝皇室に関する問題だから論議の的とすることは畏れ多い〟という論拠に立つものであった。これは裏を返せば、桂が思わず洩らしたというように、「ほかのことならともかく、皇室に関する問題で失敗したら二度と起つことができない」という自己の政治生命についての切実な危機感にほかならない。妥協工作の中での藤沢の動揺を恐れた同志の牧野らは、藤沢を伊勢神宮に祝禱《しゅくとう》に赴かしめ、質問予定日直前に帰京させるように計らった。しかし必死の桂はそのうらをかいて工作員に後を追わせた[12]ばかりか、二月十五日上京してきた藤沢をそのまま新橋駅から総理さしまわしの馬車で貴族院総理大臣室に誘致し、自から会見、教科書の改訂を約する傍ら、買収と甘言でついに藤沢から質問演説の撤回をとりつけたのである。一夜を待合で過ごし、泥酔の極狂態を呈した藤沢は、翌十六日、衆議院議長長谷部純孝に辞職願を出し、その辞職理由弁明のために登壇したが、支離滅裂な演説を行って、議場を唖然たらしめた。ひとり、蒙古王と綽名された佐々木安五郎が立って、辞職の理由が不明確であること・関係責任者たる文部大臣が欠席していることの二点をあげてくいさがったが、多数をもって藤沢の議員辞職は可決され終わったのである。[13]――十五日朝藤沢の消息が不明となったとき、牧野謙次郎は、「どうも痩馬に重荷であったたか」[14]と思わず痛嘆したが、それは事実となった。

しかし、事件が本格的に政治問題化したのは、むしろこれを契機としたといってよい。藤沢問題で政府の示した手段を問わない卑劣なもみ消し策は、これまで正閏論争に冷淡ないし中立的であった一般世論をまで一挙に硬化憤激せしめた。さきにふれたように、多くの新聞雑誌が政府を痛烈に攻撃し始めたのは、この藤沢問題以後のことである。火の手は却って大きくなった。当初は政府に失点を与えることを恐れて政党の手に問題を渡すことを避けた牧野ら国粋派の苦心も空しく、一時藤沢の質問演説を封じ得た桂は、一週間後の二十三日には、野党立憲国民党を代表しての犬養毅の政府問責決議案演説を議場に迎えねばならなくなったのであった。

それればかりではない。内閣をも議会をも超越する最高権力が動きはじめていた。十八日、この上は元老を動かすよりない、と考えた松平康国と牧野謙次郎の二人は、小田原の元老山県有朋に宛てた意見書を起草して、その紹介伝達を中原邦平に嘱した。[15]十九日、その書を一読した山県は奮然として小田原を発ち、東京に向かった。まず、閣僚中随一の山県派である寺内正毅陸相に書を寄せて教科書の失態を激烈に叱咤する意を伝え、おどろいた陸相がこれを桂に報告するところへ、警視庁からは山県の小田原出座が報ぜられるという有様であった。驚愕した桂は書を飛ばして諸閣僚を集め、鳩首凝議する間もなく、新橋に着いた山県は、そのまま閣僚会議を尻目に宮中に入り、天皇に拝謁を求めた。便殿におけるこのときの明治天皇と山県の会見の場は、「先朝遺聞」(16)によって頗る劇的に伝えられている。天皇の前に進んだ山県がまさに言葉を発そうとしたとき、天皇は色を正して言った。「卿遠来二小田原一、無下乃由二南北朝両論一而然上耶。南朝正統之議定久矣。明治維新之大業実継二建武中興之遺猷一而成。此事朕曩告二之于吉野神宮一。及レ今何遽変二更之一為。人或可レ欺、祖宗神霊豈可レ罔哉。卿其安レ意可也。」と。もしその主張が聴許されない場合は大袈裟な言い方ながら「則唯有二尸諌一耳《すなわちただしかんあるのみ》」という意気込みであった山県は、ただ感激の涙にむせんで退出したという。その足で山県は内閣に赴き、桂首相・小松原文相・寺内陸相・渡辺宮相の四名を同座せしめて、その責任を大いに詰責し、責任問題はなすり合いの結果前宮相田中光顕の召喚にまで及んだが、最後には一同ひたすら山県の前に平身低頭してその怒りをなだめるよりなかったのである。

かくして二十三日、犬養の弾劾演説に対して桂首相は終始低姿勢をもってのぞみ、教科書問題については、南朝正統論を採用して改訂を行うことを約して、危うく不信任案を多数をもって切りぬけたのであった。喜田貞吉博士は、二月二十七日付で文部編修官の休職を命ぜられ、教科書用図書調査委員は諭旨免官となった。明らかに政府の全面的敗退であった。こうしてようやく第二七議会を切りぬけたものの桂内閣はここに、三年有余にわたった内閣倒壊への決定打をこうむったものであるといえよう。そして、この第二次桂内閣の運命は、のちの第三次桂内閣の運命をも規定したのであった。――この年八月三十日、内閣が倒れて後、早稲田に大隈伯を訪れた桂太郎は、次のように語ったという。「日露の戦争はもとより心中深く心労した。幸徳事件もまた憂懼《ゆうく》するところ甚だ深かった。しかし、それらも南北朝正閏の議に比べれば、同日の段ではない。上は天皇の軫念《しんねん》をおそれ、下は国論の激昂をおそれ、中には元老の呵責《かしゃく》をおそれ、はじめから終りまでおそれてばかりで、逃げこむ余地は少しもない。これでは内閣が崩壊しないことを願ったところでとても無理ではないか」(17)と。

註

(1)「原敬日記」第四巻一七九頁、明治四十四年一月二十六日条

(2)「南北朝正閏問題事件」喜田貞吉還暦記念六十年之回顧抜刷、一三〇頁

(3)日本歴史地理学会編纂・著作者喜田貞吉、明治四十三年六月二十二日三省堂より発行。その第一二章（一四二～一六七頁）は特に「御歴代の数特に南北朝の関係に就いて」とされている。

(4)前掲喜田貞吉「南北朝正閏問題事件」一二二頁

(5)明治八年末広重恭（鉄腸）の推薦で「評論新聞」入社。九年一月、評論新聞に「圧政政府転覆すべきの論」を掲載して新聞紙条例に触れ、下獄二年（「小松原英太郎君事略」、「自由党史」第三篇第二章。）

(6)喜田「南北朝正閏問題事件」一三五頁

(7) 松平康国記・牧野謙次郎補「国定教科書事件手記」(友声会「正閏断案・国体の擁護」所収) 三四二頁
(8) 友声会編「国体の擁護」(明治四十四年七月十五日東京堂刊) 三四一〜三六四頁所収
(9)「犬養木堂伝」八三九頁。他の新聞等諸資料には概ね無所属となっている。
(10) 大久保利謙「南北朝正閏問題をめぐって」(「嵐の中の百年」五三頁)
(11) 前掲松平・牧野「国定教科書事件手記」三四六頁
(12) 内田周平「南北朝正閏問題の回顧」(「犬養木堂伝」所収) 八五六頁。前掲「国定教科書事件手記」三五八頁
(13) 官報号外明治四十四年二月十七日衆議院議事速記録第一二号「議長ノ報告・藤沢元造君ノ辞職ノ理由弁明ノ件」、東京朝日新聞明治四十四年二月十七日第二面、「昨日の衆議院」。
(14)「国定教科書事件手記」三五八頁
(15) 同右、三六四頁
(16) 牧野謙次郎著
(17) 同右。また、「公爵桂太郎伝」(下) 五二〇頁には次のような記述がある。「公は……後人に語りて曰く、予は予の生涯に於て当時の如く痛心したる事無かりきと」。

〔ロ〕立憲国民党の政治的立場

第二七帝国議会において、大逆事件・南北朝正閏問題に関する政府問責決議案を提出して烈し

く政府を攻撃する態度を示した立憲国民党が衆議院に擁する議席数は九二、二月二十三日の決議案投票採決で得た議員数は九六票であった。(18)

国民党が教科書問題を大きく取り上げて政府に迫るに至った根拠について、再考してみよう。二十三日、病躯を押して議場に立ち、政府弾劾演説を行った領袖犬養毅に目を向けるならば、彼が南北朝正閏問題に積極的立場を示したのは、単なる戦略・戦術のみからではなかったと言える。彼犬養が一貫して熱心な南朝正統論者・名分論者としての主体性をもっていたことは、この時期の行動だけでなく、その生涯の事歴に徴して明らかである。犬養が七歳から一一歳まで漢学を学んだ岡山の家塾の師である森月瀬は、みずから「南朝遺臣」と称した大和出身の人であった。(19) そしてまた、犬養の生家は備中の国岡山吉備の大庄屋をつとめる家柄だったが、代々の当主は山崎闇斎の学統を受けた家学を伝える漢学者でもあったのである。幼時からのこうした精神的環境は、藩閥に抗し民党の指導者としての気節を曲げることなかった明治期の政治家犬養毅の内部に、それと矛盾することなく「忠奸を同視するの結果を生ずべき一大事件」(20)としての教科書問題を「大逆事件に比して毫も劣らざるのみならず、更に重大なる問題なりと信ず」(21)と評価せしめる一つの抜きがたい価値体系をつくりあげていたのである。

だが、それはしばらく措き、ここでは犬養の本来的な側面――すなわち政党政治家としての犬養毅と、その代表する国民党、さらにその背後にある社会的諸関係に視点を据えなければならない。

この時点よりおよそ一年前の立憲国民党の成立当時の事情を遡ってみよう。内訌・分裂を重ねた憲政本党を中心に又新会・無名会・旧戊申倶楽部の四派が合同して〝純民党〟の旗じるしをかかげて発足したのが、立憲国民党であった[22]。ことここに至るまでには、明治三十三年の政友会成立以来の非政友諸派がつぶさになめた、政権の座から疎外されての苦節十年の歴史がある。それは、一方における政友会が、伊藤・西園寺を戴き原敬・松田正久らを主力にして巧みに山県系の官僚絶対主義権力に肉薄しつつ妥協と取引を重ねて党勢を拡張し、政権への参加を決定的なものとしていた時期である。羨望・焦慮の色は憲政本党参加の議員たちにも濃く、幾たびか動揺と分裂の危機をはらむ内訌《ないこう》が繰り返され、ついには積年の党首たる大隈重信がその地位を去るという事態も惹起されたのであった[23]。

こうして四十三年三月における立憲国民党の成立は、これにさきだつ官僚派の中央倶楽部発足[24]とあいまって、明治末期における政界分野の最終的再編成段階とも見るべき性質のものであったにも拘らず、やはりその内部には依然として政権へのアプローチをめぐる幾多の矛盾を蔵し続けていたのが事実である。純民党を唱えて発足はしたものの、結党以来わずか一年間の間にも、あるいは桂内閣に、あるいは政友会に接近を図って、何とか政府と政友会の間に間隙を生ぜしめ、それに乗じようとする党内両派の動きは絶えることがなかった[25]。

しかしながら、国民党の有する独自の政治的基盤に目を向けなければならない。もとより、野党的性格をもつといっても、民衆運動の全く弾圧されていたこの時点においては、国民党も所詮は政治権力をめぐる支配層内部の矛盾を表現する一つの勢力関係であるにすぎない。当時、世人は国民党を端的に〝三菱党〟と評した[26]。試みに国民党の創立委員七名を概観するならば、犬養毅・大石正巳・仙石貢・片岡直温・島田三郎・河野広中・坂本金彌である。このうち、仙石・片岡の二人はそれぞれ豊川良平の意を受けた有力な三菱派であったこと、民党主義の硬骨をもって知られる犬養もその政治資金を専ら三菱に拠っていたこと[27]、などの容易に想起せられる事実がある。〝大石七分、犬養三分〟と原敬によって評せられた[28]当時の国民党の内部事情であったが、その抗争を重ねた大石派と犬養派を妥協させ、国民党の成立に至らしめたものは、第一に豊川良平・仙石・片岡らを仲介者とする三菱財閥の意向であったといえよう。[29]

三菱系ブルジョワジーが自己の政治的代弁者として直接政権にないところの国民党を措定せざるを得なかった理由は、政友会との反目関係にある。かつて第一次西園寺内閣は第二二帝国議会（明治三九年三月）において、三菱系の閣僚加藤高明の外相辞任という波紋すら描きつつ、三菱派の強い抵抗を押し切って政府原案による鉄道国有を強行した。この鉄道国有問題について、前島省三氏は、利益を上げたのは明らかに「三井や三菱」であるとされ、加藤高明を閣僚に送り出していた三菱の猛烈な反対は、「端的にいうと買収価格をできるだけせりあげようとしたのである」[30]と評価されている。しかし、結果的にはそうであったとしても、それではこの時期における支配階級内部の矛盾の特殊な側面を見落とすことになろう。「三井や三菱」と総称しうる日本の資本主義の生成過程は、もはや初期の原初的な競争関係を超えたものになろうとしていた。すなわち、日露戦争後の三井が、重工業部門を急速に拡大し、巨大産業資本としての地位確立をめざしていたのに対し、三菱は海運・保険・造船界に独占的な地歩を占めると共に、いち早く銀行部門を拡充して近代的金融大資本としての側面を強化していた。しかも、日露戦後ようやく独占段階に入り産業構造を急激に膨張させようとする時期を迎え、その主要なエネルギー源たる九州の石炭産業の支配権をめぐり、この二つの財閥の間には激しい対抗関係が生じていた。その制覇戦において、三井側が三池をはじめとする優秀炭田を手中にし、また三井物産の販売機構をもって中小炭鉱に決定的な支配力を確保していたのに対し、三菱は九州鉄道によって運輸の権をにぎり、石炭競争における不利をカバーしていた。そこへ、三井と伊藤・西園寺の線で密接なつながりをもつ初の政友会内閣たる政府が鉄道国有を強行したのである。三菱系の猛烈な抵抗は、あながちポーズだけではなかった。——そして、国民党創立委員として活躍した仙石貢が、じつにそのときの九州鉄道社長であったということは、偶然ではないであろう。

いずれにせよ、かつての御用商人的財閥の姿はもはや遠いものとなり、支配階級としての自己を確立したブルジョアジーは、当然それ自体の政治的代表者を欲する。そして、ブルジョアジー自体の中にいまだかなり原始的な形での—即ち三井と三菱のような—分裂が存在する以上は、その政治勢力もそれぞれの政党を便宜的にせよ持たざるを得ない。政治的劣勢を敢て認めつつも三菱が国民党のバックに立ったのは、先に述べた政友会との当面の離反によって説明される。

国民党を支える柱は、しかしながらこの時点での金融資本を代表する三菱財閥の力のみであったろうか？　遠からず日本帝国主義の発展と独占段階の進行にあいまって三菱はより強力な階級政党を〝三井と共に〟創出して行く運命であった。自らが権力の担い手であるかれらにとって、もともと反政府の立場を貫き得るものではない。国民党の基盤としては、この第一の柱のほかにより目立たぬながら、次に述べる二本の柱があった、と私は考えている。

——第二の柱としては、〝戦後経営〟の渦の中で、政府の重工業政策・軍拡による重税と大資本の圧迫にあえぐ地方の中小商工業者の支持、そして、第三のそれとしては、久しきにわたる藩閥官僚の専制とこれに妥協した政友会のあり方に反発を持ち、野党としての国民党の役割に期待する一部知識層・中間層の要請、である。

この国民党における三本の柱は、それぞれに内部的統一関係を確保し得ず、ちょっとした矛盾の運動に伴って、すぐにもバラバラになりかねない脆弱さを宿命的に持っていたといえよう。第二七議会にのぞんだ国民党は、この三本の柱に立脚する党内調整に悩み、かつ早くも分裂の危機にさらされていた。前年十一月、政党の連合によって藩閥に対抗するという往年の夢を抱き続けている犬養毅は、政府が二七議会に反対の多い鉄道広軌案を上程しようとしている機会をとらえて、政友会の古賀廉造・秋元興朝子爵らと秘かに会見し、政友会と国民党の提携を策している。[31]だが、これは国民党との提携に利益を認めずに桂との妥協を急ぐ原敬の線によって冷淡にあしらわれ、却って党内で、犬養は自家の地位を固めようとして政友会に接近した、との非難を浴びたに過ぎなかった。[32]

こうしていよいよ議会は開会したが、桂・政友会の「情意投合」が国民党の両派に与えた打撃は大きかった。大石派もここに至っては公然内閣批判に立たざるを得ない立場に追い込まれたが、肝腎の予算案に対する党議さえ定まらず、予算案本議会上程前日の二月十三日の党代議士会で辛うじて「全面的予算編成替を要求する」という不得要領な決定を行うという状態で、これに憤慨した田川大吉郎・鈴木力の二名は起って脱党を声明する始末であった。(33) なお、この十三日の代議士会では、政府弾劾案の内容を大逆事件のみに限るか、教科書問題も併せて取り上げるかが議論の的となり、蔵原惟郭などは前者の立場をとった。(34) この時点では、教科書問題――南北朝正閏問題はいまだかならずしも、国民党にとっては政府攻撃の材料としてさほど重要視されてはいなかったのである。

さて、明治四十四年度総予算案は、翌十四日の衆院本会議を難なく通過し、具体的指摘を欠いた国民党の反対演説（武富時敏）は黙殺にひとしく葬り去られた。(35) これは国民党の第一の柱たる金融ブルジョアジー＝三菱派の意向が桂支持に向かっていた事実と照応するものである。次いで十八日、島田三郎は織物消費税・塩専売・通行税の三税廃止案をひっさげて登壇し、〝第二の柱〟たる中小商工業者の輿望《よぼう》に答えようとしたが、これまた数を恃む政府・政友会の反対で一七一対八五で否決された。(36) このように、よく議会の大勢を制し得た桂内閣の前途は楽観を許すかに見えたが、さきに述べたように、十六日、弥縫策《びほうさく》が逆効果となった藤沢代議士の辞職演説が、一挙に政局を緊張せしめたのである。

国民党は、ことここに及んでいよいよ二十一日大逆事件・教科書事件の二つを内容とする政府問責決議案を提出した。これに呼応して政友会議員の中にも、「大逆事件に就いてはともかく、教科書問題に就いては」政府問責に同調しようという声が起り、原・松田ら幹部はその鎮静に苦労する始末となった。(37) 二十三日の犬養が病躯を押しての弾劾演説は、こうした状況の下で行われ、政治的には第二七議会における国民党の最大の活動舞台となったのである。

大逆事件と南北朝正閏問題——体制側の弱味を二つながら併せとりあげえたことの有効性は大きく、桂は政友会の協力を得てこれを秘密会に付し、二〇一対九六に葬り去ったが、受けた打撃をおおうべくもなかったことは、すでに前述のごとくである。

政府のこの問題における政治的敗北は、必ずしも国民党の追撃と政友会の一部の動揺のみによるものではなく、より直接的に作用したのは元老山県から明治天皇までを動員した体制側自身の危機感の発動であったことも、すでに述べた。これに見あったものとしての国民党側の政治的主体性も、一見挙党一致の態勢をとりながら、その実、さきに挙げた〝三本の柱〟のうち、第三番目の日露戦争後の階層分化＝日本資本主義の発展に規定された特質的な社会層ともいうべき〝中間層〟(すなわちここでは中小学教員・一部ジャーナリスト・下級官吏等)の動向がその主体となったのであり、南朝主義をもって馳せ参じた国粋派のイデオロギー的動員は、院外の世論という形でこれを補強する役割をになったのであるにすぎない。

ブルジョアジーが動かなかったことは明らかである。二十三日、政府問責決議案に賛成票を投じたあと、国民党の代議士懇親会が夕方六時から尾張町の松本楼で開かれた。席上、余憤なおさめやらぬ福本誠・佐々木安五郎らの代議士はこもごも起って南朝正統を論じて慷慨し、閣臣を攻撃、時事を痛論したが、一方領袖大石正巳は病気と称して出席せず、その他島田三郎・片岡直温・仙石貢・加藤政之助・根津嘉一郎等の有力者が「打ち揃ふて欠席したるは何となく目に立ちたり」と、早くも二十五日の大毎紙は報じている。[38] 疑うべくもなく、国民党の〝第一・第二の柱〟は、この期に及んでもなお教科書問題に動いてはいなかったのである。国民党の野党としての存立意義は、〝第三の柱〟にしか支えられていなかったことが、ここに証明されたのであった。

以上の経過分析を要約して、出てくる問題は何であろうか。それは、この南北朝正閏問題における国民党の帰趨が示すものは、政治史の脈絡の上からは、来たるべき大正政変に関連させて位置づけうるものだ、という事実である。

近来、大正デモクラシーの研究が進められるに当って、いわゆる大正政変の政治的主体をどこに求めるかが議論されている。石井金一郎氏の論文「大正の政変」[39]は、これを単なる藩閥対政党の抗争・政党の勝利とみるのは不充分であるとして、第三次桂内閣の「天皇絶対主義と結合した金融資本」に対する産業資本家の憤懣が「民衆を指導」したものであり、しかもその推進・展開の主体をなしたものは「階級関係におけるプロレタリアートとしての「民衆」であった」とする。これに対して吉村道男氏は「大正政治史への疑問」[40]の中でいくつかの疑問を提出し、とくに信夫清三郎氏・井上清氏・小山弘健氏・石田雄氏などの諸論をふまえつつ、①口火を切った交詢社は必ずしも石井氏の言うように単純な産業資本家の集まりではないこと、②桂の新党・立憲同志会が金融資本と結んだものとするのは疑問、の二点をあげている。第一点には賛成であるが、第二点については石井氏が正しい。前述のように、大正政変の同志会樹立をまつまでもなく、すでに桂＝三菱系金融資本と国民党大石派の結びつきは明治末年に準備されていたのであることを想起するとき、その理解は容易なものとなろう。そしてまた、政変の主体を〝政党〟にではなく〝民衆〟に求めようとする石井氏の見解の正しさも、遡ってあとづけうると考えるものである。明治末年の正閏問題においては〝南朝正統論〟のキャンペーンにではなく、〝権力の横車〟に敏感に政治的反応を示した世論の動向に象徴される〝民衆〟がある。この場合、産業資本の役割を云々することは無益であろう。その代弁者の位置にある政友会は動かなかったばかりでなく、ブルジョアジー全体が、むしろ事態をにがにがしく傍観したのである。また、直接には〝プロレタリアートとしての民衆〟も動くことはなかった。喜田家には国粋派からの数多くの脅迫状が舞い込んだが、プロレタリアートと南北朝正閏論争は無縁であった。すでにその最も先頭の部分では〝大逆の徒〟によって初の「天皇制批判」すら行われていたのであった。

なおまた、従来多く閑却されてはいるが、わが国における最初の普通選挙法案衆議院通過が、この同じ第二七帝国議会でのことだったのも見落としてはならない。三月八日の衆議院に日向輝武（政友会）外二一名によって提出された普選法案は、審議の結果大多数をもって可決された。これが貴族院において全員一致で否決され、穂積八束博士の「将来に於ても此普通選挙の案は此貴族院の門に入るべからずという札を一つ掛けて」おきたいという言葉と共に葬り去られたことは有名である。だが、当時の世論はこれに殆んど関心を示さず、南北朝問題に多くの筆を割いている原敬日記も、普選案の衆議院通過は全く無視している。その歴史的意義は別として当時における政治的影響は皆無に等しかったのである。その一方で南北朝問題がかくも大きくクローズアップされていたという背景には、わが近代史のもつなみなみならぬ複雑さが象徴されているように思われる。

しかしながら、こうした状況のなかで、国民党において最も弱体であるかに見えた〝第三の柱〟こそが、思いがけなく最も強い打撃をその政敵に与える力を発揮し得たということこそ重要である。それは、その背後には広汎な国民大衆―民衆の中に、依然として政治参加を要求する力が急速にふくれあがりつつあったことを直覚させる現象としての意味をもつ。

発足当時の宣言書には「一として具体的の政綱を述べて居ら」ず[41]、「如何に其党員が結束を鞏固にし、政友会に対抗せんと試みても、此かる茫漠たる政党の方針を以てしては、到底実利に依りて結合する政友会に対抗することは不可能」[42]と評されるような国民党の政治的力量の枠をはみ出た要素が推進力となってこの事件全体を通じて貫かれていたのである。

註

⒅　「犬養木堂伝」上　八四二頁

(19) 同上二二七頁
(20) 「犬養木堂書簡集」（鷲尾義直編、昭和十五年十二月人文閣刊）一〇九頁、松村雄之進（福岡県選出代議士）宛三月三日付書翰
(21) 二月二十一日衆議院における犬養の政府弾劾演説の一節。「犬養木堂伝」上八四一頁
(22) 同上八一五頁。第一六章国民党の成立第一節、純民党の聯合。「明治編年史第一四巻」二二一四～二二四頁
(23) 明治四十年一月二十日、「大隈侯八十五年史」
(24) 明治四十三年二月二十五日に大同倶楽部（二一名）・戊申倶楽部（一七名）が合同し、これに無所属六名を加えて「中央倶楽部」が組織され、三月一日精養軒において発会式があげられた。主な顔ぶれは安達謙蔵・柴四朗・中村彌六・坂本彌一郎らであった。「明治編年史」第一四巻二二二～二二七頁
(25) 「原敬日記」第四巻一七二頁。明治四十四年一月十七日条
(26) 白柳秀湖「続財界太平記」二二五頁
(27) 雑誌「財界」第一五巻第三号（明治四十四年六月財務協会発行）四〇頁
(28) 「原敬日記」第四巻一六二頁。明治四十四年一月二十五日条
(29) 白柳「続財界太平記」二二六頁
(30) 前島省三「日本政党政治の史的分析」（昭和二十九年二月法律文化社刊）一七一頁
(31) 「原敬日記」第四巻一二五頁。明治四十三年十一月二十九日条
(32) 「明治編年史」第一四巻三三三頁、明治四十三年十一月二十九日付国民新聞記事〝犬養毅排斥―政友会に接近〟

(33) 明治四十四年二月十五日付東京新聞記事。「明治編年史」第一四巻三七四頁

(34) 同右

(35) 「原敬日記」第四巻一八八頁、二月十四日条

(36) 「明治編年史」第一四巻三七八頁。二月十九日付東京日々新聞

(37) 「原敬日記」二月二十二日、二十三日条

(38) 「明治編年史」三八二頁

(39) 「史学研究」(広島史学研究会)第五〇号所載

(40) 「真説日本歴史・第一一巻大正デモクラシー」(昭和三十四年十二月雄山閣刊)所収

(41) 植原悦二郎『日本民権発達史』第一巻(大正五年十一月)第一六章 桂・西園寺内閣時代、一〇・立憲国民党の成立

(42) 同右

むすび

経済不安と多年の専制に対する国民大衆のうっせきした不満は、大逆事件直後の最も不利な条件のもとで半ば無意識的に教科書問題に結びついて急激に盛り上がり、南朝正統論の是非を超えて政府攻撃へと転化して行った。それは、国民運動として評価するにはあまりにもいたましい屈曲をもってはいた。しかもなおこの時点においては、日比谷焼き打ち事件・電車値上げ反対等の

大衆行動から、やがて来る大正政変＝第一次護憲運動へとつながっていく国民大衆の政治行動の軌跡にひとつの微妙な位置を占めるものであるといわねばならない政治的事件なのであった。より本質的な問題で正面から対決することが出来ずに、たまたま体制側の示した弱点であるにすぎない教科書問題にその攻撃手段をかりねばならなかった力関係の弱さは、国民教育の場に長く非歴史的な天皇制イデオロギーたる南朝正統論をもち込むというマイナスを負わねばならなかった。しかしそれにも拘わらず、この事件の評価を無視しては、二年後にはじめて〝憲政擁護〟という本来的な政治目標のもとにはげしく盛り上がった国民大衆の政治的主体性の底流が、どのようにして〝冬の時代〟を貫いていたのかを理解することができないであろう。

すべてが序曲であった。立憲国民党の内部矛盾は大正政変に至って露呈され、大石・島田らはついに、この時も政府攻撃の先頭に立った犬養と袂別して桂の樹立した新党「立憲同志会」に走った。金融資本はようやくここに〝第一の柱〟に純化された新党をもつに至ったのである。まさに南北朝正閏問題をめぐる明治四十四年初めの政治的諸関係の動向は、大正政変への一つの胎動として政治史的に位置付けられなければならないといえよう。（終）

（近代史研究会機関誌『鐘』第九号、第一〇号、一九六〇年二月、一九六一年三月）

2　エッセイ

子どもの時に戦争があった……

福沢諭吉であったか、「一身にして二生を経るが如く……」と、幕末から明治維新の変動期を生きる人間について述べている。いつの間にやら還暦の齢を重ねた今ごろになって、時として似たような感想が脳裡に浮かぶことがある。それは、なんといっても第二次大戦後に生れた人々が日本の人口の過半を占め、職場にももう上の世代がほとんどいなくなってしまったせいであろう。同じ世代にせよ、戦争体験はその環境によって大幅に異なる。先日、所内での雑談中にある人が、「学童集団疎開に行った者は、絶対に人間がどうしようもなくひねくれて歪んでいるんだそうだ」とのたもうた。私はほかならぬその学童集団疎開体験者の一人である。社会科学者にしてはひどく蕪雑《ぶざつ》なご意見だとは思ったが、しかし自我の芽生え始める十歳前後の時期に投げ込まれたあの苛烈な体験がその後の精神的軌跡に何の痕跡も残していないはずはない。少なくとも、八・一五の敗戦後、昨日までの鬼畜米英を掌を返して賛美し始めた大人たちの姿を見て軍国主義教育の罪悪と虚偽を骨身に徹して知り、二度と大人の言うことは信用しない、と子ども心に誓ったこと、そして今日に至るまで「権力」が押し付けてくるものはまず疑ってかかるようになったこと、日の丸・君が代に生理的アレルギーを禁じ得ないことなどは事実である。これをしも同世代ながら疎開体験を持たない幸福な少年時代を過ごした人から「どうしようもないひねくれ、歪み」と評されるならば、甘受せざるを得ないだろう。

昨年夏、ちょうど四九年前に小さなリュックサックを背負って親元を離れ、戦火の迫る東京を逃れて学童集団疎開に旅立ったと同じ日付の八月二十七日、富山県の疎開地再訪の途に就いた。同行男女二十数名、いずれもその時の仲間である。疎開中の京浜大空襲で全員家を焼かれ、敗戦後散り散りになってからの半世紀である。奇跡に近い偶然の出会いなどが重なって、これだけの人数が揃って疎開地を訪問する運びとなった。私自身は戦後二度目の訪問であるが、今回が初めて、という人もとくに男性陣に多く、精いっぱい働きぬいてきた生活の積み重ねが偲ばれた。焼け跡のバラックに帰ってきてすぐ奉公に出されてしまったから、結局あの五年生の疎開出発が親との生活の別れだったと語る畳屋さんもいれば、あの戦争体験を原点にして過疎の村、廃坑のポタ山、ヒロシマの映像造りなどを撮り続けてきたという記録映画の監督もいる。我が子を持つ母親となってはじめて、これが今生の別れかもしれない疎開に自分を送り出したあの時の母の心を知った、と語る女性もまじる。

往路の飛行機の中で、私は、半世紀前の信越線経由で一昼夜近くかかった疎開列車の旅の間、乗り物酔いに苦しみ通したこと、そのためせっかく母が乏しい食糧を工面してもたせてくれたお握りを食べることが出来ず、ようやく汽車を降りて人心地ついた時には夏のこととて饐《す》えて糸を引くようになっていたそれを捨てるしかなく、母への申し訳なさで涙がこぼれたことなどを、昨日のことのように鮮明に想起していた。長い年月、どうしても忘れることのできなかった記憶であり、そうした心の経験は、たとえその後無事に母と再会できてからの多くの歳月を経ても、決して消されることがないのである。

一身にして二生を経る、との感慨がときとして胸をよぎる所以である。

（『アジア経済研究所　所内報』№二七四巻頭随想、一九九四年二月）

筆墨のちから

この十月半ば、国際啄木学会の大会に非会員であるにもかかわらず招かれて、出席させていただいた。

二日間にわたり展開された研究発表やシンポジウムはいずれも興味深いものだったが、そのひとつに、岩手県の「石川啄木記念館」の学芸員の方による新発見の一通の手紙の資料紹介があった。明治三十九（一九〇五）年三月九日付で、渋民村なる啄木の母、「石川かつ」の名で盛岡市の太田駒吉という人に宛てた借金返済遅滞の言い訳状である。

啄木の数多い借金にまつわる書簡のなかでも、これが珍しいものであるのは、その筆者が母名義であること、さらに実際に筆を下したのは母かつではなく啄木の妻の節子であったらしいことの二点に由来する。発表者の山本玲子さんは、流れるような見事な毛筆で書かれた手紙のコピーを提示しつつ、母かつはたどたどしい平仮名の手紙しか書けなかったことが啄木の日記からわかること、節子の他の筆跡と極めてよく似ていることなどを挙げて、それを論証してみせてくれた。

内容は啄木の口述によるものと思われるが、今年になって初めて世に出たこの四五〇字に及ぶ手紙のコピーを眺めながら、私は改めて明治の女性の毛筆による筆跡の美しさにつくづく感銘した。

わが身をかえりみれば、毛筆はおろか、悪筆ゆえに最近ではペン字の手書きすらも億劫になって、できれば手紙も無個性なワープロ書きですませたいという恥ずかしい心がけである。たとえ借金の釈明状であろうとも、流麗な候文《そうろうぶん》の筆跡で後世の私たちを感心させる明治の女性の教養には、足元にも寄れない。

とはいえ、現代でも書成会の皆さんのように、伝統文化の書道を継承し、新しいイメージをもって創造的に発展させている方々もおられる。その同人のひとり、成田洋子さんは私の戦時中の集団学童疎開仲間である。おかげで、ときおり会の書展を見学させていただいているが、そのたびに「書」というものの持つ雄勁《ゆうけい》な力を感じさせられて、この道に励んでおられる方々に、敬意とともにひそかな羨望を感ぜずにはいられない。

また、筆墨の持つ力は、その生命の長さにある。いつも思い出すのは、はるかカンボジアの地、アンコールワットで見た筆跡である。なんと、それは、あの世界的石造遺跡の回廊の石の柱に墨《ぼっ》痕淋漓《こんりんり》と記された日本人の参詣の記だった。江戸時代初めの寛永九（一六三二）年に、肥後加藤清正の家来の森本右近太夫が、両親の菩提・後生のためにはるばる海を越えて当時の日本では祇園精舎だと信じられていたアンコールワットに詣でて矢立の筆を揮ったものと解読されている。

私は、一九七〇年二月、カンボジア出張の際に週末の休日を利用してガタガタのプロペラ機でひとりプノンペンからシェムリアップ空港へ飛び、憧れのアンコールワットを訪れ、それを実見することができた。遺跡近くのホテルの部屋に荷物を置くのももどかしく単独で薄暮の寺院に足を踏み入れたときは見つけることができなかったが、翌日の再訪時に国営観光公社の若いガイド氏に「ジャパニーズ・ライティングは？」と訊ねると、すぐに案内してくれた。三百数十年前石の柱に書かれた漢字ばかりの一二行の文章は、とくに一種の文化財として保存されていて、さすがに薄れかけてはいたがまだ大半が読み取れる状態だった。このときも、彫り込むような遺跡の傷つけ方でなく思いがけない異国の地で生命を未だに保っている筆墨の力に、感じ入ったものである。

しかし、その訪問から間もなく、カンボジアはロンノル政変に始まる内戦に突入し、私は平和で保存状態のよかったころのアンコールワットを訪れることのできたほとんど最後の外国人のひとりとなってしまった。十数年にわたる内戦と鎖国の時代、ポルポト政権による人々の大量虐殺の報道に、七〇年に出逢ったホテルのフロントのおばさんやあの若いガイド氏の顔を思い浮かべて、私の胸はきりきりと痛んだ。

そして、長くポルポト派支配下にあったアンコールワットも痛ましく荒廃した。いま、日本はじめ国際的な援助でようやくその修復が始まってはいるが、あの森本右近太夫の筆跡は無事だろうか。戦後の遺跡の姿を伝える最近の写真集などにふっつりとその紹介が絶えていることが、私の不安をかきたてる。……この疑問にはまだ誰も答えてくれていない。

（書成会月刊書誌『書成』第六〇号、一九九四年十二月）

〔付記〕

右の一文を草した一九九四年末からさらに一〇年近くを経た二〇〇三年秋になって、アンコールワット遺跡における森本右近太夫の筆跡の甦りが報じられた。この「落書き」はポルポト時代にペンキで塗りつぶされたが、近年ペンキが退色し、再び判読できるようになった（石沢良昭上智大教授の解説）という（二〇〇三年十一月二十二日付『朝日新聞』記事）。多年の気がかりが払拭される嬉しい報道であった。

（二〇二四年三月二九日記）

ある僧侶の生涯

このところ、書店を覗くたびに気づくのは、仏教関係の書物が一、二年前に比べてやたらと目立つようになっていることである。それも、昨今急速に社会的にひろがりを見せつつある一種の終末ムードと結びついて、若い世代にかなりの関心を集めているらしい。ふりかえれば昭和十年代の太平洋戦争突入直前に同じような仏教リバイバルの時期があったという。社会思想的意味付けはしばらく措くとしても、気になる現象ではある。

そんなことを考えていると、きまって私の想念はその生前一度も会ったことのないある僧侶の生涯へと回帰する。かれは、明治二十四年、真宗王国といわれた北陸の一寺門に生れた。十四歳のときに父母が病死、成人すると同時に住職となることを運命づけれて養育され、やがて檀信徒四〇〇戸の寺を継いだのである。ところが、年齢も三十代半ばに達した大正十三年春、突然かれは思い決するところあって院主の地位をふり捨て単身寺を出て、二度と戻らなかった。浄土真宗の住職一代の大事といわれる親鸞聖人大遠忌法要を営んだひと月後のことであったという。

その時の心境の一端は、「謹而、仏眼所照ノ下、祖影奉安ノ御前ニ於テ門信徒四百ノ各位ニ白ス……」との書き出しにはじまる住職辞任の表白文にもうかがわれるが、要するに決して信仰を捨てたわけではなく、世俗化した当時の寺院仏教の在り方に根本的な疑問を抱き、祖師親鸞の精神にたちかえるために宗門を脱して漂泊の途に就く、との真意であったと思われる。こうして、信徒、一族の驚きと怒り、妻の嘆きを背に、京都までの片道の汽車賃のほか無一文で寺を出たかれは、数年の艱難《かんなん》の後に、京の片隅で少年保護司として今でいう非行少年保護施設の一学園の育成・運営に当たる身となった。それは、かれなりに見出した信仰を生かす道であったといえよう。朝夕の仏前のきびしい勤行は欠かさなかったという。

しかし昭和十七年、二〇年近くの辛苦のあげくようやく学園の新施設の落成をみた直後、過労のため倒れたかれは五一歳で生を終えた。担い手を失った学園は解体、新築の施設はそのまま戦時色の深まりつつある時局下に海軍に接収され、遺族は困窮のうちに投げ出された。

生前、かれの抱きつづけた仏教徒としての煩悶、身近な家族にさえ理解されなかったかたくなばかりの孤独な精神の軌跡は、果たしてどんなものだったのだろうか。中年からの終生の事業として心血を注いだT学園もいまはあとかたもない。だが、近年この人の生活の断片を折に触れて知るにつけ、私はその埋もれた生涯への追懐の念を増すばかりである。仏教徒としての自己の真実に生きようとした無名の一僧侶――それは、その末子である夫が幼時死別した私の義父にあたる人である。いつの日か、この義父の小伝を編みたい、というのが、昨今の仏教ブームをよそにその人の三三回忌を迎える今年、私の心中に去来する想いである。

（『アジア経済研究所　所内報』№四〇巻頭随想、一九七四年一月）

その頃の服装

一九二三年九月十六日、東京大手町の憲兵隊で甘粕大尉らに虐殺された大杉栄・伊藤野枝夫妻と大杉の甥橘宗一のことは、多分この大正十二年関東大震災特集で別に語られると思うが、ここでは服装のことについてふれてみよう。

憲兵隊に拉致される直前、伊藤野枝が着ていたのは、白いワンピースの洋服であった。その日の朝、白の背広とヘルメットの大杉とワンピースにパラソルをさした野枝の二人が出かけるところを近所に住む内田魯庵の家人が目撃している。また、それは事件後の甘粕の供述に当日殺害目的での探索結果として述べられているところとも一致する。震災後の不穏な状況のなかで野枝が人目につく洋装で外出したのは一見不用意なようであるが、その間の事情は、殺害前日に書かれた静岡に住む大杉の妹宛の野枝の手紙の一節で明らかになる。

「……此の手紙を出すときに勇さんのたよりがありました。皆んな無事で鶴見に避難してゐるさうです。私共も明日は行つて見ます。何よりも三人の着物を都合してあげて下さい。宗坊の着物をと思ひますが、私の方ではどうにも出来ません。……私は避難者の二家族にあてがつて何んにも残つてゐないで洋服でゐますので、困ります。出来るだけはやく着物をお願ひします。」（大正十二年九月十五日付、柴田菊子宛伊藤野枝書簡、『大杉栄全集』第四巻）

そして、おそらく翌日鶴見へ出かけたときの野枝は、その洋服姿のまま「宗坊」を伴って夕方柏木へ帰ってきたところを連行されて、その夜虐殺されたものと思われる。

いま残る野枝の写真の数々は、和装の着物姿がほとんどだが、パリから帰ってきたばかりのお洒落でハイカラ好きの大杉との生活で、洋服も時には着用していたようだ。しかし、洋服だけでは「困ります」と引用の手紙にあるように、当時の多くの女性たちと同様にやはり着物着用が中心の日常生活であったことが窺える。そして、柏木で罹災を免れた野枝は、自分の着物を避難してきた人々に提供してしまい、洋服しか着るものがなくなってしまっていたためのこの日のいでたちであった。なお、九月一日の地震当日の午後、当時読売新聞の記者だった友人・安成二郎が、余震を避けて家の前に避難している大杉と野枝の二人をコダックで撮影しているが、この最後の写真では、野枝はまだ縞模様の単《ひとえ》の着物姿で、よほど暑かったのか、出産後間もない胸元をややはだけた少しだらしない着付けで笑っている（安成二郎著『無政府地獄――大杉栄襍記』新泉社、一九七三年）。

さて、未曾有の惨状を呈した東京の被災状況については、当時流布された多くの写真や絵はがきが残っていて、近年石井敏夫氏によるそのコレクションが出版された（木村松夫・石井敏夫編著『絵はがきが語る関東大震災』柘植書房、一九九〇年）。これを見ると、衣服の跡もとどめないほどの痛ましい膨大な焼死体は別として、焼け跡や避難途上の被災民たち、また見物の群衆は、老若男女を問わず、その圧倒的多数が単衣物や浴衣などの和装である。洋服を着ているのは、巡査や兵士などとおぼしき姿が大半で、やはりこの時代の庶民の夏の日常着としての服装は、男性も含めて洋服は普及未だしであったことがわかる。洋服は大正年間に子供服から流行り始めたとされるが、このアルバムの迷子たちの服装は、ほとんどが着物である。一方、大杉夫妻の遺骨の前の幼い遺児たちが洋服なのは、やはりアナキストであると同時に最先端の文化人でもあった大杉家の生活感覚の反映であろう。

明治以降、「風俗一新」の勅諭（明治四年）まで出しての上からの洋装奨励はあっても、概ね男の世界の制服や公式礼装、外出着以外には、洋装は一般化しなかった。

「これからは宮廷の公式の場では完全な洋装が必要で、多くの女性は尻込みするでしょう。彼らは洋服の代わりにどうして学校や社会を改善しないのでしょうか。」

これは最初の女子留学生のひとりとして有名な津田梅子が鹿鳴館時代の欧化主義による洋装化を批判したもので、一八八七（明治二十）年に書かれたアメリカへの私信の一節である（大庭みな子『津田梅子』）。まさに風俗の変化は社会の変化にこそ伴うもので、その逆ではない。アメリカで教育を受け、洋服で育ち、終生英語を母語とした梅子の批判が正当であったことは、その後長く日本の女性たちが生活と遊離した洋装を受け付けなかった事実によって証明されている。

第一次世界大戦後の工業化の進展は、新しい風俗として、洋服流行の土台を用意していたが、まだ大正年間には東京のバスガールの制服に赤衿・白衿の洋服が採用されたことや新婦人協会を設立して社会的活動に奔走する平塚らいてう・市川房枝の二人が洋装を始めたこと（一九一九、二〇年）がセンセーショナルな話題となる程度にとどまっていた。

そして関東大震災は、日本における洋装の普及にとっても画期となった。それは、灰塵と帰した首都・東京や横浜といった日本の風俗をリードする都市地域が、近代的洋風化という特徴をもつ街として甦りつつあった大正末から昭和初年にかけての生活様式の大きな変化に伴うものだったのである。

（「特集　大正一二年・関東大震災」所収、『彷書月刊』、一九九三年九月）

亡夫からの手紙

さきごろ必要があって、亡夫からの手紙百余通を取り出してみた。三〇年近くも前、彼が遠い中東やヨーロッパの地に単身赴任していた二年半のあいだに書き送ってくれたひとかかえもある航空便である。いまと違って国際電話もままならなかったそのころ、異国での暮しと心のありようを家族に知らせようとこまごまとペンをとった彼は、いまから十数年前にまだ四十代で病没してしまった。その元気だったころの思い出がありありと甦るのが辛くて、没後蔵《しま》いこんだままにしていた手紙であった。

それぞれに分厚いエアメールの封書を手に取ってみると、その表書きは、自宅の住所宛のものと何かの都合で勤務先の研究所宛のものが交じり、そのアドレスに従って私の名前に異なる苗字が用いてある。そう、そのころ私は、職場では夫婦別姓をとっていたのである。東京オリンピックの一九六四年に結婚した私たちは、法律婚の制度上、夫の姓をもって新戸籍をたてたものの、私の社会的な仕事はこれまで周囲に馴染んでもらった旧姓で継続するのが当然、というのが二人の一致した考えであった。内容は私信でも、アドレスが勤務先の場合に私の姓を夫が使い分けているのは、そうした理由からなのである。

たまたま今年（一九九四年）三月末に明石書店から刊行された途上国を中心とする名前に関する共編著『第三世界の姓名――人の名前と文化』（アジア経済研究所企画、松本脩作・大岩川嫩編）のなかの日本を扱った分担の章で、私は近年の「名前」をめぐる最大の動きである夫婦別姓問題を取り上げることにし、その素材の一つとして身近な職場におけるここ三十数年のこの問題の変遷に触れた。詳しくは同書にゆずるが、あらましは次のとおりである。

婚姻届と同時に申し出た業務上の旧姓使用という私の希望は、全職員二五〇名ほどのこの研究所で、所長決裁という手続きをふんで許可された。前後して四名の同様のケースがあり、三〇年前のその時点で、すでに職場における業務上の旧姓使用＝夫婦別姓容認は定着したかにみえたが、その後、思わぬ冬の時代を経過することになる。研究所当局はそれから数年後に、新しい希望者には旧姓使用を認めなくなり、既得の私たちにも業務上の旧姓使用をやめて戸籍名を用いるよう説得しはじめたのである。私自身も十余年の旧姓行使ののちに戸籍名への変更を余儀なくされた。しかし、社会環境の変化もあってか、五年ほど前から研究所は再びこれを認めるようになり、それ以後結婚した女性所員の九割（九人中八人）までがごく自然な形で職場での夫婦別姓を選択している。そして彼女たちは、かつて少数派ながらこの職場に別姓使用者が存在したことや、その挫折の歴史は知らない世代である。今春定年を迎えた私としては、いささかの感なきを得ない。

夫婦別姓導入が民法改正の現実の日程に上ってきた現在、夫婦別姓という個人の選択が社会的に公認される方向性はほぼ固まったといえよう。こうした経緯を振り返って、私は前掲書に「いまや日本社会に静かな地殻変動が進行しつつある」と述べたが、二〇年ほど前に旧姓使用をやめてほしいと繰り返し迫ってきた当時の人事担当者は、「まことにホロ苦い思い出……ゆっくりながら社会は変化しつつある」という読後感をよせてくれた。もはや、かつてのような違和感はもっておられないようである。

また、これを読んだ人びとから最も多くいわれたことは、意外にも「日本における夫婦同氏制の歴史がそんなに浅いものだとは知らなかった」ということであった。日本も古くその一環を形成する中華文化圏の国々では、現在も中国や韓国にみるように夫婦別氏が社会慣習であり、日本でも同様であったことは、源頼朝の妻・北条政子や足利義政の妻・日野富子の例を挙げるまでもない歴史的事実である。夫婦同氏は、「戸主」中心の家族制度確立をめざして戸籍を編成しようとした明治期に初めて制度化されたのであり、その歴史はたかだか三代百年ほどを経たにすぎない。もちろん、古来の夫婦別姓は、現代の女性たちが個人としての自己のアイデンティティを生れたときからの姓名に求めるがゆえの主張とは意味が異なり、血族を重んじる集団的氏族制度の名残であろう。しかし一部の反対論者が、夫婦別姓を日本の社会慣習や民族の伝統に反する外国の物まねであるかのようにいうのは、歴史を無視した誤りであることは明らかである。

夫婦が別の姓を名乗ることは「夫婦（家族）の一体感を損う」という人びとがいるようだ。姓を同じくすることに結婚の幸福を感ずる人はそうすればよいし、きたるべき民法改正もそれを妨げるものではないだろう。ただし、そうしなければ夫婦の結びつきが損われるというのは、まったく理解しがたい。私たちが求める夫婦の愛情のありかたは、互いに個性をもつ対等の人間同士として人格を認めあい尊重しあうところから生れるものでありたい。そのためには、どちちか一方が不本意にそれまでの姓を捨てることを強制されるいわれはない。——十数年ぶりに手に取った夫の手紙の宛名に書かれたわが「旧姓」を眺めて、互いに全人格を傾けて語り合い、書きかわした夫婦の対話がいまなお私のなかに生きていて胸にあたたかく満ち溢れてくるのを感じながら、改めてそう考えた。

（『月刊Ｖｏｉｃｅ』テーマエッセイ「夫婦別姓について」の一篇、一九九四年十月）

大学一年生だったあの日々

二〇〇五年のよく晴れた秋の日、私は立川駅にほど近い国立昭和記念公園にいた。コスモスが咲き乱れ、ナンパンギセルなどの珍しい山野草も顔を出していて、バギーカーを押す親子連れなどの姿もちらほらする平和な市民の憩いの場であった。

「ここは五〇年前、〝砂川闘争〟の対象となった米軍立川基地のあったところなのよ……」

連れの自分よりひとまわりも若い友人に向かって、思わずつぶやいた私の脳裏には、一九五五（昭和三十）年のその当時、一人の女子学生としてあの砂川基地滑走路拡張反対闘争のデモ隊の中にあった日々のこと、そしてその前後の学生時代の思い出が押し寄せてきていた。まさに、あのころから半世紀が過ぎ去ったのだ。あの、阿豆佐味天神での集会、お腹がすいて埃っぽい砂川の街道沿いのよろずやで買った菓子パンは糸を引いていて食べられなかったこと、そして非暴力に徹している農民・労働者・学生たちのデモ隊に襲いかかった警官隊の暴力による流血、――砂川闘争は、全国的な基地闘争のなかでも稀な勝利をかちとり、十数年後にはついに米軍飛行部隊が去った跡地がいまの国立昭和記念公園なのだ。

その二年前の一九五三年四月、私は國學院大学文学部に入学した。高校時代の文学志向をそのまま、病気のため一年遅れて友達の小笠原玲子さんの後を追うような形で入った大学だったが、合格手続きに訪れた校門に祝祭日でもないのに掲げられた日の丸が、その日エリザベス女王即位式列席のため初めての外遊に出発する皇太子（現天皇）の首途を祝うためのものと知って、ショックを受け、〝とんでもないところにきてしまった。来年は他大学を受験しなおそう〟と心に誓ったことをいまだに憶えている。それなのに、それから四年間、学生時代を夢中ですごし、その間にいま思えば一生の方向付けともいうべきものを身につけてしまった。砂川闘争の思い出などは、そのなかのほんの一齣《ひとこま》にすぎない。

＊

コの字形に並べた机と椅子、テキストは毎日新聞社刊『世界の歴史・日本編』、執筆は遠山茂樹、石母田正、高橋磌一の三氏。内容はもう近代まで進んでいた。おそるおそる参加した新入生の私たち五、六名のほかは、もうすっかり場慣れして偉そうに見える二年生の先輩たち、それに渋谷の本校からわざわざ出向いてきたチューター顔の四年生が一人、さらに「えー、大原と申します。ちょっとよろしいでしょうか……」と、こころもち猫背の眼鏡を光らせ、白いワイシャツの手を挙げて発言する政経学部の助手という人。初めての史学会研究会の様子は、いまでも眼裏に浮かんでくる。そのとき自分が着ていた白いブロード生地のブラウスの袖口のレースや、青い手縫いのスカートも憶えている。一九五三年の初夏、窓から明るい光が降り注ぐ久我山分校の木造校舎の一室でのことであった。

あの日が、すべての始まりだったような気がする。歴史は暗記物、という高校時代の認識しかなく、サルトルやカミュの実存主義文学にかぶれていた文学少女は、初めて触れた唯物史観で見直す明治維新論に眼を開かれ、史学会の新入生歓迎の催しだった小田原城・早雲寺見学会で古文書をすらすら読む先輩たちに驚き、たちまち歴史学の魅力にとりつかれて行った。国文科から史学科への転科を決めたのも間もなくである。

研究会の自由で熱心な議論ぶりにも新鮮な感動があった。高校時代は結核で休学したり、休みがちで学業は私の中であまり重要な位置を占めていなかった。内心軽くみていたこの大学にきて、初めて勉強しなければ、と感じたのだった。

夏休みには、同級生の荒川五郎さんと申し合わせ、二人で渋谷本校の第一史学研究室に通って、本棚の高い天板の上で埃をかぶっていた鶴岡八幡宮文書の影印版を引き下ろし、一枚一枚手探りで古文書解読の練習のために書き写した。わからない字は、時折顔を見せる上級生や大学院生に教えてもらった。

第一史研は古代史の泰斗、岩橋小弥太先生の研究室だったが、寛容な先生はいつも大テーブルで勉強したり研究会を開いたり、勝手に振舞っている学生ににこにこと温顔をみせてくださっていて、何も知らない新入生の私たちはすっかりその開放的な雰囲気に甘えていた。史学科学生の大多数が会員になっている史学会の会長をしておられた岩橋先生は会の機関誌『史友』第二〇号

（一九五三年五月）の巻頭言「新会員諸君を迎えて」のなかで、「……本会は学友会の一分派として、完全に会員諸君自身の会であるから、勿論一切の会務は会員の自治の下に遂行せられる。私共は会長とか顧問とかいふ名を連ねてゐるけれども、それは唯時々の相談に応ずるといふ程度のものであつて、決して諸君の仕事に干渉しないのです。諸君は思ふ存分に自由に振舞つていいのです。」と述べられていた。私たちは、無邪気にそれを言葉どおりに受け止めて、それが岩橋先生の学生に対する大きな信頼の上に成り立っていて、学内外にこれを阻む壁があるなどということは考えてもみなかったのである。岩橋先生ご自身も、それから半年後に学生たちと大学当局との間に立って苦渋の決断をされる立場になろうとは予想もされていなかったに違いない。

そのころ、池永二郎というエラい先輩が大学院にいる、ということは耳にしていたが、池永さんは当時結核の再発で体調を崩し、自宅療養中で大学には顔をみせていなかった。しかし、新入生にも会いたいという池永さんの希望が伝えられ、「お見舞い」という形で、荒川五郎さんと私の二人はそのカリスマ的先輩の日本橋小網町一番地、江戸時代からの刃物問屋というお宅に誰かに連れられて行った。会ってみると、その人はひどく寡黙だったが、小柄でにこにこしていて優しそうでもあった。少ない言葉数でご託宣のように言われたことで覚えているのは、石母田正さんの『歴史と民族の発見』を読んだらよい、というものだった。そのころは進歩派の唱える民衆史観、いわゆる「国民的歴史学」では、〝村の歴史・工場の歴史・母の歴史〟を掘り起こせ、と声高に唱えられていたが、いまにしてみれば、その母の歴史というのは、多分に石母田さんの著書の影響があったのではないかと思う。ともかく、さっそく私たちは謹んで『歴史と民族の発見』正・続を入手して読んだものである。――そして、池永宅における「木曜会」に出るように誘われたのは、夏休みが終わるころだった。

＊

秋の学期が始まると、大学祭に史学会は何を展示するかが委員会の議題となった。九月二十四日発行の『史友』第二二号の「史学会ニュース」欄には、「〇大学祭――昨年同様展覧会を行う事に内定しました。内容は明治以降の社会変動史を取上げようとの話しもあります。」とある。前年度は「近世農民資料展」として長野県平出村の調査結果を展示して好評だったというが、「近世の次は近代！」と分校で近代の研究会をやっていた二年、一年生が強く提案したものだった。その主張が通って、テーマは「戦争と私達の生活」と決まり、連日手分けして準備に追われた。敗戦からまだ八年、学生の誰もが戦時中の生々しい記憶をもっていた。そして、近代史の研究会であの苦難の体験は日本軍国主義のなせるところだったことを学び、明治に遡るその淵源を追求したからには、その成果を展示に反映させようと、みな意気込んでいた。

委員会が作成したその展示会プランが半世紀を経て黄ばんだガリ版刷りで私の手元に残っていた。これを見ると、明治から昭和までの流れを上方に展示用の項目で示し、下方にその参考資料や提供者の予定を記入、さらにブロックごとに責任者を決めてある。責任者は、一年生（篠塚）、二年生（山本、野中、河原、奥田、小笠原）だけでなく、四年生の岡田精司、三年生の近江昌司、鈴木セツ等の各委員の名もあり、史学会の総力をあげての大学祭展示であることがわかる。

なお、資料編に「画報」とあるのは、そのころ出たばかりの『画報近代百年史』のことであり、珍しいビジュアルな資料を満載、模造紙に描く展示のためのイラストなどの出所として大いに役立った。これは当時京橋にオフィスを構えた国際文化情報社に拠る「日本近代史研究会」（代表・服部之総）が執筆・編集したもので執筆者の面々は遠山茂樹、吉田常吉、小西四郎、松島栄一、藤井松一、宮川寅雄、川村善二郎、色川大吉、青村真明ほかの錚々たる新進歴史学者たちで、これ以上の種本はなかった。

民主主義科学者協会の『歴史評論』からの求めに応じて同誌に「私たちのあゆみ」を史学会の名で発表したのもそんなころだった。そのいきさつは広田暢久さん、岡田精司さんの手記に詳しい。

いずれにせよ、後輩の私にも、木曜会のメンバー全員が、歴史学を学ぶ者として真剣に自分たちの生きている時代と向き合い、どんな生き方が正しいかを考えていこうとしていることは感得、信頼できたので、自分もその未熟な一員としてこのグループに積極的に加わることにしたのである。

大学祭のための展示室飾り付けを終えると、十一月四日からの会期が始まったばかりの十一月五日、四三名の史学会有志は「遠距離見学会」と称して関西旅行に旅立った。考古学の大場磐雄教授が同行してくださり、ほぼ一週間にわたって紅葉真っ盛りの奈良、京都の歴史遺産を巡るという、このうえないぜいたくな旅だった。病気のため高校の修学旅行にも行けなかった私には初めての関西であり、古都の美しい秋と文化遺産の数々に息を呑むような印象的な日々であった。しかし、その旅の最後の自由行動の日に京都で全学連主催の「全国学園復興会議」に参加した広田さんと木島美津子さんはのちに「荒神橋事件」と呼ばれる警官隊による弾圧流血事件に遭遇し、京都駅の夜行列車乗車の待ち合わせ時間には、広田さんの頭に血のにじむ包帯姿で現れたのである。木島さんの着ていた白いビニールのレインコートには、介抱をしたときの血痕が付着していた。なにかを予感させるような旅の終わりだった。

*

帰京して大学に出てみると、「あの大学祭の史学会展示を見に来た大学当局者、とくに石川岩吉学長が、日清・日露戦争が帝国主義戦争として扱われていることに激怒しているらしい」というささやきがどこからともなく伝わってきた。それでもまだそんな大事とは思っていなかったのだが、十一月二十五日、「委員は集まるように」との通達で本校の第一史研に出向くと、悲痛な表情の岩橋会長に申し渡されたのが、あの委員・役員総辞任による史学会の活動停止、いわゆる〝史学会事件〟の勃発だった。その場の緊迫した空気は、いまもまざまざと蘇ってくる。どういうわけか、東大の史料編纂所が本務で国大は非常勤だった中世史の奥野高廣講師が同席し、岩橋先生の傍らから口を挟んだのが異様な感じだった。奥野講師、力を込めて曰く、「いいですか、『歴史評論』というのは、社会党左派よりも、もっとヒダリの雑誌ですよ。そんなところに國學院の名前を出してよいと思っているのですか！」と。顧問ではあったが、ほかに同席された顧問は、助手の林陸朗さんだけで、林さんはむしろ学生委員らとともに責任を問われているような立場に見えた。

　委員総辞任を余儀なくされた私たちは、その夜（ではなく、一日か二日後だったかも知れないが）、直ちに木曜会メンバーを中心にひそかに西武池袋線富士見台にあった福田一枝さんの家に集まった。今後のことを協議するためである。福田家の応接間があふれるくらいの人数だったと記憶している。事件の経緯が報告されると、この年度は委員でなかったために第一史研の席には不在だった広田さんが、「なぜ、もっと抵抗しなかったのか」と、激しい口調で委員連中の弱腰をなじった。それを、「だから、広田君は、ハラが狭いというのよ」とやわらかい語調ながら毅然としてたしなめたのが卒業生でNHKに勤めているという後藤春子さんで、〈こんな人もいたんだ……〉と、私は内心衝撃を受けた。

　史学会自体は数か月の活動停止の後、藤井貞文教授を新会長に推戴してようやく五四年度の新学期から活動を再開できたが、〝史学会事件〟の余波は大きかった。その一例では、大学祭展示の黒幕と目された（事実ではなかったが）政経学部の大原さんは、助手から講師への昇格を阻まれて國學院大学を去らねばならなかった。

　反面、木曜会で学び史学会事件で鍛えられた私たちは、かえって歩むべき方向に確信をもち、各自の勉強や活動をより深化させようと努力した。なかでも、山本信吉・奥田直孝・野中保尭・

大平哲夫さんなどの二年生メンバーは、学内の理不尽な体制を打破すべく、学友会組織の改革・自治会結成などに先頭に立って取り組み、全学的な民主化運動の展望を切り開いて行った。

＊

一九五三年のあの秋の日からすでに半世紀と二年余、最下級生だった私ももはや七十二歳である。卒業後の人生には私生活でも職業上もいろいろなことがあった。多くのすぐれた個性にも出会ったし、敬愛する人や親しい友人も増えた。世界情勢も日本の社会も大きく変動した。

しかし、木曜会で出会った生涯の友人たちとの絆が切れることはなかった。自分を含めて、みんなこの五十余年を〝愚直に〟生きてきたといま改めて思う。大学院生時代に早くも新進中世史家として頭角をあらわしながら、その後は不遇を絵に描いたような生涯を閉じた池永さん、自己の学問の原点をつらぬいて生きた大原慧さんなど鬼籍に入られた方もあるが、共通の恩師・林陸朗先生がご健在なのはうれしい。とりわけ、大原さん亡きあとは、私はその遺託で「大逆事件の真実をあきらかにする会」の世話人を務めて、現在も続けている。おそらく、足腰の立たなくなる日まで続けてゆくことだろう。二〇歳で出会った木曜会――それは私の過去と現在、未来を結ぶ一筋の回路である。

（『「木曜会」の記録――一九五〇年代の青春――』、非売品、二〇〇六年五月）

福島大学・松川資料室を訪ねて

　三鷹事件・下山事件・松川事件と、いまでは占領下の一連の謀略事件であることがほぼ定説となっているこれらの事件が起こったのは、私がまだ高校生になったばかりの一九四九年。そして、松川事件が最高裁の全員無罪判決確定で決着したのは、もう二十代も終わった一九六三年だった。つまり、私が社会問題に関心を持ち始めた十代後半から青年期に掛けての時期に、この事件の一切が進行していたことになる。それから半世紀余、二〇一四年秋の日本社会文学会の福島大会に参加する機会を得て、初めて私は松川事件の現場近くを訪れることができた。大会会場の福島大学は、現在、十万余点の資料を擁する「松川資料室」を学内にもち、学内外の閲覧に供しているのである。

　大会第一日が終わり、会場の建物を出て、秋の夕闇のなか、暗い構内に明かりの見えるプレハブ舎のなかに、その資料室を探しあてた。どこから手を付けてよいかもわからないたくさんの資料群に圧倒されて本棚を経めぐっていると、声をかけてくれたのは、この資料室を育て守ってこられた伊部正之名誉教授であった。時間外なのに特に開室して、私たち閲覧者を待っていてくださったのである。

先生は、会話の中から、岡野幸江さんと私がとくに興味を示した「真犯人からの手紙」のコピー（原本は法政大学大原社会問題研究所蔵）を見せてくださった。額を寄せ合って岡野さんと二人でその手紙数通を、声を出して読んでみた。冤罪判決があれば名乗り出る覚悟だったというそのグループは、最高裁で最終的に全員無罪が確定したために、そのまま闇の中に没してしまったが、便箋にぎっしりと書き連ねられたそのたどたどしい文面と筆跡からは、たしかに作り物では得られないと思われる真実性が感じられた。まさに、「世にも不思議な物語」（宇野浩二）の一斑を見た思いがした。

それにしても、明治の大逆事件以来といわれる二〇名もの多数の被告の人生を一四年間にわたって奪い、一審・二審とも死刑を含む多数の有罪判決を出してきたこの国の司法の在り方に、いまなお、深い憤りを覚えざるを得ない。政治的権力犯罪といってよいその原型が、私が長年真実追求にかかわってきている明治末年の大逆事件にあることをもあらためて考えさせられた。

翌日、雨の中をバスで出発したスタディツアーの最初の見学場所として、大学から二キロの至近距離にある人けのない山裾の東北本線単線の事件現場とその前に建つ「松川の塔」を見た。こうして、知識として私の頭にあった「松川事件」は、いまは生きた現実のイメージで心に定着している。

（『社会文学通信』第一〇二号掲載、日本社会文学会、二〇一五年五月）

第三部　視野をひろげる——アジア経済研究所にて

暦の歴史をめぐって

グリニッジ天文台の終焉

さきごろ、ロンドン発のロイター通信は、三百年の伝統を誇るイギリスのグリニッジ天文台が閉鎖されることに正式決定した旨を報じた。ロンドンの都市化による光公害や大気汚染の増加などのため、天文観測が困難となり、さきに一九五四年郊外のサセックスに移転していたが、そこでも同様の状態が生じていた結果という。一九八六年六月十九日(1)のことである。なお、この閉鎖にともない、「グリニッジ標準時」の呼称で私たちが子供のころから慣れ親しんできた世界の標準時を告げる役割も完全に終了した。また、仮にグリニッジ天文台閉鎖がなかったとしても、一九八六年で六台の原子時計の耐用年数が過ぎるのに予算不足で代わりの時計が買える見込みがないため、標準時告知の役割終了は既定の事実としてはやくから伝えられていた。

ロンドンのテムズ河畔に建つ王立グリニッジ天文台を通る子午線を基準とし、ここを経度ゼロと定めて世界の標準時を設定した一八八四年のワシントン会議から、ほぼ百年が経過している。

今後「グリニッジ標準時」は、「国際標準時」としてパリの国際度量衡局の原子時計が刻み続けることになった。グリニッジ天文台時計部長ジョン・ピルキントン博士は、さきに、「度量衡学の一部になった仕事が、天文台の責任というのは、やや時代錯誤だ」と語ったという。(2)

ちなみに、フランスは百年前にはグリニッジ案に納得せず、一九一一年まで独自にパリ子午線の採用による国の時法を定めていた。そのパリに存在する国際度量衡局がいまとなってグリニッジ標準時による時報を引き継ぐことになったのも、歴史の皮肉なめぐり合わせといえようか。

フランスの政治・経済学者ジャック・アタリ（Jacques Attali）は、一九八二／八三年に著わし、最近日本でも訳出された『時間の歴史』（Histoires temps）(3) において、人類史における時間の歴史を、（1）自然のリズムが人間生活を包摂していた〈神々の時〉、から、（2）権力による暦の体系化と時計の発明が規定する〈身体の時〉、（3）ゼンマイ時計の普及が象徴する〈機械の時〉を経て、（4）クォーツが時を刻みエレクトロニクスの暦が世界を支配する〈コードの時〉の四段階に分類している。

いまここにあげたグリニッジ天文台の終焉という時の流れは、まさにこの〈機械の時〉から〈コードの時〉への時代転換を象徴する事柄といえるだろう。そして、アタリは、〈コードの時〉がもたらしかねない人間のロボット化という「危機」に対処しうるものとして、現代に生きる各人のなかの「明敏な夜警」の覚醒を促してこの大著を結んでいるのである。

天の運行法則が暦の基礎

天文台が時刻測定に携わるのは時代錯誤、というピルキントン博士の言葉もまた、いみじくも時刻・暦を正確に知ることを人類社会が遠い昔から天体観測に求めてきた歴史を物語っている。

この宇宙で太陽系の地球に住む私たち人間は、一日の始まりと終わりを太陽の日の出・日の入りに知り、月の満ち欠けに一月のサイクルを体験し、あるいは一年の周期を太陽の運行・季節の変遷に学ぶことができる。天体の運行によるこうした自然の周期の発見こそ、古代の人々が、素朴な段階から出発して長い期間をかけ、しだいに暦の体系を形づくってくるための拠り所であった。つまり天文学の生成、発展と暦のそれとは、わかちがたく結びついていたといえよう。そしてピルキントン博士の言葉にもかかわらず、それは測定技術が極度に科学的精密さを増した現在でも、基本的には変わっていないのである。

もっとも、日本の天文学についての中山茂博士の著述によれば、古くから中国における「天文」とは、天上の異変を観測してそれに対応する地上の異変を予測するための「天変の記録」という意味がもっぱらとなっていて、いわば魔術的伝統に属し、一方「暦学」「暦法」は天の運行の規則性を見い出すことによって基礎づけられるものであるから、唯一絶対の法則を志向する近代科学の路線につながる、ともいう。(4)

現代の天文台も、すでに精緻に解明されつくしている太陽や月・地球の運行法則とそれにもとづく「度量衡学の一部になった」時刻計測技術への関心よりも、いまは未知の天体や宇宙の謎に接近する活動を主体としているのであろうから、驚異に魅せられこれを作り出すワンダー・ワーカーの系譜に連なるといえるとすれば、さきのピルキントン博士の言葉もあらためて首肯できるかも知れない。

暦の基本単位

なお、ここに暦に関する天体運行から割り出され、本書『「こよみ」と「くらし」――第三世界の労働リズム』（一九八七年）にも頻出する基本単位をいくつか、その算出方法についての説明を省いて、定義と数値のみ掲げておく。おおむね山崎昭・久保良雄著『暦の科学』によるものである。

◇一太陽日＝地球上の任意の子午線が太陽と同じ方向を向く周期。これを「真太陽日」というが、太陽の公転と地球の自転の関係から長さが僅かの幅（五一秒ほど）で変動し、一様でないため、これを一年について平均した「平均太陽日」を用い、その長さは二四時間である（一九〇〇年初頭における一日の長さを測って基準としたもの）。なお一時間は平均太陽日の長さを二四等分したものであり、一分はさらにその六〇分の一。また日本の度量衡法では、時間の基本単位となっている「秒」は一平均太陽日の八万六四〇〇分の一である。

◇一太陽年＝回帰年ともいう。三六五・二四二二……平均太陽日。この一年三六五日に余る端数を暦法では置閏法《ちじゅんほう》を取り入れることによって調節している。

◇朔望月＝月が太陽と同じ方向にあるとき（すなわち両者の黄経が等しいとき）を「朔」（新月）といい、朔から朔までの間を朔望月という。約二九・五日間であるが、一定していない。平均朔望月は、二九・五三〇五八九日となっている。なお、「望」は満月（すなわち太陽と月の黄経の差が一八〇度になったとき）のことであり、朔から一五日目頃である。

◇春分＝天球上の太陽の一年間の通過軌道である黄道と地球の赤道を天球にまで拡げた天の赤道が交わる交点の一つを春分点といい、ここを黄経〇度とし、黄道上のこの点を太陽が南半球から北半球に入るときが春分（現在の西暦で三月二十日か二十一日）である。なお太陽が黄経九〇度にいたって「夏至」となり、北半球から南半球に移るもう一つの赤道との交点が黄経一八〇度で「秋分」、さらに二七〇度の点が冬至である（図参照）。

天の赤道、黄道、春分点の関係

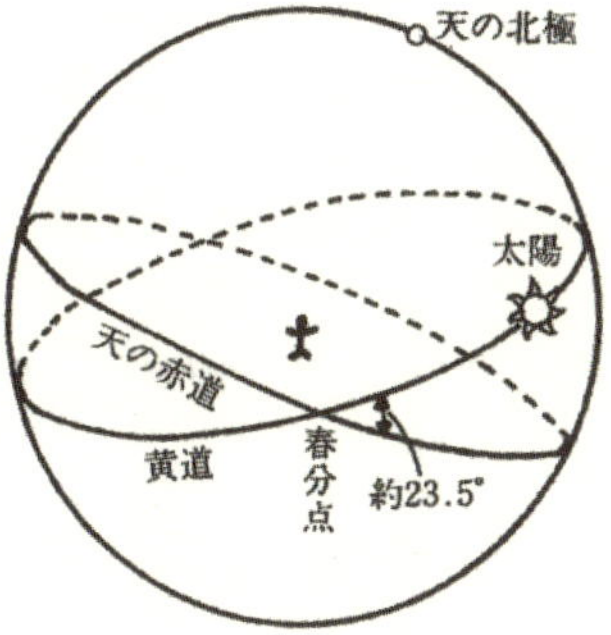

（出所）参考文献(1)

暦の発生の問題にふれて

本書の前章までには、アジア、ラテンアメリカ、アフリカ、オセアニアなど第三世界の国々の暦とそれにまつわる人々のくらしの多様な姿が、それぞれの土地で年単位の生活体験をもつ執筆者たちによってとりあげられている。なかでひとつだけ、「暦」の発生の問題について文中でふれている論がある。塩田光喜「ニューギニアの生活暦」がそれであり、現地在任中の彼が、ニューギニア高地の村に住み込んでインボング族の村人たちの生活を具《つぶ》さに知り、これを考察した興味深い一論である。

塩田が具体例をもって述べているところによれば、白人世界が外部からもたらす以前にニューギニア高地に暦の体系はなかったし、いまだに人々は二、三週間以上先の未来について考える習慣をもたない、という。人々にとって「時」は人の感覚の中に拡がっているが独立した概念として絶対化されていないないし、その絶対化こそが暦が出現するための前提なのだ、と。

この塩田の報告例は、真木悠介氏がその著『時間の比較社会学』(5)のなかの「具象の時間と抽象の時間」の節でケニアのカムバ族出身のムビティの報告を引用してアフリカ人の時間意識には「事実上未来が存在しない」ことを論証し、大陸を異にするアメリカ原住民についての他の例とも照応することを確認していることとも、まさしく一致するものである。真木氏の著には、このほかアフリカの部族民やオーストラリア原住民等についての社会人類学の諸成果を検討のうえ、抽象化・概念化された時間意識成立の歴史とその意味するものについて、きわめて深い考察と問題提起が加えられている。しかし、ここではただ「概念化された時間」の析出が暦の発生に不可欠なものであったこと、そしてその析出以前の原始的な時間意識の原形が現在でも存在していることがムビティや塩田らの論に確認されていることにふれるにとどめたい。なお、島田周平、児玉谷史朗の執筆によるアフリカのヨルバ社会やギクユ族の自然暦のなかにも、やはりその痕跡は留められているように思われる。

三大暦法のこと

さらに本書の諸論からは、現在国際的には世界共通暦としての地位を確立しているかのように考えられているグレゴリオ暦＝いわゆる西暦も、第三世界では必ずしも日常生活の隅々までを律しているものではないことを知ることができる。それぞれの民族の風土と社会に根ざした土着の暦の数々、またイスラーム暦（ヒジュラ暦）などが現実にくらしのなかで機能しているのである。

それらの暦は、まだ体系をもつに至らない限られた地域や民族にのみ用いられる自然暦を除いて、大別すると、次の三種のいずれかの暦法の体系をもつことがわかる。すなわち、（1）太陽暦、（2）太陰太陽暦、（3）太陰暦がそれである。

（1）は、はるかに古くメソポタミアの地に生まれエジプトやペルシアで用いられていたことは、長沢栄治や岡崎正孝の論にも詳しい。ユリウス暦からグレゴリオ暦にいたるローマ暦の系譜も、これをうけついだものであり、現行のグレゴリオ暦の規則が、一年を三六五日とし、四で割り切れる年のみ三六六日の閏年、さらに一〇〇で割り切れる年のみまず一〇〇で割り、その商が四の整数でなければ平年とする、という置閏法を用いていることは、よく知られている。なお、大野盛雄氏の随想は、太陽暦のうちでも季節感との違和感がない点でもっともすぐれているのは「春分を元旦とし、夏至、秋分、冬至をそれぞれ季節の始まりとする」ペルシア（イラン）のそれであることを指摘している。また、アメリカ大陸には、先住民族固有のインカ暦、マヤ暦、アステカ暦のような別種の太陽暦が存在していたことは、遅野井茂雄、星野妙子の論にみられるとおりである。

（2）の暦は、太陽の周期である一年三六五日の暦と朔望月を一カ月として作成する暦法を組合せたものである。平均二九・五日の朔望月十二カ月は計三五四日で、一太陽年に一一日ほど不足するので、二・七年に一回程度（正確には一九年に七回）閏月を設けてこれを補う。古くから世界の文明圏で行われ、ユダヤ暦、中国の暦、インドや東南アジアのビルマ、タイなどの暦もみなこれであることは、諸報告に詳しい。中国伝来の暦法を用いていた日本のいわゆる旧暦もこれであった。そして農作業や伝統的な民間行事と結びついて、現在でも根強い勢力を各地域に保っていることは、諸論にみられるとおりである。なお、中国などの暦法は実際には目撃することのできない「朔」を月始めとしているが、スリランカのように満月を月首とする暦法もある。

（3）は、太陰すなわち月の満ち欠けの周期だけで決定する暦であり、イスラーム暦がその代表といえよう。三〇日と二九日の月を交互に繰り返し（平均二九・五日）、一年は三五四日となり、閏月は設けないから毎年太陽暦とはどんどんずれていく。実際の朔望月との僅かなずれを調整する方法としては、閏年を設け、三〇年に一一回三五五日の年（年の最終月が通常二九日のところを三〇日とする）をつくっている。つまり三〇年周期をもって、朔望月と暦がほぼ正確に照応するように組み立てられた暦法である。それを算式で示すと、次のようになる。

〈暦〉三五四日×三〇年＋一一日＝一〇六三一日

〈朔望月〉二九・五三〇五八九日×一二月×三〇年＝一〇六三一・〇一二〇四日

しかし現代ではこのイスラーム暦は公用暦としてイスラーム圏の諸国で採用されているとはいえ、宗教的分野と休日以外の実用にはほとんど使われていないことは、パキスタンの暦についての論（深町宏樹）などにも述べられている。ちなみに、これをヒジュラ暦とも呼ぶのは、イスラーム教の教祖マホメットのメディナへの「聖遷＝ヒジュラ」の年（西暦六二二年七月十五日）を紀元としているためである。インドネシアのジャワ暦（高橋宗生）のようなバリュエーションもある。

七曜と「週」

太陽系の五惑星の名に日月を加えて七つとなった七曜による「週」は、ユダヤ暦に始まり西暦紀元前後にローマ暦のなかで現在のような形になったとされている。天体運行の観測から体系化されていった日、月、年などの暦の他の単位とは異なり、週は人々の日常生活の身近な区切りとして採用された人工的な単位である。現行の曜日と連続一致する七曜は、世界にかなり古くから広まっていたようであることは、ビルマ（桐生稔）やコートジボアール（原口武彦）の例を参照されたい。また、いまだに日常的に体系化された暦が定着していないニューギニア高地の村で七曜

具注暦に書き込まれた七曜の例

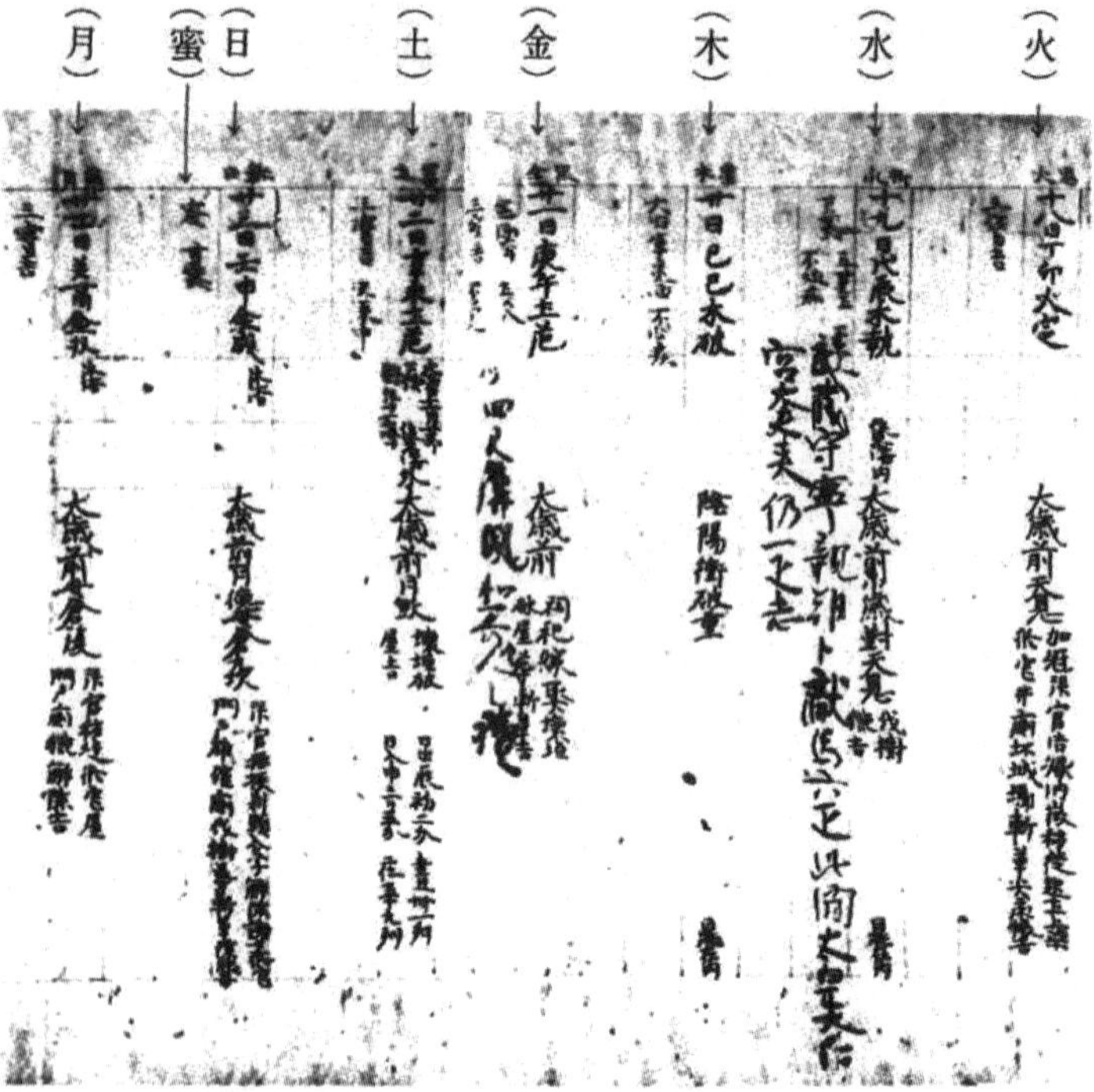

長保元年(999年) 10月 18日(火) から同 24日(月) まで(最上欄外)。日記を記入しているのは、藤原道長。
(『御堂関白記』自筆本より。提供: 財団法人・陽明文庫)

だけはすみやかに浸透した（塩田）例も、これが生活の適当な区切りであることを証するものといえようか。

中国伝来の日本の太陰太陽暦にも、すでに弘法大師空海が大同元（八〇六）年、唐から帰朝の際もたらした宿曜経によって、二十八宿とともに七曜が輸入された。前頁写真のように、暦日の吉凶の詳しい注記を付すいわゆる「具注暦」に記された平安期の藤原道長の日記『御堂関白記』（十世紀末）には七曜が連続して朱色で注記され、日曜にはさらに「蜜」（ソグド語のミールが中国で蜜となったという）の字が付され、この七曜がたしかに西方起源であることを示している。一般の仮名暦には、江戸時代から伊勢暦・京暦などが毎月朔日にのみ曜日を付していた。ただし、これは現代のような意味で日常生活に用いられた訳ではなく、日の吉凶を見るために使われていたものである。明治五（一八七二）年の太陽暦への改暦後、日曜日が公務の休暇日と定められたのは明治九（一八七六）年四月からであるが、一般への普及にはなお時間を要したことは、小島麗逸の論にも述べられているとおりである。

なお、他に週日を五日としたもの（インドネシア）、一〇日の区切りを「旬」（日本）とするものなど、現今でも生きている区切り方がある。

暦の歴史に学ぶもの

現行のグレゴリオ暦の歴史についての解説は一般の事典等でも比較的容易に見ることができる

と思われるので、ここでは省略する。また日本の暦法の変遷等についても、主要参考書を文末にあげるにとどめたい。

それにつけても、近年日本では「暦」を主題にした著作や出版物がきわめて多数に上っている。世界や日本の暦の研究、暦法に関する科学的技術的解説、年中行事や祭儀との関係を重視する民俗学のアプローチによるもの、等々枚挙にいとまがない。まさに、「暦ブーム」とでもいうべき現象である。その多くは本書が第三世界のそれについて試みようとしたと同様に、人類の歴史と暦との関わり合いに尽きぬ興味を抱くことを源泉として著された有益なものであり、多くを学ぶことができる。私たちが一面伝統的な民族文化の継承として現代生活のなかでも大切にしていきたい年中行事のいわれなどを知るのも楽しい。

しかし、一方には近年エレクトロニクス文化のなかで育った若者たちに思いがけなく占星術まがいのものがアピールしているという風潮がある。また一般社会にも、すでに江戸時代からその弊害が説かれている「丙午」迷信のゆえに、一九六六年に至ってすら出生数が激減するなど、非科学的迷信に無批判に追随する傾向が少なくない。文明開花の時代相を担った明治五（一八七二）年の改暦の詔書によって「妄誕無稽ニ属シ人知ノ開達ヲ妨クルモノ」と決めつけられ、官暦への記載を禁止された迷信的な暦注が昔日以上に盛り込まれている冊子型の各種暦書が、一九八七年の現在大量に販売されているのを目にするのである。

ここで再び私たちは、冒頭にあげたジャック・アタリの「明敏な夜警」への呼びかけを想起せざるを得ない。核の危機に生きる現代人が、人間としての主体を取り戻して自らのなかの「明敏な夜警」の声に耳を傾けるためには、何が必要であろうか。アタリは、それは各自が自らの場で「仕事をより創造的で自由なものとする」よう心掛けることであると説く。そして「各人が固有のリズムを規定し」、「〈自己の時〉を創造しなければならない」と。それはまた、同時に、真木悠介氏が前掲書『時間の比較社会学』のなかで、人生と宇宙の有限性の科学的認識ゆえにニヒリズムに陥りやすい現代人の時間意識からの解放の可能性は、われわれが自らの生を「現時充足的に」生きることを追求するしかない、とその論考を結んでいることとも照応するであろう。

私たちは本書のなかで、第三世界の人々が、現代においても一面では悠然とした時の流れの意識をいまなお失わずに生活しているさまを垣間みることができた。それは、人類が長い歩みのなかではぐくんできた「こよみ」の歴史と「くらし」の知恵の姿である。一面また真木氏のいう「われわれがもはやたちかえることのできない過ぎ去った共同態」の姿であるともいえる。めぐる日月の歩みを天空に仰ぎ、自然の周期と労働のリズムの幸福な一致点を見出そうとしていた古代人の姿を想い描くことが、いまビルの谷間でよりよい日々の生をもとめる私たちに与えてくれるものは、けっして小さくないように思われる。

注
（1）『朝日新聞』一九八六年六月二十日付（夕刊）
（2）『朝日新聞』一九八五年十一月九日付
（3）ジャック・アタリ著・蔵持不三訳『時間の歴史』原書房、一九八六年六月
（4）中山茂『日本の天文学―西洋認識の尖兵―』岩波書店、一九七二年
（5）真木悠介『時間の比較社会学』岩波書店、一九八一年

【参考文献】（注記にあげた三冊以外の主要なもの）
（1）山崎昭・久保良雄『暦の科学――〝時〟を読む基礎知識』講談社、一九八四年
（2）内田正男『暦と時の事典』雄山閣、一九八六年
（3）渡邊敏夫『日本の暦』雄山閣、一九七六年
（4）渡邊敏夫『暦のすべて―その歴史と文化―』雄山閣、一九八〇年
（5）永田久『暦と占いの科学』新潮社、一九八二年
（6）広瀬秀雄『暦』（日本史小百科・五）近藤出版社、一九七八年
（7）岡田芳朗『暦ものがたり』角川書店、一九八二年
（8）日本生活文化史学会『暦と日本人の生活』（生活文化史・2）雄山閣、一九八四年
（9）宮田登　他『暦と祭事――日本人の季節感覚――』（日本民俗文化体系・9）小学館、一九八四年
（小島麗逸・大岩川嫩編『「こよみ」と「くらし」――第三世界の労働リズム――』所収、アジア経済研究所、一九八七年三月）

日本が途上国だったころ

プロローグ——アジア経済研究所界隈

本書の母体であるアジア経済研究所の建物は、東京の山手地区南部にあたる新宿区市谷本村町四二番地に立地している。研究所創立三年後の一九六三年四月、もと国有地のこの地に研究所ビルを建設することができたのであった。

行政上の同番地で隣接するのは、現在陸上自衛隊市谷駐屯部隊、警視庁第四方面本部・同第四・五機動隊などの駐屯地となっている広大な台地である。この同町・同番地は、かつて江戸時代の徳川幕府の親藩である尾張徳川家の江戸藩邸（上屋敷）であった市ケ谷台上の広大な地所の遺構をそのまま受け継いだもので、周囲約二・五キロメートル、地図で見ると普通の規模の町が三つか四つ入るくらいの広さである。アジア経済研究所は、その西南の崖下の一角をわずかに占める形になっている。

徳川幕府が崩壊した明治維新によって新政府の所轄となったこの地は、明治初年、まず陸軍士官学校の敷地となり、太平洋戦争期には陸軍省が入って参謀本部が置かれるなど、陸軍の用に供されていた。敗戦によって進駐軍の占拠するところとなり、極東軍事裁判の舞台ともなった。進駐車からの返還後は再び自衛隊駐屯地として戦前の性格を継承、現在に至っている。

町の今昔

さて、自衛隊の崖下とはいえ南面する靖国通りよりは一段と高い研究所ビルからさらにその通りを越えて南方を俯瞰すると、ちょうどビル正面から南へ、南北を真っ直ぐ貫いて走る津の守坂をはさんで右方には荒木町が、左方には坂町・三栄町が広がり、やがて新宿通りに面する四谷二・三丁目の角に至る起伏に富んだ街並みが見える。坂町は江戸時代の町名がそのままで、鉄砲・弓などで市中警護にあたる「御先手組」の組屋敷のあった界隈であった。また三栄町の西半分ほどは昭和十八年までは「北伊賀町」と呼ばれ、その名の通りかつて幕府直属の伊賀者組屋敷が置かれ、服部半蔵以来徳川家に仕えた伊賀者が集団で住んでいた町であった。ついさきごろ、この地での新宿区立歴史博物館の建設工事の際に、忍者屋敷の地下遺構とみられるトンネル状の地下室が発見されたという。さらに現新宿通りを隔てて同じく伊賀者の住居がかたまっていた「南伊賀町」があった。現在の若葉一丁目のあたりである。

一方、江戸城の拡張・整備、とくに外堀工事にともない、さらには幾度かの大火に際して、多くの寺院が寺域を移され、江戸市域の周辺部にまとまった「寺町」を形成したことはよく知られている。その一つが旧南伊賀町のさらに南側に隣接する旧四谷寺町・南寺町一帯であり、寺院の多くは、寛永十一(一六三四)年に現麴町・赤坂・平河町・紀尾井町方面から移転させられてきたものである。この約二十の寺々はいまもほとんどが新宿区若葉一・二・三丁目、須賀町、左門町にかけて現存している。このあたりは町の名こそ変わっているが地形や道筋は江戸時代から全く変化していない。

そして、この地の寺々を訪れると、その多くが切り立った崖の上に立地し、寺院の間を南北に縫う小路はどれも急坂をもって谷底のような低地へ下っていくことに気付く。現在はまったく普通の町となっているが、大きな弧形を描いて旧名四谷寺町と南寺町の間を西北から東南へと細長く広がるその低地一帯こそ、かつて明治時代には東京三大貧民窟の一つと称された鮫ケ橋谷町一・二丁目であった。こうして、広壮な尾張屋敷の跡地に日本の軍事的近代化の中核を担うべく陸軍士官学校が設立されていたころ、直線距離でその南方約一キロメートルほどの地に近接して、明治期の東京最大規模といわれた一大スラムが存在したことを知る人は少ない。

以下、日本がいわば「発展途上国」だったころに遡って、この地の人々の暮らしと住まいのありさまを若干紹介してみよう。

明治の都市下層「細民」

「東京の最下層とはいずこぞ、曰く、四谷鮫ケ橋、曰く下谷万年町、曰く芝新網、東京の三大貧窟すなわちこれなり。」とは、明治三十一（一八九八）年に当時の毎日新聞記者であった横山源之助が著した不朽の社会ルポルタージュ『日本の下層社会』の一節である。横山によれば、このほか本所、深川、浅草などの各区に当時の都市下層が呼びならわされていた「細民」は多いが、「貧はすなわち貧なりといえども」、これら貧民窟ほど甚だしいものではなく、住んでいるのはおおむね「細民の類にして貧民を見ること稀なり」と、「細民」と「貧民」を区別している。だが、この「細民」という言葉は、現在ではほぼ死語と化しているが、少なくとも第二次大戦前にはしばしば都市貧困層を包括的に呼ぶ一般的な名称であった。

現在の日本でも、生活保護世帯のような低所得者層は依然存在するし、その日暮らしの人々も皆無ではない。東京の旧山谷、大阪の旧釜ケ崎地区のように、流民的日雇労務者の仮住まいを中心に形成されている街もある。とはいえ、高度成長期以降「一億総中流意識」がうたわれるようになって久しい今日、一般都市生活者の意識からは、「細民」の姿はほぼ消え去ったようである。私たちは、高度産業社会から離脱した自由人「浮浪者」の姿を地下道に散見することはあっても、一家を挙げて懸命に働いても最貧困生活から脱出できずに下町の路地裏に、また「木賃宿」に、あるいは最底辺の「貧民窟」にあえいでいた膨大な「細民」と日常的に接することはもはやないといえよう。

しかし、およそ百年前、一八九〇年代のこの時代相を担って日本の歴史にクローズアップされた「細民」こそ、その後数十年にわたるわが国都市下層の姿であった。それは、日本が欧米に遅れて資本主義的経済発展の途についた明治期に、一部には旧社会の底辺層をそのまま引き継ぎながら、加うるに打ち続く社会・経済変動のため貧困者に転落した層および疲弊した農村から析出され都市流入を余儀なくされた農民たちという新たな貧困層による膨張をみて形成されたものである。またそれは、横山が『日本の下層社会』の冒頭で「東京十五区、戸数二十九万八千、現在人口百三十六万余、その十分の幾分は中流以上にして、即ち生活に苦しまざる人生の順境に在るものなるべしといえども、多数は生活に如意ならざる下層の階級に属す」と述べているように、当時の庶民一般に通ずるとさえいえる都市住民の姿でもあった。

「細民」の住まい

明治二十（一八八七）年前後から、文明開化の光に対する影の部分である都市下層の生活状態は、ようやく社会問題として注目されるところとなり、いくつかの先駆的な貧民窟探訪記が新聞紙上に現われるようになった。さらに日清戦争後の産業革命期を経て台頭した初期労働運動や社会主義運動のなかでも、必然的にこの問題がとりあげられている。

一方政府も、もっぱら都市整備や疫病対策等の方策を講じようとしてはいたが、なかなか成果があがっていない。そうした推移を背景として、明治四十四（一九一一）年には、日本最初の本格的な官庁調査とされる『細民調査統計表』の作成が内務省の手で行われた。続いて第二回目として翌明治四十五（大正元）年にも調査が実施されたが、その資料巻末の「細民戸別調査表記入心得」では、「細民」の定義を(1)いわゆる細民部落（スラム地区）に居住する者、(2)主として雑業または人力車夫その他ハードな労働に従事する者、(3)家賃三円以下の住居に住む者、(4)世帯主の月収が二〇円以下の者、としている。

さて、この人々の住居条件が悲惨であったことはいうまでもない。江戸時代からの伝統的な一戸が「九尺二間」（約三坪＝九・九平方メートル）の区画に井戸・便所共同という普通（裏）長屋はよいほうであった。さらに背中合わせに一戸当たり三畳から四畳を連結した棟割長屋、一戸三畳を一つ屋根の下に収めて土間の通路を中に通した昼なお暗い共同長屋（いわゆるトンネル長屋）も多かったという。衛生環境の劣悪さは、伝染病の感染源ともなった。

そうした状況はなかなか改善されず、後年の大正十五（一九二六）年八月の東京府の調査でも、調査対象とした六二〇二戸の「定居的細民」の一戸当たり平均畳数は六・四畳であり、さらに四年後の昭和四（一九二九）年調査では一万六〇四六世帯の平均畳数は七・七一畳（世帯当たり人口は三・九四人）となっている（草間八十雄、参考文献(6)による）。

また、こうした住居の家賃は横山の調査当時月額七〇銭～一円二、三〇銭で、普通は日掛け払いであった。すなわち七五銭の場合は一日に二銭五厘ずつの支払いにさえこと欠いて一、二カ月滞納する人々も多かった。朝夕二回家賃を集めて歩き、滞納者には屋根板を剝ぐと脅す差配のなかにも、戸外の労働にあぶれる雨の日はさすがに督促を緩める者もいたという。

木賃宿の人々

また、これら長屋や間借り住まいのいわゆる「定居的細民」よりも一層劣悪な住環境にある者として、「不定居的細民」と分類される木賃宿などを渡り歩く人々の存在をも見落とすことはできない。横山前掲書のほかにも、明治三十七（一九〇四）年一月、幸徳秋水が週刊『平民新聞』に四回にわたって連載したルポルタージュ「東京の木賃宿」は、戯文調ながら彼らの姿を活写し、かつ具体的にその実情を伝えている。これによると、明治二十二（一八八九）年に警視総監三島通庸の命により市内の木賃宿の営業区域が限定され、四谷永住町（一八戸）ほか七カ所に約二〇〇戸の木賃宿があり、明治三十六（一九〇三）年末の調査では利用者九七四六人であった。その「客人」は、「歯代借の車夫、土方人足、植木人夫、其外種々の工夫人夫、荷車挽、縁日商人、立ン坊、下駄の歯入、雪駄直し、見せ物師、料理屋の下流しなど、何れも其日稼ぎの貧民ならぬはなし」とあり、一人六銭の「屋根代」を先払いし蒲団一枚を支給されて、一人当たり畳一枚以下の割合で「大広間」と称する雑居部屋に宿泊する。その他「別間」と称するせいぜい二畳か三畳以下の個室があり、ここにはだいたい夫婦者や親子連れなどの家族が半ば永住的に「中には親子五六人、或は六七人の一家族が、住めば住まるる三畳に重なり合ひて、雀燕《（ママ）》の巣にだも劣れる様、憐れなり」という状況であった。こうした家族の数が幸徳秋水の調査では同年末に総計一四五〇余も存在したとする。しかも彼らの払う部屋代は一泊一〇～一四銭なので、たった二畳の一室に月四円内外の借り賃を払うなら三円以下の長屋一戸をどうして借りないのかという疑問に、秋水の筆は、「彼等は唯だ一品の身につく物のなければなり、日用の家具だに新に求めんことの難ければなり、馬鹿馬鹿しと知りながら、一たび此境界に堕し来たれば、井に落せし簪の永劫浮む瀬なきぞ哀しき」と答えている。

鮫ケ橋スラムの実態

さて「四谷鮫ケ橋」（鮫河橋とも書く）地区は、横山源之助の調査当時、鮫ケ橋谷町一・二丁目、元鮫ケ橋、元鮫ケ橋南町の四つの町にわたって、一三六五戸に四九六四人の人口を擁していたとされる。「四谷区にて鮫ケ橋を外にして新宿の天竜寺門前に貧民部落あり、芸人の多く住める処。鮫ケ橋にては谷町二丁目に細民最も多きが如し。家賃三十九銭の家屋を見るが如きは、東京市中恐らくは谷町二丁目を除きて他になからん」と、横山は述べている。

町の外観は、荒物屋・質屋・古道具屋・米屋・焼き芋屋・紙屑屋・残飯屋・桝酒屋等々の雑多な店屋が並んでいるようだが、「ひとたび足を路地に入れれば、見る限り襤褸《ぼろ》を以って満ち」、生業は人足・日雇いが最も多く、次に車夫・車力・土方・屑拾い・人相見・羅宇のすげかえ・下駄の歯入等々、ありとあらゆる雑業に従事してわずかな日銭を稼いでいるのがこれらスラム住民の生活であった（横山、前掲書）。

この種のルポルタージュとして初期に属する『東京府下貧民の眞況』（無署名『朝野新聞』明治十九年三月二十四日～四月八日、六回連載）では、鮫ケ橋などの長屋生活の実情を、

「内に入れば畳も有るか無しにて多くは蓆の二三枚を並べ、古土瓶のくすぶりたるが那處に在りて、土の釜か若しくは銕ならば縁の欠け錆たるが頽れかかりたる竈に掛り、障子は一枚もなきが多く、偶々一二枚あれば紙の色赤黒く古びて幾年あとに張りしやと思ふ程なり。膳椀とても無きもの多く、板の上に欠け茶椀を並べ妻児と之を圍みて食に就く有様は目も當てられぬと云はんのみ。井戸と厠は一番地内に一ケ所づつなれば、少なくとも七八戸多ければ一五六戸にて使用するを常とせり。」

と描写している。

また、私たちはいま、時期的に右の記事と横山のそれのちょうど中間点の明治二十五（一八九二）年に松原岩五郎が『国民新聞』紙上に連載したルポルタージュ「最暗黒の東京」で、この地区の生活実態が極めてリアルに記録されているのを見ることができる。すなわち、「細民生活の真状」をルポするために貧民窟に身を投じた松原は、「山の手第一等の飢寒窟と聞こえたる四ツ谷鮫ケ橋という処」の残飯屋の使用人に住み込んだのである。

各地区のスラムを探訪した松原は、その住居条件について他の地区と比べ「家は客車的の長屋なれども順序よく配列して比較的に清潔なるは鮫ケ橋なり」と述べている。しかし、就職した残飯屋の建物は「家は傾斜して殆ど転覆せんとするばかりなるを突っかい棒もてこれを支え、軒は古く朽ちて屋根一面に蘇苔《こけ》を生し、庇檐《ひさし》は腐れ」た不潔な廃屋であった。

彼の仕事は、朝昼夕と一日三回、大八車を引いてはるか高台の士官学校の裏門をくぐり、残飯の払い下げを受けて貧民窟に持ち帰り、これを待ち受け先を争って僅かな金額で買い求める人々に売ることであった。あるときはあいにく三日続けて士官学校に残飯が出ず、代わりに豚の餌に供されるところだった腐敗しかけた諸餡《いもあん》をもらって帰り、それが飢餓に瀕していた人々を狂喜せしめたこともあったという。松原が「ああ、いかにこれが話説《はなし》すべく奇態の事実でありしよ」と嘆じているように、同時代人の想像をも絶するスラムの生活実態がそこにはあった。「鮫ケ橋は、市ケ谷の士官学校、一ツ木台の近衛歩兵第三連隊、檜町の歩兵第一連隊、麻布の歩兵第三連隊、四谷の近衛歩兵第四連隊と周囲を兵営に取りかこまれ、残飯を手に入れやすい場所であった。このことが、鮫ケ橋を東京最大の貧民窟に仕立てあげた大きな理由であった」とは、大江志乃夫氏の歴史小説『凩の時』の一節である（一九八五年、筑摩書房版、二四二頁）。

ただ一キロメートルの指呼の間にあって、市ケ谷台地大名屋敷跡にそびえる陸軍士官学校と四谷鮫ケ橋谷底にひしめく細民街とは、こうした日々の絆で結ばれていたのである。

鮫ケ橋スラムの淵源

ところで、残飯を入手しやすい場所であったことは、大江志乃夫氏の指摘のように、ここを明治期に「東京最大の貧民窟に仕立てあげた大きな理由」ではあったろうが、それは立地の原因ではなく、このスラムの歴史は、もっと古い時代に遡り得ることがわかっている。その事情をいま一度振り返ってみよう。

横山の『日本の下層社会』も、松原の『最暗黒の東京』も、この貧民窟の沿革についてはふれていない。いま、私たちがその点に関して参照することのできる文献として唯一のものは、前掲の草間八十雄「大東京の細民街と生活の態様」である。草間八十雄は、新聞記者時代に都市貧困層の実情に関心を持ち、後内務省東京社会局に入って、大正十年の「細民調査統計表」作成作業をはじめ、大正から昭和十年代にわたって数々の実態調査をてがけ、日本の細民調査の草分けともいえる人であった。彼は、昭和五（一九三〇）年当時に、東京の細民街（スラム）を⑴江戸時代から存在したもの、⑵明治時代に成立し現在に至るもの、⑶関東大震災後に復興したもの、の三種に分類し、四谷鮫ケ橋谷町をその⑴の筆頭にあげている。

すなわち、ここは元和年間（一六一五〜二二年）に沼地を埋め立て、慶安年間（一六四八〜五一年）に町家を開き市街に編入され、江戸時代中葉に「ヤドナシ乞食」たちが集まってきて、「明治初年代に細民街に変る。北谷間一帯に細民長屋が建連なった」とする。つまり、この谷間の貧しい人々の町の原型をなす歴史は、ふるく江戸時代まで遡るというのである。沼地を埋め立てた低湿な、そして寺院群のなかに埋没したような特異な場所——スラム成立の大きな要素が備わっている。乞食たちが集まっていたことは、現存の永心寺と法恩寺の間を南へ下る坂・暗闇坂の別名を昔から「乞食坂」ということでも裏付けられよう。「乞食坂という坂は、かならず寺院の多い場所で、その横町とか裏道にある。……昔は、ことに寺院の門前は乞食の稼ぎ場所であった」（横関英一、参考文献⒂）という条件にあてはまるところでもあった。

ではその昔、この埋立地の地権者はいったい誰であったのか。元禄二（一六八九）年の江戸切絵図ではただ町屋としか記されていず、土地の持ち主は不明である。しかし無主の地に自然に人々が住み着いたのではなかった。幕末の文久二（一八六二）年作成の『御府内往還其外沿革圖書　十』（参考文献(8)所収）を見ると、延宝年中（一六七三〜八〇年）から文久までのこの地域の地

明治18〜20（1887）年の四ツ谷鮫ケ橋谷町周辺の地図（参考文献(8)、271ページより）。

所区割りの変遷が分かる。それによると、この谷間にあたる場所の大半は「伊賀者給地」となっている。さきに見たように、北伊賀町・南伊賀町の名を残したこの四谷地区には伊賀者の組屋敷が多く与えられていた。それら屋敷地に付属するかのように、この谷底の土地は彼らに幕府がその収取差配の権利を与えた「給地」だったのである。「ヤドナシ乞食」等の当時の被差別身分の人々がここに集まり、あるいは住み着くことを許されたのは、果たして偶然だったのであろうか。幕府の特異な直属軍事集団だった伊賀者たちがその手足として使役するグループのなかに、そうした階層の人々が存在して、原初その来住・定着が核となったのでは、などと推理することもできるのではなかろうか。

膨張から縮小へ

なお、明治二十（一八八七）年の東京実測図を見ると、この鮫ケ橋谷町の家並みは、道路沿いは隙間なく立ち並んでいるが、裏手には長屋らしき建物群がまだかなりの空地の余裕をもって建てられている（本章四四二ページ地図参照）。しかしそれが二〇年後の明治四十二（一九〇九）年の実測図（四四六〜四四七ページ参照）となると、道路以外はびっしりと建物で埋め尽くされ、敷地空間にゆとりのある周辺の寺町と著しい対照をみせている。その二〇年間がスラムとして最大限の膨張を遂げた時期であることを示しているといえよう。明治四十三（一九一〇）年九月から翌四十四年九月まで少女時代の一年間、父堺利彦とともに南寺町に住んだ近藤真柄さんも、「当時貧民くつといわれた小家屋密集地帯……」と、その思い出を記している（近藤真柄「六十年前に南寺町・左門町にあったこと」、参考文献(6)所収）。

やがて、明治四十四（一九一一）年五月一日、鮫ケ橋谷町一・二丁目はただの「谷町」一・二丁目に、また元鮫ケ橋町は「元町」に、元鮫ケ橋南町は「南町」に、それぞれ町名変更している。周辺の他の町名は昭和十八（一九四三）年まで変更がみられないところをみると、「貧民窟」として余りにも有名になった「鮫ケ橋」を抹消したものであろうか。ちなみに、この名はもと紀州屋敷（のち赤坂離宮、現在の迎賓館・東宮御所）の池へ四谷の谷から流れ込む一筋の小川に、屋敷ぎわの道路が架けた橋の名「鮫ケ橋」から、その流れに沿ったあたりの町に冠されたものであった。橋も川もすでに無いが、現在、外苑方面から東宮御所のへり伝いに安珍坂（別名権田坂）を下り切ったところがその橋跡である。

その後の鮫ケ橋

さて、草間八十雄はさきの解説でまた次のように述べている、「同末葉（明治末）から此處の細民で新宿南町の棟割り長屋に移り行くもの多く、大正となりては一層と細民の数を減じ、現在（一九三〇、昭和五年）では谷町一・二丁目を合わせ細民長屋は六十戸をとどめるのみである」と。

また石塚裕道教授の引用によれば、大正七（一九一八）年八月二十三日の『東京朝日新聞』には、「細民の家は明るい……子供に貯金させて道具も整って居る……鮫ケ橋辺の気楽な生活」という記事もあるという（参考文献⑽）。この一大スラムも、徐々に都市周辺部への移行などで縮小、変貌の過程を辿ってきたことが分かる。

以後半世紀、関東大震災も太平洋戦争の戦火をも免れたこの地区にも、また他のかつて「細民街」と呼ばれた地域にも、もはやいわゆる東京のスラムは存在しない。いまも人口集中と地価高騰のなかで住宅難をかこつ都民は多いが、昔とはその様相を異にすることはいうまでもない。なお、そうした変貌の諸要因についてここで考察する余裕はないが、別掲した石塚裕道、中川清、江波戸昭氏などの各研究業績に詳しい。

「日本の近代の歴史が成し遂げたのは、「下層社会」から「中流社会」への大規模な底上げにほかならなかった。……」と、中川清氏はその著『日本の都市下層』のはしがきで述べておられるが、共感をもってここに引用させていただくこととしたい。

スラム克服の原動力は……

最後に、もう一度さきにみてきた横山源之助と松原岩五郎の二つのすぐれたルポルタージュに立ち帰ってみよう。「貧民窟」のどん底生活のなかに生きていた人々を観察した両書は、スラムの悲惨さを細密画さながらの手法で描写しているばかりではない。それと同時に、それぞれ人々が貧困にあえぎながらも、いざという場合互いに助け合い、また精一杯働いて生活向上への希望を失わず、けなげに生きる姿を見出し、これを感嘆をもって紹介しているのである。

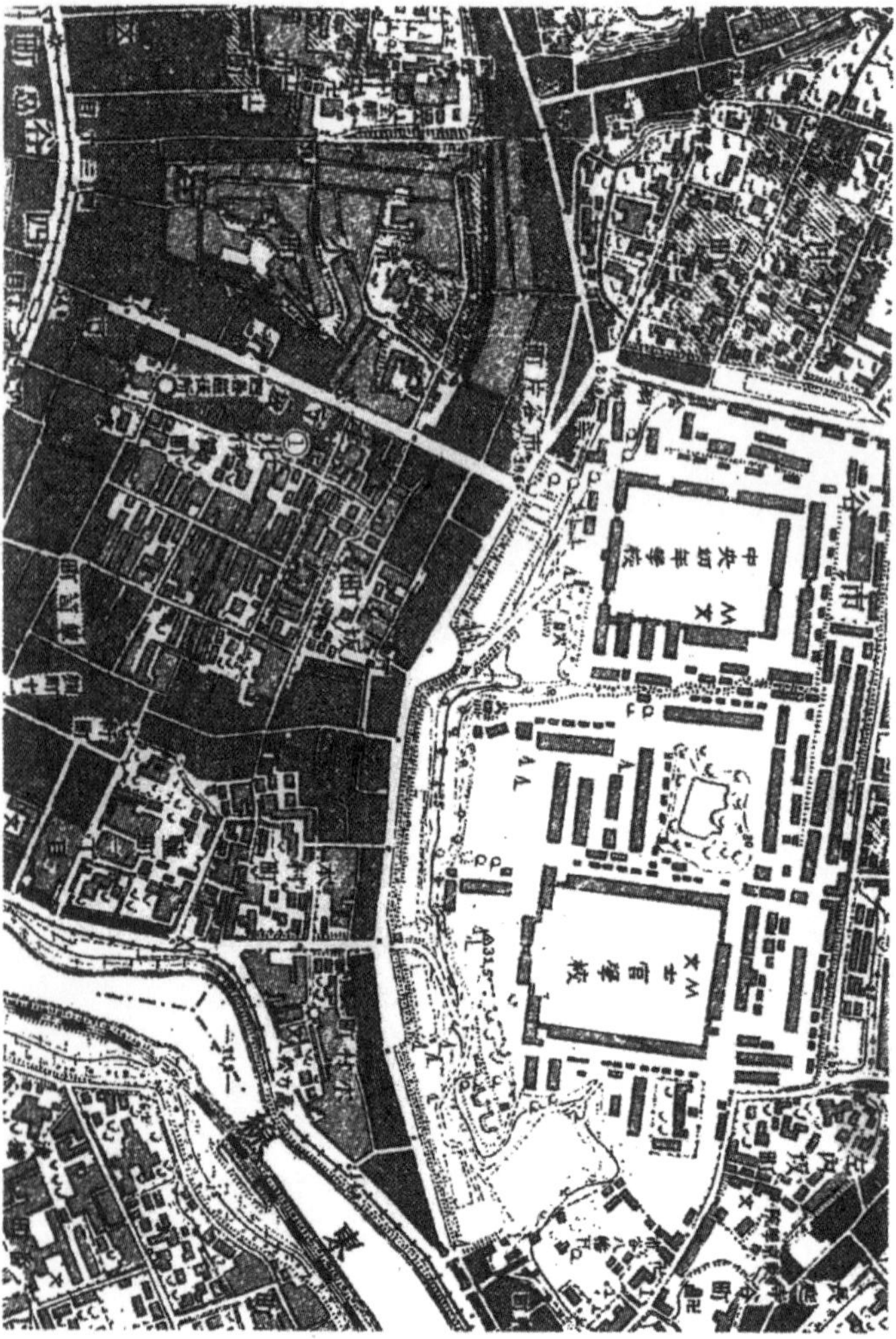

四谷区の地形図——明治43（1910）年実測図（部分）

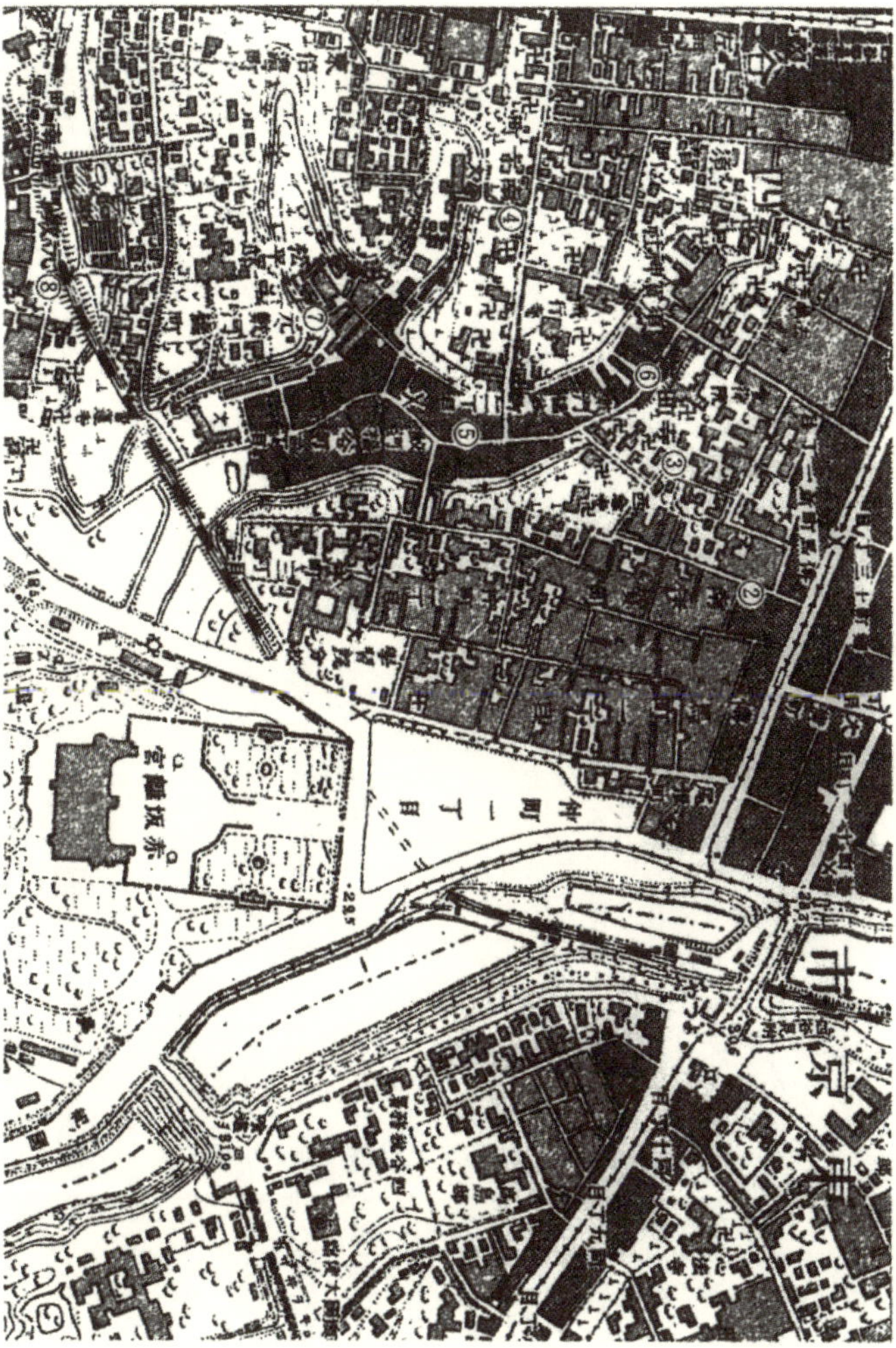

①北伊賀町　②南伊賀町　③寺町　④南寺町　⑤鮫河橋谷町一丁目　⑥鮫河橋谷町二丁目
⑦元鮫河橋町　⑧元鮫河橋南町　（出所）参考文献⑻、302頁より。

「しかれどもかれらに同情を置き、美とすべきものを数えば、かれらは常に蔭口し喧嘩するにもかかわらず、近隣に死亡ある場合の如き、一日稼業に出でざれば直ちに生活に苦しめる身を以て、なお稼業を休み、葬式の手伝し、同類相愛の情掬すべきもののなきにあらず。……」

（『日本の下層社会』）

「……いかなる場合においても常に人生生活の下段を働く処の彼らの覚悟のいかに健全にして、その平常のいかに安怡《あんい》なるよ。彼らは身を働かすのほかに向かって希望を擁《いだ》かず、労銀を求むるほかについて大きを貪らず、蒼々たる故郷の山嶽、穣々たる田間の沃野を最後の楽園として懐うほかには何物をも見ざる彼らの生涯……いかに彼らの血液の清潔なるよ、……」

（『最暗黒の東京』）

この事実に注目するとき、その後大恐慌や戦争という庶民にとっての一層の苦難の時期を経ながらも、下層社会から中流社会への〝大規模な底上げ〟をなしとげた原動力はどこに存在したのかを考えるための大きな手掛かりがここに潜んでいると考えるものである。

――私たちは前章までに、数多くの第三世界の国々に存在するスラムの実態をみてきた。いま困難の中にたくましく生きるその人々が、やがて彼らのスラムを克服する日を期待するとき、そうした住民の主体こそが確かな基礎となるであろうことを、この日本の経験は示唆するものではないだろうか。

【主要参考文献】

(1) 横山源之助『日本の下層社会』、一八九八年、（岩波文庫一九四九年版、ただし引用は表記を新字体・現代仮名遣いにあらため、漢字表記の一部をひらがなに変えて読みやすくしてある一九八五年以降の版によった）。
(2) 松原岩五郎『最暗黒の東京』、一八九三年、（岩波文庫一九八八年版）
(3) 幸徳秋水「東京の木賃宿」、一九〇四年一月十～三十一日、週刊『平民新聞』連載（『幸徳秋水全集』〈明治文献版、一九六八年〉第五巻所収）
(4) 西田長壽編『都市下層社會』生活社、一九四九年。筆者不詳の明治十九年三～四月『朝野新聞』掲載の「東京府下貧民の眞況」ほか三編とその解題を収録している。
(5) 内務省地方局・社会局編纂／津田真澂解説『細民調査統計表　合冊』（明治四十四年、明治四十五年―大正元年、大正十年調査の復刻版）、慶応書房、一九七一年。
(6) 新宿区立図書館『四谷南寺町界隈』（新宿区立図書館資料室紀要　五）、一九七一年。
(7) 東京都新宿区教育委員会『地図で見る新宿区の移り変わり―牛込編―』、一九八二年。
(8) 東京都新宿区教育委員会『地図で見る新宿区の移り変わり―四谷編―』、一九八三年。
(9) 草間八十雄「大東京の細民街と生活の態容」、『日本地理体系・大東京篇』改造社、一九三〇年。
(10) 石塚裕道『都市下層社会と「細民」住居論』（国連大学・技術の移転・変容・開発――日本の経験プロジェクト）、国連大学、一九七九年。
(11) 石塚裕道『東京の都市スラムと公衆衛生問題』（国連大学・技術の移転・変容・開発――日本の経験

プロジェクト）、国連大学、一九八一年。

(12)　中川清『戦前東京の都市下層』（国連大学・技術の移転・変容・開発――日本の経験プロジェクト）、国連大学、一九八二年。

(13)　江波戸昭『東京の地域研究』大明堂、一九八七年

(14)　中川清『日本の都市下層』勁草書房、一九八五年

(15)　横関英一『江戸の坂　東京の坂』有峰書店、一九七〇年

（堀井健三・大岩川嫩編『「すまい」と「くらし」――第三世界の住居問題――』所収、アジア経済研究所、一九八九年三月）

日本の「近代化」と「第二次交通戦争」

「蒸気車」との遭遇

一八六〇年四月二十五日（現地暦。万延元年閏三月五日）、日米修好通商条約批准書交換のためにはるばる日本からアメリカ大陸にやってきた遣米使節団の一行は、パナマ地峡で「蒸気車」というものに搭乗した。

この一行は、正使新見豊前守正興、副使村垣淡路守範正以下、身分高く教養もある使節団とその随員たちであったため、克明に記された日記類が数多く残されていて、このときのカルチャーショックについては、百三十年を経たいまもその状況や感想をつぶさに知ることができる。すでにアメリカ合衆国政府差し回しの蒸気艦ポーハタン号に搭乗して長い船旅をしてきた一行なので、蒸気の仕掛けを動力とする巨大な構造物としての汽車の存在にいたずらに驚愕するようなことはなく、ひたすら好奇心と知識欲を働かせてこの初体験を楽しんだ様子がどの日記にもうかがえる。よく引用されるものとしては村垣副使の『遣米使日記』がある。しかし、ここではあまり知られ

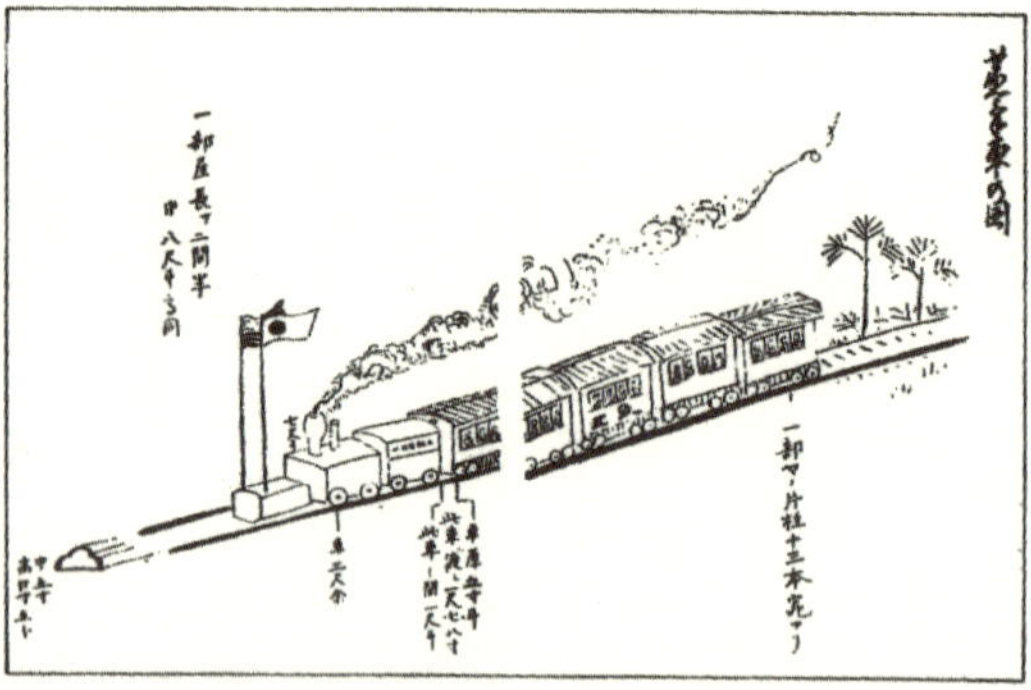

「蒸気車の図」：加藤素毛筆。参考文献(1)第３巻より。

ていないが、なかでも簡潔に要領よく観察結果を述べているものを一つ紹介しておこう。

「蒸気車ノ機関ハ其理蒸気船ニ同シ、第一先行ノ車ハ八輪ニシテ、先ニ日本日ノ丸ト亜米利加ノ旗ヲ建ツ、機関上ニ覆ナク、只火ヲ焼処ノミ、板屋アリ、一人ニテ火ヲ焼ク、第二ハ四輪車、薪ヲ載ス、人ヲ乗スル車六ツ跡ニ従フ、車ト車ノ間、鉄ノ蝶ツカヒヲ以テ結ヒ合ス、車ノ内、長サ凡七間計、巾一間半計、左右ニ曲禄ヲ双ブル、左右共ニ二十四有、中央ヲ通路トス、左右窓双ビ開ク、車各八輪、車道ハ材ヲ横へ、鉄ヲ二筋緯ニ通シ、其鉄道ノ上ニ車輪乗シ走ル、車ノ美麗牧［枚］挙可ラズ、車道普請ノ処、遙カ離レテ幟ヲ出ス、コレニ因テ蒸気緩シテ馳ル、此蒸気車ノ道ヲ辟ク、米英人山ヲ穿チ、東西海ヲ通シ、船ヲ往来セシメントス、為ラズ、故ニ八年前、米人初テ蒸気車ノ道ヲ開ト云、

朝九時蒸気車ヲ発ス、疾事矢ノ征ガ如ク、先蒸気車蒸気ヲハク音ニテ一同曲禄ニ腰ヲ掛ケ、先車環リ出セバ、後ニ従フ六車環リ出シ、鉄路へ鉄車ノ走ル音ニテ喧クシテ、双ヒ座ス者モ

辞分タス、車道屈回スレハ衆車コレニ順フ、蛇ノ行カ如シ、其自由ナル事、早クモ遅クモ、先ヘモ後ヘモ走ル、樹木ノ近傍ニ有ルモノ、何木ナルヲ見分ルニ暇アラズ、車ノ窓下ニ有ル処ノ草木・沙石ハ島〔縞〕織ヲ見ル如シ、渓川ノ車道ハ鉄ノ橋ヲ掛渡、又木石ニテ組立通ス、……」

（野々村忠實『航海日録』、『万延元年遣米使節史料集成』第三巻所収）

この筆者野々村忠實は当時四十三歳、副使村垣淡路守範正の従者であった。冷静な筆致で、先年パナマ運河の計画が挫折した結果、鉄道が敷設（一八五五年開通）されたことにも触れている。このほか、この鉄道の建設費用が七〇〇万ドルであり、それは一八五三年に発起人が起債して集め、毎年一二％の利子配当をもって割り戻していること、地代としてスペインに毎年一万ドルを支払っていること、地峡を開鑿《かいさく》する難工事で多くの犠牲者を出したこと、またその旅客、貨物の運賃などについて書かれている記録もいくつかある。熱心に質問する随員たち、これに丁寧に説明するアメリカ側の応答ぶりが推察される。

これが、代表的な日本人と代表的近代交通機関・鉄道との歴史的遭遇であった。――やがて幕末・明治維新の動乱期を経て、文明開化を目指す明治新政府の手により日本最初の鉄道が品川―横浜間に仮開通するのは、このときから一一年後の一九七一（明治四）年末のことである。

急速な鉄道網の展開

万延元年遣米使節の一行が初めて乗車したパナマ―アスピンウォール（今のコロン）間の距離は「四七里半」と大抵の日記に記されているが、これは通辞・名村五八郎元度の『亜行日記』にきちんと注記されているように、「亜里」すなわちアメリカのマイル数なので、約七六・五キロメートルに当たる。そして一二年後の一八七二（明治五）年十月正式開業した新橋―横浜間鉄道里程は二九キロメートルと、その半分以下にすぎなかった。

しかし、その後の日本における鉄道の発展は急速であり、二〇年後の一八九二（明治二十五）年には官営・民営合わせておよそ百倍を超える三一〇七・九キロメートルの営業キロ数に達している。さらに日本資本主義の発展過程と日清・日露戦争期の軍事的要請の側面もあいまって、その後の十年単位でほぼ倍増を繰り返す（一九〇二年六九一四・六キロメートル、一九一二年一万一四二五・一キロメートル）という鉄道網の急速な展開をみせた。この間の発展には、第一次（一九八五〜九〇年）、第二次（一八九五〜一九〇〇年）の「私鉄ブーム」と呼ばれる鉄道事業への民間投資が担った面も大きかったが、産業革命期を経て幹線の国有化方針を固めた政府は、一九〇六（明治三九）年「鉄道国有法」を公布して一七の私鉄を買収している。歴史的に、鉄道の発展が日本の中央集権国家の形成と経済発展に果たした役割の大きさはいうまでもない。ちなみに鉄道開設百年後の一九七二（昭和四十七）年、鉄道営業キロ数は、二万六八〇一・八キロメートル（国鉄二万〇九二四・二キロメートル、民営五八七七・六キロメートル）となっている。開業時の

二九キロメートルの、実に一千倍近くである。（以上の数字は原田勝正氏の作表による）

心に宿る鉄道

幹線・支線の建設が急ピッチで進められ、日本全土に鉄道網が拡大するにつれて、明治中葉以降の日本人の生活と感情のなかに、鉄道の存在は深く根を下ろしていった。それを象徴する例をあげてみよう。

「ふるさとの訛《なまり》なつかし／停車場の人ごみの中に／そを聴きに行く」という石川啄木の歌は、彼の故郷岩手県と東京を結ぶ東北本線の発着する上野駅の雑踏を、人々の胸に呼び起こす。「子を負ひて／雪の吹き入る停車場に／われ見送りし妻の眉かな」と詠んだ啄木の、雪の北海道に妻子を残して独り上京するときの心情は、停車場の別れの情景でひときわ哀切な響きを私たちの胸に伝える。ともに、一九〇八（明治四十一）年夏以降二年間の作品で編んだ歌集『一握の砂』に収められているものである。啄木にはこの他にも、「何となく汽車に乗りたく思ひしのみ／汽車を下りしに／ゆくところなし」、「雨に濡れし夜汽車の窓に／映りたる／山間《やまあひ》の町のともしびの色」など、汽車の旅情を詠じた歌が数多い。一九一二年四月、わずか二七歳で没した漂泊の天才詩人の心に勃興期の鉄道の投影するところは深く、その生涯を彩っている。

そして、これらの啄木の絶唱に表現されたものは、明治、大正、昭和の三代にわたる日本の近代史を生きてきた日本人が、ひとしく共有できた感情であったといえよう。疑いもなく、近代日本人の心象風景のひとつの原郷が、そこにはあった。なぜならば、彼らの多くもまた、激しい社会変動のなかで、好むと好まざるとにかかわらず、父祖代々の地である故郷を離れて、あるいは都市の片隅に、あるいは未知の新開地に、心の奥底深く疎外感を抱いて生きる人々だったからである。彼らの人生の道程と汽車の旅の記憶とは、分かちがたく結ばれていたのであった。

高度多機能化した交通手段

さて、一足飛びに現状をみよう。

世界有数の高度産業社会を形成するにいたった日本の国土には、航空路から地下鉄まで、最新の機能をもつあらゆる交通手段が複雑に張りめぐらされている。昼夜を分かたぬ膨大な人と物の移動が、この社会の生産活動を支えている。

十数年前、インドに出張した人がインド人から日本の新幹線の運行頻度について質問され、一〇分に一本だと答えたところ、お前はホラ吹きだと言われたという。深夜の幹線道路ではトラック便が物資を運び、人工衛星から撮影した真夜中の地球のこの地域では、日本列島が満身に灯火をともしてひときわ明るく輝いている。ジェット機の絶え間なく発着する国際空港、巨大タンカーや貿易船の往き来する航路――国際間の移動も盛んである。

しかし、長らく日本の近代化を担う中核であった鉄道も、もはや交通手段の主役ではない。日本国有鉄道は多年の累積赤字に苦しみ、一九八七年四月を期して分割民営化され、ＪＲ各社となった。すでにして、日本の人口の過半を占めている戦後生まれの人々には、啄木の歌にみるような心象風景は無縁となっているのかもしれない。戦前から着手されてきたディーゼル化・電化が完成して「汽車」という言葉が死語となり、あの力強いと同時に哀愁を帯びた汽笛を聞いたことのない人々の生活する現在では、それはわずかにSLブームのクラシック回帰や、流行歌の世界にその残像をとどめるのみであるといえる。

「クルマ社会」の出現

ひきかえて、現代人、なかでも戦後世代の感性に最も密着した乗り物はといえば、それは自動車――「クルマ」であろう。すでに「クルマ社会」と言われるようになって久しい日本である。一九六〇年代の高度経済成長期以降いわゆるマイカー時代が到来し一九六〇年には一千万人に満たなかった運転免許保有者数は八九年には実に全人口の五割近い六千万人に届こうという趨勢で増加、自動車台数もこれに正比例して増えている。

個人が占有できる便利で快適な、そして運転という技能の発揮で自己能力への満足感を与えてくれる「のりもの」としての魅力が、人々、とりわけ若者を強い吸引力で「クルマ」の所有へとかりたてている。一九八八年末現在の年代別統計でみると、最もその取得率の高い二十五歳～二十九歳では男性の九五・四%（女性七八・四%）が免許保有者となっている。

一九八七年末の世界各国の自動車保有台数の比較統計でみると、乗用車一台当たり人口が、アメリカ合衆国は一・七人、ヨーロッパ平均（ソ連・東欧を含む）は五・二人であるのに対して、日本は四・一人、商用車を含めた自動車全体の一台当たり人口では、同じく一・三人（アメリカ）、二・四人（日本）、四・三人（ヨーロッパ）となっている。アジアをみると、アラブ産油国を除けば最も自動車の普及しているシンガポールで乗用車・全自動車一台当たり人口は一〇・二人と六・五人、逆に最も保有台数の少ない中国の場合、実に三八五〇人と五〇五人である。

その増加の趨勢をみるために、適宜選んだ六カ国における人口一〇〇〇人当たりの乗用車保有台数の一九六〇年から八七年までの推移を図1に示してみた。六〇年には乗用車はアメリカの三四一台に対してわずか五台にすぎなかった日本が六五年以降急速な上昇線を描き、八七年末には二四一台に達した様子がわかる。さらに乗用車の世帯保有率をみると、六五年には全世帯のうち五・七％にすぎず、複数保有は統計的にゼロ％であった。それが、八八年の自動車工業会の乗用車市場動向調査では六九・九％となり、その一九・一％が複数保有となっている。しかも農業世帯では同じく一・三％から七四・七％へと保有率が上昇、日本の農村地帯ではもはやクルマなしの生活が考えら

図1　乗用車保有台数推移（1,000人当り）

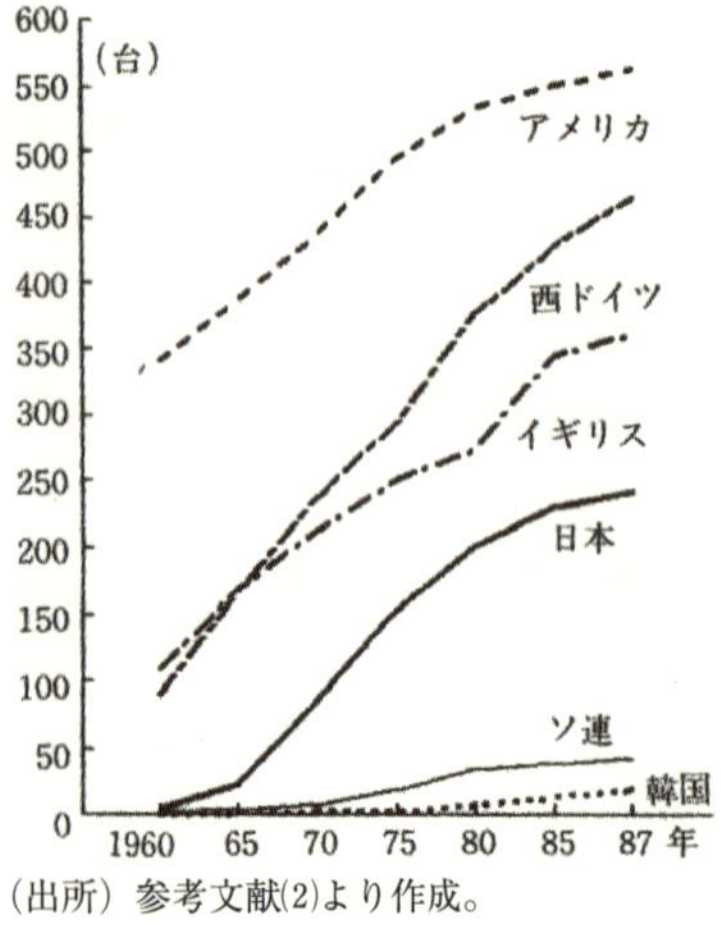

（出所）参考文献(2)より作成。

れなくなっていることを示している。

なお、商用車を含めた全自動車の増加ぶりは、より急速である。西ドイツ、イギリスの場合、日本と異なり商用車の増加はきわめて緩慢な動きしか示していない。高度経済成長期の日本の歩みは、急激なモータリゼーションと密接に結びついていたことがよくわかる。

モータリゼーションの背景

鉄道が交通機関の主役の座を自動車に譲った時期を数量的に明瞭に示すのが、図2のグラフである。輸送した人員に輸送距離を乗じた「輸送人キロ」の統計から、それぞれの占める割合をみると、一九六〇年には鉄道七五%、自動車二二・八%であったものが、七〇年にほぼ同率となり、以後は逆転の一途を辿り、八七年には鉄道三七・一%、自動車五八・二%となっている。さらに地域を限って八六年の三大都市交通圏と中京交通圏の旅客輸送状況を円グラフ（図3）でみると、地下鉄を含む鉄道網の発達している三大都市ですら自動車の比率が四六・六%であり、中京の場合は、七四・三%までが自動車となっている。

図2　国内旅客輸送人キロ分担率の推移

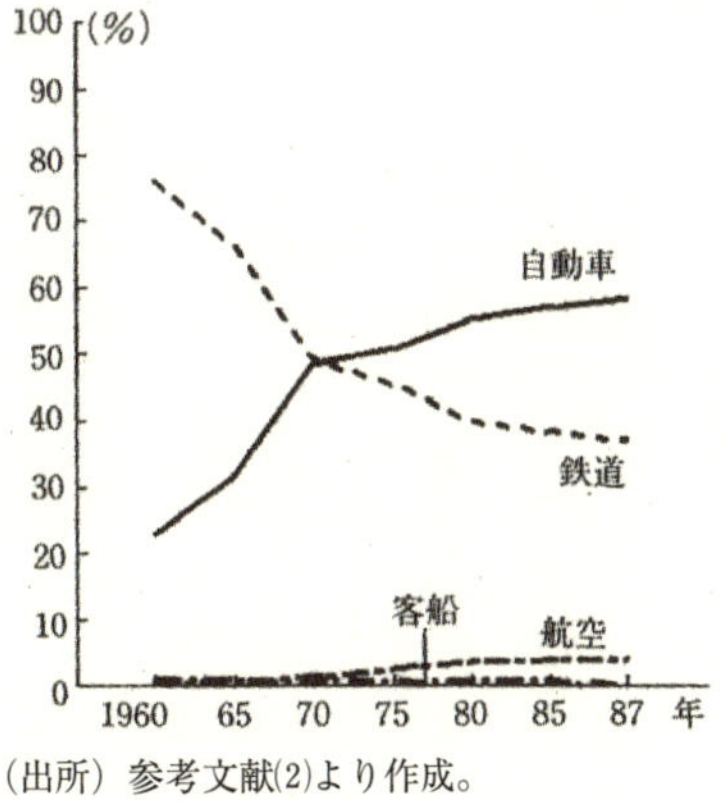

（出所）参考文献(2)より作成。

図３　旅客輸送状況

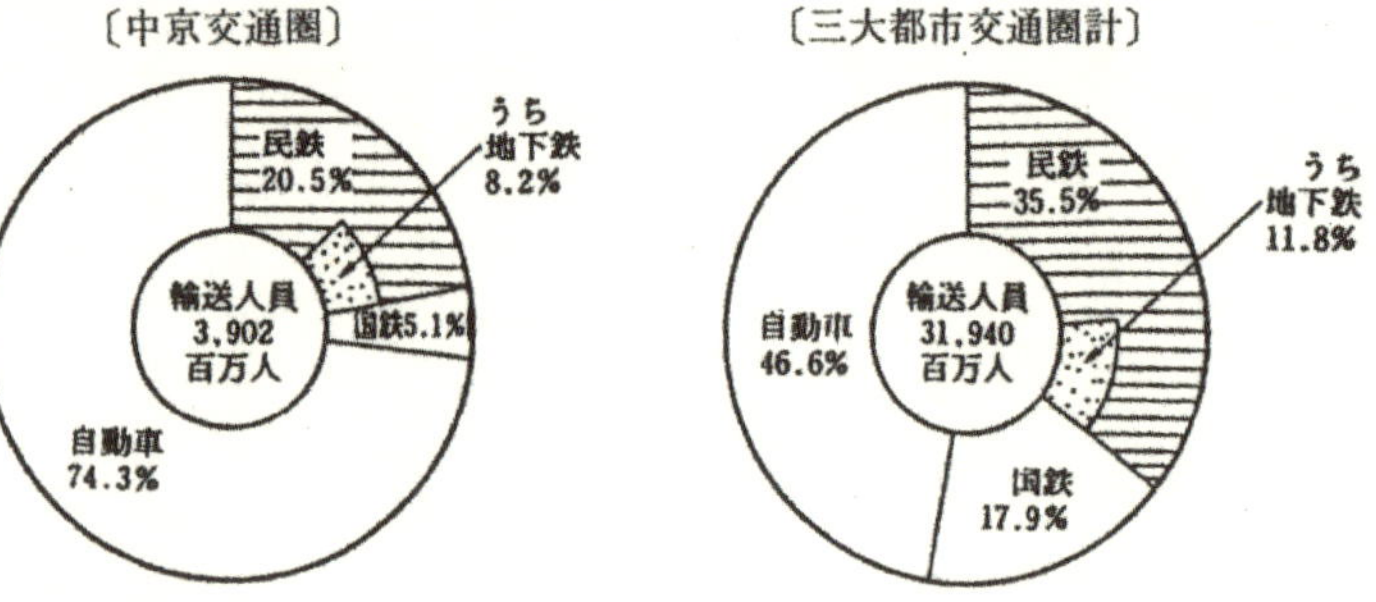

（出所）参考文献(3)。

ひとくちにモータリゼーションと称しているが、これほど急速な交代の背景にはどんな日本特有の事情が存在したのだろうか。

もちろん、歴史的・社会的なさまざまの要因が複合していたに違いない。なかでも、敗戦後焦土のなかから経済復興と自立を目指す日本の産業界にとって、自動車産業を発展させることは、大きな目標のひとつであった。やがて戦前からの技術基盤のうえに新しいイノベーションの波を積極的にとりいれ、良質低廉な労働力の利用に恵まれるという比較優位のうえに、自動車産業は急速な成長を遂げ、高度経済成長を支える基幹産業の一つとなった。同時にそれがいかに端的に日本の「クルマ社会」への転換と結びついていたかを、いくつかの指標で概観してみよう。

まず自動車の生産状況をみると、図４に示すとおりとなる。すなわち一九六〇年にはアメリカ（七九〇〇万台）の一六％程度の約四八万台にすぎない生産台数であった日本は、昨八九年には一三〇二万五七四一台の自動車を生産し、八〇年以来十年間連続で世界の首位を保っているのである。グラフの示す上昇の角度は、まさに驚異的とすらいえよう。

供給は需要をつくりだす、という。この生産上昇こそが、国内のモータリゼーション推進の原動力であった。また同時に、貿易立国の尖兵の役割を担っての輸出比率も年々上昇し、一九七〇年代末ごろから欧米との間に深刻な貿易摩擦を引き起こしていることは、周知のとおりである。試みに自動車生産量に占める輸出比率の各国比率をみると（図5）、アメリカ車の輸出比率は低

図4　自動車生産台数比較

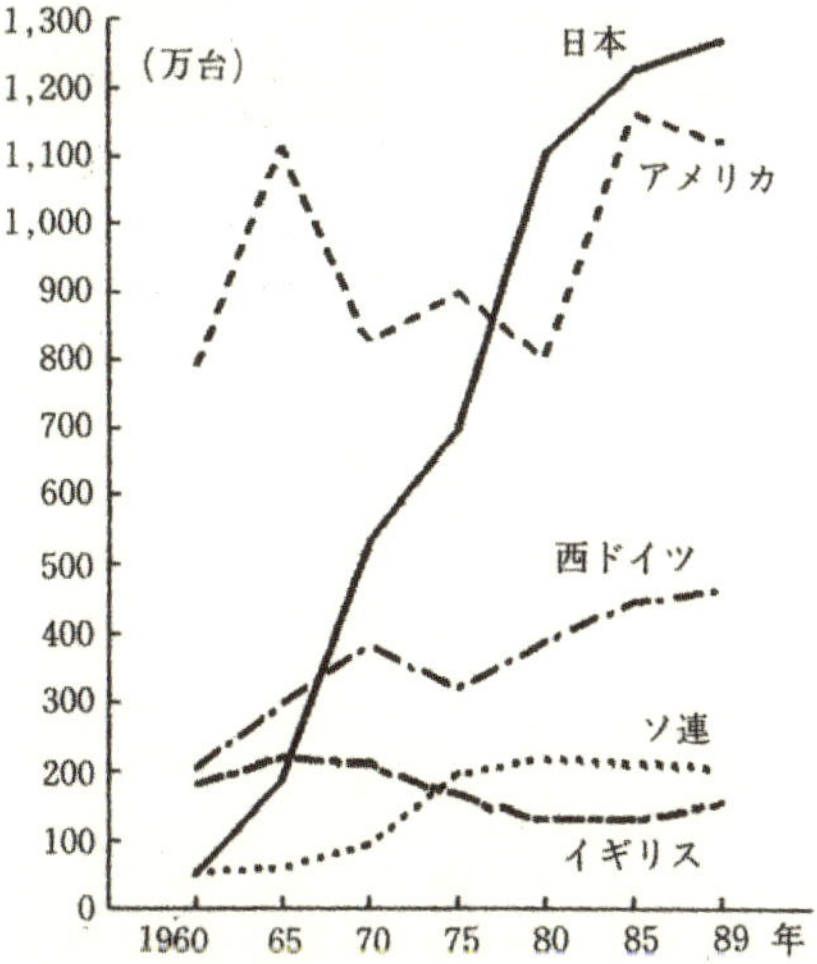

（出所）参考文献(2)等より作成。

図5　自動車輸出比率（輸出台数 /生産）

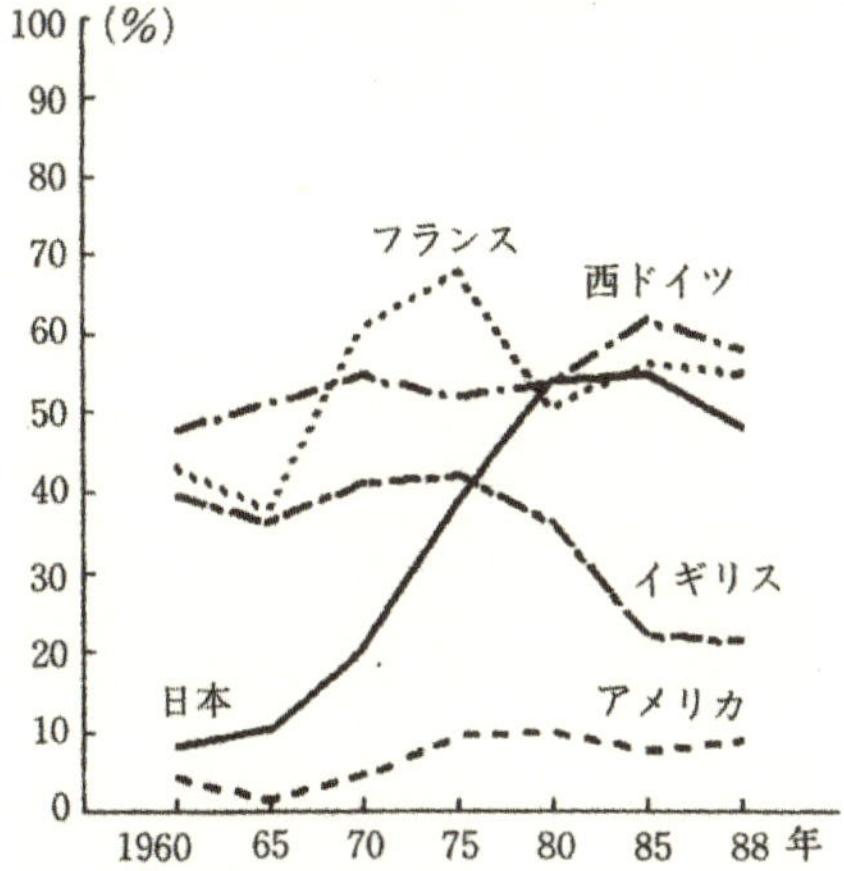

（出所）参考文献(2)より作成。

く、日本のそれは西ドイツ、フランスに近く（八一年からは対米・対ＥＣ輸出自主規制が始まり鈍化）、イギリスの輸出比率は低下してきていることがわかる。一方、輸入台数をみると、アメリカのそれがずばぬけて多くなってきており、西ヨーロッパ諸国も相応の輸入をしているが、日本は八七年になっても約一一万台、イギリスやフランスの一〇分の一にも達していない。

つまり、世界一の自動車王国・日本で生産されたクルマのほぼ半数が輸出され、同時に日本人のほとんどは国産車を購入、利用しているのが現状である。これには、早くも一九五〇年代から積極化した政府の自動車産業育成と基盤強化の政策、「国民車」育成方針（五五年「国民車育成要綱」）などが強く影響してきたことはいうまでもない。

そしてこれまで、自動車の普及の度合いは往々にしてその社会の近代文明化、国民の生活水準向上のメルクマールとしてとらえられてきた。戦後の欠乏時代にアメリカ映画のなかの美男美女のドライブシーンに憧れた戦前生まれの日本人にとって、自ら高性能のクルマを駆る時代がわずか二、三十年後に訪れたことほど、日本の経済大国化を実感させられるものはなかったのである。

「負」の側面の顕在化

一方、自動車の普及がもたらす負の面、すなわち、これと表裏の関係にある公共的交通機関の衰退、自動車公害の発生や自動車道路の建設による自然破壊など環境の悪化、なかんずくもっと直接的な被害である交通事故の問題などについては、早くから識者によって注意が喚起されてきた。近年では、地球環境問題にまで議論が広がっている。上述のようにひときわ急激なモータリゼーションを経験した日本では、こうした「負」の側面もまた大きく顕在化してきてしまったことは当然のなりゆきであった。

公共的交通機関としての鉄道の比重低下についてはさきに触れたが、長らく都民に親しまれていた東京の路面電車「都電」が荒川線の一路線を除いてすべて廃止されてしまったことは、象徴的な出来事であった。自動車の洪水に軌道敷を塞がれて身動きできなくなってしまったのである。

地方では、自動車の各戸への普及とともにバス路線が赤字に転落して、ついには廃止される例もある。筆者が時折訪れる長野県穂高町のバス「牧線」も、四年前の一九八六年に廃止された。このたった日に数本の定期運行バス路線を日々利用していたのは、アルプス銀座・喜作新道を開いた名猟師、小林喜作の里である常念岳山麓の牧部落の住民、とくに自ら車を運転できない老人や子供たちであったが、その足が無くなったのである。

自動車公害への対策は

大気汚染、騒音、道路の占有など自動車公害の発生も、大きな社会問題である。対策としては、一九六六年の自動車排出ガス規制を皮切りに、自動車騒音規制（七一年）、ガソリン無鉛化（七五年）、振動規制（七六年）等の法的規制が「公害対策基本法」「大気汚染防止法」「道路運送車両法」「騒音規制法」等の法律に関連して実施されている。

なかでも乗用車の排気ガス中の一酸化炭素・炭化水素・窒素酸化物の排出量許容限度を厳しく規制する、いわゆるマスキー法による基準を一九七〇年代に世界にさきがけてクリアーしたのは日本である、と関係官庁や産業界の指導者は胸を張る。たしかに私たちも途上国の都市へ出張したときなど、その空気の悪さにおどろき、次いで七〇年ごろの東京の街路も同様であったことを思い出し、その効果のほどを確認できたと感じることがある。しかし、最近また大気中のこれら有害物質の場所によっては規制値を越えるほどの増加傾向がみられ、その発生源は主として規制の緩やかなトラックやディーゼル車の増加であることが指摘されている。地球温暖化や酸性雨被害につながる地球環境問題ともあいまって、再びその対策が真剣に問われねばならないであろう。

加えて、最近の都市部では増加する一方の自動車が街路に溢れ、幹線道路といわず住宅街の裏道といわずいたるところ違法駐車の群れに道路が占拠されるという深刻な事態が生じている。出先に駐車場の設備が不足していること、車の所有者に義務づけられている車庫保有が、駐車場難のため必ずしも守られていないことがその原因である。ただdescribed狭い道路への違法駐車は、通行人や走行車にとっての交通妨害となっていることはもちろん、都市景観からも見苦しいかぎりである。この問題も、地価高騰にあえぐ東京などの都市では解決の見通しは暗い。

経済学者・宇沢弘文氏は、一九七四年に著した『自動車の社会的費用』において、自動車の使用は必ず道路という社会的資源を利用し、公共の市民生活に影響（＝被害）を与えずにおかないものであることを指摘し、この社会的費用は自動車所有者が負担すべきもの（＝費用の内部化）であると論じている。すなわち、仮に市民（住民）の基本的権利を侵害しないような構造をもった道路に東京の二万キロメートルの道路をつくり変えるとするなら、当時で自動車一台当たり一二〇〇万円の投資を必要とし、この投資額に対する年々の利息分を自動車一台当たりに年々賦課するとすれば、その賦課額は毎年約二〇〇万円となる、というのが氏の試算である。この額は地価高騰の現在ではさらに膨大なものとなろう。一方、現行でも道路整備特定財源にあてるための自動車関係税金や有料道路通行料金は高すぎるとの不満をもらすのが自動車ユーザーの大多数である。宇沢氏の提案がいかに望ましいものであれ、その著が世に出て一六年後の今日、社会的コンセンサス形成への展望は不可能に近いことが証明されているといわねばならない。

第二次交通戦争へ突入

さらに直接的に人々の生命の安全が脅かされているのは、交通事故の発生である。

昨一九八九年十一月二十八日、政府の交通対策本部は、日本で初めての「交通事故非常事態宣言」を発表した。前年の八八年に全国の交通事故死者数が一三年ぶりに一万人を超え（一万三四四人）たのに続いて、この年明らかにさらに死者数が増加する見通しとなったためである。この宣言による警鐘もなすところなく、ついに八九年の交通事故死者数は一万一〇八六人に達し、七六年以来の十四年間で最悪を記録した（図6）。クルマ社会への急速な突入のため年々一万人以上の死者を出していた昭和四〇年代（一九六五〜七四年）の半ばごろが〝交通戦争〟とい

図6　日本の交通事故死者数の推移

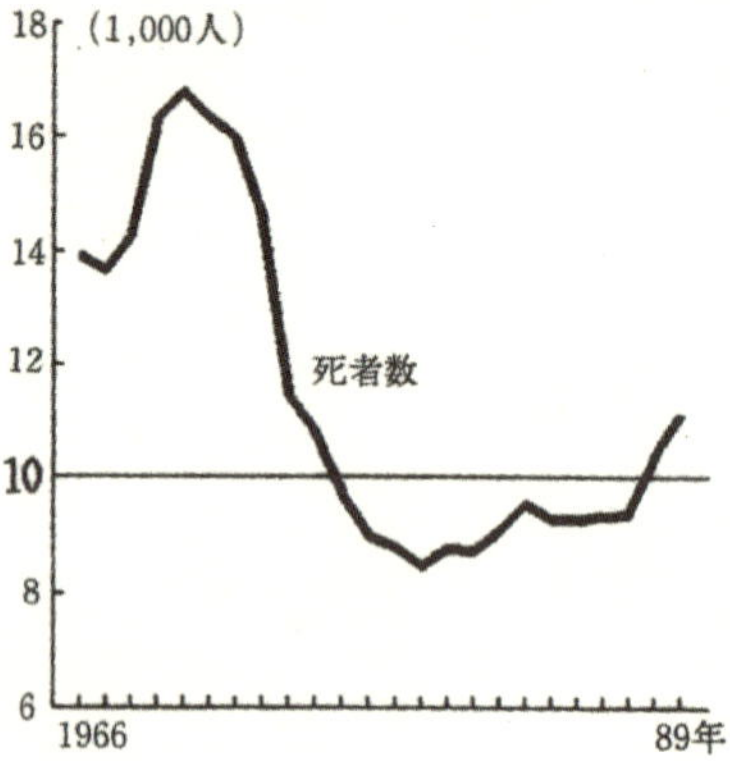

（出所）参考文献(2)等より作成。

われたのに対し、八八、八九年のこの交通死増加趨勢の非常事態が、マスコミによって「第二次交通戦争」と呼ばれるようになったゆえんである。なお、この数字は、事故発生後二四時間以内の死亡のみを数えているので、諸外国のように事故後三十日以内の死者数とするならば、さらに三〇％増としなければならない（欧州運輸大臣会議で用いられている修正係数）。

クルマ社会への不慣れや信号機等安全設備の不足が影響していたと考えられる第一次交通戦争のころと異なる今次の特色は、一九八九年一～十月末までの死者八九九八人を警察庁が分析したところによると、次のとおりである。

年齢層では一六～二四歳の若者がほぼ四〇％、六五歳以上の高齢者が二〇％強を占め、いずれも人口構成率の二倍以上となっている。事故原因は、若者の場合四〇％強がスピードの出しすぎ（他の年齢層の二・九倍）、高齢者の場合は半数が歩行者、二〇％強が自転車乗車中で、信号無視や車の直前直後の横断が多い。つまり、若者は運転中、老人は歩行ないし自転車乗りの状態で事故に遭遇しているケースが多いことになる。若者のほとんどが運転免許を取り、経済的にも比較的容易にクルマを入手できるようになったこと、また社会の高齢化が進んだことが、これらの現象に反映しているといえる。

また時間帯では、死亡事故の半数以上が夜間に起きていて（東京では六〇％以上）、この三年間で五〇％強も増加している。曜日では土曜、日曜が多く、他の曜日の各一・二倍となっているという。この背景には、二四時間都市化社会の「夜型生活」の一般化がある、とする。

「取り締まりによる死者減らしは限界に近い」というのが、この分析結果をまとめた警察庁の悲観的観測であり、「車メーカーの利益を道路や安全施設づくりの資金に還元してもらうことなども働きかけていきたい」としているという（『朝日新聞』一九八九年十一月二十八日付夕刊）。

そして、非常事態宣言にもかかわらず、ことし一九九〇年に入っても、毎日のニュースでは若者の無謀運転による事故死や、横断歩道上でダンプカーにひき逃げされた母子など、痛ましい事故の報道が跡を絶たない。

新たな交通体系を考える

以上のような「クルマ社会」に付随する「負」の側面は拡散する一方のように見える。路面電車の撤去、巨費を投じての高速道路や一般道路の建設・整備も、その効果を上回る自動車の増加で交通渋滞の慢性化を解消するにいたらなかったし、自然破壊や環境破壊の新たな社会問題を惹き起こしている。交通安全運動やドライバーへの教育、信号機設置などの努力も第二次交通戦争への突入を阻止することはできなかった。

いま、モータリゼーション下の私たちの社会で、「のりもの」と「くらし」の関係は、あちこちで袋小路に入り込み、一種の閉塞状態にあるといっても過言ではない。自動車という素晴らしい有用な乗り物を大衆社会が手中にしたとき、それはマイダス王の黄金のように、新たな欲求不満や飢渇を生み出しているかにさえ思える。この閉塞状況から、どのようにして脱出したらよいのであろうか。

第一に誰もが考えることは、社会条件の整備と科学技術の進歩による事態の打開策である。

昨一九八九年秋、『一九九九年日本の鉄道――鉄道は再び日本を変える』というタイトルの一書が出版された。都下国分寺市にある財団法人・鉄道総合技術研究所のスタッフが一〇年後の交通機関、なかんずく鉄道の未来像を想定して書きあらわした共著である。夢物語風に書かれているとはいえ、そこに登場するリニアエクスプレスをはじめとする未来の鉄道の数々は、決して空想的なものではなく、すでに技術的には十分に実現の見通しのついているものであるという。そのいずれも、低公害・超スピード・快適・安全・大量輸送・省エネルギーの要件を満たすものとされ、建設コストも抑制的であるとしている。

かつて一九六四年秋、東京オリンピックの開催に合わせて開業した東海道新幹線の経験が想起される。それは、右の鉄道総合技術研究所の前身、当時の国鉄鉄道技術研究所スタッフによる研究成果が五七年のセミナーで発表されたことが契機となって、そのわずか七年後に開業を実現、モータリゼーションに押され斜陽化していた世界の鉄道界に刺激を与え、高速鉄道建設時代を先導したと評価される。その系譜を引くスタッフが、再びこの書の中で技術進歩へのゆるぎない信頼をもって語る「ありうべき交通体系」の未来像は、いかにもバラ色に彩られ、それが実現したとき日本の交通問題は一挙に解決するような印象を与えられる。そこには、「鉄道は再び日本を変える」……すなわち鉄道が再び交通手段の主役を担う日が輝かしく描き出されている。

そんなに急いで……

しかし、この技術者たちのたゆみない努力による鉄道再生の夢と構想に敬意と期待を抱きながらも、一方で心中になにかしら違和感が生じるのはなぜであろうか。

それは、どこまでも高性能と能率を追求することが第一義とされるこの未来社会——それもわずか十年後を想定しての——において、その成果を享受する「人間」の姿が、なぜか息苦しいまでに管理社会に押し込められた感なしには想像できない気がするからである。「せまい日本そんなに急いでどこへ行く」とは、たしか第一次交通戦争当時、クルマの暴走を戒める標語であったが、ふと、この言葉が蘇ってくる。リニアエクスプレスは時速五〇〇キロメートルを出発点とし、大深度の地下にもぐるチューブ鉄道に至っては時速一〇〇〇~二〇〇〇キロメートルのマッハトレインを目指すという。超高速・高性能の乗り物が日常的に与えられれば、エリートビジネスマンのような超多忙の人々にとっては便利このうえないことはたしかであろう。しかし、私たちは、普段の生活のなかで、ただ点から点への最大高速移動手段として以外の、もっと身の丈に合った乗り物をも求めたいという気持ちももっている。「国境の長いトンネルを抜けると雪国であった」（川端康成）というあの旅情は、マッハの世界からは生まれそうにない。

また、新交通体系の整備によってほんとうにクルマ社会からの効率的転換がスムーズに行われるだろうか、という懸念も起こる。現在でも、自動車の氾濫は単に交通機関としての利便のためだけではない。危険を知りながらクルマのスピードに魅せられる若者も、みすみす大渋滞に巻き込まれることが予測できながら休日に家族を乗せたマイカーで行楽地へ向かうサラリーマンも、管理社会のなかでわずかに自己の主体的な能動性を証明できることを求めてハンドルを握るのだともいえよう。地下鉄網の整備にもかかわらず、東京の街路から自動車は数を減じていない。

断念と郷愁

一三〇年前のパナマ地峡における蒸気車と日本使節団との邂逅以来、日本の社会は新技術を取り入れ、開発することにひたすら努力してきた。そしていったん新技術による輸送の面的・量的拡大とスピードアップが軌道にのるやいなや、旧来のものを全面的に捨て去ることがあまりにも早かった。

それは、時代環境の変遷に伴う必然的ななりゆきであったとはいえよう。しかし、いま、前章までの各論で、第三世界の各国では伝統的な交通手段がいまなお近代的交通手段の導入と共存し、人々の暮らしのなかに息衝いている事実を見るとき、私たちはその多様性にあらためて目を瞠る思いがする。そして同時に、エレクトロニクスに支配される効率至上社会に生きることとひきかえに断念してしまった暮らし方への、なにがしかの郷愁を覚えずにはいられない。

第三世界の多くの国々は、いまだ近代的交通体系整備途上の段階にあると考えられる。日本の歴史的経験について、正負をともに直視して今後の発展に役立ててほしいと願うのは、筆者のみではないはずである。

【参考文献】

(1) 日米修好通商百年記念行事運営会編『万延元年遣米使節資料集成』第一巻〜第七巻、風間書房、一九六〇〜六一年
(2) 日産自動車株式会社編『自動車産業ハンドブック　一九八九年版』紀伊國屋書店、一九八九年
(3) 運輸省地域交通局監修・財団法人運輸経済研究センター発行『一九八九年版　数字でみる民鉄』、一九八九年
(4) 原田勝正『鉄道の語る日本の近代（増補改訂版）』そしえて文庫、一九八三年。
(5) 原田勝正『日本の国鉄』岩波書店、一九八四年
(6) 宇沢弘文『自動車の社会的費用』岩波書店、一九七四年
(7) 和久田康雄『日本の地下鉄』岩波書店、一九八七年
(8) 和久田康雄『日本の私鉄』岩波書店、一九八一年
(9) 総務庁編『交通安全白書　平成元年版』大蔵省印刷局発行、一九八九年

(10) 未来鉄道研究グループ編『一九九九年日本の鉄道――鉄道は再び日本を変える』交通新聞社、一九八九年

(11) 石川啄木『啄木全集　第一巻』岩波書店、一九五三年九月

（吉田昌夫・大岩川嫩編『「のりもの」と「くらし」――第三世界の交通機関――』所収、アジア経済研究所、一九九〇年三月）

日本人と「外食」——日本近現代史の一断面

日本全国の飲食店

まず、本書のテーマに即して、食べ物屋についての現状をみよう。

「現在、日本全国に飲食店はいったいどれほどあると思いますか？」と問われて、その概数を正しく答えられる人は、きわめて稀であろう。それは、筆者が実際に試みて知ったことで、ある人は五〇〇万といい、別の人からは二〇〇万という答えが返ってきた。二〇〇〜三〇〇万と答えた人が最も多く、一〇〇万以下、という実際に近い数字をあげることができたのは、一〇人に一人もなかった。

これは、日本の社会に「食べ物屋」が非常に広汎に高い密度で普及しているという認識が、私たち一般に共有されていることを示していると思われる。しかも、設問の「飲食店」の中には後述のように、バーやキャバレー、喫茶店、今川焼屋等までが含まれていることを知ったなら、その答えの数字はもっと膨らんだかもしれない。

総務庁の調査による一九八九年の統計（参考文献(2)）では、日本全国の飲食店の数は、八六万三五五八店となっている。うち、「一般飲食店」が五〇万六一〇三店、「その他の飲食店」が三五万七四五五店である。この「一般」と「その他」の区分は、日本産業標準分類の「産業中分類」（昭和五十九年一月改訂）によるもので、その内容は次のとおりである。なお、いずれもその場で飲食させる事業所でなければならないので、持ち帰りの弁当屋や飲食設備のないファーストフード店などは入っていない。

「一般飲食店」　一般食堂、日本料理店、西洋料理店、中華料理店・その他の東洋料理店、そば・うどん店、すし屋、喫茶店、その他一般飲食店（大福、今川焼き、ところ天、しるこ、湯茶等）。

「その他の飲食店」　料亭、バー・キャバレー・ナイトクラブ、酒場・ビアホール。

図1は、一九五一年から三年ごとに行われた事業所調査によって飲食店数の推移およびその従業員数規模別内訳を八九年までみたものである。

これをみると、戦後ようやく食料事情が落ち着いた一九五一（昭和二十六）年には、飲食店数は全国

図1　日本の飲食店数の推移（1951-89年）

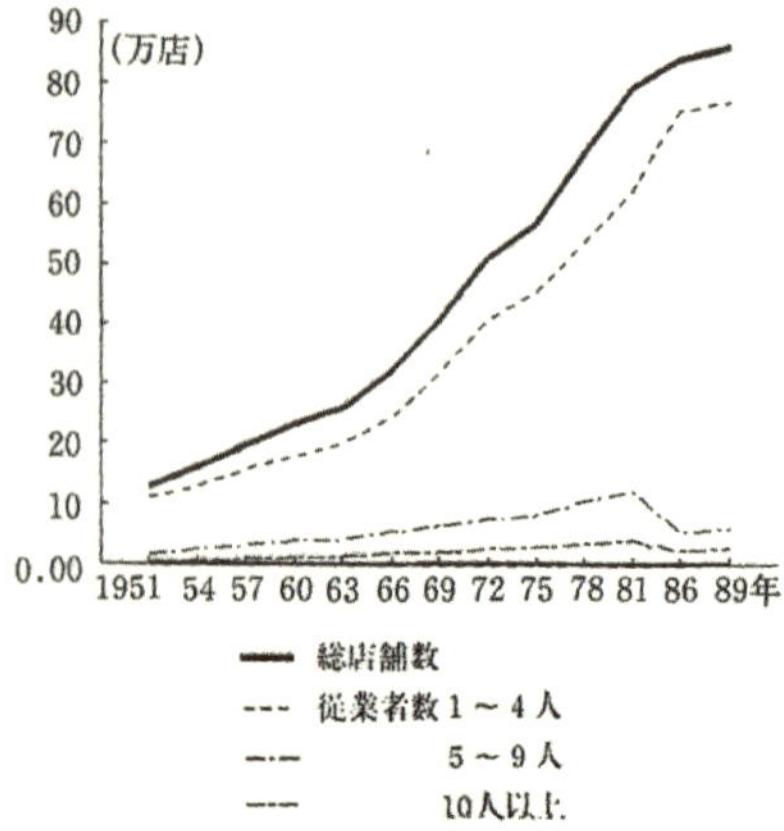

（出所）参考文献(1)および(2)より作成。

でわずか一二万七二五九にすぎなかったが、その後六〇年代半ば以降の高度成長期を迎えて急速な増加の趨勢を見せ、八九（平成元）年にはおよそ五一年の六・八倍に達した様子がわかる。

また、従業者数による規模別内訳では、四名以下のものが常に八〇％前後の比率を占め、一九八六、八九の両年度にはほぼ九〇％にまで及んでいる。なお、この統計調査では、八一年までは「従業者」規模で調査しているため、最小単位が「一〜四人」となっていて、家族経営もその中に包含されてしまっているが、八六、八九の両年の場合は「常雇」規模で区分しているため、最小単位として「〇人」すなわち家族のみの経営が現れるようになっている。そしてその比率は図2にみるように、実にほぼ総数の五〇％に近いものとなっているのである。飲食店には、いかに小規模経営が多いかを示すものといえよう。

さらにこれを産業小分類による飲食店業種別の一事業所当たりの平均従業者数でみると、次のとおりとなる。これは一九八一（昭和五十六）年の数字で少し古いが、大勢は変わらないと思われる。

(1)食堂・レストラン＝四・八人、(2)そば・うどん店＝四・四人、(3)すし屋＝三・七人、(4)料亭＝七・八人、(5)バー・キャバレー・ナイトクラブ＝三・九人、(6)酒場・ビアホール＝二・七人、(7)喫茶店＝三・七人、(8)その他の飲食店＝二・六人。

これらの中で、私たちがごく普通に「外食の場」としてイメージしているのは(1)から(4)までだろう。

増加した外食

以上に外食供給側の事情を見たが、次に外食利用者である消費者の動向をみよう。図(3)は、総務庁の実施した全国世帯の「家計調査」から、昭和五十（一九七五）年度を一〇〇として、六十一（一九八六）年度までの一一年間について国民一人当たりの実質食料費の推移を指数で示したものである。総理府はこれを分析して、「家計における五〇年度以降の一人当たり実質食料費が停滞的に推移している中で、外食および調理食品への一人当たり支出は大きく増加しており、食の外部化、サービス化が進行していることがうかがえる」としている（『日本人の食生活と食料問題』、参考文献(4)）。

そこで、「外食」のとり方の傾向を、昭和六十三年の特定の三日間についての厚生省の調査結果（参考文献(5)）から朝・昼・夕に分けてみたのが、図4である。全国平均と、さらに男女別にみた。その結果は、男女とも昼食、夕食、朝食の順で外食が多く、またいずれも男のほうが多い。特に多いのが昼食（男）であり、これは家庭の外に職場をもつ勤労者の生活形態によるものであることはいうまでもない。しかし、朝はまだ大多数が家庭でとっているし、夕食も全国平均では外食はまだ二〇％前後である。

図２　常雇規模別飲食店構成比

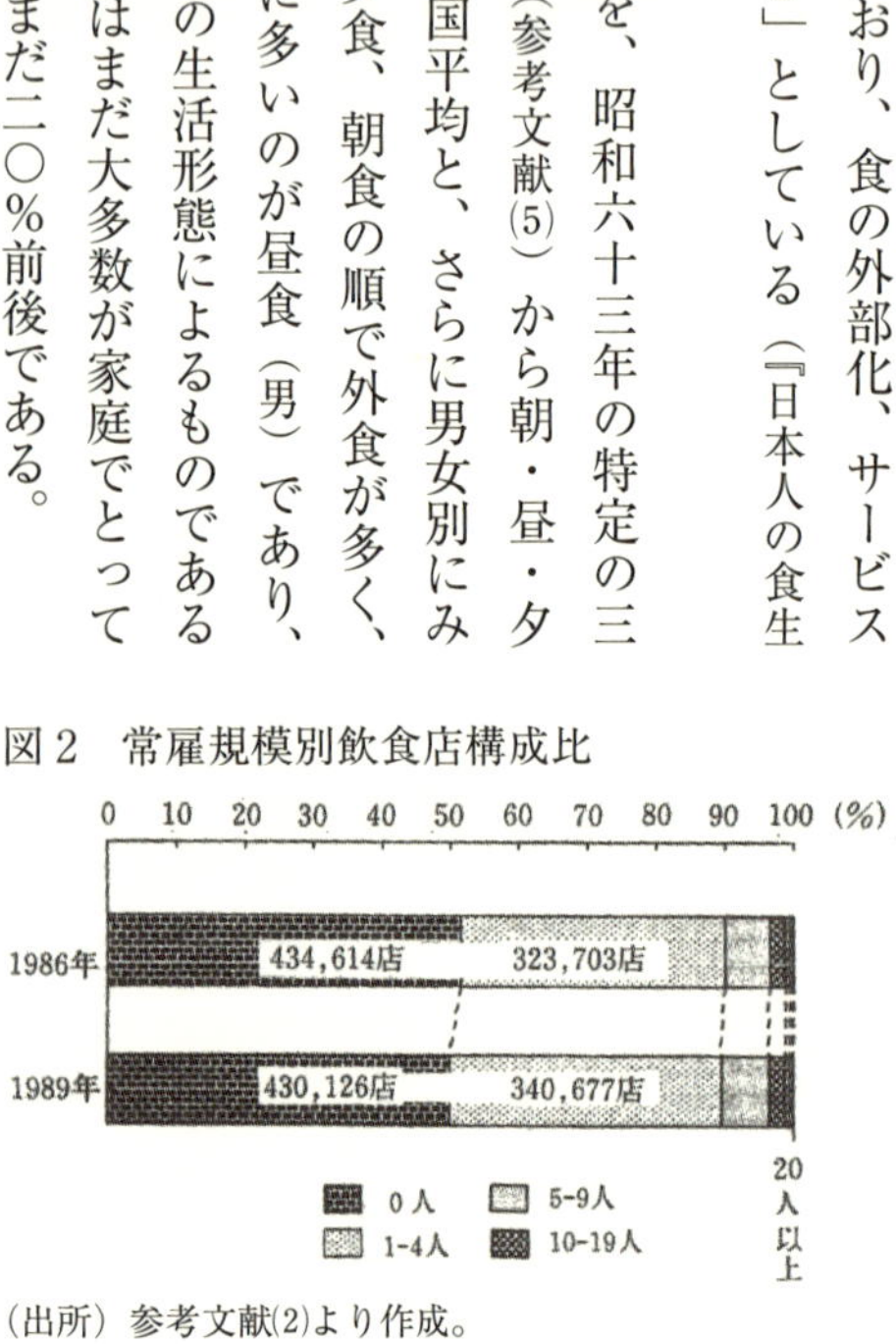

（出所）参考文献(2)より作成。

別の資料から、「ふだん一週間に何回くらい外食するか」との設問による「夕食」の傾向を見たのが図5である。世代別では、男の二〇歳代が最も外食が多い。また地域別では、農村地域（郡部・人口一〇万未満の都市）ではほとんどあるいは全く外食「しない」人が七八・八％に及んでいるが、三大都市圏でのそれは六四・四％と、一〇％以上の開きがあることがわかる。なお、図示してはいないが、同じ調査では、職業別では学生の一〇・三％が毎日夕食を外食しており（「しない」は三四・三％）、それに次ぐのがサラリーマンのうちの管理・専門技術・事務職の外食比率

図3　１人当たり実質食料費、外食費、調理食品費の推移（昭和50年度＝100）

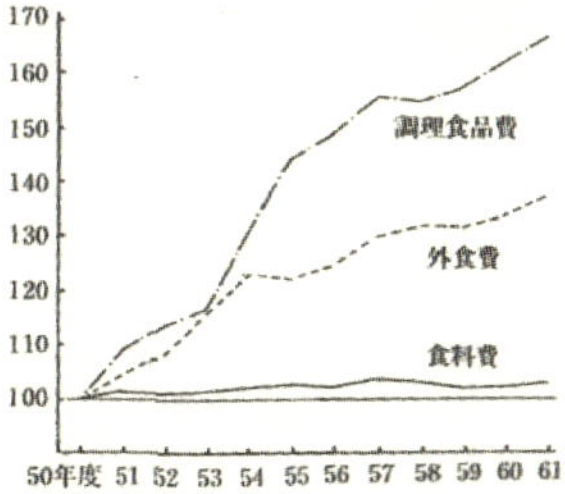

（出所）参考文献(4)

図4　全国における外食の状況（３日間）

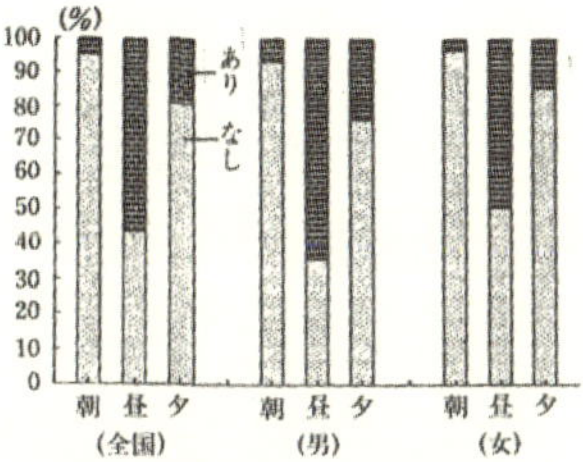

（出所）参考文献(5)より作成。

図5　夕食における外食の傾向（週間）

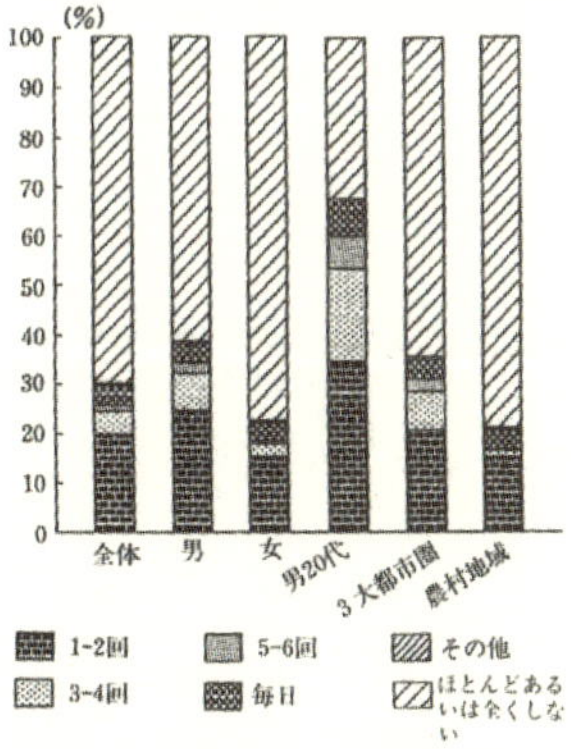

（出所）参考文献(4)より作成。

（週一回〜毎日計四七・五％）であるという。なお不思議なことに、「無職の主婦」で夕食を「毎日外食」する人が三・七％あり（「しない」は七八・二％）、上記サラリーマン（毎日三・四％）より多い。

いずれにせよ、ここまでに見た統計的数字の示す「食の外部化」は、日本社会の現実の潮流を物語っている。その背景には、高度経済成長期を経た日本の国民所得の上昇、都市化の進展、外食依存度の高い単身者世帯の増加、女性の就業率の上昇等々の社会的変動が大きく影響していることはいうまでもない。

江戸から明治・大正へ

さて、少し遡って、日本の近代を生きた人々と外食の関係を断片的に見てみよう。東京の前身である江戸は、その最盛期には世界一の人口を擁する殷賑《いんしん》を極めた大都市であり、すでに一七世紀後半から料理屋が出現、追々に飯屋、蕎麦・うどん屋、寿司屋、鰻屋、茶漬け屋、てんぷら屋、さらには猪料理のももんじ屋などまでが開業、一九世紀初頭の一八〇四（文化一）年における江戸町奉行の調査では、江戸市中の食い物屋の数は約六一六〇軒に達したという（参考文献⑹）。ちなみに、一八六〇（万延一）年の調査では、夜たかそば屋を除く江戸の蕎麦屋の数は約三七六〇軒であった（同上）。近年（昭和六十一年）のそば・うどん店の全国の実数が四万〇〇六七軒（参考文献⑶）であるから、人口比ではすでにその域に達していたといえよう。江戸の住人たちの旺盛な外食ぶりが偲ばれる。

その伝統を引き継いだうえに、早くも幕末開国から流入し、明治開化期以降急速に流行した洋風料理、なかんずく牛鍋屋の盛況は、仮名垣魯文の『安愚楽鍋』（明治四～五年）などで有名であるが、ここでは、さらに数十年後の様子から点綴してみる。

高村光太郎の初期の詩、「夏の夜の食慾」（一九一二〈大正元〉年八月）には、子供を含めた家族連れで下町の食べ物屋で飲食する庶民の姿が活写されている。

「……ぬき一枚――やきお三人前――御酒《ごしゅ》のお代り……」／突如として聞える蒲焼屋の渋団扇《しぶうちわ》／土用の丑の日――／「ねえさん、早くしてくんな、子供の分だけ先きにしてくれりや、／あとは明日《あした》の朝までかかっても可《い》いや、べらぼうめ」／「どうもお気の毒さま、へえお誂《あつら》へ――入らつしゃい――御新規《ごしんき》九十六番さん……」／真赤《まつか》な火の上に鰻がこげる、鰻がこげる……」

明治末年のこのころ、このような食べ物屋風景は、決して珍しいことではなかった。ただ、これは「土用の丑の日」だから、ほとんど今日と変わりないようなこの情景は特別の日であったのではないかという見方もあるかもしれない。しかし、この詩は、後段でまたこうもうたっている。

「支那蕎麦、わんたん、ふうよんたん／人造牛酪《じんぞうばた》マルガリインはソオスパンに焦《い》りつき……浅草の洋食屋は暴利をむさぼつて／ビフテキの皿に馬肉《ばにく》を盛る／泡のういた馬肉《さくら》の繊維、シチユウ、ライスカレエ／癌腫の膿汁《うみ》をかけたトンカツのにほひ……」（註「……」は省略部分）

詩全体の寓意性はさておき、ここに描写されたのは、詩中にある酔客の「高等遊民の群れ」ばかりでなく、疑いもなく一日の労働の疲れを癒す都市住民の人々に提供される「外食」の普及ぶりであるといえよう。余談ながら、西東秋男著『日本食生活史年表』（参考文献(6)）には、一九二九（昭和四）年の項に島田信二郎（もと宮内省大膳職）がつくったポークカツが初めて「とんかつ」と呼ばれたという記事があり、また日本食糧新聞社編『昭和と日本人の胃袋』（参考文献(8)）のなかの小野一成「昭和に見る食べ方の風俗」でもトンカツの昭和六、七年ごろ起源説が紹介されている。しかし、その二十年近くも前の作品である光太郎のこの詩にすでに「トンカツ」が出てくる（あまり好意的な描写ではないが）ことは、どうやら今まで見逃されていたようで興味深い。

ほかにも高村光太郎には、日本の男性詩人としては珍しく食卓情景に関する傑出した詩がいくつかある。さらに九年後の一九二一（大正十）年の作品「米久の晩餐」の、次のような詩句をみよう。

「……鍵なりにあけひろげた二つの大部屋に……／顔とシヤツポと鉢巻と裸と怒号と喧噪と、／麦酒瓶《ビールびん》と徳利と箸とコップと猪口《ちよこ》と、／こげつく牛鍋とぼろぼろな南京米と、……／八月の夜は今米久にもうもうと煮え立つ。」

そして、その喧噪の中を縦横に飛びまわって来客たちをあしらうのは、「銀杏返しの獰猛《だうもう》なアマゾンの群」と詩人が呼ぶ女たちであり、彼女らが馴染み客にささやく情報は、「ほらあすこに来てゐるのが何とかいふ社会主義の女、随分おとなしいのよ……」だったりする。

「ぎつしり並べた鍋台の前を／この世でいちばん居心地のいい自分の巣にして／正直まつたうの食慾とおしやべりとに今歓楽をつくす群集、／まるで魂の銭湯のやうに／自分の心を平気でまる裸にする群集、／かくしてゐたへんな隅々の暗さまですつかりさらけ出して／のみ、むさぼり、わめき、笑ひ、そしてたまには怒る群集、／……せめて今夜は機嫌よく一ぱいきこしめす群集、／まつ黒になつてはたらかねばならぬ明日を忘れて／年寄やわかい女房に気前を見せてどんぶりの財布をはたく群集、／アマゾンに叱られて小さくなるしかもくりからもんもんの群集、／出来たての洋服を気にして四角にロオスをつつく群集、／自分でかせいだ金のうまさをぢつとかみしめる群集、……」

こうして、「いかにも身になる米久の山盛牛肉」を食べに集まっているさまざまな人々にそそぐ光太郎の熱い愛から生まれたこの詩（部分）について、解説の余地はない。

明治15年創業の老舗、東京浅草の牛鍋屋「米久」。
高村光太郎の詩「米久の晩餐」の舞台となった。
（写真：岩佐佳英）

長い禁忌を破って明治開化期から急速に発達した肉食、わけても牛鍋屋は、広汎な「群集＝庶民」の外食文化としてすっかり定着していたのである。この詩では牛鍋一人前が九〇銭、ビール一本四五銭らしいことまでわかり、何となく愉快である。ちなみに、「ぼろぼろな南京米」に関連して米価についてふれておくと、三年前の大正七年一升五〇銭になっていわゆる「米騒動」の勃発をみたが、その後も五〇〜六〇銭前後と高騰していたのが、前年末三〇銭台にまで急落、それがこの夏再び暴騰していた年でもあった。

ついでに、光太郎がわが家の「内食」ではどんなものを食べていたのかを、前掲の二つの詩の中間時点の作品から紹介しておこう。

「暴風《しけ》をくらつた土砂ぶりの中を／ぬれ鼠になつて／買つた米が一升／二十四銭五厘だ／くさやの干《ひ》ものを五枚／沢庵を一本／生姜《しやうが》の赤漬／玉子は鳥屋《とや》から／海苔は鋼鉄をうちのべたやうな奴／薩摩あげ／かつをの塩辛《しほから》……」

これは、一九一四（大正三）年四月、長沼智恵子との結婚早々の二人の生活ぶりをうたったものとして『智恵子抄』に収められているためあまりにも有名な詩「晩餐」の一部である。この詩は「まづしいわれらの晩餐はこれだ」と結ばれているが、「くさやの干もの」はちょっと別として、ほぼそのころの一般市民家庭のつつましい食卓を彷彿とさせる食事内容といえるだろう。

ところで、この大正三年に光太郎・智恵子と同じように暮らし始めた一組の男女があった。明治末年期に雑誌『青鞜』（その創刊号の表紙絵は長沼智恵子が描いた）に拠って、「元始、女性は太陽であった」と高らかに謳い上げた平塚らいてうと年下の画家・奥村博である。彼らの食事ぶりもまたおもしろい。当時の封建的な婚姻制度に反抗して恋愛による共同生活に入り、かつ互いに仕事を持っていたらいてうと奥村は、炊事に手間と時間を取られたくなかった。そのころ辻潤と暮らしていた青鞜社員の伊藤野枝（後にアナーキスト大杉栄とともに憲兵隊に虐殺された）の提案で一時は野枝を料理担当とする共同炊事も試みたが、金だらいをすき焼き鍋に、鏡の裏をまな板に転用したりする野枝の「仕事は手早いかわりに、汚いことも、まずいことも平気」な手料理に辟易して頓挫した。

「そのあと、わたくしたちは、駒込橋近くの、河内屋という、やや高級なめし屋に通うことにして、炊事の時間を浮かして勉強にあてました。こざっぱりした畳敷の広間で、和裁のへら台のような厚い、細長い、板の間にすわって食べるのですが、夫婦で通う人など、わたくしたちのほかにはありません。ここには、季節のものがいろいろあって、今日は木の芽田楽が出来るとか、茄子のしぎやきが出来るとかあるいは粕汁だとか、その日その日の特別なものが、茶半紙に書いて貼り出してあるので、つい誘惑されてそれもとることになり、予算を超過するのが、なやみの種」だったという（参考文献⑾）。こうした季節料理を出す「やや高級なめし屋」が、らいてう夫婦のような中産知識階層出身者の好みにあっていたのだろう。現在のディンクス族のはしりのような姿でもある。それにひきかえ、先の〝もうもうと煮え立つ〟夏の夜の米久の晩餐に登場する「何とかいふ社会主義の女」は、案外、後年の伊藤野枝だったかもしれない。なお、浅草の「米久」はいまも健在である（写真参照）。

夫婦連れこそ目立ったかもしれないが、江戸時代からの料理茶屋、蕎麦屋、寿司屋、鰻屋、屋台等の伝統を引き継いだうえに、明治開化期以降の西洋料理、支那（中華）料理、前掲のような「洋食屋」等々を加えて、東京の外食文化はすでに多彩であった。

ちなみに、奇跡的に第二次大戦の戦火を免れた神田の街の一角には、あんこう鍋の「いせ源」（創業天保元年）、「やぶそば」（同明治十三年）、鳥すきの「ぼたん」（同明治三十年）、洋食の松榮亭（同明治四十年）などの食べ物屋が、戦前の姿（ほぼ関東大震災後の改築）をそのままに明治・大正の匂いを濃く漂わせながらいまも営業している。時たまこの一角を訪れるとき、どんどん周囲が高層ビル化していくありさまを見て、これらの店が、できるだけこのまま生き長らえてくれることを願わずにはいられない。

一方、同じ大正三年ごろ、東京で貧民のための一膳飯屋が繁盛し、どんぶり飯山盛り、キュウリもみ、漬物がそれぞれ二銭であったという（参考文献⑹）。かつて筆者は、前掲の文「日本が途上国だったころ」で、明治期の東京の貧民が「残飯屋」で飢えをしのぐ暮らしさえ余儀なくされていたことを紹介したが、「一膳飯屋」の繁盛はそれなりの生活向上を示すものだろう。

台所の動乱と革命

明治・大正期を経て、昭和に入ると、あらゆる世相がその六〇年足らずの間に大きな変化を見たと感じ、それを記録にとどめておこうとする試みも現れるようになった。
「材料から言っても調理法から見ても、日本のように飲食の繁多な国は、世界恐らくは無類であろうと思う。……」現在の日本にそっくりあてはまるこの言葉は、いまから六十年以上前の一九三〇（昭和五）年に、民俗学者・柳田國男が、その著『明治大正史・世相篇』の第二章「食物の個人自由」の中に書いていることである。また、同じ章で柳田は、明治以降の日本の食物の傾向として、(イ)温かいものが多くなり、(ロ)柔らかいものが好まれるようになり、(ハ)甘さが増してきた、という三つの変化をあげている。

特に、(イ)については、古い伝統社会では「共同の飲食」を重んじる結果として、調理から食事までの時間的落差のために温かい飲食が困難であったのだが、明治以降は共同体規制の緩むと同時に、台所の女たち固有の、かつては「家庭における食物統一の破壊、大袈裟にいうならば火の神信仰への反逆」として非難された「小鍋立《こなべだて》」(1)が一般化したため、としているのは興味深い。

そして、これを柳田は台所の「革命」とみなす。

「我々の台所には革命があった。しかもその動乱はまだ続いている。……温かい飯と味噌汁と浅漬と茶との生活は、実は現在の最小家族制が、やっと拵《こしら》え上げた新様式であった。これを超脱してまたこの次の案を夢むべく、あまりにその印象が深く刻まれているのである。」と、柳田は、この章を締めくくっている。たしかに、それから数十年、戦中・戦後の食糧欠乏時代を経て、昭和三十年代後半に高度成長期を迎えるころまで、この新様式は日本人の家庭の食事の基本であった。やがて、インスタント食品やファーストフードが若者の嗜好に浸透し、食の外部化・サービス化が進行し「最小家族制」の形はあってももはや食事で家族が揃って箸を取るのも稀になるような時代が到来するという「次の案」は、たしかに柳田の世代にとって夢見ることも困難なことであったろう。

「最小家族＝核家族」である都市のサラリーマン家庭に属していた一九三三年生まれの筆者や同世代の友人たちの個人的体験に即してみよう。

戦前段階までは、サラリーマンの父親の帰宅時間はおおむね判で押したように正確であった。「温かい飯と味噌汁と浅漬と茶」に簡素なおかずを添えた朝食も、また、たいていは焼き魚か野菜の煮物を主菜とし、たまにはライスカレーかすき焼きなどの肉料理となる夕食も、すべて母親の手料理であり、両親と子供たちの家族全員が揃って食卓につくのが当然の前提であった。昼食は、勤め人も学校へ行く子供も、もちろん弁当持参である。家族で外食をした記憶は、ほとんどない。

戦火に家族が散り散りになり、庶民が皆食べ物にこと欠いた「飢えの時代」（一九四〇年代の大半）の混乱期は、こうした小市民の家庭団欒を基礎とする「家族の共食」の基本様式が変容してくるための伏線になったと思われる。ようやく食料難が完全に去った一九五〇年代のころから、残業や社会的交際の増えた父親の帰宅時間が不規則になり、高校・大学生などの年長の子供の帰宅も遅くなりはじめて、夕食のアウトラインはやや不明確となってくる。それでも、私の学生時代（～一九五七年）のころまでは、遅い帰宅は両親の叱責にあうのが常であった。それも、夕食時間に間に合わないという家庭の規範侵犯が大きな理由となっていた。サークル活動などでも、夕方になると浮き足立つ自宅通学の女子学生と、帰宅時間の自由な男子や下宿生との間でよくもめたものである。ちなみに、このころ日本育英会の奨学金が月額二〇〇〇円、大学生の昼食は二〇～二五円のもりかかけの蕎麦・うどん、奮発して三〇円のキツネ、四〇円のラーメンは最上のおごりであった（しかしその反面、一杯五〇円のコーヒーで、喫茶店に二時間も三時間も粘って議論に夢中になっていたことも思い出す）。

おふくろの味を支える街の食べ物屋

やがて街にインスタント食品があふれ、家庭にも電気釜を初めとする電化製品が常備されるようになり、一九六〇年代後半から突入した高度成長期を経て、七一（昭和四十六）年にファーストフードのハンバーガー店第一号のマクドナルドが銀座に開店するころになると、さきの柳田の「新様式」は、もはや家庭の食事の「あるべき姿」ではあっても、現実の主流ではなくなってきたと言えよう。

冒頭の統計で見たように、大多数の人々が現在でも朝食は家庭でとっているにせよ、通勤時間や学校の始業時間に合わせて家族めいめいがバラバラに食卓につき、「温かい飯と味噌汁と浅漬と茶」よりは、パン食にインスタントコーヒーが多くなり、食べずに飛び出して職場の近くの喫茶店のモーニングサービス（トーストにゆで卵、コーヒーなど）を利用するサラリーマンもいる。小学生の子供たちの夕食時間さえ塾通いなどのため乱されはじめた。

そして、かつての新様式を過ぎ去った「おふくろの味」として懐かしむ人々のために、街には「温かい飯と味噌汁と浅漬と茶」を昼食に提供する食べ物屋が増えた。

アジア経済研究所に勤める筆者らもよく利用するそうした店の一軒が、研究所から歩いて一〇分ほどの新宿区市谷台町にある。狭い間口を入ると、細長く鍵の手になったカウンターの座席はせいぜい一四～五人の椅子席、奥にあがりがまちがあって四畳半の畳敷き、カウンターの中には調理師夫妻とおばあちゃんの三人がいつも忙しく働いている家族経営の店である。お昼に行くと、たいてい満席で、店の外で待っているグループがいることも珍しくない。メニューは越後風の素朴な家庭料理ばかり。茄子のしぎ焼き、イクラおろし、塩鮭の切り身、焼魚の鯖、蓮や里芋、大根などの煮びたし、冷や奴、若布の酢の物、等々が適宜組み合わされて、「温かい飯と味噌汁と浅漬と茶」に添えられている。季節によっては牡蠣フライなどもできる。客は、近くのテレビ局のスタッフなど、この手抜きのない家庭料理のファンばかりのようである。以前は北区滝野川で営業していたこの店が、ここに移転してきたのは昭和四十三年というから、二十数年前のことである。筆者などが時々通うようになって一七、八年になるが、その間メニューにも味にも変わらぬ家庭料理の心が息づいている。初めのころ、昼食時にランドセルをカタコト鳴らして学校から帰ってきたこの店の坊やは、成人していまでは大阪の超一流割烹で修行して免許を取った一人前の調理師さんになっているという。しかし、カウンターの中の三人の、明るい笑顔とともに精一杯働く姿は十年一日の如く変わらない。美味しいうえに値段も安く、どの定食も七〇〇～八〇〇円止まり、値上げは、この十数年で一回しか記憶にない。

さきに、「生業的飲食店」の零細性に触れたが、家庭の食卓にインスタント食品や調理済食品が跋扈するようになった今日、ふるさとの味、おふくろの味は、いまやこの店のような家族経営の食べ物屋が守り支えているのだといつも実感させられる。有名店の高価な料理が必ずしも与えてくれない口腹の、そしてそれ以上に心理的な満足感が得られるのは、まさに、こうした街の片隅のささやかな食べ物屋の場でなのである。

しかし、靖国通りと大久保通りを南北に結ぶ狭い坂道の道路拡幅のために、この店が立ち退かねばならなくなる日が近くくるらしい。その時、地価の高騰した新宿区の一角には、もはやこのような「生業的飲食店」の生き残ることは困難となろう。やがて、ビルの谷間のささやかなオアシスに昼食時のふるさとの味・おふくろの味を求めることは、この界隈の勤労者にとって叶わぬ夢と化するのかもしれない。

個食の時代へ

常連客をもつこうした「生業的飲食店」とは異なり、多数の従業員を擁して不特定の流動的な客を招致する大きな飲食店や、高層ビル、ターミナル駅ビル、デパートなどの食堂街に立地する飲食店は、何年か置きに改装して、利用客の動向に敏感に対応しようとしている。

その改装の傾向として、近年目立つのは二つの流れである。

一つは、グルメブームを反映しての高級化である。その代表的な例を新宿のIデパートの食堂街に見よう。かつて……昭和三十年代頃までは、デパートの最上階にある大食堂は、ショーウィンドーに和洋中の一品料理を中心とするアラカルトを並べ、大テーブルには土瓶と湯飲み茶碗の島がところどころに築かれ、買い物帰りの子連れの主婦が一息入れて慎ましい外食をとるための格好の場であった。次いで、四十年代ともなると、そのスペースは分割されて四人掛けを基本とするテーブルの並ぶ銀座や日本橋、浅草などに本店のある有名飲食店の個別の出店となる。が、まだその品揃えには、ラーメン、チャーハンもあれば、並の寿司も取ることができた。しかし、二年ほど前の「改装」後の食堂街に足を踏み入れて、驚いた。予約でなければ入ることもできぬ超一流の和食割烹店（料理は一客二万円からという）を初め、ランチ値段でも三〜四〇〇〇円以上の店ばかりとなってしまっている。そして、それは世界の一流ブランドの服飾店を階下の売り場に揃えたこのデパートの戦略と見事にマッチしていて、特売場に群がる買い物客は恐らくお呼びでないのである。

しかしそれは、一握りの高所得層を対象とする分極化の現れにすぎない。より重要ないまひとつの変化は、大衆向けからミドルクラスまでの飲食店に著しい「一人」用のテーブル設営の増加である。

もともと、外食は家族あるいは気の合った人間同士のコミュニケーションの場として広く利用されてきた。「人間は共食をする動物である」とは、石毛直道氏の言葉（『食事の文明論』）であるが、食事は共にしてこそ楽しい。しかし、現在の都市生活では、好むと好まざるとにかかわらず、独りで食事をしなければならない境遇の人々が増えている。筆者も十年ほど前からそうした単身世帯の仲間入りを余儀なくされ、仕事帰りの一人での外食も週の半分以上を占めるようになったが、初めの数年は、店選びをするとき、無意識にも「独りで食事をしやすい店」を捜していたものであった。そして、そういう飲食店はきわめて限られていた。大方の店では混む時間には迷惑そうにカウンターへ追いやられたり、相席を指示されたり、肩身の狭い思いをさせられるのが単身の客であった。

ところが近年、駅ビルなどで新装開店の店や街のちょっとしたレストランなどは、そのほとんどが一人客用のレイアウトを以前より重視する店構えとなってきている。そして、確かにそのような店では男女ともに単独で食事している客が多い。若い世代よりも、中年から初老の紳士、婦人が目につく（若者は一人ならファーストフードやテイクアウトの簡便な食べ物で済ませる傾向があるようだ）。

ここには、もはや高村光太郎の詩に躍動するような、食べ物屋を「魂の銭湯」として「正直まっとうの食欲」で食を生命の限り楽しむ「群集」の姿は見られない。また日曜の夕方家族揃って出かけてきている郊外のファミリーレストランにも、それはない。あるのは、主婦労働にも休日を取ることにした一家が、各自好きなものを注文する「個食」化した擬似「共食」にすぎない。家庭の中でも、世代による食事内容の個人化が顕著になってきているという。

柳田國男が六十年前に予想の外とした、動乱うちつづく台所の革命のもたらす「次の案」とは、高度産業社会の到来とともにやってきた「個食の時代」であった。それは、個人の自由、個人の解放を意味する側面をもつとともに、かつての農村共同体的規制から離脱してつくりあげた最小家族制の内部からの変質につながるものであった。

「現在の日本は世界のなかで、もっとも食事の個人化が進行した国であることになる。また、食事に関する家庭機能の外在化がいちじるしい国といえる。そのことはアメリカに迫る外食産業(2)の発展に象徴されよう」とは、やはり石毛直道氏の論（前掲書）であるが、日本では、「共食をする動物」が「個食の時代」に足を踏み込んできた時代が現代であるようだ。今のところここでは、それは同氏の鋭く指摘するように、家族集団のあり方の根本にかかわる問題でもあることに注意を向けるにとどめておこう。

前章までに、私たちは第三世界の国々の外食の多様な姿をみてきた。まだまだそれらの国々では伝統的な外食の色彩が豊かである。しかし、近代化とともに屋台からホーカーセンターへ（シンガポール）、というように変化の様相も見え始めている。製造から販売まで画一的なマニュアルをもつ外資系のファーストフードも入り込み始めた。

「食」の世界が民衆の生命力といまだ素直に結びついている社会を、遠く失われた日々への郷愁にも似た感情をもって第三世界についてのこれらの報告に見出し、なにかしらほっとした気持ちで胸を満たされるのが、個食の時代に生きる私たちなのである。

注（1）「小鍋立《こなべだて》」とは、現在では死語に等しいが、明治・大正文学などではまだ非難がましいニュアンスでよく用いられていた。柳田國男は、引用章の第二節「小鍋立と鍋料理」でその由来を詳説している。

（2）産業化した大規模チェーン企業を意味する「外食産業」の日本における現状について本稿ではほとんど触れなかったが、この分野については読者の認識のほうが先行しているであろうこと、またすでに、（財）外食産業総合調査研究センターをはじめとする多くの調査業績があることを考慮した。手近な入門書としては、参考文献(9)をおすすめしたい。

【参考文献】

(1) 総理府統計局『事業所統計三〇年』、一九八四年
(2) 総務庁統計局『平成元年事業所名簿整備・事業所の変動状況に関する結果報告』、一九九〇年
(3) 通商産業省『商業統計表』
(4) 総理府広報室編『日本人の食生活と食料問題』、大蔵省印刷局、一九八八年
(5) 厚生省保険医療局健康増進栄養課監修『平成二年版・国民栄養の現状――昭和六十三年国民栄養調査成績』、第一出版、一九九一年

(6) 西東秋男『日本食生活史年表』楽遊書房、一九八三年
(7) 日本風俗史学会編『図説江戸時代食生活事典』雄山閣、一九八九年
(8) 日本食糧新聞社編『昭和と日本人の胃袋』一九九〇年
(9) 原勉・稲垣勉『フードサービス産業界』教育社、一九九〇年
(10) 高村光太郎『高村光太郎詩集』岩波書店、一九五五年
(11) 平塚らいてう『元始、女性は太陽であった――平塚らいてう自伝』下巻、大月書店、一九七一年
(12) 柳田國男『明治大正史・世相篇』、朝日新聞社、一九三一年（『新編柳田國男集』、筑摩書房、一九七八年、第四巻所収）
(13) 石毛直道『食事の文明論』中央公論社、一九八二年

（岩崎輝行・大岩川嫩編『「たべものや」と「くらし」――第三世界の外食産業――』所収、アジア経済研究所、一九九二年三月）

日本人と洋装——鹿鳴館から女がジーンズをはくまで

洋装化事始《ことはじ》め

日本人が日常生活のなかで洋装を始めるようになってから、ほぼ一世紀を経た。欧米列強諸国をモデルにして、文明開化のスローガンのもと、文物の近代化を急いだ明治以後の日本ではあったが、一挙にすべてが変化したわけではない。なかでも、人々の生活の基本にかかわる衣服文化の変遷はとりわけ不均等に進行した。したがって、いまから一〇〇年前の一八九三（明治二十六）年頃には服装における性別、階層別の差異は顕著だった。すなわち、男性、なかでも官吏、実業界の高級事務職などは公用服装、外出着として洋服を着用していた。また軍人、警察官、鉄道員、郵便・邏卒《らそつ》、官立学校生などの職務や身分に応じた制服組も洋式の服装を義務づけられていた。しかし、女性一般や、男性でも商店員、職人等の民間人は和装ないし法被・半纏等の職種を示す仕事着姿が普通であった。

上からの服制改革

明治維新前後の時期に最も早く洋装が取り入れられたのは、戊辰戦争（一八六八年）における官軍の軍服であったことはよく知られている。しかし、明治初年の数年間は、政府当局からは間に合わせ的なばらばらの服装についての通達が主として宮中・政府への参賀、儀式などに際して発せられているにすぎない。この間、服制については政府部内でも守旧派改革派入り乱れて議論があった模様である。やがて、明治四（一八七一）年九月四日、明治天皇から「風俗を一新」する旨の勅諭が出されるに及んで、洋式への服制改革の方向が明確になった。勅諭の趣旨は、現在の衣冠の制は中古のころ唐を模倣したもので、「軟弱」であるから、「尚武の国体」を立てようとする現状にふさわしくない、というものであった。そして、この趣旨を体しての公式な服飾制度は、翌明治五（一八七二）年十一月に発せられた官吏に対する大礼服・通常礼服の制によってようやく定まった観がある。この時、旧礼服として指定されていた直垂・上下・狩衣などの武家社会の伝統的な衣服を廃して、文武百官の大礼服を洋式正装とし、平安朝以来の衣冠は神事における祭服にのみ着用することを指定したのである。

それから明治十（一八七七）年までの数年間に、陸軍武官服制（一八七三年）、神官・教導職・僧侶の礼服、巡査制服（一八七四年）、司法官制服（一八七五年）、等が順次定められて行った。そして、それら官・社会指導層の服制がようやく定着してきた明治十年代後半に入ると、明治十五（一八八二）年に官立学校男子生徒に洋式制服が導入された（参考文献(1)）。

宮中主導の女子洋装化

こうして、「上からの」制度・風俗改革にいちはやく順応したのが官吏・軍人を中心とする国家機関の担い手である男の世界であったのと対照的に、女の世界においては、一部上流階級や高等教育の場を除けば洋服は容易に導入されなかった。

注目したいのは、男子校に三年遅れて同十八年には、東京女子師範本校の教員生徒が洋服を制服として採用、各県女子師範・高等師範もこれに倣ったことである。とき、あたかも不平等条約改正へ向けての西洋文明模倣を国家政策とする、欧化熱盛んな鹿鳴館時代でもあった。この女子師範における洋式制服制定について、大正・昭和期における社会運動家の山川（青山）菊栄の著に、その母で女子師範の第一回生であった青山千世の体験が、以下のように批判的に記述されている。

「明治十八（一八八五）年、宮中からの仰せ出されということで、今まで公式の服装には袿袴が用いられていたのを今後は洋装にすることになりました。その仰せ出されによると、わが国上古の女子の服装は衣と裳からなっていたのに、中古、唐の服装をまねて上から下までつづいた一枚のきものになった。しかるに今西洋文明国の婦人服を見ると、わが国上古のそれと同じく衣と裳からなっている。そこで宮中におかせられても、今後は再びわが国固有の服装に返って衣と裳を用いられることになった、というわけで、つまり復古に名をかりて実は西洋の服装をそのままねることになったのです。これは条約改正のゆきなやみからきた、洋服、洋館、洋食、ダンス、外国語の奨励、というふうに性急で皮相的な鹿鳴館的、貴族的欧化主義の公式の宣言でした。この年の夏休みには女子師範でも束髪の結いかた、洋服のぬい方の講習会を開くから出席するようにと卒業生へ通知があり……」
（山川菊栄著『おんな二代の記』参考文献⑵）

洋装とヘアスタイルの束髪とがセットになっていたのもおもしろい。ただし、千世は、以来一度も日本髪に戻らず一生軽便な束髪で通したが、洋装のほうは当時のヴィクトリア風の窮屈なスタイルの不便さに、「まもなく少数の貴婦人以外にはすたれてしまいました」（同）とある。

初期洋装は特権的な贅沢

しかし、女性層に洋装がなかなか普及しなかった理由は、右の事情と同時に、当時の洋服が極めて高価な贅沢であったことにもよる。当時正式に洋装を整えるとなると、横浜の西洋人相手の店まで出掛けてあつらえなければならなかった。父がかつて現一橋大学の前身の商法講習所教師だったクララ・ホイットニー（後に勝海舟の息子の梶梅太郎と結婚）の日記によれば、明治十七（一八八四）年の初夏に、近く駐米特命全権公使として赴任する九鬼隆一の夫人の渡航準備をしてあげたという。

「私は先月、九鬼夫人に紹介された。特命全権公使の御主人と一緒にアメリカに行かれるのでお衣裳をすっかり見て上げるように頼まれた。……既に一回横浜に行って来た。公使と二人の紳士と九鬼夫人とご一緒に滑稽な時をすごした。価格の事等考えないで、左右手当り次第にあらゆる種類の美しい物、腕輪や宝石類に至るまであつらえるのは全く贅沢であった。」

（『クララの明治日記』一八八四年七月頃、参考文献⑶）

金額に制限なく高価な、おそらくは輸入品である洋装用の買い物ができたのは、政府高官たる駐米特命全権公使の夫人なればこそであって、父を異国で喪って勝海舟の温情の庇護下に日本での生活を続けていた若いアメリカ婦人のクララ自身にとっても、許されない贅沢であったに違いない。なお、こうして渡米した九鬼隆一夫人・波津は小柄ながら洋装を優雅に着こなし、ワシントン社交界での公使夫人としての評判は上々であったらしい。

ついでながら、後述の平塚らいてう（明《はる》、一八八六～一九七一年）の母・光沢《つや》も、明治二十一、二年頃に、欧州巡遊中の高級官吏の若い妻らしく洋装で英学塾に通い、二人の幼い娘にも洋服を着せて母子三人で撮った写真がある。しかし、所詮は鹿鳴館時代の一時の仇花であった。

これらの例でみるように、本格的な洋装は特権的上流階級のものであった時代が、女性の場合はかなり長く続いた。

「新しい女」もまだ和服

二葉亭四迷の小説『浮雲』（一八八七年）のなかに出てくる当時の英学塾などで学んでいる〝西洋主義〟かぶれのお茶っぴい娘・お勢は、襦袢をシャツに変え、「唐人髷も束髪に化け、ハンカチで咽喉を緊め……」という気取り方であったが、いざ団子坂の菊見に物見遊山となると、晴れ着にはやはり和装の着物しかないので焦れる。

「アアこんな時にァ洋服があるといいのだけれどもナ……」。これに答える拝金主義の母親は、「働き者《もん》を亭主《ていし》に持ッて、洋服となんなと拵《こせ》えてもらうのサ」――これが、明治二十年当時の都市中級生活者の一般の姿であったろう。

いうまでもなく、女性一般にとって洋装が仕事着・普段着の領域に進出してこようとは、明治時代を通じて考えられることではなかった。ちなみに、『写真にみる日本洋装史』（参考文献(5)）をみると、明治期の職業婦人は看護婦などを例外として、お針子、活字工、製本女工、電話交換手、医師など、ほとんどすべて和装であった。

試みに、女性の自立を目指して、日本におけるフェミニズム運動の先駆をなした女性たちの姿をみてみよう。明治も末年の四十四（一九一一）年九月、平塚らいてうの創刊の辞「元始、女性は太陽であった」をもって、潜める「女性の天才」を発現するという目的を掲げて登場したのが女流文芸誌『青鞜』である。『青鞜』という誌名は、十九世紀前半にヨーロッパの文芸サロンに集う女性たちに対して半ば揶揄的に使われた呼称〝ブルー・ストッキング〟を逆手にとっての命名であったが、その同人たちの集まりの写真をみると、ストッキングはおろか、世に「新しい女」と呼ばれて注目された彼女たちの一人として洋装の人はいない。らいてうを初め、多くは着物に羽織、庇髪か束髪、中には岩野清子（岩野泡鳴夫人）のような丸髷姿もいる。

この傾向は、大正期に入っても続き、大正八（一九一九）年のらいてうらによる「男女の機会均等」の主張を綱領の第一条に掲げた「新婦人協会」設立のころにも同じであった。同年八月、名古屋新聞主催夏期婦人問題講習会の記念撮影写真をみると、女二〇人男八人のうち、女性はすべて和装、男性は洋服と和服が四対四となっている。

「仕事着」としての洋服登場

しかし、明治憲法下の法制上では無権利状態におかれていた女性一般の解放を求めて議会請願など東奔西走、活発な運動を展開し始めた平塚らいてうとその協力者・市川房枝の二人が、ついに服装を変えるときがきた。

「大正九年の七月……。真夏の酷暑の中を、汗と埃にまみれて、会期の短い特別議会での無理な運動、一方では夏期講習会、講演会、専売局女工のストライキの交渉など、朝早くから夜電車のなくなる頃まで――そして時には出先で泊まるよりほかなくなるほど終日かけ歩いたのですから、もうへとへとに疲れてしまいました。……

二人が和服を捨てて、洋装になったのもこの夏でした。まだ洋服を着る婦人のほとんど見かけられない時分でしたが、裾のからむ着物で、幅の広い帯をしめての真夏の活動はとてもたまったものではありません。……いっそ洋服にということに二人できめたものの、子供服なら縫える人はあっても、婦人服の縫える者は手近に見当たりません。……」

（『元始、女性は太陽であった――平塚らいてう自伝・完結篇』、参考文献(6)）

横浜や帝国ホテル横の婦人洋服屋はあまり高価につくので手が届きそうにもなかったが、さいわい、「アメリカ帰りの洋裁の先生」を紹介されて紺サージのスーツを新調、「働くにはまことに快適で、能率的」（同上）とばかりに人目を気にせず着ることにした。新婦人協会の機関誌『女性同盟』創刊号の「協会日誌抄」に「七月一日、平塚、今日から洋服を着る」とあり、市川は半月遅れて洋装になった。子供の洋服がようやく流行り出したばかりのころであった。

日付まで明記されているこの事例ほど、個人史における和服から洋服への転換が明確に記録されている例も珍しいのではなかろうか。いかに、それが当時先端的な行動であったかの証左であろう。同時にそれは、洋服がさきの鹿鳴館風俗の貴顕淑女のものであった「不便極まる」ヴィクトリア朝様式を捨てて、新興アメリカ資本主義を象徴する「紺サージのスーツ」として社会的活動をこととする女性の衣服となって日本の社会に新しく登場したことを意味する。まだ珍しがられて、平塚・市川の街頭写真が新聞紙面を飾ったりする状況ではあったが、確実に、この時、洋服は働く日本の女性の「仕事着」としての役割を担い始めたのだといえよう。

なお、らいてうの洋装採用に前後して、大正八（一九一九）年に東京市街自動車株式会社の女車掌が白衿制服を採用したことは画期的といわれるが、同年秋、神田青年会館で開かれた愛労会の婦人労働者大会参加の女性労働者たちは、まだ見渡す限り和装である（参考文献(5)）。

関東大震災が画期となる

やがて、大正十二年関東大震災が起こり、その後の「帝都復興」によって東京の街が近代的洋風化著しく生まれ変わった姿をほぼ現わした昭和初年、都市風俗は一変した。住居や生活様式の変化とともに、女性の洋装化にも拍車がかかった。職業分野への進出、社会的活動の拡がりとあいまって女性の洋服姿は着実に増加していったのである。図1は、今和次郎による東京都心での通行人の服装調査「和洋服の比率」（参考文献(5)第七章執筆の石山彰氏の引用による）の結果から、女性の場合の変化をグラフ化したものである。大正十四（一九二五）年の銀座通りでは洋服はわずか一%、九九%が和服であったものが、三年後の昭和三（一九二八）年の日本橋三越前調査では洋服一六%、和服八四%となり、さらに昭和八（一九三三）年の銀座では一九%対八一%となっている。そして昭和八年の調査は厳寒の二月であったが、もしこれが夏の季節であったなら、簡単服と呼ばれる夏の木綿ワンピースが普及してきていた当時、もっと洋服の比率は高くなっていたかも知れない。なお、男性の場合、前二回の調査ではいずれ

図1　街頭の和洋服比率の変化（女性）

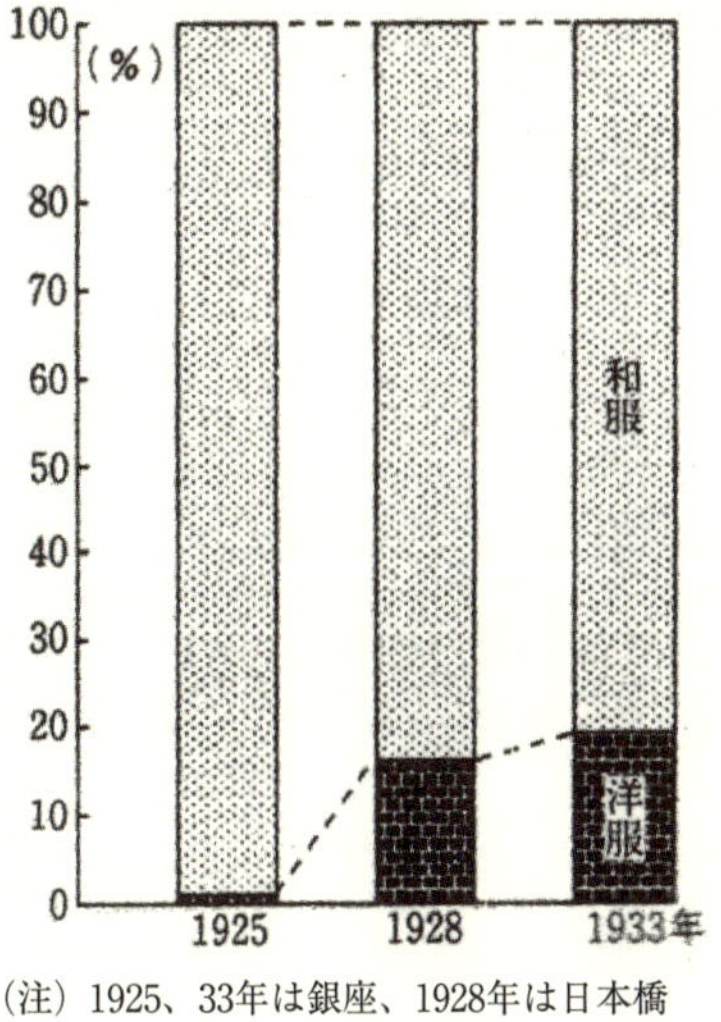

（注）1925、33年は銀座、1928年は日本橋

も洋服が六七％、六一％と和服より多く、すでに男性の都会における服装は洋服が主流であったことを示している。

以後、モガ・モボ時代などを経て、都会の風俗はパリモードやハリウッド直輸入スタイルまでが華やかに登場し、急速に女性の洋装の実用化も進展する。文化裁縫女学校（一九二二年、文化服装学院の前身）やドレスメーカー女学院（一九二六年）が相次いで開校し、街の洋裁塾も出現し始めたのも、大正末から昭和初年のことである。昭和四（一九二九）年には、東京婦人子供服製造卸商組合も結成された。文化裁縫女学校で洋裁を学んだ若い女性たちは、昭和六（一九三一）年の卒業式ではそのまだ三分の二が和服姿であったが、五年後の昭和十一（一九三六）年の卒業式では大半が洋装となったという（参考文献(5)巻末の年表による）。

戦争の時代と衣服

昭和十年代以降は、昭和六（一九三一）年九月勃発の満州事変に始まり、一九四五年の敗戦によって終わった、かの十五年戦争によって分断される。満州事変の二年後、都市の核家族サラリーマン家庭に生まれた私は、赤ん坊時代から洋服で育った。戦災をくぐり抜けてわずかに残る写真類がそれを証明する。学齢までは札幌にいたが、多くは既製品の子供服だった。普段着は姉のお下がりが多かったが、デパートにウールの洋服を新調に連れて行ってもらった嬉しい記憶もある。冬はセーターやスカートから手袋、帽子などの小物まで、英国製輸入毛糸や、国産のスキー印毛糸で母がせっせと編んでくれた。しかしまだ二十代だったはずの、その母の服装は、やはり家庭でも外出時も和服だった。それでも、父が教師をしていた女学校の生徒の制服は、もちろんすでにセーラー服だったし、札幌の短い夏には父の教え子でもあったろうか、洒落た絹のワンピース姿の若い女性が訪ねて来たこともあった。

一九四一年十二月のアジア太平洋戦争突入時にはすでに東京にいた。ファシズムと物資不足による衣服統制の吹き荒れた戦時中については、いまも記憶に鮮やかである。衣料品は配給制度となり入手は困難となった。男はカーキー色の国民服にゲートルを巻き、女たちは着物をほどいて短い筒袖の上着とモンペに改造した。女学生の制服も、下半身はモンペに変わった。

体験した都市・農村格差

忘れ難い記憶として、ここに書きとどめておきたいのは、戦火を避けた疎開先の農村で、子供心にも初めて戦前段階における都市と農村の生活様式の著しい差異を知ったことである。一九四四年初夏、国民学校五年生の私が縁故疎開していた関東地方の一農村では、洋服を着ている子供はまだ皆無に近かった。一方、洋服しか着るもののなかった都会からの「疎開っ子」は異分子としてことさら目立ち、地域の登校班を率いる年嵩のボス生徒のいじめの対象とならざるを得なかったのである。

出征兵士の留守宅の農作業に勤労奉仕に引率されて行ったある暑い日、草むしりをしていた私は、デシン地で鮮かな黄色に黒の水玉模様の、姉のお下がりのワンピースを着ていたが、突然、「そんなべべ着てるからノーリツが上がらねェんだべ！」という怒声を浴びせられ、大きな牛糞を肩先へぶつけられた。驚いて見上げると、黒っぽい縞模様の野良着にモンペの、高等科二年（今の中学二年）の女ボスの仁王立ちになって怒りに歪んだ顔があった。都会育ちの身に慣れない野外作業で能率が悪かったことはたしかだが、真面目にがんばっていたのに、きれいな服を着て浮かれている、と罵るボスの意地悪さ（とその時は思った）は、それまでの小さないじめの数々にも増して、骨身に徹してくやしかった。

　しかし後年、繰り返しその記憶を辿るたびに、だんだんその光景が違った意味を

1945年6月、学童集団疎開先での記念撮影。服装はばらばらだが、皆一番よい服を着ている。東京の家は4月の空襲で灰となっていた。

もって理解できるようになってきた。あのとき、彼女に発現したのは、一九四〇年代前半における都市の小市民生活の風俗と、派手な水玉模様の洋服など触ったこともない地主小作制度の支配する農村の小作農の娘の生活格差への名状しがたい怒りであったのだろう。きっと、その時期、日本中のあちこちで同じような都市と農村の文化衝突が起こっていたにちがいない、と……。この事件後、私は東京に戻って八月から開始された学童集団疎開に参加することとし、遠い富山県に赴いた（写真参照）。

こうした衣服文化の地域格差は、こんにち一掃されている。少なくとも、子供たちの服装は都市も農村も何ら変わりがない。戦後の農地改革を初めとする日本の社会諸変革の成果である。

洋装の大衆化と戦後

日本人の洋装が本格的に大衆化したのは、第二次大戦後である。戦後の焼跡時代、日本の若い女性たちはＧＨＱの占領政策がもたらしたアメリカ文化風俗の強烈な影響のもとに、乏しい衣料資源をやりくりして装いをこらしはじめた。戦後間もないころ女子大に進学した姉のオーバーコートになったのは、かつて粉雪降りしきる札幌の冬の日、母がすっぽりと身を包んだチョコレート色の「角巻」であった。どういうわけか、この上等のウール地が、戦災を免れて焼け残っていたのである。その大型毛布を裁ち縫いして流行のスタイルで若い娘用のオーバーに仕立ててくれたのは、近所に満州から引き揚げの身を寄せていた、夫は彼処で生死不明という中年の女性であったかと記憶している。そのころ、戦争で父や夫、あるいは兄や息子など一家の働き手を喪った女性たちが、ミシン一台を頼りに生き抜き、わが子はじめ老親や弟妹までを扶養しとげた姿が、あちこちにみられた。

その後も、婦人服はオーダーが基本、という時代はかなり長く続き、アパレル産業がサイズやデザインの多様化と高級化で女性たちの需要を満たせるようになったのは、一九六〇年代の高度成長期以降のことといえよう。

図2は、一九五四（昭和二十九）年には全国に五万九七九五軒であった織物・衣服・身の回り

図2　衣服等小売業事業所数の推移

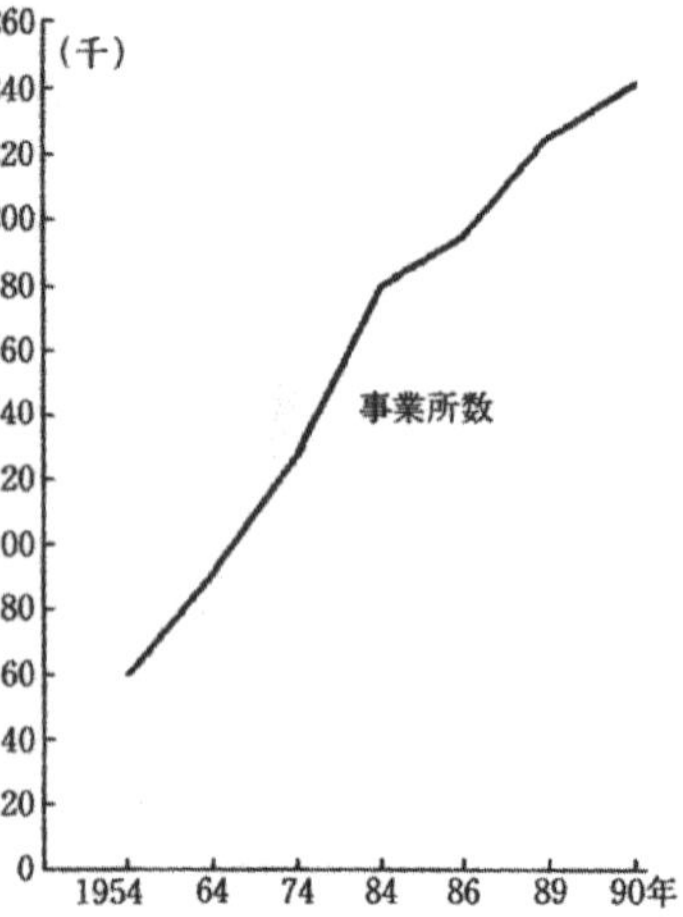

（出所）参考文献(7)より作成。

図3　衣服等小売業従業者数の推移

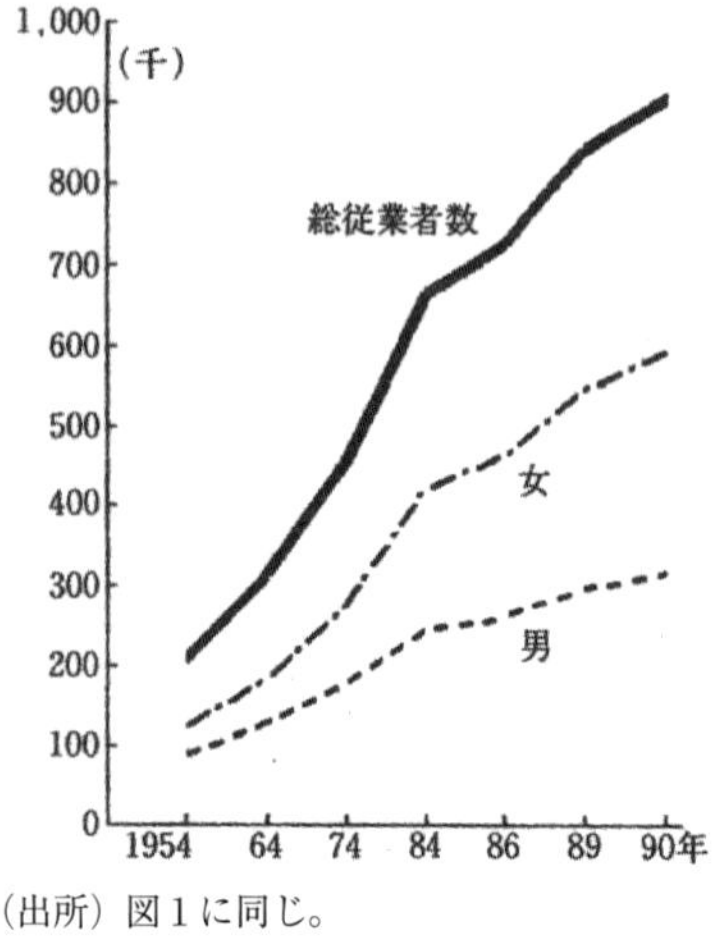

（出所）図1に同じ。

品小売業の店が、一九九〇（平成二）年にはその約四倍の二四万一七七六軒にまで急速に増加している様子を総務庁統計局の事業所統計調査報告（参考文献(7)）から示したものである。もちろんこの数値には呉服その他の和装関係の店も入ってはいるが、急増したのはその大半が洋装関係の店であろう。また、この数字には含まれていない百貨店やスーパーマーケットの洋装関係売場面積の拡大を考えてみれば、その消費市場の大きさが改めて実感できよう。

さらに図3には、その小売店で働く従業者の増加とその性別内訳を示してみた。総従業者数は一店平均四人弱であるが、ここで興味を惹くのは、女性従業者の数が男性よりも多く、しかもその傾向が一九八〇年代から急速に拡大していることである。概して小売業では女性の比率が高く全小売業平均でも一九九〇年に男四六・二四％対女五三・七六％であるが、衣服等小売業では男三四・七四％対女六五・二六％と平均を抜きんでている。これも女性消費者への衣服提供を主力商品とするこの業種の特色を表わしている。わが家の近くにも女性店主が一人で経営するブティックがあるし、店長以下女性ばかりという戦略で規模拡大に成功した全国展開の有名チェーン店もある。けだし女性のファッション感覚が販売戦略に生かされ得る職場であるからといえよう。

こうして、戦後の窮乏時代にはアメリカの奉仕団体から贈られてきたララ物資の古着を喜んで着ていたかつての敗戦国の日本の私たちは、いまや世界有数の衣料品消費国の国民となった。

そして、老いも若きも洋装を中心とする時代である。私の母は一九八〇年代初めに七四歳で亡くなったが、五十歳代までは和服だったにもかかわらず、その晩年は普段着もよそいきもずっと洋服で通した。洋服を着始めると、とても好きになったという。これは彼女だけでなく、多くの同世代の女性たちの辿ったコースであろう。現にいま、八十歳代の腰の曲がった老女の洋服姿は街で普通にみかけるところである。

大量消費の衣料の末路は……

ところで、現在の日本では、ごく普通の家庭で一人平均年に一〇キログラムの衣料を購入するという。一九九二年十一月五日、NHKの朝のテレビ番組「くらしのジャーナル」の、〝家庭の古着はどこへ行く〟というテーマの放送で示された数字である。バブル景気の時代を経て、どの家庭でも蓄積された古着の始末に困っている、とこの番組は言う。では、古着はどこへ行くのか。若い女性への街頭インタビューでは、「着なくなったものは、袋に詰めて親に渡します。多分、お母さんが捨ててると思うけど……」「月平均五、六万円買うけど、サイズが合わないとか気に入らないと捨てます……」といった調子である。クリーニング店のおじさんの話では、「一日平均八〇〇着を扱いますが、開店以来とりに来ない品が三〇〇〇着も溜まっていますよ。なかには、ほれこのとおり、カシミヤ百パーセントの新品もあります」という。

東京湾の中央防波堤に集まってくるゴミのうち、衣類が一日に七〇〇トンあるというのも、確かな数字らしい。改めて古着の行く先をまとめてみると、①ゴミとともに捨てる＝六六％、②贈与（誰かにあげる）＝五％、③回収業者へ＝一〇％、④雑巾などにする＝一〇％、⑤その他＝

九％、というのが、この番組で示された数字である。「捨てる」という比率の大きさに圧倒される。ほかの資料でも、不用衣料の処分方法として、ほかのゴミと一緒に出すのが七〇％、親類や知人に譲ったり回収業者に出すのが一一％と、やはり同じような数値である（参考文献⑻）。

古着専門回収業者への取材によれば、回収先は主として自治体やリサイクルグループであり、整理のうえ着られるものは東南アジア等の海外へメイドインジャパンとして輸出するそうである。災害被災地やアジア、アフリカ等の難民へ贈与するルートは人手や送料・倉庫料などに隘路があって最近では詰まりがちであるともいわれている。古着専門店もあるが、扱い量は知れている。

なお、あの恐るべき戦中・戦後の欠乏時代を体験したいわゆる昭和一桁生まれ以上の年齢層は、まだ傷んでいない衣類を捨てることがどうしても容易にできない。いつかは再生利用できる日がくるのではないかと、はかない望みをかけてあたら狭い住宅の空間を古着の山で埋もれさせ、若い世代の憫笑を買っているのが、この悲しい高・老年層であることをもつけ加えておこう。

女性の日常着ではズボンが優勢

では、戦後世代の女性たちはファッションにふり回され、大量消費に明け暮れているばかりかといえば、それは一面的な見方になろう。一方において、日常着の世界では、現代は歴史上かつてない機能的な服装を多くの女性が選びとった時代である、と考えることができる。それは、女性の服装におけるズボンとミニスカートの定着である。

一九九二年十月初めの暑くも寒くもないある日、昼休みにアジア経済研究所近辺の、商店、住宅、小工場などの混在する新宿区の生活道路を歩いていた私は、そこから研究所へ帰りつくまでの一〇分間ほどの道すがら、出会う女性たちの服装を観察してみた。ポイントを置いたのは、その下半身がスカート（ワンピースを含む）か、ズボン（ジーンズ、パンツルック、キュロットを含む）か、ということである。合計六六人の女性を観察したその結果は、スカートが二二人、ズボンが四四人であった。二対一で、ズボンのほうが多かったのである。

近年、一時の流行やファッションとしてでなく、女性のズボン着用がかなり定着していると感じていたからこその路上調査だったが、数えてみるまでは、およそ半々と予想していたので、この結果にはやや驚いた。しかも、ズボン着用は、必ずしも若い年齢層（そのほとんどがジーンズ）ばかりではなく、中・高年の女性たちにも普遍的にみられた。この日を最初に、少し間を置いては定点観測を続けてみたが、程度の差はあれズボン優勢の傾向は一貫して変わらなかった。

そこで、次に全国的な傾向をみようと、日曜日のＮＨＫのど自慢の出場者を観察することにした。この素人「のど自慢」は、テレビ時代の初期こそ精一杯着飾っての出演も多かったが、いまではごく普段着スタイルの出場者が一般となっていると認識していたからである。初回は、一九九二年十月二十五日、長野県松本市で開催の放送である。全部で二五組の出場者のうち、女性は一七人。その内訳は、ズボン八人（四七％）、スカート六人（三五％）、和服三人（一八％）と、やはりズボンが多数であった。その後も六回ほど同番組の観察を続けたが、一、二の例外を除いて同じ傾向であり、日常着におけるズボン優勢は全国的に広がっていることがみてとれた。そして文献によれば、すでに一九六〇年の時点で全国既製服消費量調査では数量・金額ともにズボンがスカートを上回っているという（村上信彦『服装の歴史』、参考文献(9)）。

なお、おもしろいことに、さきの新宿区路上調査の初日、意外な結果に驚いて、帰りついた職場の研究所内で、ひそかに同僚女性たちの服装を観察したところ、出会えた限りにおいてスカートが圧倒的に優勢であった。アジア経済研究所の女子職員は服装においてやや保守的といえるかも知れないし、また生活道路の通行人（商店の店先で働いていた女性を含む）とオフィスの中の女性の服装にはTPOにおいて若干の差があるともいえそうである。現に、その日の筆者自身、スカート着用であったが、休日に自宅や生活圏での外出ではほとんどズボンを着用している。

その傍証を、再びNHKの朝のテレビ小説「ひらり」（九三年二月現在放映中）にみよう。すなわち、登場人物である若い姉妹は、姉のみのりが都心の大企業のオフィス勤めのいわゆるOL、妹のひらりは地元・両国の相撲部屋を中心に生活圏で活躍しているという設定である。そして、その服装をみると、みのりと仲良しの同僚たちは常に単色のスーツ（もちろんスカート）着用、ひらりは常にセーターやシャツにジーンズ姿と、際立った対照をみせている。これは、やはり女性社員に保守的な女らしい服装を要求する大企業と、下町の生活圏の活動の場とのTPOの差が服装の差、延いては生活感覚の差にまでなっているのだといえそうである。

洋装は日本人の生活の思想となった

ここに再確認する。夏はTシャツにジーンズ、冬はセーターやブルゾン、アノラックにジーンズという男も女もほとんど見分けがつかないほど似通った普段着のスタイルは、二十歳前後の学生層を先駆として、一九七〇年代以降の日本の社会に確実に市民権を得てきた。もともとがアメリカの労働着であったジーンズには、機能性とともに世界的な革新のイメージが重ねられて七〇年代初頭の日本の若者たちが選びとったものであった。それが大学のキャンパスから街へ出て風俗化しただけでなく、導入後二十数年を経て日常の生活にしっかりと根をおろしたことを見届けたように思う。

いまひとつ、初めイギリスから広がった世界的流行として一九六〇年代後半から爆発的隆盛を見、やがて終焉したミニスカートが、日本で数年前から静かに復活し、現在では再び二十代前後の女性の普段着として日常的に定着していることにも注目したい。とくに中・高校の学校の管理主義と密着する窮屈な制服から脱したばかりの女子学生の服装は、ジーンズにあらずんばミニ、と言っても過言ではない。もう私の世代ではミニを着用すべくもないが、六〇年代末のころ着たことのある実感では、これまたそのすがすがしい機能性が、精神的にも大きな解放感をもたらすものであったことが想起される。

そしてもう一度、前章までの途上国の日常着のあり方と比べ合わせて、いかなる民族衣装もその風土と歴史とのかかわりにおいてのみ生き残りあるいは衰退していることを考えてみよう。百年前、日本の女性たちは上からの服制改革には容易になじもうとしなかった。彼女たちの現実の生活と遊離した洋装は、生活そのものが受け付けようとしなかったのである。しかし、男性に遅れること半世紀、現代の女性たちは、かつてない豊かな時代の恩恵を衣生活の面でも享受して多様なお洒落を楽しむ一方、その社会進出と意識変革に根ざした簡素で機能的な日常着としてズボンやミニスカートを身につけて颯爽と街を行く。まだ社会的規範性の強い側面をドブネズミ色の背広にひきずっている男たち以上に、彼女たちの洋装はしっくりと周囲の風景に溶け込んでいる。その姿に象徴されるものは、日本人が洋装をもはや借り物でない自分たち自身の生活の思想そのものとして獲得しおおせたということであるといえよう。

【参考文献】

(1)『日本洋服史』、洋服業界記者クラブ「日本洋服史刊行委員会」、一九七六年
(2) 山川菊栄『おんな二代の記』平凡社、東洋文庫二〇三、一九七二年
(3) クララ・ホイットニー著・一又民子訳

1992年 11月、休日の東京・銀座の歩行者天国で。日本人の洋装は生活の思想となった。(撮影: 岩佐佳英)

『クララの明治日記』、講談社、一九七六年
(4) 二葉亭四迷『浮雲』、一八八七年（岩波文庫一九四一年版）
(5) 遠藤武・石山彰『写真にみる日本洋装史』文化出版局、一九八〇年
(6) 平塚らいてう『元始、女性は太陽であった――平塚らいてう自伝・完結編』大月書店、一九七三年
(7) 総務庁統計局『平成三年事業所統計調査報告』第一巻・全国編その1、一九九一年
(8) 監修、北出修平、制作スタッフ編『アンケート・データブック［最新版］』日本能率協会マネジメントセンター、一九九二年
(9) 村上信彦『服装の歴史』第四巻、理論社、一九八七年

（宮治一雄・大岩川嫩編『「きもの」と「くらし」――第三世界の日常着――』所収、アジア経済研究所、一九九三年三月）

遊びをせんとや生まれけん

遊び好きは子どもも帝王も

古来、無邪気な子どもの遊びから、厳しい生活に息抜きを求めるおとなの遊びまで、身分・階層を問わず日本人の暮らしに遊びの要素は欠くことができない。

「遊びをせんとや生《うま》れけむ、戯れせんとや生《むま》れけん、遊ぶ子供の声きけば、我が身さへこそ動《ゆる》がるれ」(参考文献(1) 巻第二、三五九)

十二世紀の末、後白河法皇が平安期末期の流行歌「今様《いまよう》」を集めて編纂した『梁塵秘抄《りょうじんひしょう》』のなかにあるこの一節には、遊び好きの日本人の心の弾みが生き生きと躍動している。

なわとび、石けり、かくれんぼ——と童謡の歌詞に唱われるものを代表として、日本における伝統的な戸外での子どもの遊びは、数人からはじまるものが多かった。現代なら学齢前の幼児から高学年の学童まで、年齢の違う子どもたちが一緒に群れをなして遊ぶことも可能なのが、こうしたグループ遊戯の特色であった。そしてこうした素朴な遊びは、多かれ少なかれかなり古くから子どもの世界に伝承されてきたものと思われる。右の今様の情景から聞こえてくる子どもの声も、きっとそういう遊びに夢中になっている京童の幼い声々であったろう。

しかしその無邪気な子どもたちも成長してくるにつれて、楽しみ方に問題も出てくる。

「わが子は二十《はたち》に成りぬらん、博打《ばくち》してこそ歩《あり》くなれ、國《くに》々の博黨《ばくたう》に、さすがに子なれば憎かなし、負《まか》いたまふな、王子の住吉西の宮。」（同前三六六）

同じ『梁塵秘抄』には、博打に身も心も奪われて、諸国を放浪してわが家にもよりつかない、大きくなったわが子の身の上を嘆く母の心も謡われている。この子はおそらく十代の少年の頃に家を出てしまったのであろう。母親は、もうあれから何年、と指を折って数え、今年は二〇歳になったはず……まだ博打して放浪しているのだろうけれど、それでもわが子ゆえ、博打運が好いようにと神仏に切なく祈ってやっているのである。ギャンブルにうつつを抜かし家出する現代のハイティーンの親の心と変わりはない。この今様が採録されていることは、平安期にもすでにこうした社会現象が顕在化していたことを示すものだろう。まことに、遊びが度を過ぎると近親の嘆きとなることは古今東西に共通することではある。

この『梁塵秘抄』を編纂した後白河法皇（一一二七～一一九二）は、平氏政権から鎌倉政権への移行期に「治天の君」として院政を執り、初期の武家政権と拮抗する古代勢力の主である政治家としても大きな役割を果たした人物である。しかし、一方では皇位に就く前の十代のころから異常なほどに今様に熱中して、身分の高下を問わずあらゆる歌い手を集めて歌わせ、自らも三度も声を潰すほど歌って六十歳代のいまに至ったということを、詳しく書き残している。現代の日本に生きていたなら、さしずめカラオケ大王というところでもあろうか。一家でクラシック音楽をたしなむ平成の皇室の祖先としては、型破りの君主であった。

産業化した娯楽

いま、娯楽は、経済大国となったわれわれの社会で一大産業としての位置を占めている。その点、途上国のなかにはまだ「娯楽」が産業化しているとは言い難い国もかなりあったのとは著しい違いをみせている。

試みに、サービス業の全貌について現在最もまとまった統計資料として入手できる『平成元年サービス業基本調査報告』（参考文献⑵）によって、その趨勢をみてみよう。なお、ここでは、日本標準産業分類（昭和五十九年改正）の「大分類L―サービス業」のなかで、民営の営利的サービス業（サービスの提供区分で一般消費者からの収入割合が三〇％以上の事業所）を対象としてみることにする。さらに、ここで「娯楽産業」としてとりあげるのは、そのなかの①映画業、②娯楽業（映画業を除く）、③放送業、の三つの中分類とする。これは、前章までの各論がこれらを「娯楽」として位置づけて展開していることに照応するものである。

営利的サービス業全体の収入規模は一九八九年に全国で八〇兆七四九〇億二四〇〇万円であったが、そのなかで、この三分類の収入は計二四兆二五四八億一六〇〇万円であり、サービス業全体の約三〇%を占めている。そしてその内訳では②の映画業を除く娯楽業（以下、たんに娯楽業とする）がずば抜けて大きく、サービス業全体の二六・一二%を占めている。ことし一九九四年度の国家予算原案（二月十日発表）の一般会計総額が約七三兆一〇〇〇億円であるのと比較しても、その規模の大きさがわかるだろう。これらの様子を、一二大都市（札幌、仙台、東京都区部、横浜、川崎、名古屋、京都、大阪、神戸、広島、北九州、福岡の各都市）の場合を添えて図にしてみたのが図1である。

娯楽産業は、いまや日本経済のなかでその雇用する約一〇〇万人の就業人口（図2）とともにますます大きな存在となろうとしている。

図1　営利的サービス業における収入額の事業別比率（1989年）

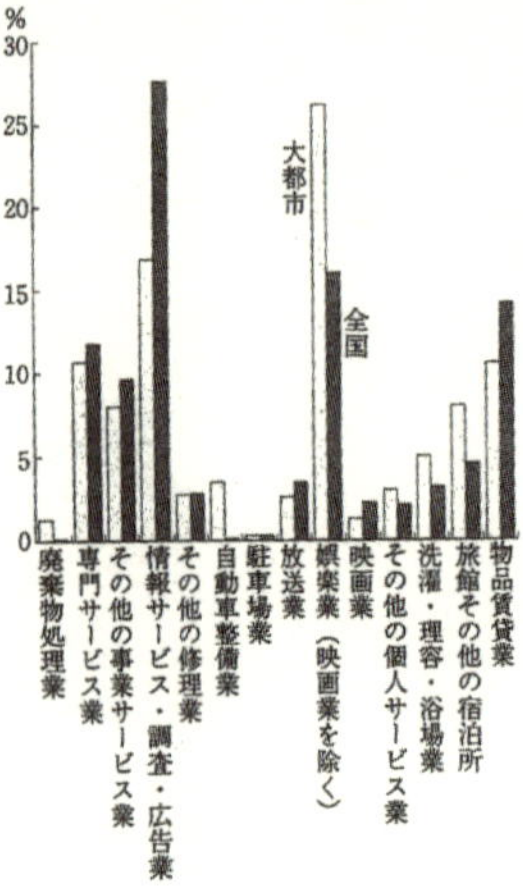

（注）収入総額は、全国＝80兆7490億2400万円、12大都市＝41兆2556億5300万円。
（出所）参考文献(2)より作成。

図2　娯楽産業の男女別従業者数（1991年）

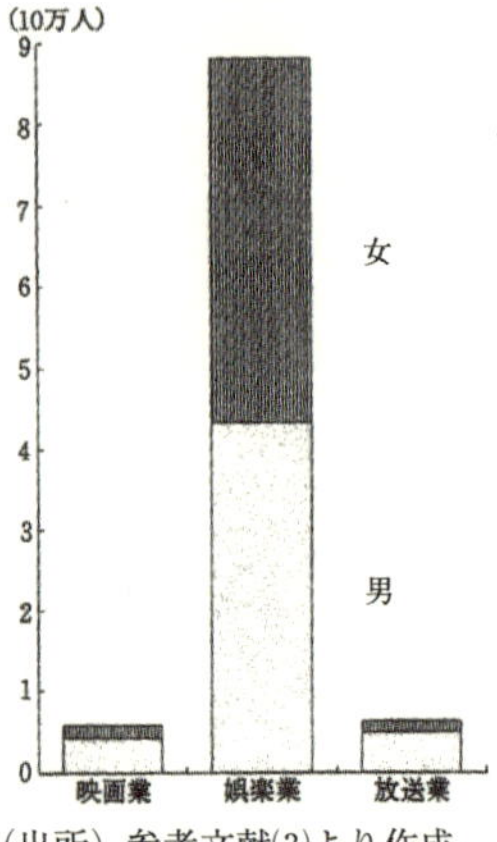

（出所）参考文献(3)より作成。

新しい娯楽「カラオケ」の勃興

では、娯楽業をさらに細分化した内容をみよう。この小分類には、劇場・興行場、興行団、競輪・競馬等の競争場、競輪・競馬等の競技団、運動競技場、体育館、ゴルフ場、ボウリング場、テニス場、ゴルフ・バッティング・テニス練習場、公園、遊園地、遊戯場、マージャンクラブ、ぱちんこホール、その他の遊戯場、その他の娯楽業という区分があるが、その発生年次が新しく、かつ近年急速に伸びたカラオケは残念ながら独立の分類項目となっていず、その他の娯楽業のなかに含まれて集計されている。

別の統計（参考文献(3)）を加味して、娯楽産業の事業所数の推移をみると図3でわかるように映画・放送業のそれは際だった伸びを示していないにもかかわらず、一九八〇年代以降の「娯楽業」の急激な増加は当然そのなかにこれらの新しい娯楽を加えてのものである。

さらに映画館・ぱちんこホール・マージャンクラブ・その他の娯楽業の四種で娯楽施設数の変遷比較をしてみたのが図4である。すでにテレビ時代に産業としての凋落を終えてほぼ横ばいの映画館数、高度成長期の娯楽産業にふさわしい伸びを示して急激な増加曲線を描くが、近年は退潮しつつあるマージャンクラブやなお増加趨勢にあるぱちんこホールのそれと比較して、一九八〇年代後半からの急激な上昇機運を示す「その他の娯楽業」は、きたるべきカラオケ時代を予感させるものである。

別の資料（参考文献(4)）から、総務庁による一九八九年十月以降の全国のカラオケに関する調査結果を図示してみよう（図5）。この図でわかるように、第一回の調査時点では全国で一四九七カ所だったカラオケ設置カ所数は、四年後の九四年六月には一万五一七カ所と、七倍以上に増えている。また、同じグラフに一〇室単位としたカラオケ・ルーム数の推移をも示してみたところ、九一年を境としてルーム数の増加趨勢が施設数のそれを上回っていることがわかる。つまり、ボックスルーム型のカラオケが増えたということであろう。最近もまだ周囲にカラオケボックスの新規開店を目にすることからも、この趨勢は続いていると思われる。現に筆者の居住する中央線武蔵境の駅前通りでも、古い歴史を持つ家電の店がカラオケボックスに衣替えしてしまった。

なお、同じ調査によるカラオケ施設の設置数の最多県と最少県をみると、面白いことがわかる。最多県は「兵庫→愛知→愛知→大阪→大阪→東京→東京→東京→東京」と、カラオケの流行が関西方面から始まって東京方面へと東遷しているようにみえることである。そして、最少県は「徳島→高知→高知→高知→高知→山梨→山梨→高知」と、特定県にとどまっているようだ。最終時点では、最多・東京一二四五カ所に対し最少・高知は五一カ所で、全国都道府県の平均は二二四カ所弱である。

カラオケ誕生の背景

こうして日本を発祥の地とする「カラオケ文化」は、あっという間に燎原の火のごとくに海外諸国に広がった。本書の韓国をはじめとする各国の章でもその様子が述べられている。この爆発的流行にびっくりしているのは、音痴の故にその圏外にいる筆者ばかりではない。昨秋のある週刊誌の「外の目」というページに、ジョージ・フィールズ（ペンシルベニア大学客員教授）は日本の庶民文化を説明するのには漫画とカラオケが一番だ、と述べた上でカラオケについて次のように書いている。

図3　娯楽産業の事業所数の推移（1954～91年）

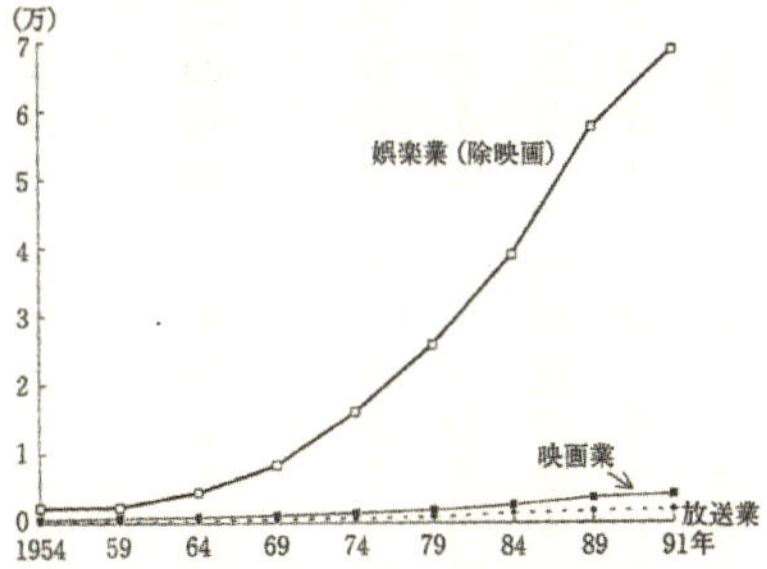

（出所）参考文献(2)および(3)より作成。

図4　娯楽施設数の変遷比較（1954～91年）

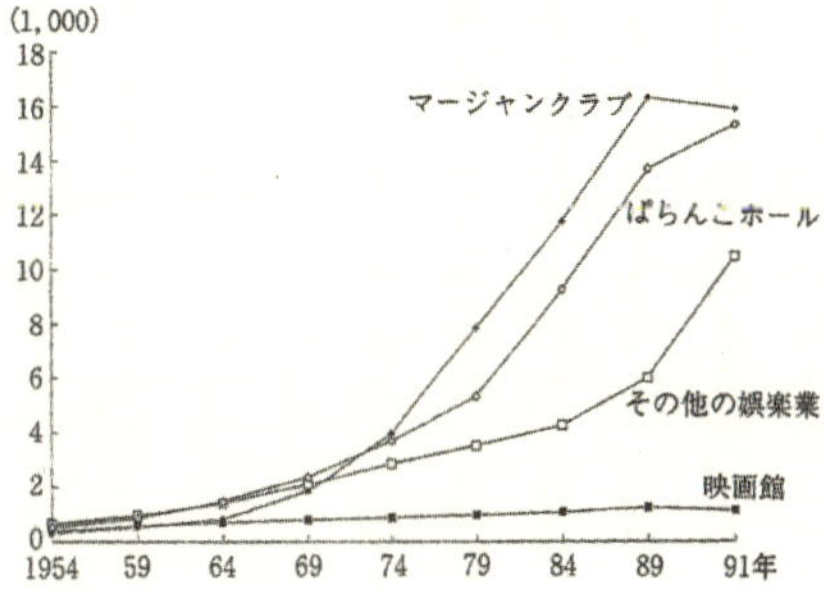

（出所）図(3)に同じ。

図5　全国カラオケ施設数とルーム数

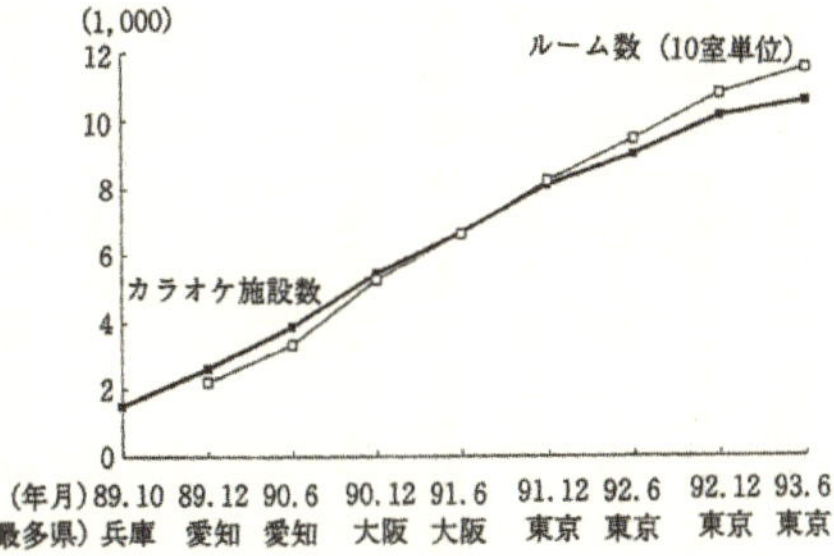

（出所）参考文献(4)より作成。

「カラオケは自然発生したのか、あるいはどこか（の）創造性あふれる天才が発明したのか。まずそれを知りたい。……推測でしかないが、こう考えた。まず、ひところ、日本の重役は料亭でのお遊びで、芸者さんの三味線伴奏で粋な小唄や都々逸を披露したものだ。オーストラリア政府の視察団として来訪し、……感銘を受けたのを思い出す。……二十数年前の日本の社長たちは粋な江戸文化を守っていたのだ。下町のその料亭は今はない。そのギャップをボトムアップで埋めたのがカラオケなのだろうか。確かにサラリーマンたちはひそかにカラオケ修行して公の場で披露する。でも、お座敷の小唄とはあまりにもかけ離れている。……」

（『サンデー毎日』一九九三年十一月十四日号）

この疑問に答えるような説を、野中耕一アジア経済研究所理事から聞いた。同氏によれば、カラオケの勃興と正比例して衰退の一途をたどったのは料亭よりも、かつてビジネス戦士たちの明日の戦力を鼓舞したキャバレーであり、いまやキャバレーの衰微は滅亡の域に達している、とのことである。キャバレーは概して男性中心の遊び場だったのに、カラオケは男女ともに楽しめる場であり、この変化は職場における女性進出とも無関係ではあるまい。

カラオケファンの人々の話を聞くと、ストレス解消にこれに優るものはないという。得意の家電・オーディオ・エレクトロニクス技術による機器の開発と庶民文化の歌謡曲との結合による「創造性あふれる天才」（ジョージ・フィールズ）の発明によって、世界へカラオケ文化の流行を発信した日本の娯楽文化の果たした役割は大きいといえよう。

歌に心の悩みを託す庶民

もともと日本の庶民は喜びにつけ悲しみにつけ歌うことが好きである。さきに、後白河法皇が「今様」に熱中したことに触れたが、このときの今様の流行を支えていたのも無名の民衆であった。

喜び・悲しみにつけ……と述べたが、考えてみるとどちらかと言えば悲しいとき・苦しいときのほうが民衆の歌への渇望はより大きいような気がする。『梁塵秘抄』の時代は、律令制国家が崩壊過程にあり、戦乱、飢饉、疫病などが打ち続き、人々は釈迦入滅後、正法・像法の世の後に訪れた末法の世として恐れおののいた不安定な世情だった。

筆者の子供時代は戦争中だったが、親元を離れた集団疎開の宿舎で、娯楽といえば集まって「お山の杉の子」などの童謡、「アッツ島玉砕の歌」などの軍歌、「花摘む野辺に陽は落ちて……誰か故郷を思わざる」などの流行歌を声を合わせて歌うことだった。

はるかシベリヤ抑留の敗軍の兵たちも酷寒の地で「異国の丘」などを歌って励まし合い、ダモイ（帰還）の日までの辛い強制労働の日々を堪え忍んだ。

いまもなつかしのメロディーなどでよく歌われ、老年になった人々が苦しかった戦後生活のころを振り返って涙ぐむスタンダード・ナンバーには、「リンゴの歌」、「青い山脈」など窮乏時代を慰めた明るい歌があると同時に、原爆症で死んで行く永井博士をうたった「長崎の鐘」、焼け跡をさまよう哀しい女性の心を映す「星の流れに身を占って……」等々、心をえぐる悲しい歌も多い。長く日本の大衆に圧倒的な支持を得ていた演歌の特徴が涙だといわれるのも象徴的である。美空ひばりなど、大スターもこうした戦後の社会相のなかから生まれた。年末のＮＨＫ紅白歌合戦が〝国民的行事〟と化したのはようやく日本経済が高度成長期に入ろうとするテレビ時代の幕開けのころからだったろうか。

そしていま、カラオケが隆盛を誇るようになってかえってテレビの歌番組は退潮傾向にあり、かつてのような大スター時代も去ったようだ。誰でもがカラオケ機器のおかげでプロの伴奏つきでみずから歌い楽しむことができるようになると、人々はスターに感情移入する受け身の視聴者から自己陶酔に身を委ねる能動的な歌い手に変貌を遂げてしまったようである。

パチンコは娯楽産業の王者

さて、事業収入の面に立ち帰ってみると、娯楽産業の最大のものはなんといってもパチンコである。第二次大戦後の大衆娯楽として生まれたパチンコは、何度かのブーム期、退潮期と盛衰の波は被ったが、その都度ゲーム機器の技術革新や業態の経営革新で乗り切り、着実に伸びてきた。そして、バブル景気が終息し平成不況の始まったここ二、三年にも不況知らずの盛況だという。前記の統計では一九八九年現在のぱちんこホールの事業収入総額は一五兆二七一二億三三〇〇万円で、そして五年後の今日では一七兆円産業とも言われている。これに比べ、映画業全体の事業収入は一兆五九六億二九〇〇万円（八九年）と、その約一四分の一でしかない。同じくゴルフ場は一兆三三〇五億五〇〇〇万円である。まさにアウトドア・インドアを通じての日本の娯楽産業の王者の位置にあるのはパチンコゲームだといえよう。

パチンコファンは二〇〇〇万人とも三〇〇〇万人とも言われる（参考文献(5)）。その盛業の要因は、単なる手軽な遊びというだけでなく、やはり景品を換金できるというその射倖性《しゃこうせい》が庶民の生活のなかに根をおろしているのであろう。景品の換金は本来風俗営業法の規定により違法だが、実態としては大きなパチンコ店の近くには景品交換所があって、客はそこでライターの石、ネクタイピン、シャープペンシルの芯などの「特殊景品」を換金できるというシステムができており、大半の客はそれを利用、警察も黙認してきたという状況が続いている。

しかし、パチプロといわれるような熟練者は別として、パチンコ愛好家の庶民一人ひとりにとってはささやかな小遣い銭での楽しみであり、せいぜいがその日の食い扶持稼ぎの程度にすぎないこのギャンブル性も、ここに集散する巨額な現金に目を付けた暴力団の資金源としては大きな意味をもって機能してきたようだ。警察庁の試算では、一九九三年、「都内で暴力団が景品の買い取りなどに関与しているパチンコ店は八四三店で、約一五〇億円が暴力団側に流れて」いるという（「パチンコ景品商品券が浮上」、『朝日新聞』一九九四年二月二日付記事）。さきに九〇年、脱税防止策としてパチンコ店にプリペイドカードシステムの導入を推進してきた（九四年初頭現在普及率約一〇％）警察庁は、最近、この暴力団の介入を排除するための改善策を検討している。その具体案は、警察庁が九三年六月に設置した諮問機関・生活安全研究会による「特殊景品」を全面禁止して、そのかわりにプリペイドカード、商品券、ビール券などの有価証券の提供を認めるというものである。が、このパチンコ改革案も業界団体の日本遊戯関連事業協会、全日本遊戯事業協同組合連合会への打診段階で業界は賛否両論入り乱れて騒然となり、なかには警察や大企業がカード会社などを通じてパチンコ業界の利権に食い込もうとしていると非難する向きもあるようだ（①同上記事、②「パチンコ利権〔一七兆円〕に群がる警察・暴力団・大企業の仁義なき戦い」、『週刊現代』一九九四年二月二十六日号）。

いずれにせよ、〝不況知らず〟のパチンコ業の巨大利権あってこその騒動であろう。パチンコ店についぞ無縁であった筆者などからみれば、庶民の娯楽の殿堂が暴力団の資金源や脱税の温床となることはもとより好ましくないが、過度に透明性を追求することはゲームの面白さに水をさし、庶民の足を遠ざけるようなことになりかねないという一部の批判が果たして正鵠を得ているのかどうか見守りたい。その射倖性についていえば、公営の競輪・競馬に比べれば身を滅ぼすようなギャンブル性はないようだ。勤め帰りのサラリーマンの気分転換、家事に倦み疲れた主婦の息抜き、老人の退屈しのぎや時間潰し等々、パチンコ業の隆盛はドラッグやいわゆる風俗営業の跋扈に比べればはるかに健全な遊びであろう。

サッカーくじは実現するか？

射倖性といえば、いまひとつ最近になって浮上してきた問題に、サッカーくじ導入問題がある。

一九九三年から発足したＪリーグのサッカー試合には当初の予想を超えた熱狂的な人気が青少年を中心に集まっているが、これを対象として、スポーツ振興財源のため、という大義名分でサッカーくじを創設しようという運動が、共産党を除く超党派の国会議員で組織する「スポーツ議員連盟」によって議論され始めているのである（「サッカーくじ論戦〝開幕〟」、『朝日新聞』一九九四年一月十七日付記事）。日本オリンピック委員会（ＪＯＣ）と日本体育協会の「国民の自発的な支援による新たなシステム」によるスポーツ振興資金を、との要望を受けての構想という。まだその是非の決着はついていないというが、今後国民世論を巻き込んでの是非の論争が大きくなっていくだろう。はやくもこれが実現した暁には予想される二〇〇〇億円ともいわれる売上金の市場をめざして水面下での銀行など金融機関の白熱した争奪戦が展開しているともいわれる（「サッカーくじ二〇〇〇億円市場で五大銀行の争奪戦早くも過熱！」、『週刊ポスト』一九九四年二月十一日号）。

しかし私見では、スポーツ観戦が金銭と絡むことには、なにか不健全なものを予感する。二週間分一二試合の予想をもとにして、的中率は宝くじ並みの確率にというが、なぜサッカーだけが対象となるのかという疑問も生じよう。野球は？　相撲は？　ということにもなろう。競馬や競輪などと異なり、より国民なかんずく青少年に普遍的な意義をもつスポーツに目先の金ほしさでギャンブル性を導入することは、スポーツ精神の建て前が泣くのではないか。外国でもやっている、というのが推進派の論拠であるが、近年社会問題化してヨーロッパやラテンアメリカの諸国が手を焼いているサッカー観衆のフーリガン化なども、このくじが実施されれば日本にもたちまち飛び火するおそれがあろう。近代スポーツとしてのサッカー少年育成という裾野をもったJリーグ人気を、そうした危険性にさらしたくないという気がする。

変貌する室内ゲームの世界

ほかにも娯楽産業の分野で取り上げるべきことは多いが、省略して室内遊戯の問題に移ろう。一九七〇年代後半から八〇年代のひところ、インベーダーゲームの大流行を皮切りに次々とコンピューター制御のゲーム機器が登場し、それらを集めたゲームセンター、いわゆる「ゲーセン」が街のあちこちに出現し、青少年の人気を集めた。まだそれらの店はある程度の命脈を保ってはいるものの、昔日の勢いはない。どうしてかといえば、その後個人用のゲーム機器とソフトの開発によるファミコン、パソコンゲームが発達し、こうしたゲームの遊びは街頭から家庭の中に入ってしまったから、という説が有力である。街のそうした店に足を踏み入れたことのない筆者なども、手持ちのパソコンでは「テトリス」、「上海」等々いくつかのゲームには手を染めている。電子おもちゃ箱時代の遊びである。

では、家庭のなかに伝承されてきた遊びは、いまどうなっているだろうか。その代表として、正月の家族揃っての遊びとして江戸時代以降伝承されてきたカルタ取り——なかでも「百人一首」の世界をみてみよう。

藤原定家（一一六二～一二四一）撰と伝える小倉百人一首は、万葉集から新古今集の時代までの百首の和歌を、上の句からを読み札とし、下の句を取り札として源平二組に分かれて取り合う室内競技である。この競技は、正月の家庭ゲームの王座を占めていたばかりでなく、親戚、知人、友人などが大人も子どもも打ち交じって遊ぶことのできる得難い社交性をもった遊びでもあった。尾崎紅葉作の明治時代の小説『金色夜叉』は貫一・お宮の悲恋物語として名高いが、女主人公の宮を金満家の富山が見初めるのは作品冒頭の正月三日、歌留多会の席上であり、ダイヤモンドをきらめかせる富山の富豪ぶりに反感をもつ青年たちが歌留多取りにことよせて、かなりな乱暴を働くというシーンもある。明治三十（一八九七）年一月一日から読売新聞に連載された新聞小説であったから、正月気分のなかで読者に相当のアクチュアリティをもってアピールしたものと思われる。ここでは、百人一首の場が、一種のお見合いの役割を果たしている。当時、百人一首は新聞をとっているような家庭ではどこでもやっていた遊びであった。都会ばかりではない。その十年ばかり後に石川啄木がやはり東京毎日新聞に連載した小説『鳥影』（明治四十一年十一月初～十二月末）にも、岩手県の農村地帯で、なんと真夏の季節に歌留多会の趣旨で村の資産家宅に集まった帰省中の大学生、小学校の女教師ら知識層の青年男女が交歓する様子が描かれている。階層差はあるにせよ、百人一首文化は全国に広く普及していたのである。

昭和一桁生まれの筆者の場合は、北海道在住の幼い頃から両親・きょうだいと共に遊ぶ百人一首がお正月のなによりの楽しみであった。母を先頭に、妹や弟たちと熱中したものである。父はたいてい読み手に回った。高校、大学時代の友人たちも大半はこのゲームに親しんでいた。ところが、近年気がつくと、現在の次の世代にはどうやらこの遊びは余り受け継がれていないようである。職場の若い同僚たちに聞いてみても、「おばあちゃんは、やってたようだけど……」とか、「学校で古文の時間に習わされた」、「うちに組札はあったけど、あれでやるゲームは坊主めくりだとばかり思っていた……」などという答えばかりが返ってきて、ついぞ自分も好き、ないし子どもと一緒に現在遊んでいるという人には出会えなかった。

かつて熱中した筆者のきょうだいの家庭でも、その子どもたちは礼儀として付き合ってくれる、という程度にしかこの競技に興味を示していない。そして、やはり「学校で」教わっているのである。テレビゲーム、ファミコンなど、かれらの関心を惹く室内の遊びは概して一人遊びのできるものであり、グループでの競技は不得手のようでもある。

学校で教える、というのもどんなものだろうか。この百人一首にはもちろん秀歌も多いが、古来どうしてこんな歌がといわれる歌もまじっている。それゆえこれを定家の発した一種の暗号メッセージと見立てる〝百人一首の謎〟解き著作さえいくつか現れているほどであり、国語の教材としてさほど適当とも思われない。おそらく、この伝統的な遊びを通じて和歌の世界に親しませようという狙いがあるものと思われるが、かえって現代の子どもたちが百人一首にそっぽを向くのは、学校で教えられることにうんざりしたせいもあるのではないか。やはり家庭で意味もわからないころから競技に参加してしだいに覚えていくほうが遊びへの興味は増すであろう。いずれにせよ、この伝統ある正月の遊びの伝承は、もはや普通の家庭では断絶の運命を迎えているようで寂しい。

＊

しかし、見渡せば、囲碁・将棋などの伝統的な遊びもまだまだ根強く生き残っているし、アウトドアでは水中ダイビング、ゴルフの大衆化、観光旅行・海外旅行の一般化等々、日本人の遊び志向はますます健在である。そして、遊び上手の若者たちばかりでなく、働き蜂としてろくに休暇もとらず、人生の余裕も遊びも知らないと指弾された世代の人々もようやく余暇を過ごし得る年代となり、多様な遊びの世界はよりいっそうの広がりを展望しつつある。アジアをはじめ外国の人々とも遊びの世界での交流がもっと大きくなっていくだろう。

遊びをせんとや生れけむ……日本人の遊びが、これからも老若男女ともに心豊かに生きる喜び、幸せにつながるものとして暮らしのなかに息づきつづけていくことを願いつつ、紙幅の尽きたこの稿を終わることにする。

【参考文献】

(1) 佐佐木信綱校訂『新訂・梁塵秘抄』（岩波文庫、一九五六年版）
(2) 総務庁統計局編『平成元年サービス業基本調査報告』第一巻・全国編、総務庁統計局、一九九一年
(3) 総務庁統計局編『平成三年事業所統計調査報告』第一巻・全国編・その一、総務庁統計局、一九九二

年

（4）『月刊・レジャー産業資料』一九九四年二月号、総合ユニコム

（5）『月刊・レジャー産業資料』一九九三年四月号、総合ユニコムほか。

（山本一巳・大岩川嫩編『「あそび」と「くらし」――第三世界の娯楽産業――』所収、アジア経済研究所、一九九四年三月）

いま歴史の節目にたつ、わたしたちの名前

この『第三世界の姓名――人の名前と文化』前章までの第三世界のそれと異なり、日本人の名前については、古代氏姓制度から現今の姓名問題にいたるまで、多くの研究や解説、著作があり、私たちはそれらを知る機会に恵まれている。したがって、ここでは日本人の姓名に関する一般的な解説は文末に紹介するそれら参考文献に譲って最小限にとどめ、おもに名前に関連する現状のいくつかの問題をとりあげ、私見を述べてみることとしたい。

名前に宿る霊性

籠《こ》もよ　み籠《こ》持ち　ふくしもよ　みぶくし持ち　この丘に菜摘ます児
家聞かな　名告《なの》らさね　……

太泊瀬稚武天皇《おおはつせわかたけのすめらみこと》（雄略天皇）の歌として、『万葉集』巻頭に掲げられた名高いものである。〈手籠と堀串を持って丘で菜を摘んでいる可愛い娘よ、どこの家の娘か知りたいなあ、なんて名前なの、教えておくれ〉とよびかけて、続いて、自分こそはこのやまとの国の支配者であるよ、と

〈名告り〉をあげる。娘の答は詠み込まれていないが、これに名を答えたなら、それは天皇のお召しに応じたことになる。いわゆる「妻問い」の形なのである。

雄略天皇が、この歌を本当に詠んだかどうかはわからない。古事記には、別のときにこの天皇が川で洗濯していた美しい娘にも「汝《な》は誰《た》が子ぞ」と名前を聞いて、「己《おの》が名は引田部《ひけたべ》の赤猪子《あかいこ》と謂ふぞ」との返事を得たが、宮廷に帰るとそれきり召し出す約束を忘れてしまい、かわいそうに、乙女の赤猪子はそれから八〇年も空しく老い朽ちるまで待たされてしまったという伝説的な話が載っている。

このように日本の古代において、相手が天皇であってもなくても、女が名を他人に知られるということは、自己の人格のすべてを明け渡すに等しいことであり、したがって、名を告げることすなわち結婚の承諾であったといわれる。いいかえれば、人間の名前にはその人の人格のすべてが宿っているという、名前のもつ霊性が信じられていたのでもあった。

この名前に霊性をみるという考え方は、人類共通の古層をなしているようである。

氏姓制度と名字

「家聞かな」「誰が子ぞ」というのは、その娘の属する氏姓集団を知ろうとの呼びかけである。

古代の氏姓制度は、現在の氏または姓——いわゆる名字（苗字）の遠い起源をなすものではあるが、同じものではない。百科事典の簡潔な説明を引用すれば、「日本古代において、中央貴族、ついで地方豪族が、国家政治上に占める地位、社会の身分の尊卑に応じて、朝廷より氏の名と姓を与えられ（氏・姓をあわせて姓ともいう）、其の特権的地位を世襲した制度。大化の改新ののち、律令国家におよぶと、戸籍制によって、氏姓はかつての部民、つまり一般の公民にまで拡大され、すべての階層の国家身分を表示するものとなり、氏姓を有しないものは、天皇、皇子、諸王と奴婢のみとなった」（『平凡社大百科事典⑥』八五九頁）とされる。

「氏《うじ》」は、最初は緩い豪族連合から出発したといわれるやまと政権を構成する諸豪族の古くからの氏族の名乗りに起源をもつ。もともとは血族集団であるが、地名に由来する蘇我、平郡《へぐり》、葛城、巨勢、春日など、軍事を司ることからきた物部、大伴など、それぞれに氏に属する集団を率いて勢力を張り、その成員は皆その氏を名乗るようになっていった。

一方「姓《かばね》」は、はじめ朝廷から授与された官職・世職を意味するものであり、臣《おみ》、連《むらじ》、宿祢《すくね》などがこれに当たる。現在の姓《せい》とはあまりつながらないようだ。

古くから血筋や家柄を表す氏姓の乱れが問題化していたことは、第十九代允恭天皇のとき（四一五年）、「くがだち」（盟神探湯）をもって氏姓の真偽を正したという日本書記の記事からもわかる。平安期に入って、嵯峨天皇のとき弘仁六（八一五）年、近畿地方の氏族について調査した結果の『新撰姓氏録』が萬多親王ほか六人の撰者によって完成・上表され、これに一一八二の数にのぼる氏が収録されている。律令国家によって再編成された氏姓の集大成である。全体が天皇家の系統の皇別をはじめ神別、天神、天孫、地祇、諸蕃（異国からの帰化氏族）、未定雑姓に大別されていて、なかにはいかにも古代的な氏姓（阿多御手犬養《あたのみてのいぬかい》、委文《しどり》、和仁古《わにこ》など）とともに、現代にも通用している姓（林、竹田、石川、中村、桜井、内田、坂本など）もすでに多く現れている。

やがて律令体制が緩み、地方豪族や有力者は中央の有力貴族の家人となってその氏姓を冒し（冒名《ぼうめい》）て課役を免れる（仮蔭《かいん》）ようになり、藤原、橘、源、平、その他の有力氏名集中が生じたため、同一氏族の中でもさらに家の名を別に称する必要がでてきた。貴族の場合はその邸宅の所在地によって近衛、九条、三条などの称号を名乗り、また台頭してきた武家勢力は、所領地や開発した地名をとって家の名とした。後者がいわゆる「名字」であり、同族の間でも区別し合うための呼び名から発達したものである。そして、これがほぼ現在の姓の基本をなしたとされる。

名字＝苗字＝姓

起こりが私称した呼び名であるから、これはさきの氏姓制度のように官許を必要とすることなく、勝手に名乗ったため、時代が下るとともに人口増加もあいまってどんどん増加していった。日本の姓の数が同じ儒教文化圏の中国や朝鮮半島に比べて比較にならないほど多いのは、「同姓娶らず」のタブーがなかったために姓氏の変改が自由であったことにもよるといわれる。豊臣秀吉などは、木下→羽柴→藤原→豊臣と、一生の間に四回も姓を変えている。このなかで羽柴と豊臣は、全くの創作姓である。身近なところでの創姓の例をもうひとつ。筆者の結婚後の姓「大岩川」も字画の易しさにもかかわらず極めて珍しいものであるが、これについてはあらまし次のような伝承がある。

祖先は、戦国時代の甲斐の武田の家臣で土屋姓であった。織田信長に敗れた武田氏滅亡に際し、土屋某は僅かな家来を連れて信濃路経由で越後に落ち延びたが、その途中信州の大岩川という川の辺で危難に遭遇、日頃信仰する阿弥陀仏の加護により難を免れた。そこで仏門に入り、たどり着いた越後でその地の領主の招請により一寺を開基、それまでの姓「土屋」は忠実に付き従ってきた家来に与え、自らは「大岩川」と名乗った……。

これは、史実はともあれ、亡夫の父の生家である現新潟県見附市の寺院の縁起にもなっていたということで、私もかつて何かの印刷物で見た記憶があるが、いまは定かではない。そして代々浄土真宗寺院の院主として血脈を伝えてはきたが親族が広がることもなく、いまでは、首都圏在住の亡夫のきょうだい（現存三人）の家のほか名乗る者もないという天下の稀姓である。現在、日本の家の名は一二万ともいわれるが、このような例まで加えれば、もっと多いかも知れない。

さきの百科事典の記述にもあったように、古代には皇族・奴婢以外の公民は農民を含めてすべて氏姓を称していたことが奈良時代の戸籍計帳などによって知られているが、やがて律令体制が崩壊し中世以降の守護大名から戦国大名へ、さらに織豊政権を経て徳川幕府成立へと領国支配制の形成されていく過程で農民は氏姓を名乗る権利を次第に奪われていった。秀吉による刀狩でまず兵農分離をなしとげた封建支配者にとっては、次いで領国の基本的な貢租負担者である農民ほか被支配者身分のファミリー的連帯を阻害して支配下に組み込むためにも氏姓を名乗ることを禁止する必要があり、「苗字帯刀」の許可権は、領主側からの特別の恩恵として人民にたまさか与えられるものとなった。その確立は幕藩体制初期のことであり、明治維新まで続く。この間、実際に家の名として姓を伝え続けていた被支配者も公私の文書には名のみしか記すことが許されなかった。

この封建的束縛が解かれたのは、明治維新後の新政府の施策によるものであることはよく知られている。その過程は省略するが、明治五（一八八二）年のいわゆる壬申戸籍の編成、明治八（一八八五）年の太政官布告等を経て、国民すべてが苗字＝姓をもつという氏名の形がつくられ現在にいたっている。このとき創出された姓もあるには違いないが、その数としての比率は、渡辺三男氏のいうように「日本の苗字の全体から見て、それほど高いものではない」（参考文献⑸）。

また、明治政府は、戸籍に登録できる名前を姓・名ともに一つずつと限定したので、それまで「〔大石〕内蔵助良雄」、「〔西郷〕吉之助隆盛」というように通称と実名を併用していた階層の人々も皆そのどちらかを捨てねばならなくなった。文書や記録の上で、維新期を挟んで急に名が変わったようにみえる人があるのはこのためで、改名したのかと見る向きもあるようだが、旧幕時代により多く使われていた通称を捨てて実名を登録した場合に生じる誤解である。

なお、この明治の新戸籍編成について注意しておきたいのは、はじめ結婚した女性の姓には、それまでの日本社会の歴史的伝統のままに、その「所生ノ氏を用ユヘキ事」（明治九年三月十七日太政官布告）とされていたことである。聖武天皇の后・光明皇后が正倉院に遺した『楽毅論』に

「藤三娘」（＝藤原氏の三番目の娘）と署名しているように、源氏の棟梁・頼朝の妻が終生北条政子（平氏）であるように、日本でも他の東アジア諸国と同様、婚姻で氏を変えることはなかった。封建時代の武家社会においても、日本古来の夫婦別氏という社会慣習は連綿と続き、この時点ではまだ明治新政府にも引き継がれていたのであった。それをくつがえして、今日までおよそ百年間続いた「夫婦同氏（姓）」が制度化されることになったのは、明治三十一（一八九八）年から施行された明治民法典の制定によるものである。詳説は避けるが、その背景には第二次大戦にいたるまでの日本近代化を規定する国家主義思想の基盤をなす、家父長制による「家族制度」創出という明治国家のイデオロギーが深く作用していた。妻は婚姻によって夫の「家」に入るものとされ、同氏を義務づけられたばかりでなく、すべてにおいて家父長（夫または戸主）に従属する存在と位置づけられたのである。当時の、そして大正、昭和とつづく一般国民の生活実態とすらかけ離れた封建的・観念的な家族制度であった。そして、民族の伝統と長い社会慣習を無視して一挙に婚姻した女性から生家の氏を剥奪したこのときの改変が、現在の「夫婦別姓」問題の火種となったのである。

揺らぐ「夫婦同氏」制

近年の日本における名前をめぐる最大の動きは、「夫婦別姓」導入問題であろう。現行の民法はその第七五〇条において「夫婦は婚姻の際に定めるところに従い、夫又は妻の氏を称する。」

と規定している。夫婦同氏の定めである。その結果、婚姻、すなわち法律婚をしようとする夫婦はそれまで名乗ってきたどちらかの姓を捨てて相手の姓を名乗らざるを得ず、そしてその際の当事者には社会慣習として一般に夫の姓をとるという圧力が強く働き、ほとんどの女性の側が生まれ育った姓を放棄させられている。

これは、さきにふれたように明治民法以降の家族制度の考え方によって創出された社会慣習が新民法にも継承されたものである。一方、世界に目を向けると、最近の国会図書館調査立法考査局による欧米諸国ほか計四〇カ国二五地域にのぼる世界各国の夫婦の姓（現行）についての調査結果（参考文献⑾）では、夫婦別姓を認めている国が三四カ国（八五％）にのぼり、残る六カ国のうちタイを除く五カ国も一方の姓を複合姓のひとつとして維持することができる選択肢を認めており、日本の場合のような厳格な夫婦同氏制をとっているのは例外といってよいことが明らかになっている。

第二次大戦後、とくに一九八〇年代に女性が家庭の外に出て働くという形の社会進出が決定的になってから、この制度に対する女性たちの疑問が、社会問題として大きく取りあげられるようになってきた。一九八四年、東京弁護士会の中に設けられた「女性の権利に関する委員会」でこれを取りあげて検討を加え、八五年、全国の女性弁護士六二二名にアンケート調査を実施したところ、民法への夫婦別姓導入に賛成する人が七三・五％に達した。これをうけて八六年一月に「夫婦別氏を考える」というシンポジウムを開催したところ、主催者側がおどろくほどの熱心な参加があったという。さらに弁護士会内部の検討を続けた結果、一九八九年初頭に「選択的夫婦別氏制導入に関する意見書」を東京弁護士会として採択、政府はじめ各方面へ働きかけることになった（参考文献⑿）。

こうした過程を経て、一九九三年秋、夫婦別姓問題に、画期的な動きがあった。法務大臣の諮問機関である法制審議会における「婚姻と離婚制度の見直し審議」の過程で行われた裁判所などの意見集約結果の公表（十一月十三日）である。法制審議会の身分法小委員会が、全国の地方家庭裁判所、日本弁護士連合会、関係団体などに民法への夫婦別姓導入の可否について意見を聞いた結果、選択的夫婦別姓を支持する意見が圧倒的多数を占めたことが報道されたのである。新聞報道に基づくその結果は次のとおりであった。

	選択的夫婦別姓支持（%）	同上不支持（%）	合計（%）
裁判所	六四（八一・一）	一五（一八・九）	七九（一〇〇）
その他の団体・個人	九〇（七五・六）	二九（二四・四）	一一九（一〇〇）
計（平均）	一五四（七七・八）	四四（二二・二）	一九八（一〇〇）

（「夫婦別姓、多数が支持／法制審小委／裁判所など意見集約／制度改正へ審議本格化」『朝日新聞』一九九三年十一月十四日付記事）。

約八割対二割というこの結果は、すでに現実の問題として、夫婦別姓容認の世論が司法関係団体をはじめとする社会的な場で形成されていることを示し、現行の同姓制度を維持すべきだという意見は著しい退潮をみせていることを示すと思われる。
ところが、この公表の約一週間後の十一月十九日、国立図書館情報大学教授の職場の文書などで旧姓使用を認めないのは氏名権の侵害であるとして国に損害賠償を求めた関口礼子（戸籍名・渡辺礼子）さんのいわゆる氏名権訴訟に対し、この日の東京地裁の判決は「国家公務員の身分上の問題を正確に把握するには戸籍名によることが必要である」との判断を示して提訴を退けている。（「国立大教授の旧姓使用／職場では認めず／東京地裁」『朝日新聞』一九九三年十一月二十日付記事）
この二つの報道が相次いで社会的注目を集めたことから、夫婦別姓論議はかつてない高まりをみせ、あるいは企業や大学における旧姓使用の実態を紹介する記事に、あるいは投書欄の賛否両論の投書掲載にと、まだ波紋はおさまりそうにない。その過程で明らかになってきたのは、『東京新聞』（一九九三年十一月十八日付）社会面の記事見出しにあるように、〝夫婦別姓、法より社会が先行〟という実態であった。そのいちいちを紹介するゆとりはないが、女性の職場進出にともない、一般企業ではすでに旧姓使用が制度化されているところも多く、それは企業にとってもプラスと評価されているという。反面、官公庁は対応がまちまちで、あくまでも「戸籍名」のタテマエに固執するところが多いが、大阪府教育委員会のように府立学校の教職員に九四年度から旧姓・通称の使用を認めるとの方針を打出したところがあることも報道されている。
いずれにせよ、「旧姓・通称」使用による夫婦別姓の行使は、一方に「戸籍名」という法律上の名が存在する以上、後述の筆者の体験のように、あるいは関口裁判の例のように、どうしても無理が生じる。やはり、この問題の根本的、現実的な解決策は選択的夫婦別姓導入という法改正以外にはないというのが、前記の法制審議会の調査結果に反映されている認識であると考えられる。

なお、ことし九四年の年頭に当たって朝日新聞が十年後の日本の変化について聞いた世論調査では、「夫婦が別々の姓を名乗ることが当り前になっていると思いますか」という問にたいして、若い層を中心に、二六％が「思う」と答えているという（『朝日新聞』一九九四年一月一日付）。民法改正審議で夫婦別姓導入問題を本格的に取り上げる機が熟したことを示すものだろう。

夫婦別姓容認増加の背景

このように夫婦別姓容認の社会的なムードが最近になって急速に盛り上がってきた背景には、当事者である女性たち自身が長期間にわたってこれを求める声をあげてきたことが第一の要因として存在することはいうまでもない。さらに、あまり指摘されていないことだが、私見では少産少死型社会への移行も微妙な影響をもっていると考えている。一九九二年の統計結果から女性一人当たりの生涯平均子供数（＝合計特殊出生率）一・五の衝撃が日本社会に走ったのは九三年六月のことであったがさらに九三年の人口動態統計の年間推計では、これがさらに低下して一・五を割ることは確実になったという（「出生率低下一・五未満に」『朝日新聞』一九九四年一月一日付）。

すでにかなり前から「長男長女時代」の到来が口にされていた。若い男女が結婚しようにも、どちらもその親にとっては独り子ということも珍しくない。旧家族制度の意識とは異なるとはいえ、その子の姓が変わることによって家名の断絶が生じる事態に直面すれば、姓を失う側の喪失感はより大きいものとなろう。「若い子はあまり姓が変わることを気にしていないみたいだよ。うちの娘なんか、ボーイフレンドができると、「アタシの名前にこの苗字似合うかなあ」なんてやってるよ。こっちは、チキショウなんてお腹の中で思ってるけど……」とは、大学生と高校生の娘二人をもつ同僚男性の述懐である。女の子しかいない親の偽らぬ気持ちであろう。おそらくこうした親は、娘が法律婚をし、しかも生家の姓を保持してくれる（本人が希望すれば）道が開かれるとすれば、その方向での法律改正を歓迎する側につくことだろう。社会の底流として見逃せない事実である。

職場体験にみる「夫婦別姓」問題

いまいちど、身近な実例に即してこの問題の軌跡をみてみよう。

一九六四年、東京オリンピックの秋に結婚した筆者の場合、戸籍名は夫の姓をとったが、職場ではそのまま結婚前と同じ姓の使用を継続することとした。仕事とは直接関係のない一身上の変動からいちいち氏名変更をするのは不合理であると考え、自明の理としての選択であった。人事担当部局の指示で提出した「旧姓使用願」は、起案書として所長決裁に付されたが、ときの東畑精一所長は、決裁にあたって「うん、これは非常にいいことだ」と言われ、判を捺してくれた。

もっとも、明治生まれらしく、「ハズバンドが快く承知していれば……」とつけ加えることを忘れなかったが。前例として一人同様のケースがあり、またその後、五年ばかりの間に二人が続き、「業務上の旧姓使用」者は計四人となってアジア経済研究所の職場に定着したかに見えた（もちろん少数派ではあったが）。

ところが、どんなことにも反動期はあるらしく、一九七二年、南アジア研究員のIさんが結婚して旧姓使用を希望したところ、門前払いであった。前例があるのにどうして……？ という問いに対する人事担当者の答は、税務処理等で経理事務が煩雑になり非常に迷惑する、戸籍名が本名だ、既得の四人以外、もう旧姓使用は認めていない、という趣旨であったという。その後も何人かの希望者があったが、いずれも却下されたばかりでなく、そのころから前記四人にもたびたび「業務上も戸籍名を名乗ってほしい」という「非公式の」人事担当者による要請が繰り返されるようになった。その都度、四人とも独自の立場で要請を断り続けていたが、一九七六年にいたり、当時海外へ出ていたOさん一人を除き、あとの三人は戸籍名を名乗ることを承諾、所内に周知された。このときの承諾理由は筆者の場合、私生活では戸籍名に切り替えていたため、職場への電話連絡が混乱したり、身分証明書が旧姓のため局留めの郵便物受取に支障があったりと、二重基準《ダブル・スタンダード》の行使十余年でそろそろ疲れを覚えていたことがあった。それにつけても、結婚改姓にともなうこうした心理的・実際的障害を改めて実感させられた。

以後、好むと好まざるとにかかわらず、戸籍名変更に伴って職場での姓も自動的に変わる、という職場環境が続いた。その間、結婚したが戸籍上の手続きをせず当然姓も変わらない、という人が二人、国際結婚のため姓に変更がないという人が三人存在している。

やがて一九八九年六月、ラテンアメリカ研究員のHさんは婚姻届提出にあたり、旧姓使用の希望を伝え、研究所はこれを承認した。およそ二〇年ぶりのことである。夫婦別姓問題についての社会的な環境の変化や人事担当者の世代交替もあって、かつてのような職場環境における旧姓使用に対する違和感は、このころから急速に払拭されてきたようである。以来四年余り、この間に結婚した女性たちには姓を変えない傾向が目立っている。

そこでこれらの人々に次の様式のアンケートを実施して、夫婦別姓問題についての意見をきいてみることにした。対象者数は九三年八月現在の九名（八六年に結婚していったん戸籍名を名乗っていたが、認められるようになっていちはやく旧姓使用に回帰した人一人を含む）である。

「　　「夫婦別姓」問題についてのアンケート（お願い）

最近、民法規定の見直しや国立大学での旧姓使用の権利をめぐる裁判などにともない、戸籍法における夫婦別姓問題論議が盛んです。すでに、民間企業では、女性社員の旧姓使用を制度として認める傾向も現れています。

わがアジア経済研究所では、かつて業務上の旧姓使用を承認していた一時期があったにもかかわらずかなりの期間それを停止していましたが、ようやく四年ほど前から旧姓使用承認が復活しました。その結果、一九九三年八月現在、既婚者四十数名の女子職員のうち、業務上旧姓のままとしている人が九名に及んでいます。

このたび、研究所の仕事として途上国関係の四九編の論考を集めた「名前」に関する一書を明石書店から刊行することとなり、日本に関する分をも補論として収録する予定です。ついては、そのなかで近年の名前をめぐる最大の動きであるこの「夫婦別姓問題」をとりあげるための参考として、とくに旧姓使用を選択された方々のご意見を伺いたいと存じます。突然で恐縮ですが、ご協力いただければ幸いです。なお、原稿執筆にあたっては、実名はいっさい出さないことをお約束いたします。

〔以下の問に○印でお答えください〕

(1) 結婚に当たって旧姓使用（A）ないし事実婚（B）を選択した理由〈複数回答可〉

① 旧姓で築いてきた社会的キャリアや人間関係との継続性を大切にしたいから。
② 結婚はプライベートなことで、仕事とは別だから。
③ 所内結婚を周りから意識されたくないから。
④ 自己のアイデンティティーを生まれたときからの姓名に感じているから。
⑤ その他（具体的に）

(2) 旧姓使用に当たって、配偶者には相談しましたか〈一つだけ〉

① 意見を聞いた。

②　承認を求めた。
③　宣言した。
④　まったく話さなかった。

(3)　配偶者の態度はどうでしたか〈一つだけ〉
①　全面的に賛成してくれた。
②　とまどいながら賛成した。
③　自分とは無関係の問題だとして、賛否を表明しなかった。
④　その他（具体的に　　　　　　　　　　　　　　）

回収率は一〇〇％であった。そして、その内訳は、（A）すなわち戸籍名は夫の姓を用い、仕事には旧姓を使用しているグループと、（B）すなわち戸籍手続きによる法律婚をしないでいるため姓名に変更のないグループが五対四とほぼ同数であり、姓変更をはじめとする「戸籍制度」への態度が大きく批判的なものに傾斜していることがわかる。

項目ごとの回答数は次のようであった。カッコ内は内訳である。

◎設問(1)

①＝3（A2・B1）、②＝1（B1）、③＝0、④＝7（A5・B2）、⑤＝7（A2・B3）

◎設問(2)

①＝2（A1・B1）、②＝1（A2）、③＝2（A2）、④＝1（B）

◎設問⑶

①＝5（A4・B1）、②＝0、③＝1（B）、④＝2（A2）

設問⑴の「選択の理由」として最も多かったのは④のアイデンティティーの問題であり、ほぼ全員がこれを選んでいる。また、意外にも③の所内結婚（該当者五人）の場合のこだわりはゼロであった。自分の体験からの設問であったが、意識の遅れを反省させられた。さらに⑤その他の項目に書かれていた具体的な意見表明を一部要約して紹介しよう。

Aグループ（法律婚→改姓→旧姓使用）

aさん「（八六年の）結婚時には旧姓使用が認められず、夫の姓に変えたが、家に入る結婚には日々おかしさを感じていた。結婚も仕事も個人のアイデンティティーに基づいて本当に行いたい。」

bさん「数年後の退職を見越していたこともあり、その間ことさら姓を変えることもないとアジ研内に確立されていた旧姓使用を自然に選択できた。約二年後の現在、働き続けている限りはインデペンデントな人間であるということを意識し続けることができたという点で、やはり旧姓を名乗っていて良かったと思う。ただし、改姓とアイデンティティーの問題が影響関係にあるとは個人的には考えていない。」（要約）

Bグループ（事実婚→改姓せず）

cさん「どちらか一方が改姓するのを避けたいというところから、婚姻関係の永続的維持を前提としながらも事実婚を選んだ。日本の戸籍制度には疑問がある。」（要約）

dさん「夫婦の関係がどちらかの姓を変えることによって対等でなくなるように思えた。」

eさん「結婚相手が①一方の姓変更、②プライベートなことがらを国に届けること、③家族・親戚から嫁あるいは婿として扱われること、を忌避したため。自分も納得して法律婚をしないことにした。」（要約）

これらの回答から、事実婚選択の理由にも改姓問題が大きく関わっていることが分かる。設問⑵と⑶では、この問題について配偶者との関係を尋ねたが、おおむね「全面的賛成」「当然のこととして受け入れた」という態度であり、例外として前記のeさんのように配偶者のほうが積極的だったケースと、dさんの「当初大反対されたが、結局了承してくれた」というケースが一つずつあった。なお、⑶の②〝とまどいながら賛成した〟に○をつけた回答者は一人もいなかった。

こうして、一九八九年六月以降、研究所勤務の若い女性たちとその配偶者のなかでは、結婚改姓に疑問を持つ人、言い換えれば夫婦別姓を志向する人のほうがすでに圧倒的に多数派であることが判明した。この間、結婚した女性は全部で九人、そのなかで実に八九％にあたる八人までが旧姓使用ないし事実婚を選択し、職場の名も戸籍名に変更した人は一人しかいなかったのである。身近な職場の実例として、やや先行的ではあるが日本社会にいまや静かな地殻変動が進行しつつあるということをトするひとつのデータであろう。なお、仕事の性格から海外出張や赴任も多いが、近年ではパスポートの両名併記を認められたケースも出てきている。

姓名とアイデンティティー

さらに、この問題は決してたかだか戦後数十年の風潮とみるべきものではなく、旧民法下の戦前段階でもその方向性は女性たちの意識のなかに表れていたこともみておきたい。

一九三七年、姓をめぐる一組の夫婦の対話が、ある意味では極限的な状況のなかで行われた記録がある。処女作『貧しき人々の群れ』以来、代表作『伸子』も経てすでに著名な作家であった中条百合子（一八九九〜一九五一）が治安維持法による検挙で獄中にあった夫・宮本顕治と市ヶ谷刑務所の塀を隔てて取り交わした手紙である。二月半ばの面会時に、顕治から百合子へ「中条百合子という署名を宮本百合子に統一したらどうだろう」という提案が行われた。これに答える二月十七日付の長文の手紙で百合子は言う、

「私は昨夜もいろいろ考えたけれど、まだはっきり心がきまりません。単なるジャーナリズムの習慣でしょうか？　果たして。もしそうだとすれば、何故私はこうして考え、よくよく考えずには返事できないものが内的の必然としてあるのでしょう。（中略）私が私で、そして貴方をしかく愛するからこそ外部的な力で破られぬ結びつきをもち得ている。そしてそのことが、現代の日本の法律の上で、特に我々の場合、別々では不便を来たしているから、習

慣に従って姓名を貴方の方のと一つにしている。そうでしょう？（中略）貴方は御自分の姓名を愛し、誇りをもっていらっしゃるでしょう。業績との結合で、女にそれがないとだけ云えるでしょうか。妻以前のものの力が十分の自立力をもち、確固としていてこそはじめて、比類なき妻でありうると信じています。良人にしても。私たちは、少なくともそういう一対として生きているのではないでしょうか。（後略）」

ここには、すでに戦後の夫婦別姓論議の根幹をなす姓名をめぐる人間としての自立とアイデンティティーの問題が、あますところなく取り上げられている。二十二日付の手紙で、顕治は答える。

「先日……思い付いた名のことは、形式内容・全生活の発展的統一作家としての正史を歩む気構え等として心に浮かんだまでのことを伝えてみようと思っただけなのだから、無論重々しく考えるには及ばないこと。」

しかし、まさに百合子からは必死の「重々しい問いかけ」がなされていたのだから、これではやはりすれ違いであろう。結局、百合子はこの年十月十七日の顕治の誕生日の贈り物として、作品も宮本百合子と署名して発表することに決めた。それについて、顕治の手紙の一節。

「名のことも僕らの生活の発展的統一がより深まってゆくことの自然の発露としてユリ自身の希望としてなされることは、僕も異議の申しようはなく、お誕生の愉快な記念となろう。」

（一九三七年十一月二日付。以上引用『十二年の手紙』上巻五八〜九二頁）

百合子自身はこの件についてもう手紙では二度とふれていない。ほかのもろもろについては溢れるほどの言葉が盛られているにもかかわらず。その沈黙は私には意味深く思える。彼女にとって、これは国家権力に捕らわれて不自由な境地にある夫への、自己犠牲を伴う愛情と連帯の証としての最大の「贈り物」であった、としか言えないのではないだろうか。おそらく違った環境のもとでは、いかに愛する夫の提案でも、百合子は自説を譲ることはなかったであろうと思う。このいきさつから、革命思想の持ち主であっても夫の側にはみごとに戦前段階の日本の男性的思考が貫いているのをみることは興味深い（ちなみに、現在の宮本夫人は旧姓で文筆活動をしている）。

名前の「読み」をめぐって

ところで、私たちが人名の正確な読み方について困却することはしばしばである。

歴史上の人物では、「玉の緒よ絶えなば絶えね……」の歌で知られる平安末期・鎌倉時代初頭の歌人・式子内親王の名は、私たちは国文学の勉強でもシキシないしショクシ内親王と読んでいた。もちろん、正しい訓がわからないので、慣例的に音読みしていたままでである。ところが、角田文衛博士によると、そうした怠惰は許されず、できるだけ正しい読み方に努めねばならず、この場合は「ノリコ」と読まねばならないという。ノリコ内親王……と読んでみると、なんとなく少女時代からこの歌人に抱いていたイメージにそぐわないような気がするのは、なぜだろうか。名の呼び方がいかに大切かを気づかされる。なお、角田博士によれば、安徳天皇を産んだ高倉天皇の中宮・平徳子も「ノリコ」であり、「トクコ」などという重箱読みはもってのほかで、はるか後世に出てきたものだという。

また、現代人の名前についてもそうであり、誰もが人と対話して、あるいは読みをつける必要に迫られて迷った経験をもっている。たとえば、筆者の名「嫩」は、きわめて珍しい字であり名なので、たいていの場合初対面の人から読み方を質問される。相手が歌舞伎愛好家ででもあれば、「あの、熊谷陣屋の段のある……」と謎を掛ければ、「ああ、『一ノ谷嫩軍記』のあのフタバですね」とすぐ解いてくれる場合もあるが、そんなことは極めて稀であり、会話はまず名前のことから始めねばならず、話がほぐれるのに良い場合もあるが、わずらわしくもある（いままで同名の人に出会ったことはなく、活字で知る限りでは、同じ字では詩人の三井嫩子《ふたばこ》さん、市川市の皮膚科医院の女医・坂東嫩葉《わかば》さんぐらいしかいない。もちろん戦後は制限漢字である）。

しかし、読み方に困るのは稀名・難字だけではなく、ありふれた名ややさしい字の場合でも多い。一例をあげよう。有名な民俗学者・折口信夫（一八八七～一九五三）の場合、姓も名も一筋縄では行かない。姓のほうについては自身の著作の中に「折口といふ名字」という一文があって、オリクチかオリグチかについての考証が試みられている。簡単に言えば生地の大阪地方での発音はクチと清音であるが、関東風・東京地方の発音ではグチと濁るので、それがいつのまにか一般化した、というものである。名の方についてはご本人は書き残していない。そこで、折口門下高弟の一人・池田彌三郎教授は、その師を語る著（参考文献⒁）の中に、とくに「しのぶかのぶおか」という一章をもうけてこの問題を追求している。そこで紹介されているのは、生前の本人の話の聞き書きやら、親戚・友人・知人の説やらだが、要するに信夫の父は命名にあたって「シノブ」とつけた（折口自身の談）が、幼時から中学時代まで家庭や学校では「ノブオ」と呼ばれていた。それは幼名・通称のたぐいだったようだ、という多くの証言があるが、池田自身は本人が生前あまりこのことにふれたがらなかったのにはもっと深層心理での屈折した理由があり、本来はノブオであったものを「青年期以後、ことさらに『しのぶ』と自身で呼称したのではなかったか」という推理をくだしている。この池田教授の問題提起の当否は未だに決定されていない。

また、別の例では、著名な農政学者にしてアジア経済研究所初代所長・東畑精一（一八九九～一九八三）博士の姓にも、「トウハタかトウバタか」という問題がある。亡くなられた晩、私は東畑邸の電話番に詰めていたが、新聞社をはじめマスコミから、トウハタかトウバタかとの問い合わせが相次いだ。生前の先生自身は常に「トウバタ」と称し、ローマ字署名もBAとしておられた（写真参照）。以下は小松左京・加藤秀俊氏によるインタビュー記録（参考文献⒂）の一節である。

「**小松**　ところで先生のお名前は「トウハタ」と読むのか「トウバタ」と濁るのが正しいのか、いつも……。

東畑　それがね、ぼくは「バタ」というが、あとの兄弟その他はみんな「ハタ」になっている。フランスに行くと「トウバタ」ならトウバタとちゃんというけれど、「トウハタ」ならトウアタになっちゃうからと、ひやかしているんですけどね。（笑）そうでしょう。

小松　なるほどHがきえちゃって。

東畑　断じてバタだとぼくはよくいうんです。なぜかというと、小学校のころよくバタバタとからかわれた。（笑）だれもハタハタとは、からかわなかったといってね。（笑）」

実例をあげればきりがない。日本では姓が多様であるうえ、名づけも多種多様であり、さらに現代では利用できる漢字の制限の結果、ますます当て字や無理な読みが増え、難読名はいや増す傾向さえある。一方で、社会情報のコンピュータ化や国際交流の増加によって、個人名の識別のために正確な読みの必要性はいまでは絶対的なものになったといってよい。日常生活では、公私の記録や書類にふりがな欄が設けられ、その記入を要求されている。ところが、ただひとつの例外が戸籍であり、戸籍を見たのでは漢字の名の読み方はわからない。

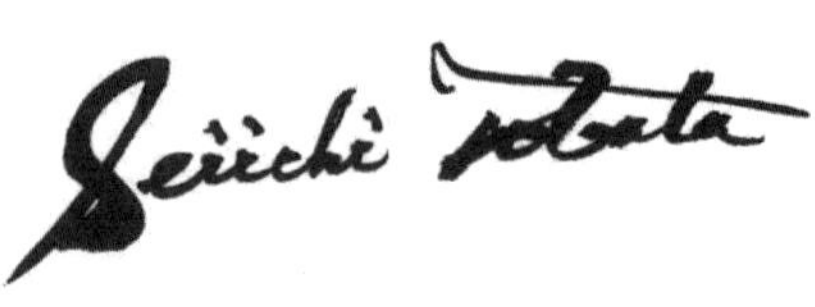

珍しい毛筆の署名。Seiichi Tobata

「戸籍」と人の名前

明治以降の日本の戸籍制度は、世界に類例をみないほどきびしいにもかかわらず、そこに記載された名前の読み方はどうでもよいというところに、はしなくも戸籍の性格が露呈されているのではないだろうか。戸籍こそ国民の基本台帳のように理解している人も多いが、このように名前の発音にさえ無頓着なものが、基本的に人間そのものを証明する役割を持っているとは理解しがたい。やはり、ここで重んぜられているのは、生死の年月日、出自、婚姻の有無などの国民の身分関係・形であって、個人の識別そのものではないようである。それならば、戸籍名にこだわる必要もないようにも思われる。現に、明治生まれの女性たちなど、日常生活では戸籍名とかかわりなく自分の好きなように名乗っていた。たとえば、与謝野晶子《あきこ》（戸籍名しゃう）、中条百合子（同ユリ）、管野須賀子（同スガ）など。明治二十八年生まれの筆者の義母も「武露」と署名していたが、戸籍名はムロであった。

いまひとつ、現行の戸籍は死亡したり転籍したりして除籍された人の名の上に、その欄いっぱいの大きなバッテンをつける。十数年前に夫が亡くなった直後謄本をとってそれを見たとき、私は突き刺されるような痛苦を感じた。おそらく、同一戸籍の配偶者や子を喪った幾多の人々が同じ痛苦を味わってきたことだろう。本稿の冒頭でふれたように、名前はその人の人格と結びついて深く私たちの意識に沈潜しているものである。その名に加えられたこのバッテンの無神経さは、いかにも戸籍というものが実は国家体制の側からの管理の手段にすぎず、これに記載された人間の人権を尊重するということとは縁遠いかということを象徴しているように感じられる。戸籍制度について論じることがここでの趣旨ではないが、「人の名前」との関連において見過ごし得ない点であるので、あえて触れておきたい。

夫婦別姓問題とは異なり、これら二点はあまり問題にされていないようだが、こうした面からも、現行の戸籍制度は根本から見直しの必要に迫られているといってよいだろう。

思えば、壬申戸籍以来、人権やプライバシーの面でも問題の多かった近代日本の戸籍百年の歴史である。一度きれいさっぱりと「戸別」のこの様式は廃止してしまって、欧米ほかの諸外国にみられるような、個人が主体となりかつプライバシー保護の点でも優れている個人別の国民登録制度の方式に変えてみてはどうか。すでにその方向でいくつかの私案を出している人々もいる（参考文献⒃）。

夫婦別姓問題の進展にみるように、いま日本人の姓名表現は近代百年の歴史の中で節目となる静かな変革のときを迎えようとしている。女たちの〝内的の必然〟（百合子）に根ざした要求の高まりが、その原動力となった。「人の名前」が、管理の対象や差別の道具としてではなく、人間の「個」の拠り所であると同時に、ひろく人と人との共生の論理に立った平等で自由な関係のやりとりにのみ役に立つ表徴となることを夢みて、この論の結びとしたい。

〔付記〕

ここでは「姓」の問題が中心になって、「名」についてはほとんど触れていないが、紙幅の関係で割愛させていただいた。名については、以下の参考文献のうち、とくに⑹、⑺をおすすめしたい。

【参考文献】

(1) 佐々木信綱編『新訂・新訓 万葉集』(岩波文庫一九五四年版)
(2) 倉野憲司校注『古事記』(岩波文庫一九六三年版)
(3) 佐伯有清『新撰姓氏録の研究 研究篇』吉川弘文館、一九六四年
(4) 豊田武『苗字の歴史』中央公論社、一九七一年
(5) 渡辺三男監修・編著『苗字・名前・家紋の基礎知識』別冊歴史読本、新人物往来社、一九九二年
(6) 角田文衛『日本の女性名』上・中・下 教育社、一九八〇〜八八年
(7) 寿岳章子『日本人の名前』(新装版) 大修館書店、一九九〇年
(8) 丹羽基二『日本姓氏事典』新人物往来社、一九九〇年
(9) 第一生命広報部編『日本全国名字と名前おもしろBOOK』、一九八七年
(10) 佐藤文明『戸籍うらがえし考』明石書店、一九八八年
(11) 国会図書館調査立法考査局「各国の夫婦の姓についての法」『外国の立法』三一巻四号(第一八〇号)、一九九三年九月
(12) 東京弁護士会女性の権利に関する委員会編『これからの選択 夫婦別姓――〈個と姓の尊重〉女と男の自由な関係』日本評論社、一九九〇年
(13) 宮本顕治・宮本百合子『十二年の手紙・上』筑摩書房、一九五二年

(14) 池田彌三郎『私説　折口信夫』中央公論社、一九七二年
(15) 加藤秀俊・小松左京『学問の世界・碩学に聞く――下』講談社、一九七八年
(16) 榊原富士子『女性と戸籍――夫婦別姓時代に向けて』明石書店、一九九二年

（松本脩作・大岩川嫩編『第三世界の姓名――人の名前と文化』所収、明石書店、一九九四年三月）

〔追記〕最近、ようやくにして経団連、経済同友会などの日本経済界を代表する組織が相次いで「選択的夫婦別姓」の法制化を政府に要望する動きを見せ始めていることが報じられた（朝日新聞記事「別姓を選べないのは〝経営リスク〟――女性役員増　動く経済界」二〇二四年三月九日朝刊ほか）。実に本稿が発表された一九九四年三月から満三〇年の時日が経過している。

〈二〇二四年三月二十日記〉

第四部　読み、そして考える——書評と解題

井手文子氏著『青鞜』をめぐって

はじめに

一九一一年（明治四十四年）九月、平塚らいてう、中野初、木内錠子、物集和子、保持研子ら女性ばかりの四人の手によって雑誌『青鞜』が発刊されてから、半世紀を経た。〝元始女性は太陽であった〟という平塚らいてうの発刊の辞とともに今日ではこの雑誌の名はひろく一般化されているにも拘わらず、その五年間にわたる消長の詳細については、雑誌が殆んど散逸してしまったいまは案外に知られていない。また、その内容・性格をどのように日本近代史上に位置づけるかについても、これまで私たちが拠るべき基礎的な研究成果が殆んど公けにされていないことは、かねて憾みとするところであった。

ところが、五〇周年を迎えた六一年秋、私たちはようやく二つの業績を手にすることができた。ひとつは、子安美知子氏による論文「『青鞜』の成立―平塚らいてうを中心として―」（『国語と国文学』昭和三六年十月号所載）であり、いま一つはこれにやや遅れて刊行された井手文子氏の著書

『青鞜』（弘文堂昭和三十六年十月三十日刊）である。なお子安氏には前記論文のもとになった「雑誌『青鞜』の成立―比較文学的研究―」（昭和三十四年稿、東大修士論文）があるが、私はたまたまそれをも参看する機会にめぐまれた。これらの研究によって、わが近代女性史の上にその存在を逸することのできない『青鞜』が、半世紀ののちにようやく本格的な注目を浴び検討されるに至ったことを、私は大きな喜びとするものである。ときあたかも、青鞜運動の中心人物であった平塚らいてう氏はこう語っていられる。

「時というものはつくづくおもしろいもので、かつてあれほどののしられ、あざけられ、憎まれ、嫌われ、また一部からおそれられもして、一度はもみくちゃにされた、この青鞜運動が、正しく理解され、そして評価されるのは、たぶんこれからのことでしょう。わたくしはそれでいいのだと思っています。」

（平塚らいてう「婦人運動五十年をかえりみて」『婦人公論』昭和三十六年十一月号所載）

右のような前提のもとに、ここでは青鞜に関するはじめてのまとまった著述として注目されている井手文子氏著『青鞜』をとりあげて、本書の持っている問題点について方法論および史料操作上の問題という二つの側面から、多少の私見をのべたいと思う。

1

「まえがき」によれば、著者井手氏は、「この雑誌と、雑誌を核にした女性集団の動きの全貌は、まだ歴史のなかに正当に位置づけられていない」という観点から、「自由への思想的遺産の一つ」である「『青鞜』の歴史」を書くことを意図されたのだという。全篇の構成をみると、第一章・平塚明子と『青鞜』、第二章・女の自己主張と哀感、第三章・愛と性の自由、第四章・「新しい女」、第五章・新たな担い手、第六章・野枝の転身の六章にわけられ、最後に「結び」がある。各章はそれぞれ三節ないし六節ほどの小節をもち、全体を通じて『青鞜』の出発から終焉までの経過が〝雑誌を中心とした女性集団の動き〟を主として、叙述されているといえよう。女性集団の中では、雑誌の中心人物であった平塚らいてうと、〝新たな担い手〟として後半から登場する伊藤野枝の二人が、とくにクローズアップされている。長い抑圧のもとにあった日本の女性にとって「近代的自己確立」と「社会連帯意識」という「意識の変革」がどのようにしてとげられて来たか、その源流をこの『青鞜』に集った女性群像の出発にさぐりたい、という著者の問題意識が、右の構成にみるように、本書にあくまでも対象に即したひとつの歴史記述としての形式を与えているのだと考えられる。内容的にも、文学史・思想史・社会史・婦人運動史のいずれにも偏らぬよう配慮されていることがわかる。しかもなおかつそれらすべてを包括する独自の分野―女性史という範疇が本書をとらえていることは、対象それ自体の特殊性からいっても、近代女性の〝意識の変革〟の痕跡をあとづけほり起そうという著者自身の問題意識からいっても自然であろう。

さて、では「この雑誌と、雑誌を核にした女性集団の動きの全貌」を「歴史の中に正当に位置づけ」ようという著者の意図は本書の中でどのように生かされているであろうか。

歴史的評価を下すためには、その方法として、『青鞜』が時代の要請にこたえて誕生し発展をとげるための客観的な条件はどのようなものであったか、またそれを実現した担い手たる女性たちの主体的な条件はどのようにして形成されていたか、という二点にわたる基本的な分析視角をもつことが必要だと思われる。なぜならば女流文芸雑誌として出発したはずの『青鞜』ではあるが著者のいうように「文学として新しい主張、あるいは思潮を提出したものではなく、めざめていく女性という位置からの文学をとおしての自己主張であった」（三八頁）という点でのみ評価の対象となり得るのであり、文学運動の潮流とは一応はずれたところで根本から構造的に把握することに意義があるのだから。しかし、本書ではそうした把握の仕方は必ずしも明確でない。

前者、すなわち客観的条件については、第一章第三節の「明治と女性」という節で、明治期の日本近代化の過程において婦人の生活や意識も変化して来ながらも、なお根づよい前近代性と国家主義と結びついた家族制度の重圧、さらに婦人の参政権を認めず良妻賢母主義教育を押しつける政府の反動政策のもとで「女の意識の変革はせきとめられ」て、「女の背のびしようとする願望は、僅かに文学、芸術にむけられ、堅い家族制度のきずなを破る飛躍台として恋愛による男女の結合がねがわれた。この潮流のなかに誕生したのが、女だけの手になった女の雑誌『青鞜』なのであった。」（二五頁）とされている。そして、この誕生にまつわる時代的背景こそが、『青鞜』が「明治の末年という遠い祖母の時代に、若い女性たちがふるいたって自らの独立をめざし、文学という手段をとおして自己の真価を世に問うた雑誌」となり、「女性の近代化のとりでとしての使命を現わされることになった」（四頁）要因である、というのが、本書における『青鞜』の基本的な位置づけである。

こうした位置づけは一般的でもあり、妥当であるといえよう。しかし、では彼女たちの体現しようとした近代的自我とは何か、青鞜社の運動が〝新しい女〟の運動であるということで思いがけない世論の攻撃や権力の弾圧に遭遇してはじめて婦人解放運動の戦線に参加して行く転換の過程を支えたものは何か、という問題点がここでおのずと浮び上って来るはずであるし、それこそ著者のいう「意識の変革」という問題意識とのつながりにおいて深くほり下げられ追究されねばならなかったと考える。だが本書では「『青鞜』が女性文学運動から一歩でて、婦人解放運動としての性格をあわせもつに至ったのは、彼女たちの意識の自然な成長というよりも、その結果を予測せずにした行為が、明治の末年という時代の制約のなかで思いがけない摩擦をおこしたことがきっかけとなった」（六三頁）として〝きっかけ〟（五色の酒、吉原登楼事件）について述べられているのみである。

またそれは、後者、すなわち主体的な条件の追究が放棄されていることとも密接な関係をもっている。『青鞜』が文学雑誌としての出発当時から秘めていた内部的な可能性をほり下げるという作業は、本書では殆んど顧みられていない。〝元始女性は太陽であった〟という発刊の辞を、新しい自己拡充をもとめる近代的な自我意識をもちはじめた女性たちの〝マニフェスト〟として大きくとりあげ、その指導的役割を担ったらいてう平塚明子の強烈な自我意識を指摘しながらも、森田草平との『煤煙』事件から『青鞜』発刊に至る彼女の方向性がどう形成されていったかについてはふれる所がなく「この間の経緯は複雑であろうが、いずれにせよ彼女の自意識が時間をへて客観化され調整されて、その自己拡充が一つの方向に統一されていったとみるべきであろう。事件から三年後に発刊された『青鞜』は、いわば彼女の自我の突破口であり、またこの時代の新しい女性群の自意識の突破口になったのであった。」（一九頁）というかなり大ざっぱな飛躍した結論がみられるのみである。発刊の事情についても、らいてうの自伝から、生田長江に勧められ、友人の保持研子が熱意を示し、母が費用を出してくれた、という現象面だけを紹介し、「これでは何のことはない、みんな人まかせの出発である。かなり甘いお嬢さま芸のようなこの企画がしかしやがてらいてうをきびしく鍛えるものとなっていくのである」（六頁）としているが、この評価は首肯しがたい。本書の自伝抜萃（引用と要約が混合し、中略箇所も明示されていない）では、省略されてしまっているが、らいてうは長江の勧告に容易に決心がつかなかった根本的な理由として「作家としての素質、天分もなさそうですが、それよりもたとえどんな傑作が書けたところで、それで自分が求めている本当の心の自由が、満足がそれで得られそうにも思われないからでした」（「わたくしの歩いた道」八〇頁）と述べている。このことからも、また他の諸事情を綜合してみても、この時期のらいてうは決して人まかせの出発やお嬢さま芸のかりそめの企画に手を出すような甘さをもってはいなかったことがわかる。その点私は、はじめにふれた子安氏の論文が

『青鞜』の成立に至る過程の中にすでにその後年の歴史的役割を担うための必然性が存在したことを重視し、らいてうの自我意識がヘッダ的無方向性から〝正しい出口を求める〟方向を模索して行った内面的過程を精緻に論証されている態度に共感するものである。らいてうの発刊の辞が、あれほど多くの女性をインスパイアする強烈な影響力を持ち得たことを高く評価する以上、その根を洗う努力は不可欠であると考える。つまり、本書においては、さきにあげた『青鞜』自体の基本的位置づけはくり返し至るところで強調されてはいるが、一方その意味内容を論理的・実証的にこまかくかみくだきふるいわけて読者に示してくれているとはいえないのである。ここで、著者が青鞜運動の〝歴史的評価〟を意図しながら、それを〝近代女性の意識変革〟というかなり漠然とした目標につなげるための方法をもたなかった弱さが端的にあらわれているように思う。

改めて問う、青鞜運動は本書によって何らかの創造的な再評価をかちえたろうか。――かつて宮本百合子・井上清氏らによってなされた、女性自身の手による伝統破壊の情熱に大きな意義を認めると同時にその小市民層特有の主観主義的限界を指摘する評価を、「社会科学的公式論」(四一頁)として批判する身ぶりを示す著者である。しかし結局のところ、本書もまた本質的にはその従来の評価のわくを一歩も出てはいないのではないか。ただ大まかながら全般的な肉づけ作業をその土台の上に行なっているにとどまるといえよう。

さらに、〝個人の自由〟が資本主義社会への埋没の条件として謳歌され、〝主婦労働価値説〟が新たな装いをこらして再登場するような現代の状況下に生きる私たちは果たして、「かつて『青轄』が提出した個人の自由の確立は、いまでは若い世代によって血肉化され、『青鞜』の終末に、その指導者伊藤野枝によってえがかれた社会的変革へのイメージが、社会主義への現実的なスケジュールになりつつある、ということができる。」（一八八頁）という結びの言葉にたやすく同感することができるだろうか。きびしい現実認識の上に継承と発展の役割を担う自覚があってこそ、謙虚かつ真摯に〝過去の遺産〟への内在的批判の目をもって課題に近づこうとする主体的な努力も生れるであろう。本書全体について、なにかひとすじでよいから著者自身の視点をそういう意味でつらぬいてほしかったと思う。随所にみられる国内国外の時代的背景の解説やら、文学論、文明論やらが、目もあやな多彩さでありながら、どこか相互にちぐはぐだったり、断片的だったりして借り物めいて不消化な印象を与えられるのも、つきつめて行けば著者の主体的な姿勢の確立が稀薄であることによるのではないかと思われるのである。

2

さて、右のような論点はしばらくおくとしても、本書をさきに規定したような〝対象に即した歴史的記述〟であるとすれば、まず当然の前提として事実問題における正確度、史料操作の正しさ等が要求されることはいうまでもない。この書の出現を期待していた多くの読者は、十分な信頼度をもってここに書かれている『青鞜』をめぐる歴史事実をそのまま受けとろうとしているのである。私もまたそうした読者の一人として読みすすもうとしたのであった。

ところが、極めて遺憾なことに、そうした基礎的な点において、この書は大きな欠陥をもっているいることを指摘しない訳には行かない。なぜかといえば一目瞭然たる誤字誤記の類は別としても、資料・文献を引用する場合の甚だしい不正確さ、要約・紹介の誤り、事実の間違い、評価の矛盾や実証性のなさなどが、余りにも多いのである。次に、その実例をほんの一部ではあるがあげてみよう。

まず、この種の歴史記述に欠くことのできない文献資料の引用は全体にわたってかなり多いが、その引用箇所で正確に引用されている場合は私が照合を行なってみた範囲では皆無といってよい。句読点の異同や用字の多少の差違はこれを問わないとしても、字句の脱落、書き換え等々ははなはだしい。開巻第一頁目の冒頭にかかげられた「元始、女性は太陽であった。真正の人であった。今女性は月である。他によって生き、他の光によって輝く病人のやうな蒼白い顔の月である。私共は陰されたるわが太陽を今取り戻さねばならぬ。」という引用は、正しくは次の通りである。「元始、女性は実に太陽であった。真正の人であった。今、女性は月である。他に依って生き、他の光によって輝く病人のやうな蒼白い顔の月である。私共は隠されて仕舞った我が太陽を今や取戻さねばならぬ。」(『青鞜』一巻一号四一頁、傍点筆者)なお、この平塚らいてうによる発刊の辞『元始女性は太陽であった』の全文が本書巻末に「資料1」として収録されているが、これまた全面的に訂正を施さない限り〝資料〟として利用することはできない。一箇所が二字から三十五字までの脱落部分だけを数えても二十三箇所もあるのだから。その末尾に註として、「原文では句読点の部分は一字あきになっていたが、再録に当って井手の責任で句読点をつけた」とあるのも事実と反し、原文には句読点がはじめからつけられている。つづいて三頁の与謝野晶子の詩『そぞろごと』の引用では、「されど、そは信ぜずともよし」と「すべて眠りし女いまぞ目覚めて動くなる」との間に「人よ、ああ、唯これを信ぜよ」という一行がすっぽり脱けている。こうした間違いが余り目立つのに不審を抱いて、私の手許にあっただけの文献および『青鞜』原本と照合してみた結果は、その誤引ぶりは信じがたいほどの多数にのぼった。その中には、かの有名な煤煙事件の際の明子の遺書のように、「我生涯の体系《システム》を貫徹す。われは我がcauseに因って斃れしなり。他人の犯す所に非ず」（『東京日日』明治四十一年三月二十五日付記事所引、『煤煙』角川文庫版二六五頁）が、「我生涯の体系を貫徹す。われは我ケースによって斃れしなり。他人の犯すところにあらず」（一九頁）と誤引されて、“cause”（原因）を〝ケース〟（場合）と誤ったことによってこの煤煙事件の平塚明子を理解する鍵ともいうべき遺書の意味が不明になってしまっているようなものさえある。こうした間違いは、前後関係ぬきに不適当な引用をされているものをも含めて枚挙にいとまがない。

また、原文と引きくらべてみると明らかに著者の恣意的な要約でありながら、「　」の中に入れ本文より一字下げにして引用として扱っている場合や、引用と要約がごちゃごちゃにまざって見わけがつかなくなっている場合も幾つかある。『青鞜』二巻一号所載の岩野清子作「枯草」の解説（四七頁）に出てくる夫と妻の会話などは、著者による創作といってもよい。一方、要約も内容の不正確なものが多い。創刊号の田村とし子の小説「生血」の要約（四二頁）などは筋もデテールもまるでちがうし、二巻九号の加藤籌子作「お重」の要約（四五頁）では再婚をすすめたのは〝父〟でなくて〝母〟であり、「「女に独身なんてつとまらない」とふたたび心配して訪れた父に、つよい語調で反対する重子」というのも原作にはないシーンである。そのほか「袴」が「黒衿」になったり（四三頁）奥村博史がらいてうに出した絶交状でらいてうと尾竹紅吉を「姉妹の鴛鴦《おしどり》」（奥村『めぐりあい』七〇頁）にたとえたのが「姉妹の鷺《さぎ》」（八二頁）になったりしているような例、また、らいてうがエレン・ケイを雑誌『太陽』に載った金子筑水の論文の紹介によって知ったとのべている（『青鞜』三巻一号）のを、河井酔茗の論文と誤り伝える類の例等々、指摘するとなればこうした齟齬はきりがないのである。これらは一見些細なことのようだが実は歴史叙述にあたってはゆるがせにできない問題なのであり、かかる点での厳密性の欠除は、啓蒙書であれ研究書であれ、致命的な欠陥といわねばならないと思う。

しかも、事実の間違いや脱落がひいては評価の誤りとなる場合、問題はより大きい。なかでも重要なものから、これも一、二例をあげよう。第3章第1節〝五色の酒と吉原登楼〟では、青鞜社を世間の誤解と攻撃の嵐の中に立たせる直接的原因となった表題のような二事件をとり扱っている。らいてうの自伝と著者の想像をまじえつつ事件の概略を説明したのち、吉原登楼事件が自伝にあるように東京日日新聞に書き立てられた事実は見当らないとして、「らいてうの自伝は時代をへて書かれた著者の、イメージと事実との混同があるようにおもわれる。混同はこのことばかりでなく、五色の酒の報告を『青鞜』後記にのせた、ということについても事実の裏付けがない。」と断定し、さらに、当時のジャーナリズムが〝新しい女〟をセンセーショナルにとりあげたことが、「いままで「女」といえば「心中」ぐらいしかのらなかった新聞雑誌に、いま自分らがとりあげられるはれがましさは、生活経験のすくない彼女たちに、にわかなまぶしさと興奮をおこさせ、その緊張のなかに生れたイメージが、実際以上の被害者意識をもたせたのではあるまいか。」と結論している。しかし、これは本書の方が全く間違っている。尾竹紅吉はたしかに、メーゾン鴻ノ巣（メーゾン・ド・鴻ノ巣ではない）で〝五色の酒〟を飲んだことを二巻七号の「編集室より」にも、「あねさまとうちわ絵の展覧会」という感想文の中にも書いているし、その時期は著者の推定する「創刊翌年三月のある日」ではなく、六月下旬のことである。また吉原登楼事件の新聞記事も、らいてうの文章（二巻八号「円窓より」）を手がかりとして、容易に七月十日付『万朝報』第三面に、その二、三日前のこととして「女文士の吉原遊――栄山さんは可愛い人」という見出しの記事を発見できるし、これに端を得たあくどい青鞜社誹謗記事が「所謂新しい女」という見出しのもとに吉原事件や五色の酒なども織りまぜて国民新聞に七月十二、十三、十四の三日間連載されていることも確認できるのである。一般的には当事者の記憶や自伝の記述などをうのみにしないことは大切であるが、この場合史料批判そのものが正当な手続きを少しもふんでいないと思われる。らいてう自伝における混同は新聞の名の『万朝報』を『東京日日』としているだけで、基本的な記述の真実性は十分に〝裏付けがある〟ことを改めてここに確言しておきたい。まして、この時期の世間の無理解と中傷にさらされた青鞜社の人々の現実の苦闘とその思い出を「実際以上の被害者意識」などと評し去ってよい根拠はどこにもない。もっと慎重であってほしかった。こうした甚だしい事実誤認に接し、私は著者が果たして『青鞜』原本を通読されているのかどうか、という失礼な疑いさえ抱かざるを得ないのである。

事実の誤認から誤った評価が出て来ると同時に、評価のずれが先行して事実をゆがめているのではないか、と思われる例では1でもちょっとふれたが本書における平塚らいてうその人についての評価の問題がある。本書では、らいてうに関して、「パンのために働く必要のない令嬢の位置」から婦人の経済的独立を軽視し、その職業参加には母性をそこなうとして否定的であった、という評価（一七、一〇二、一〇五頁）が終始一貫して与えられ、繰返しそのイメージが強調されている。そして、この評価と矛盾するような事実、たとえばらいてうが女子大在学中から「結婚せず、また両親の世話にもならないでなんとかして自活の道を見つけておきたいと考え」（「わたくしの歩いた道」五一頁）て速記術を習得し、青鞜発刊以前から実際にその収入を学資にあてていたことなど履歴としてすら全く黙殺されている。また、『青鞜』中期のらいてうの婦人問題に関する思想性のあり方を示す重要な評論「世の婦人達に」（三巻四号）について、「既成の結婚制度を否定したものであった」（一二四頁）という一言の紹介しかしていないのはどういうものか。この評論の中で、らいてうはコンベンショナルな良妻賢母主義を批判した上で、「私共は婦人の為めに出来る丈高等の文化教育を要求いたします」「経済上の独立のない処から生ずる様々な不安や障害を取去るために、職業教育をも要求いたします」と、明確に述べ、女子の職業教育の必要性を縷々と説き、強い主張の態度を示しているのである。そして、この一文のために編集者は当局から呼び出されて戒告され、のちにこれを再録した著書『円窓より』は発禁となったほどであった。はじめ、女性の内的生命の解放という命題から出発したらいてうの思想が、社会との否応なしの対決の中でどのような過程を経てじぐざぐながらも発展して行ったのか、という大切な問題点にいいかげんであっては、らいてうへの正しい評価はあり得ないだろう。激しい恋愛感情の渦のさ中でも、「私は自分の仕事を尊重せねばなりません。また尊重しております」と恋人への手紙に書き（『めぐりあい』一一〇頁）、疲れやすい体質、孤独を好む内向的な性向の自己をきびしく鞭うってはひとたび見出した方向性を見失うまいと絶えず努力していたらいてうの姿、「どんなに辛い時でも私は仕事にだけは堪えようと思いますから……」（同上一六〇頁）と意志していたその姿がネグレクトされているかに見える本書からは、平塚らいてうの全的人間像は浮び上って来ない。野枝への雑誌譲渡を境として「閉鎖的な自我」の中へ後退して行くとする本書でのらいてうの描写からは、やがて数年後に今度は社会運動としての「新婦人協会」を率いて立つ彼女につながる何物も示唆され得ないのである。なお、らいてうの根強い唯心論的傾向を批判するならば、まずその正確な理解、把握がなされ、また論者自身の思想性を明確にした上ではじめて可能であるのに、それらはいちじるしく曖昧であるといえよう。

他方、伊藤野枝についても、今度は別の極から彼女を一定のイメージにあてはめ、資料をも無理にデフォルメしている（一二八頁、一六五頁）と思われるところがあり、こうした一連の史料操作の態度には大きな疑問を感ずるのである。

まだまだ類似の問題点は多い。右のような誤謬の多さのために、本来ならば豊富でめずらしい資料の引用や紹介に接することによって極めて読者にとってたのしくも有益でもあるはずの本書の価値がいちじるしく低められてしまっていることを、全く残念に思う。

以上、青鞜運動の初の本格的紹介を意図された著者の労を多としながらも、敢て批判めいた文字をつらねた非礼を謝すると共に、今後の青鞜研究の一層の発展を期待したい。

なお、私はこれまで『青鞜』を系統的な研究対象としたことはないが、この一文を書くに当っては、疑問に思われた点はすべて資料を通じてたしかめた上で発言していることを附記する。

（一九六一・一二・一〇）

（『労働運動史研究』第三〇号、一九六二年二月）

肌身にせまる迫力――研究史の最高レベル示す資料も

幸徳秋水全集編纂委員会編『大逆事件アルバム――幸徳秋水とその周辺』
（明治文献、一九七二年四月）

このアルバムはいわば〝目で見る大逆事件〟ともいうべき、従来の大逆事件研究の成果による貴重な写真資料の一大集成であり、それに編者の塩田庄兵衛氏らによる簡明な解説を付したものである。また研究者にとっても珍らしい未見資料の数々は、現在刊行中で完結近い『幸徳秋水全集』全一一巻の編集過程で発見・蒐集された新資料であり、このアルバム自体が秋水生誕一〇〇年記念事業の一環として全集の補巻の位置にある。明治天皇暗殺未遂事件として日本近代史における明治末年を重苦しい衝撃でいろどったいわゆる「大逆事件」については、その本質が明らかに天皇制権力によるフレームアップであったことが、いまではひろく知られている。二十六被告の大多数が明治天皇暗殺計画とは何の関係もなく、残る三名ないし五名による爆裂弾計画も、実行の可能性はほとんど消滅していたにもかかわらず、その胸中にめざめた鋭い天皇制批判の意識のゆえに、そしてまた明治三十年代以降の日本社会主義運動への徹底的な弾圧の総仕上げとして権力にとって必要であったがゆえに、幸徳秋水をはじめとする二十四名の死刑（うち十二名特赦無期刑）、二名の有期懲役判決という未曽有の政治裁判が行なわれたのであった。この判決を下した大審院の後身である最高裁による司法の反動化が憂慮され、国民の知る権利が再びひとにぎりの政治権力者と官僚の手中で圧殺されようとしている今日、このアルバムをひもとく私たちは、六百数十葉にのぼる写真資料によって大逆事件のみちすじを具体的に辿りつつ、六十余年前のこの事件の歴史的意味を改めて肌身に迫るものとしてなまなましく感じとることができる。

アルバムの構成は、たんに明治四十三年の大逆事件のみをまとめたものではない。まず明治初年の秋水の生い立ちにはじまり、明治三十年代の労働組合運動・初期社会主義運動の歩みをも概観し、弾圧の激化から大逆事件へとつながり、二十六被告の個別ファイルとなり、さらに事件直後の国際的影響と抗議運動・国内の動きをとりあげ、ついで死刑処刑をまぬかれながらもあるいは獄死しあるいは仮出獄後も社会の片隅に身をひそめて生き続けた被告たちのその後の姿を伝え、最後に戦後における真相の発掘と生き残りの坂本清馬氏らによる再審請求運動の帰趨、「大逆事件の真実をあきらかにする会」の活動、各地における森近運平・管野スガ・成石兄弟らの建碑運動にまで及んでいる。まさに事件の全貌をあますところなく視覚的に再現したものといえよう。なかでも特徴的なのは、事件の現象面ばかりでなく研究史の最高レベルを示す権力分析資料等もとり入れられていることであろう。死刑判決と特赦の筋書を裏面から操作していた元老・山県有朋への宮内次官・河村金五郎の明治四十四年一月十七日付書簡全文の写真などはその好個の例である。ただしこれらの資料については、読みにくい筆蹟と写真であることを考慮して一般読者のためには巻末にでも主要な文書だけでもよいから全文の解読がつけられていたら、と惜しまれる。

なお、このアルバムに当然収録さるべくしてされなかった写真が少なくともあと三枚ある。――二十六被告のうち、無実の死刑判決から特赦無期刑とはなったが、いずれも五年後の大正五年に獄死した三浦安太郎と佐々木道元、それに職場の上司だった宮下太吉に頼まれてブリキ罐を作ってやっただけで一一年の有期懲役刑を宣せられた新田融の三名の肖像写真がそれである。かれらの個別ページのそのあるべき位置は黒い線で囲まれた空白となっている。無数の写真に埋まったアルバムのなかで、この空白の部分ほど改めて大逆事件の被告たちとその遺族の苛酷な運命を痛切に印象づけるものはない。顔写真すら遺されていないかれら……。大逆事件は秋水や森近運平ら当時の無政府主義・社会主義者の著名なリーダーたちを抹殺するためのものであったと同時に日露戦後の社会矛盾のなかでめざめ、運動に近づいた多くの無名の地方青年たちをまき込み、蹂りんしたものでもあった。しかも編者のことばによって、写真が故意に抹殺されてしまったり、あっても関係者の意志で収録できなかったものも少なくない、との事実を知り、この事件が日本社会のなかで戦後の現在を含めた半世紀以上どのようにとり扱われて来たかをいまさらのようにまざまざと感じさせられる。最近の連合赤軍事件などで、無関係の家族あてに多数の脅迫状が送られているという社会状況をも併せて想起するとき、秋水らが半世紀以上前に生命をかけて追求した日本の民主主義を私たちがほんとうに手にするのは、まだまだこれからのたたかいにゆだねられていることを、アルバムのページを繰りつつ実感するのである。

（『図書新聞』第一一六五号、一九七二年六月三日）

構築された等身大の実像と通底する近代日本の自画像

木村林吉著『眼のない自画像――画家幸徳幸衛の生涯』（美術の図書・三好企画、二〇〇一年四月）

〝眼のない自画像〟とは本書の表紙カバーに掲げられた幸徳幸衛の異彩の自画像そのものに著者・木村林吉がひそかに名づけた題名だという。みれば、この油彩画の男の両眼には、白目のなかに僅かに黒い描点をもってした点睛があり、これを〝眼のない〟と称することには疑問もあろう。しかし、著者には、あえてこの絵をこう呼ぼうとする長年心に抱きつづけてきた印象と叫びがあり、本書はそれを一九一六年生れの著者が卒寿に近い年齢となって書き綴った、これまた異色の評伝なのである。

幸徳幸衛とは、明治社会主義・無政府主義運動史をひもどいて幸徳秋水の足跡をたどった者には親しい名前である。一九〇五年、第一次平民社の運動の屛息状況を打開しようと渡米の途についた秋水が伴っていた一人の甥、一五歳の少年が、亡兄亀治の忘れ形見として手元で養育していた幸衛であった。そして、翌年秋水が帰国した後も絵の修業のためアメリカに残ったこと、大逆事件の勃発と秋水の処刑後も在米のまま日本の出先官憲の監視を受けながら暮らしていたこと、等々も知られている。しかし、叔父の秋水とは異なって社会主義運動ととくにかかわりをもたなかった幸衛のその後の生涯については私たちの知識は急速に霞んでゆき、放浪の画家とか後年帰国してアルコール中毒で窮死したとか、とりとめないイメージがいつのまにか拡散していたのみであった。

近年ようやく、荒木傳「幸徳秋水と〝流亡の画家〟幸徳幸衛」、山泉進「幸徳幸衛の旅行カバン」の二編が本誌（『初期社会主義研究』第一二号、一九九九年十二月）に発表されるなど、新資料も現れて、そうした不確かな伝聞・イメージも修正され始めていた。

そこへ本書の出現である。著者の木村林吉氏は、幸衛より二六歳年下の従弟という近親者。さらに、いまでは直接生前の幸衛と交流した唯一の生存者といってよく、そのうえ自身も一家をなした洋画家として、幸衛の画業を客観的に評価できるという大きな利点を持っている。本書の特色は、まさにこの二点に支えられたものであるといえよう。

まず「近親者」としての視点がある。著者は幼時から、幸衛に変らぬ愛情を注ぐ母、叔母（幸衛の母・伊野）や幸徳家ゆかりの人々など、身内・親戚の女性たちに囲まれていたという環境にあった。それゆえ幸衛の不幸な境遇に対する著者の同情の気持は純粋であった。そのうえ、著者は絵画に目を開かれはじめた少年のときに帰国した幸衛とめぐりあい、画業の先輩としてのこの年長の従兄から手ほどきと大きな刺激を受けた。アメリカに妻子を残したまま孤影帰国した幸衛であったが、少年の日に強く灼きつけられたそのやさしい寡黙な人柄への敬慕の心が、本書の基調をなしている。高齢に達した近年になって、著者が幸衛の生涯を辿り、歪められた伝説の雲をはらって真実の幸衛像を構築しようと努めるにいたったゆえんである。

幸衛は、秋水と別れてからの数年間の苦学のころ、秋水の刑死の衝撃を受け、その後みずからを「死影」と号したという。秋水は幸衛にとって父に代わる愛情の対象であった。その後ようやくロスアンゼルスで画業が認められて「天才画家」と称され、一九二一年には、二世女優の高橋松子との恋愛結婚と幸福な日々。しかし後援者を得て、さらに画家としての大成を期してのパリ遊学後、幸衛の人物像は歪められ始めた、と著者はみる。パリでの幸衛については、交流があった同郷の画家・平賀亀祐の自伝『一本の釘』にあまり好意的でない叙述がみられるが、その「デッサンができていなかった」「酒びたりでアルコール中毒になった」「帰国後自分が世話して志摩半島で一生を終えた」というようなくだりや年譜的な誤伝を、本書は一つひとつ反証をあげて訂正する。それは幸衛のサロン・ドートンヌ等への複数回の入選、一連の遺作、手記などにも裏打ちされて、充分に説得的であるといえよう。上林暁のエッセイ「幸徳秋水の甥」にみられる幸衛の母へのゆえなき噂による誹謗をも、著者は一族としてきっぱりと否定する。

しかし、いっぽうで生活人としての幸衛については、さすがの著者も首をかしげざるを得ない。アメリカに残した妻、松子のたどたどしい日本語で書かれた数々の手紙は、一九九八年幸衛の遺品とともに発見されたものというが、その幾通かが本書に収載されていて、そこにみられるいじらしいばかりのひたむきな愛情は読者の胸をうつ。それなのに幸衛はヨーロッパでパスポートを紛失し、ついにアメリカの妻子のもとに戻ることなくシベリア経由でひとり故国日本へ帰ってしまう。やがて間に友人が立って松子と離婚するにいたったのも、やむを得ぬ成り行きだった。

そうした幸衛の生涯の軌跡を辿りつつ、著者は幸衛の画業を再評価するために、遺作の紹介に心をくだく。ここに、画家・木村林吉としての第二の視点がある。

全編を通じて著者は、幸衛の絵画の才能、基礎的力量、なによりも終生描きつづけた一途な情熱を高く評価している。帰国後に郷里・中村や高知市、さらに大阪でも新作を加えた個展が開催された状況が詳しく紹介されていることも興味深い。そして著者は「幸衛の作風」という一節で、改めて、幸衛がアメリカで受けた美術教育により印象派以前のアカデミックな知的写実作風を体得し、さらにパリで新しい作風を目ざしながら「一歩手前で挫折したことは、惜しまれてならない。」とする。ここには、少年の日洋画の手ほどきを受けた敬愛する人物を対象としながらも、現代の美術家として立つ著者の冷静な眼が光っている。

終わりに、幸衛の四三歳での大坂での客死にいたる足跡を述べた後、著者は、近年になって離別した妻子への幸衛の真情を知った安堵の気持を吐露し、そうした家族の愛情や幸せな生活への願いが「非情な国家の政策によって無惨に打ちくだかれてしまった」と結論している。叔父・秋水の死の影を背負った幸衛への挽歌である。

なお、本書が成立するまでには、アメリカでの調査結果と資料を惜しみなく提供した山泉進、遺品のトランクを発見・提供した田中和夫両氏の助力があったことも忘れてはならないだろう。グラビア四ページをはじめ、本文中にも収載された幸衛の絵や写真類にも目を惹かれる。

また、本書は巻末に、山泉進「死の影——幸衛と秋水」および高知県立美術館館長の鍵岡正謹「幸徳幸衛と木村林吉と」の二編をも収録している。後者では幸衛の画業への再評価とともに、本書著者の木村林吉が「年を積み重ねるに従って作品が巨きな作品になるという、稀有なエネルギーあふれた現代美術家」として紹介され、幸衛と林吉の作品の同質性として「上質な精神の存在」があげられている。

＊

ひとりの不遇な画家の生涯を、世界史的な社会関係と土佐の親族関係を背景に等身大に描いた本書『眼のない自画像』が読者に語りかけてくるものは、近代日本そのものの自画像の一断面にほかならない——蛇足ながら、これが一読者としての筆者の感想である。

（『初期社会主義研究』第一五号、二〇〇二年十二月）

言説の世界で構築された「大逆事件」の本質を探究する力作

山泉進編著『大逆事件の言説空間』（明治大学人文科学研究所叢書）
（論創社、二〇〇七年三月）

日本近代史を震撼させた「大逆事件」は、数年後に事件百周年をむかえようとしている。事件当時、一審にして終審という大審院の暗黒裁判に一筋の光芒を放ったのは、二十六名の被告たちの権利を守るために力を尽くし、法廷の真実の一端を後世に伝えた一一名の弁護人の存在であった。そのうち、実に四人までが、明治大学ないしその前身の明治法律学校関係者であったという（山泉進「あとがき」）。そのことをかえりみると、ここにとりあげる『大逆事件の言説空間』という書物のなりたちが、大逆事件百年を目前にしたいま、ひとしく明治大学に教鞭をとる四人の研究者による総合研究「「大逆事件」と文学——言説空間のなかの事件」の成果報告であることに深い機縁を感じる。

＊

「大逆事件」の事実解明には事件五〇年を期しての再審請求を基軸として、多くの調査研究が行われてきた。国家権力による一大フレームアップとしての「大逆事件」については、細部にわたる新たな幾多の事実も発見され、現在も掘り起こされつつある。各地で犠牲者たちの名誉回復も進んでいる。しかし、本書はそれらの事実をふまえながらも、「いま「大逆事件」」を論じることは無罪論よりも、むしろ歴史的評価を必要とされる時期にきている」という編者・山泉の基本的視点に立って、「そもそも「大逆事件」とは何であって、何が起こったのかを検証しなおしてみる」ための「作業の出発点として言説空間に注目してみたい」（山泉進「序説」）という試みであるという著しい特色をもつ。

「大逆事件」とは何であったのか。この問いはつねに新しい。その実体がほとんど空中楼閣というに等しいものであったにかかわらず、いまだに一般の人々には事件の名を口にするだけで当時の日本社会をゆるがせたまがまがしい雰囲気が立ちのぼってくるようにさえ感じられるのはなぜか。言説空間——言葉によって構成される空間——その言説とは、国家の法律であり社会のメディアであり、教育の場であり、人々の畏怖にみちたささやきでさえありうるだろう。そのすべてが、一九一〇年代初頭というこの時代に、「大逆事件」というひとつの事件を形づくったことを、本書に集約された研究は検証している。当時の国家権力のあり方によって、言論や報道は規制され歪められていた。その歪みがどのように世論や国民感情に反映していったか、そのくびきからかろうじて頭一つ抜け出していた少数の知識人の理知や作家の感性にはどう作用したか、それらを具体的に論ずることによって検証は進められている。内容は序説のほか四部構成である。総合研究の代表をつとめ、本書の編者でもある山泉進は、まず「序説・「大逆事件」の言説空間」で、「大逆事件」は違法な行為があったがゆえに裁かれたのではなく、実は被告らの「信念」そのものが時の権力によって裁かれたのであることを明らかにし、「……「信念」は言説のなかにしか存在しない。したがって「大逆事件」は言説のなかに存在することになる」と、言説空間をテーマとする根拠を闡明《せんめい》し、その裏づけとなる事件の経過を総括して見せる。これにつづく各論のための明確な方向付けである。

第一部・佐藤嗣男「佐藤春夫の大逆事件――〈憂鬱＝倦怠の文学〉の誕生」では、その郷里の町の心情的にも極めて身近な人々のなかから多数の連累者を出した青年が、終生消えぬ痕跡をとどめて文学者となっていった軌跡がたどられる。事件直後の衝撃を「愚者の死」というアイロニーに満ちた慟哭の詩に吐露した佐藤春夫は、幾多の屈折を経てやがて「大正期の最大の産物とも言える〈憂鬱＝倦怠の文学〉の金字塔『田園の憂鬱』と『都会の憂鬱』を生み出していった」とする。この〈憂鬱＝倦怠の文学〉の誕生を誘発したという意味でも、「大逆事件はまことに〈文学史的事象としての大逆事件〉であった。」とこの論は結ばれている。まさに文学という「言語空間」において大逆事件の果たした役割が最も鮮明に描き出されているといえよう。永井荷風その他の文学者たちの受け止め方にも言及している。

第二部「事件「大逆」の裾野」を論じた吉田悦志の視野は、まず明治初期社会主義運動主体のなかにどのような「事件「大逆」への道」が準備されていったのかを内在的に分析するところから広げられてゆく。日刊平民新聞の立ち上がりに上司小剣のような練達のジャーナリストの参加を欠いたいきさつからは、「書生気質が抜けきれない革命運動の向かう先に、自ずと青年的ラディカリズムが立ち現れる」とし、紙面に見る西川光次郎の「同伴者論」、「中等階級論」を分析して、のちの日本社会主義運動史上での「プチブルジョアジー問題の揺籃期」と位置づける。そして平民新聞読者のなかに社会主義者として育っていった青年たちが、やがて幸徳秋水の「直接行動論」と田添鉄二らの「議会政策論」の対峙する局面でその非現実的、観念的ラディカリズムのゆえに前者の支持者となっていったことを指摘し、「実は事件「大逆」は心証的にはすでに始まっていたのだ」とその論点をあらわにしている。実際に爆裂弾製造の行動に走った宮下太吉・新村忠雄・管野須賀子ばかりでなく大逆事件に連座した二十六被告の大半を占めた若い地方青年たちの運命をもこの論に包括することができよう。なお、母に孝なる「孟子をかかえた」社会革新家、幸徳秋水と「父母を蹴れ」と叫ぶ「社会疎外者としての意識をもった藤村をかかえた」山口孤剣のような若きラディカリストたちとが、現象として同一歩調をもって「危道」を疾駆していった、との断定は、これと対比して示された木下尚江、片山潜、大塚甲山などのもうひとつの群像があるだけに説得的といえよう。

次いで、吉田悦志は、目を社会主義運動の現実をとりまく外部世界に転じて、圧倒的な現実の言説空間が存在していたことを説く。「右サイドの事件「大逆」小説——池雪蕾著『憂国志談大逆陰謀の末路』の言説空間」の章では、大正期に書かれた皇国思想による「文学的フレームアップ」をめざした文学的になんらの価値のない小説が一般大衆に受け入れられていった言説であることをとりあげ分析している。続いて、「『風俗画報』の事件「大逆」記事」の章で、『風俗画報』の編集主幹・山下重民の「官民共に恐懼警戒すべし」という文章全文を引用して、当時の誠実な官僚の常識のあり方を示し、それが当時一般の日本人を支配する「常識」であったことを冷静にみつめねばならないとする。明治四〇年代の「言説空間」を浮き彫りにするための必要な作業としての注意喚起である。

第三部「「大逆事件」のニューヨークへの到達」で論者・山泉進は、これまでにないユニークな方法で大逆事件の国際的反響への道筋を描き出している。従来の研究では、外務省文書等の資料を利用して、直接的な事件伝播の経路とその反響を追うことがなされていたが、山泉のこの論文では、ニューヨークに「場」をしぼって、まず当時のニューヨークの人口をはじめとする社会状況を概括し、さらに日本との関係では大逆事件直前の一九一〇年五月、朝日新聞社主催の世界一周観光団五〇名がやってきたことなどを挙げる。それから一転して日本国内の信州爆裂弾事件を端緒とする大逆事件の官憲による形成過程を詳述し、幸徳秋水逮捕以降の新聞報道の状況と錯綜する外電と外務省の動きに言及、そのうえで「伏見若宮夫妻のニューヨーク到着」の節で再びニューヨークの場がクローズアップされる。伏見宮夫妻来訪についてのアメリカ側接遇・ジャーナリズムの報道と日本外務省出先機関の対応と到達し始めた大逆事件のそれとが交錯しつつ進行する叙述はドラマチックな様相さえ帯びて、当時の出先機関の緊張ぶりを髣髴とさせ、大逆事件の知られざる一面を描き出している。伏見宮へのタフト大統領の厚遇――その中には、過激無政府主義者からの特別警護も含まれていた――を謝するムツヒト天皇からの大統領への電報が打たれ、六月二十日伏見宮は帰途についた。大逆事件の報道がニューヨークで本格化するのは、その後、九月以降のことであるが、事件の詳細が不明のなかでのジャーナリズムの動きと外務省の対応、また死刑判決への抗議運動の高まりなども詳述され、大逆事件をめぐる立体的な「言説空間」が国内にとどまらないことを改めて立体的に示している。

第四部・小川武敏「大逆事件と石川啄木」は、戦後ひろく注目を浴びた啄木における大逆事件の衝撃とそれに基づく評論・短歌における営為とを論じている（なぜか、「呼子と口笛」所収の一連の詩はとりあげられていない）。大逆事件検挙拡大中の一九一〇年八月、啄木によって執筆された評論「時代閉塞の現状」の重要性の分析と同時に、この年が大逆事件、韓国併合の年であったばかりでなく、「犯罪の年」であった、というくだりは新鮮である。夏以降社会問題化した凶悪犯罪の増加が具体的に挙げられ、当時のジャーナリズムはその原因を新刑法の施行などに求めていたというが、ここでは、「言うまでもなく犯罪傾向増加の原因は、警官の大多数が社会主義者狩りと言論取締りに動員されていたことに大きな理由があった。」と断定する。大逆事件の影響の一側面の指摘として興味深い。また、戦後になって初めて公表された啄木の記録「日本無政府主義者陰謀事件経過及び附帯現象」の執筆開始の時期を、通説（啄木日記に依拠して明治四十四年一月末に執筆とする）を排して、早くも四十三年六月初めの事件報道当初から書き始めたものと断定しているのもこの論者独自の見解である。この時期の啄木短歌群の考察も詳細をきわめているが、紹介は略する。

なおこの第四部は各編のうち最も長大であり、本書全体の約四割以上のページ数を占めているが、その前半のほとんどは大逆事件の発生以来の報道状況（内容を含む）の追跡に費やされ、それは啄木の事件認識過程を知るためのものであるとはいえ、過剰感をまぬかれない。事実関係として他の筆者との重複も大きい。このような共著の場合、編集に一考を要するところであろう。

＊

紹介に洩れた点も多々あると思われるが、許していただきたい。ひるがえって本書の読後感として筆者に痛切なのは、いまを生きる私たちの社会の「言説空間」への意識であった。言論・思想の自由が保証されているはずの現在でも「大逆事件」を「国際テロ事件」と、「不逞の無政府主義者」を「アルカイダ」と言い換えればそのまま雪崩れを打って世論が一定方向に走るような土壌がいまも存在していないといえるだろうか。「大逆事件」の言説空間を検証するこの研究の今日的意義は大きい。

（『初期社会主義研究』第二〇号、二〇〇八年十二月）

新たな観点で再構築された「花火」と荷風

塩浦彰著『荷風と静枝——明治大逆事件の陰画』（洋々社、二〇〇七年四月）

私が本書の著者・塩浦彰氏から初めて本書の構想を聞いたのは、二〇〇四年の秋、十月上旬のことであった。新潟市を訪れた私は、このふるさとの地に根を下ろして日本近代文学の課題を追求している旧い学友である同氏と会い、平出修の旧跡や木崎農民学校の跡地などを案内してもらい、その夜宿舎のホテルに近い居酒屋で、同行のふたりの友人とともに塩浦氏が現下とりくんでいる研究のあらましを聞かせてもらったのである。

「明治四十四年一月十八日、大逆事件大審院法廷判決のまさに当日、荷風は芸妓八重次、のちの藤陰静枝に、逢いたくて何度も電話をしたという葉書を出しています。これは、決して偶然のことではなかった、と考えるところから、私の論は展開します。……」

そして、塩浦氏が説く荷風の文学と人生に静枝がどれほど大きな意味をもっていたか、という問題意識をここで初めて知ったのである。やがて、その数ヵ月後、東京の「平出修研究会」の定例研究会では、塩浦氏はこのテーマで報告している。そして、さらに二年ばかりの後、私たちは本書『荷風と静江――明治大逆事件の陰画』を手にすることができた。

荷風と大逆事件、といえば、私たちはまず作品「花火」（大正八年）の有名なくだりを想起する。明治四十四年通勤の道すがら折々市ヶ谷の通で囚人馬車が五六台も引き続いて日比谷の裁判所の方へ走って行くのを見かけた「わたし」（荷風）は、「文学者たる以上この思想問題について黙してゐてはならない。」とゾラとドレフュース事件になぞらえて考え、しかし「わたしは世の文学者と共に何も言はなかった」ために「良心の苦痛に堪へられぬやうな気がし」て、「自ら文学者たる事について甚だしき差恥を感じた。以来わたしは自分の藝術の品位を江戸戯作者のなした程度まで引き下げるに如くはないと思案した」という述懐である。

しかし、この著者は、本書の序章でこれをとりあげながら、そのまま性急に荷風のそして荷風に代表される当時の心ある知識人の内心の権力批判と結びつけて論じるのではなく、冷静にこれに対する「諸家」（正宗白鳥、秋葉太郎、福永武彦、神崎清、その他）の論点を整理しつつ、「荷風と静枝」という本題に迫っていこうとする。そして、その場合、新たな観点を導き出す手がかりとして提示されるのは、右に引用した部分を含む一連の叙述の次に、「かくて大正二年三月の或日、わたしは山城河岸の路地にゐた或女の家で三味線を稽古してゐた。……」と、「かくて」という接続詞とともに展開する「わたし」の姿である。著者は、この「或女」が八重次そのひとである、とする。

著者は言う、すなわち、荷風の〈戯作者的志向〉は、たしかに諸家がこぞって指摘するように、すでに大逆事件以前から存在した。「しかし、問題は〈戯作者的志向〉の内実と時期である。」として、荷風が明治四十二年暮から四十三年三月まで東京朝日新聞に連載した「冷笑」という作品が、「過去の「江戸趣味」への清算を意味するものであり、大逆事件にかかわるとする〈戯作者的傾向〉の原点はこの作品の思想に求められなければならない。」と。なるほど、「冷笑」連載が終わった年の秋、荷風は初めて藤陰静枝と出会ったのであり、またその年大逆事件検挙と十二月の大審院裁判が始まって「囚人馬車」を荷風が目撃する事態が生じたのであった。

「八重次と遭遇した四十三年秋の荷風は、言論自由への国家権力の干渉に対して「冷笑」で述べた日本の伝統文化への思いを踏まえながら、国家観や時代観を大きく変貌させつつあった。そして八重次との交情を深めつつ、その影響を刻印する作品を、矢継ぎ早に発表していくことになる。」大逆事件以前の「冷笑」の成立こそが荷風の思想変革の原点であり、「その後の八重次との遭遇が、その実践に踏み出す大きな要因となった」「……自立心の高かった八重次の生そのものに添うことによって、荷風は〈戯作者〉としての国家権力への反抗の仕方を、身につけていったた」のであり、「大逆事件判決の日に、荷風が八重次に「度々電話をかけ」たのは、けっしてたまたまのことではなかった。」「……芸妓八重次の存在理由は重いのである。」——これが、著者の答えであり、大逆事件を戯作者への契機として表出した「花火」の述懐と表裏をなす荷風の内実、すなわち彼の文学と生に分け入ろうとする問題意識がこの序章で鮮明に立ちあらわれている。

なお、私はこれまで荷風の「冷笑」という作品を未読であったので、この著者の論点を理解し検証するために今回初めてこれを読み、またそれにつづく「新橋夜話」など一連の「花柳小説」も読みかえした。たしかに「冷笑」では、当時としては大胆なまでに、登場人物の言説に仮託して、直截的に明治国家体制の基礎をなす家父長制への、そして国家権力への批判が表現されている。江戸趣味の問題もとりあげられていれば、良妻賢母主義への不満も痛切である。私は、おおむね著者の立脚点について首肯することができた。

さて、以上の序章には「序の巻・大逆事件判決日の荷風と芸妓八重次のこと」というタイトルが付けられているが、これに続く各章にも、「一の巻・八重次生い立ち　並びに「文学芸者」となること」、「二の巻・八重次と荷風　ご両人の出会いのこと」、「三の巻・静枝と荷風　ご両人の自己表現のこと」、「結びの巻・大逆事件の陰画を今に映ずること」と、多分に荷風の戯作者的傾向を模した著者の遊び心が窺える。といっても、その紹介は略するが、内容にはまじめすぎるほど真面目な分析が精緻に連ねられている。

この場合、キーパーソンは荷風ではなく、八重次こと藤陰静枝である。八重次こそは、荷風が唯一自分で選んで正妻とし、しかも、相愛の二人であったにもかかわらず、同居してわずか半年足らずの結婚生活が自己実現にとって桎梏となったと自覚したとき、自ら離別状を突きつけて去っていった唯一の女性であったからであり、その「生そのものに添う」ことによって荷風は

「国家権力への反抗の仕方を身につけていった」と、著者が評価しているからである。まことに、文学芸妓として盛名を馳せただけでなく、やがて絶えざる精進と意欲をもって日本舞踊界の革新運動の担い手となり、藤陰流という一派を興し、戦後の晩年には文化功労者とまでなった静枝は、稀有の女性であったといってよい。いっぽう荷風については、静枝との共生の間に荷風前半生の文学的到達点である一連の〈花柳小説〉が執筆され、離別後は久しい文学的停滞、ブランクの時期を迎える、とされる。そして、数多い女性遍歴や装われた冷視にもかかわらず、荷風は生涯静枝に対する格別な愛情を潜めていた、とするのが数々の例証をもってする著者の見解である。

「結びの巻」で著者は言う。

「永井荷風と内田八重、二人の青年男女が偶然に出会い、その関係が深まっていく年月のさなかに、明治大逆事件は進行し、そして、たくまれた結末のみが世の人々に顕され、強い衝撃を与えた。」

「荷風が「花火」で述べた「戯作者志向」は、いわば対社会、対文壇を意識した公の論理であって、すでに荷風の転身のかたちは明治四十二年頃の時代観の変化に見られ、八重次との出会いによって確立されていった。「花火」に述べられている公的な論理とは裏腹の私的な論理が、〈妾宅〉に自足する男の生のあゆみに貫かれている。この事実を暗示的に述べたのが、「花火」での大逆事件を意図的に語る段落と、その直後にさりげなく続く八重次との遊芸のくだりなのである。」

「公的な論理」と「私的な論理」――いわばポジとネガ……。みごとな結論であり、本書の副題を「明治大逆事件の陰画」とするゆえんであろう。

ここまで、文学史の上からも興味のある荷風文学についての本書のさまざまな指摘や静枝の瞠目すべき生涯の詳細にはあえて目をふさぎ、もっぱら大逆事件と荷風という問題点にのみ焦点をあててきたことをお断りしたい。

半世紀以上前、互いにまだ十代の文学少年・少女で大学の語学教室に机を並べた学友のかくもゆたかな老成に脱帽して、このつたない書評を擱筆する。

（『初期社会主義研究』第二一号、二〇〇九年三月）

軽妙にそして骨太に闘い抜いた堺利彦の生涯を描く

黒岩比佐子著『パンとペン――社会主義者・堺利彦と「売文社」の闘い』（講談社、二〇一〇年十月）

「売文社」という語の強烈なインパクトに惹きつけられたのが、本書執筆の動機だった（あとがき）と、著者は言う。そこから、ものかきとしての年月を積み重ねてきた著者・黒岩さん自身の、「文を売る」という営為にまつわるさまざまの思いを重ねながら、明治・大正そして昭和初年の時代に苦闘した大先輩への畏敬に満ちた探索の旅が始まった。そして、その成果は、逆に「売文社」の存在を長年素通りしてきた初期社会主義運動研究分野の私たちにも多くの新鮮な知見を伝えるものとなった。

いまからおよそ百年前に、売文社という〝現在の「編集プロダクション」の先駆的なもの〟であり、〝日本最初の「外国語翻訳会社」〟（黒岩）が誕生したのは、大逆事件と密接なかかわりを持つ。二年前の赤旗事件で入獄していたために「大逆事件」という社会主義者根絶のためのフレームアップの網にかかることを免れた堺利彦は、大逆事件勃発と入れ違いに出獄、苛酷な状況のなかで、唯一残された特技であるペンの力を駆使してパンを得、冬の時代を生き抜くよすがとも雌伏する生き残った同志たちの拠点ともした。それが、売文社の創設だった。しかも、このアイディアも、経営能力も、堺利彦というたぐい稀な個性の人物によってのみ支えられていたことを、調査を進めるにつれて著者は知る。そこで、その創設の時点、すなわち幸徳秋水をはじめとする大逆事件犠牲者や遺家族たちと向き合っての堺利彦の慟哭の姿と、あたかも大正版忠臣蔵として大石内蔵助にも比すべき隠忍の決意のありかたを序章におき、ひるがえって第一章「文士・堺枯川」は、社会主義者以前の堺利彦の生い立ちと青春時代に分け入るところから始める。

この第一章にあたる時代は、堺利彦自身が自著『堺利彦伝』などで書いているところでもあるが、「平民社」以後の社会主義者・堺利彦のイメージからは想像できないような放蕩無頼の青春像が浮き彫りにされる。著者は自伝を手がかりにしながら、丹念な文献渉猟と実地調査によって、その足跡を明らかにしている。ここでは、早世した次兄・乙槌《おとつち》の影響が意外に大きかったことが注目されるだろう。第一高等学校入学を果たしながら学費を使い込んで中退し、高等教育を受けて立身出世するエリートコースに挫折した堺が「文士」を志したのも、ジャーナリストの道に歩を踏み入れたのも、この兄の存在と無縁ではない。また、平民社以後の社会主義者・堺利彦のイメージからはかけ離れたこの時期の彼の足跡が本書では丹念にたどられていて、一見羽目をはずした放縦な生活に明け暮れていたような日々のなかでも彼が意外に活発な文筆活動を行っていたことを、その執筆活動から知ることが出来る。堺利彦の経歴として殆ど忘れ去られていたこれらの著作を発掘し、紹介したことの意義は、のちの売文社時代に発揮される堺の文筆能力の土台がこの時期に築かれていたことを確認する上でも大きい。やがて、結婚生活に入ると同時に健全な家庭人へと生活態度を一変させた彼は、『防長回天史』編集員時代を経て『萬朝報』に入社して幸徳秋水と出会うことになる。

本書でも詳細に述べられている日露戦争と萬朝報退社、平民社結成前後の堺利彦については、本誌『初期社会主義研究』の読者には周知のことなので紹介の要はないが、本書で著者が堺の社会主義者への道筋について彼自身の「予は如何にして社会主義者となりし乎」を援用しつつ、

——幸徳秋水が中江兆民という師に学んだのとは違って、堺はさまざまな思想が混沌とした状態から、独自に社会主義に到達したといえる。社会主義者になった日という「日付」があるわけでなく、それまで漠然と考えていたことが「社会主義」と一致することに気づいたのである。——

と改めて指摘していることは重要である。求められるままに当時の諸雑誌に改良主義的な所論を寄稿したり、自ら『家庭雑誌』を創刊して女性論や婦人問題を考えたりしていた堺は、幸徳秋水が幼時から身につけた志士仁人的な観念論から入った思想家の道とは異なる実践家としての思想的立場の獲得が社会主義であったという対比がここで鮮明である。こうして自己の進むべき道を見定めた堺は「彼は迷うことなく、この茨の道を突き進んでいく。」と、本書の第二章「日露戦

争と非戦論」は結ばれている。

「第三章・〝理想郷〟としての平民社」、「第四章・「冬の時代」前夜」では、社会主義者として奮闘する堺利彦の姿が描かれ、「第五章・大逆事件」では大逆事件の概略と多年の同志の多くを奪われた堺の悲痛な姿、そして出獄とともに「売文社」を創設したいきさつが語られる。これらの経緯を叙述する際にも、著者・黒岩氏の現代と重ね合わせたマスメディア告発の筆致は鋭い。いわば「売文社」前史ともいうべきここまでの章で、すでに本書全体の半ば以上を占める二三四ページが費やされている。

いよいよ「第六章・売文社創業」であるが、まずその冒頭では、それまでの堺の「売文」の歴史が彼に仕事を提供してくれた当時の文筆業界の知己友人の人々や週刊『サンデー』のことなどとともに楽しげに語られる。このあたりは、当時の業界や出版事情に精通する著者の独壇場であろう。これまでの社会主義運動史からは窺い知ることのできなかった堺の幅広い人脈やジャーナリズムに占めていた独自の位置関係もわかる。そしてまた、こうして「売文社」を拠点に生き残った社会主義の残党たちの孤塁を守りつつ柔軟な姿勢で人間味とユーモアに溢れた文筆活動を展開していた堺の姿を伝えながら、著者は、この冬の時代にも木下尚江や新渡戸稲造の態度を評する彼の舌鋒を通じて社会主義者としての節を貫いていたことを証し立ててもいる。自分たちの社会主義運動を「インテリの道楽」と冷静に客観視する堺ではあるが、しかしそれは「命がけの道楽」である覚悟をもっていたことも浮き彫りにされている。いっぽう、「売文社」の活動が、実に多彩であったことも、著者が発掘したその数々の出版物が具体的に示されていて興味深い。

一九一二（大正元）年十月、堺の「時機を待つ」姿勢にあきたらなくなった若い大杉栄、荒畑寒村は文芸誌を標榜して『近代思想』を創刊する。堺もやがて売文社機関紙『へちまの花』を発刊（一九一四年）、これが翌一五年には「小さき旗上」を宣言する『新社会』へと移行してゆく。社会主義関係文献の紹介、翻訳なども活発化する。だが、これまで売文社の仲間だったはずの高畠基之、遠藤友四郎らが国家社会主義者へと変貌して『新社会』誌上で堺利彦を誹謗するようになり、ついに「売文社」は一九一九年分裂、解散した。このあたりの消息は淡々と述べられていながら、著者の悲しみがにじみ出ているように感ずる。

堺は、生涯マルクス主義の旗印を掲げ切った。高畠は「資本論」完訳後の一九二八年に四二歳で亡くなったが堺は後年、「私としては資本論の反訳を完成した、マルクス学の大功労者が遂に自ら純正のマルキストであり得なかった事を幾ら憾んでも憾みきれない」と追悼している。また、古い同志でありながらやはりアナキストとして売文社から離れて行った大杉栄が関東大震災の渦中に憲兵隊に虐殺されたことを知った堺の慟哭の一文も引用されている。「……「大杉がやられた」のは即ち私がやられたのである。少なくとも、私の肉体の一部がやられたのである。」——この二つの追悼の言葉が引用されているのは、離反した同志への心情を隠さない堺利彦の気骨と人間性の表現と著者がみたからであろう。

そして、満州事変勃発の一九三一（昭和六）年には、すでに還暦を越えていた堺は全国労農大衆党の「対支出兵反対闘争」の先頭に立ち、年末、脳出血で倒れた病床でもつれる口調で「僕ハ諸君之帝国主義戦争絶対反対ノ叫ビノ中ニ死スルコトヲ光栄トス」という最後のメッセージを口述した。日露帝国主義戦争に反対して平民社を創設してから四半世紀余、畳の上の死でありながら、壮絶な老闘士の姿であった。

ここまで、本書の構成に沿って端折りながら堺利彦像についてみてきた。著者・黒岩比佐子さんの堺利彦の生涯への深い思い入れが感得される渾身の一書であり、とりわけ、それが著者のすい臓がんとの闘病生活のなかで書き上げられたことを知る読者には胸迫るものがある。文体は端正であり、わずかな誤伝もあるが（例・古河力作の姪にあたる人を孫とするなど）全体の水準の高さはノンフィクション作品でありながらすぐれた研究書としても評価しうるものといえよう。大逆事件百年のいま、この好著を得たことを喜びとしたい。

――本書上梓後、わずかひと月あまりで二〇一〇年十一月十七日黒岩さんは逝った。享年五二歳。ご冥福を祈ること切なものがある。

（『初期社会主義研究』第二三号、二〇一一年九月）

実像へのアプローチ

大田英昭著『日本社会民主主義の形成――片山潜とその時代』
（日本評論社、二〇一三年二月）

片山潜という日本近代社会思想・運動史上あまりにも著名な、しかしあまりにも実像が正確には知られていない人物を対象として、その思想と背景を緻密に読み解こうとした研究である。従来、片山については、研究業績は必ずしも多くない。しかも、その主要な研究・評伝はおおむねその生誕百年（一九五九年）を中心とする一九六〇年代前後にとどまっている。ここ三〇年来活発となってきた〝初期社会主義研究〟のなかでも、例えば本誌『初期社会主義研究』所収の「膨大な論文・論考の中に、幸徳・堺・木下・大杉らをテーマとするものはそれぞれ多数ある一方、片山をテーマとするものはただの一つもないという事実」（序章の注24）と著者は指摘する。

こうした現状を前提として、著者・大田英昭氏は、改めて「黎明期の社会民主主義の思想と運動が片山を軸にどのように形成・展開されたかを明らかにし、その思想史上の位置を究明する」

（序章）を主たる目的とする本書の研究を展開する。

著者は、まず、序章・「問題の所在と研究視角の設定」で、近代日本における社会民主主義の問題点を、顧みる。世界史的にも、「社会民主主義」という言葉の概念定義は決して容易ではなく、まして、日本におけるその受容の歴史はいまだに錯綜して解釈も分かれている。著者は、そうした歴史を概観して、「社会民主主義政党のイデオロギーないし政策として、西・北欧と同じようなかたちで日本における社会民主主義の一貫した歩みを描き出すことは不可能」と断ずる。そして、しかし「……はるか以前の明治時代に、第二インターとの密接な関係において、社会民主主義の思想と運動およびそれに基づく政党が形成されていた事実を忘れてはならない」として、結成後即時ないし短期間で結社を禁止された社会民主党（一九〇一年創立、発起者＝片山潜・安部磯雄・幸徳秋水・木下尚江・西川光次郎・河上清）、日本社会党（一九〇六年、堺利彦・森近運平・西川・片山）、日本社会平民党（一九〇七年、片山・田添鉄二）の三つの政党をあげ、こうした「明治期の思想と運動は、取るに足らない小さなエピソードではなく」、「決して無視できない重大な意義を担うべきもの」とする。すなわち、戦後長年対立関係にあった日本社会党と日本共産党が、ともにその公式の党史において、明治期の社会民主党結成と運動が「それぞれ自己につながる前史として高く評価されている」ことをあげ、その後の運動の分裂を含めて、「今日の二つの党派の両者にとって、明治の社会民主党は共有さるべき原点」であるとする。

こういう前提のもとに設定された本書の課題は序章に詳細に述べられているが、それを具に紹介するゆとりはない。たんに、著者が片山潜を日本における社会民主主義の、とりわけ運動面での最も重要な担い手であったと位置づけてこの研究を進めていることを確認するにとどめておく。

その軌跡を具体的に論証している本書の内容構成は、序章のほかⅠ・Ⅱ・Ⅲ・Ⅳの四部一一章と終章から成り、これに資料文献目録と関係年表を付して約六五〇ページに及ぶ膨大なものである。そして、これは片山潜の全生涯を俯瞰するものではなく、あくまでも、日本における「社会民主主義の形成」期と片山潜の前半生のかかわりを基軸にすえての研究である。大逆事件後の一九一二年、電車事件で逮捕・投獄されてからの逆境の時期を経て、一四年追い詰められた形で日本を去り、国際社会主義運動を心の支えとし渡米、米国での労働生活の傍らの灯をともし続け、やがて一九一七年ロシア十月革命を経てやがて思想的変化を来たし、在米社会主義者団の代表として迎えられて二一年モスクワにおけるコミンテルン第三回大会に赴くところで著者は擱筆し、片山のその変化については新たな研究を俟つとしている。

「あとがき」に著者は「……日本近代史・思想史の先達の方々の長年にわたる諸研究の巨大な成果に、私は非常に多くのものを負っている。皆様の学恩に深く感謝する。」と謙虚に記しているが、同時に第一義的には、片山の思想と行動をあくまでも自らの目で原資料をくまなく再検討することにより、諸先達――とくに岸本英太郎・渡辺春男・小山弘健・隅谷三喜男・大原慧・河村望・二村一夫らの先行研究を批判的観点を含めて摂取していることが読み取れる。

批判的観点の具体例は、従来の研究がかれの生涯にわたる「忍耐」と「努力」の歩みを、片山が後年述べた回想に依拠して、幕末動乱の農村に生まれ青年時代に農業労働の経験を持つことに結び付け、それが定着してきていることへの異議申し立てである。著者・大田英昭氏は、いま一度片山の庄屋の次男としての生育歴と故郷・美作における幕末・維新期の相次ぐ農村騒擾のなかにおける庄屋層の立ち位置について諸研究をもとに詳述し、そのなかから次第に片山少年が〝〈文明〉と「立身」への開眼〟（第一章第四節）を果たし、農村生活からの脱却の道をはかり、「学問で身を立てる」人生行路を選択することになったことに至った道程を推論する。従来よく言われていたように、農民の忍耐力がかれの行動を支えたのではなく、「農民として生きていくことに忍耐できなくなったこと」が、学問で立身するというかれの発心を促し、「そしてこのとき片山の胸に燃え上がった〈文明〉への熱烈な希求が、後年に至るまで彼の思想と行動を支え続けた」というのが、著者の片山評価におけるライフモチーフである。すなわち、やがて、村の小学校助教を振り出しに、漢学塾の書生、師範学校入学、上京等々の遍歴を経ながら、二四歳で苦心の初渡米。アメリカでは労働生活を重ねながら英語を習得し、ホプキンス・アカデミー、メリーヴィル大学、アイオワ大学、アンドーヴァー神学校、イェール大学に学び、この間にキリスト教入信と社会問題への関心を深め、三五歳で一一年に及ぶ滞米修業を終えて「マスター・オブ・アーツ」の資格を得て帰国したかれは、かつての「憂国者・勤皇家」であった漢学青年から、近代産業文明が直面していた社会問題の解決を目指す「社会的福音の伝道者としての宗教的・倫理的情熱」をもっての「社会改良家」に変身していた、そしてそれが帰国後直ちにかれのセツルメント設立、労働組合期成会・鉄工組合などへの参加という実践活動、都市問題・労働問題・社会主義をめぐる理論的諸活動とも結びついてゆくのである、とする。そして、こうした諸分野での日本における先駆者の役割を担ったとともに、その当初において片山は、あくまでも「社会改良家」であったことも、同時に強調されているが、それは従来の諸説ともほぼ観点を同じくしている。

さて、膨大な著者の論証は紹介を省いて先を急ごう。『社会新聞』その他の数々の執筆をみても、片山においては、労働運動も、社会主義運動も、あくまでも帝国憲法の保証する人民の権利に基づく、とする考え方が信念としても戦術としても長く保持されていたというのが、著者の見解である。大逆事件後の運動の孤塁を守っていた片山が電車事件で下獄し、「合法性の範囲で許されるあらゆる手段を使って粘り強く運動を続けてきた片山も、ついに手も足も出せない状況に追い込まれた」とき、ようやく、「明治憲法体制の進歩性をかつて信じて疑ったことのない彼の脳裏に、かすかな疑念が萌し始めた」と著者は見る。「だが、当時の片山は、それをさらに思想的に掘り下げてゆくことはできなかった。」と。

しかし、それよりさき、あくまでも現実の労働運動に軸足を置いていた片山が、『我社会主義』（明治三六年）のなかで、社会主義の実行手段として「普通選挙」の獲得を主張しながらも、労働者が社会的革命を成し遂げる闘争手段として政治的「同盟罷工」を主張していることの先進的な意味を、当時の幸徳や安部の労働運動の視点を欠いた主張と比較しながら説いていることにも注目したい。一般に「同盟罷工＝直接行動」論は、第二回社会党大会（明治四十年二月）での幸徳秋水の議論として有名であり、これに対する田添鉄二の議会政策論が片山（このとき渡米中）らの立場を代表するものとされているが、最も早く同盟罷工による政治行動を是とし、かつその国家権力との対立による困難性をも指摘していたのが片山であったことはもっと着目されてよいであろう。これは、かつて大原慧によっても、その「国家権力」認識の限界とともに取り上げられているところではあるが。

著者は、明治末年の社会民主主義運動を「社会主義と民主主義との両面から把握」しようとする。そして、「デモクラシーへの関心を失い社会主義革命の追求一本やりとなった直接行動派」と「デモクラシーの実現を通じて社会主義への変革を目指すという基本姿勢を失わなかった」片山ら議会政策派を対比して、「……「大逆事件」前後の苛烈な弾圧の下、片山はあらゆる可能な手段を探って運動の維持を図り、政府の苛酷な迫害と粘り強く闘った。」そしてこのぎりぎりの抵抗戦という過程における「試練のなかにこそ日本の社会民主主義の内容を前進させる可能性の契機が含まれていたのである。」とする。日本における社会民主主義形成の源流をさぐるという著者の問題意識の着地点を示すものと言えよう。

本書は、電車事件投獄から出獄後の刀折れ矢尽きた片山が一九一四年、「亡命同然に渡米」し、アメリカでの労働者生活に二〇年ぶりに復帰したが、いっぽう在米の日本人労働者を組織し、社会主義機関誌を発行し、かつ各国の革命家と交際、ついに一九一七年ロシアの十月革命を経て思想上の変化を来たすという概略を示して終わっている。その思想の変化の内実を探ることは「新たな研究をまたねばならない」として。

この膨大な研究の巻を閉じて、評者の私としても、久しぶりに本書に描かれた片山潜の生涯に接して、かつて半世紀以上前、故大原慧氏が片山潜の三種の「自伝」比較表を作成するに際して僅かばかり手伝ったときのことや、読みにくい当て字だらけの手書き「自伝草稿」の清書を受け持ったときのおぼろな記憶を呼び覚まされ、感慨深いものがあった。

本書の主題たる「日本社会民主主義の形成」についての認識もまた、読み終わったいま、いくつもの疑問がわいてくる。二十一世紀初頭の現在、政党としてその本流を継いでいると称する社会民主党はいまや頽勢覆うべくもないし、労働組合運動の退潮も著しい。一方、かつて社会民主主義を激しく論難していた日本共産党が現実に掲げている諸政策は、社会民主主義の主張そのものと言ってもよい。片山潜が最後に希望を抱いて赴いたソヴィエト連邦はもはやない。クレムリンの壁に葬られたかれの墓所もいまはレーニン廟とともに観光名所となっている。私自身、二〇〇一年にこれを塀越しに仰いできた。

著者のこれに続く今後の研究の展開を、心から期待している。

〔付記〕

なお、小さなことではあるが、一二五ページの片山著『英国今日之社会』からの引用部分に

「滔々として一場千里遂に水夫組合となり消防夫組合となり……」（傍線筆者）という箇所がある。この「一場千里」は、当然「一瀉千里」のミスプリであろうと思い、出典の片山潜著作集の該当箇所を参照したところ、「一塲千里」（注・塲は場の異体字）とあった。そこで、さらに著作集の原典である明治三十年刊行の警醒社版『英国今日之社会』を調べてみると、まさしく「一塲千里」となっていた。しかし、同書の詳細な目次には、章別の小見出しが付されていて、そこには、「〇勞働會」の割注として、「一瀉千里。水夫組合。消防夫組合。踐民団躰」とあり、本文の「一塲千里」は、「一瀉千里」の誤植であることは明白であった。つまり、明治三十（一八九七）年の原著の誤植がそのまま六二年後の昭和三十四（一九五九）年刊行『片山潜著作集』に引き継がれ、さらにその五四年後の二〇一三年刊の本書引用に「一場千里」の誤記となって現れたことになる。漢学書生として出発した片山潜も地下に苦笑していることであろう。

（『初期社会主義研究』第二五号、二〇一四年五月）

「談論風発」の町から「恐懼せる町」への道程を照射

辻本雄一著『熊野・新宮の「大逆事件」前後――大石誠之助の言論とその周辺』
（論創社、二〇一四年二月）

熊野における「大逆事件」についての最高水準の魅力的な一書が出現した。
これは、著者・辻本雄一氏が、みずから生まれ育った熊野の地に深く沈潜して、入手しうる限りの史資料と風土の語るところをあますところなく剔抉《てっけつ》・分析することによって得られた、多年の研究成果である。まさに余人によってはなしがたい独自の研究分野が切り拓かれていると言えよう。

本書の構成は、次のように四部十一章と年譜から成り、その各章は一九八三年から二〇〇九年までのほぼ四半世紀にわたり、部分的加筆を別にすれば、さまざまの学術誌等に執筆された個別論文を集めたものである。もちろん、発表年次順ではなく、内容によって構成されている。

第Ⅰ部＝第一章・「大逆事件」と紀州新宮、第二章・禄亭と寒村――廃娼論議をめぐっての絆、

第三章・大石誠之助の言論にみる「半島的視座」と現代――「大逆事件前夜」の紀州新宮
第Ⅱ部＝第四章・「毒取る」大石誠之助と被差別部落のひとびと、第五章・禄亭大石誠之助の視た日露戦中・戦後の熊野新宮の諸相――『牟婁新報』紙への係わりと、書かれざりし「熊野放棄論」の行方、第六章・一九〇八、〇九年における、大石誠之助と沖野岩三郎の接点――「新宮はソシアリズムと耶蘇教と新思想との牢獄《ひとや》なるかも」考
第Ⅲ部＝第七章・高木顕明の紀州新宮時代、第八章・「大逆事件」と成石兄弟
第Ⅳ部＝第九章・堺利彦（枯川）、ふたたびの「熊野」行――遺家族慰安の旅の途中で、第十章・西村伊作・「冬の時代」その「思想的」断片、第十一章・熊野における「大逆事件」余聞、大石誠之助とその周辺・関連年譜

＊

さて、この書の冒頭におかれた「「大逆事件」と紀州新宮」という論には、おのずと本書全体のテーマと方法を俯瞰した感があるので、ここにその概略のゆくたてを紹介することによって、他を推し量るよすがとしていただくことにしたい。

第一節「大逆事件前夜」では、まず大石誠之助、高木顕明、成石勘三郎、平四郎兄弟、崎久保誓一、峯尾節堂の六名が権力側の呼称そのままに「紀州グループ」と呼ばれるものの、組織的な活動をしていた形跡のない架空のフレームアップの犠牲者であることの前提の上に、あらためてなにゆえ「大逆事件」に遭遇させられたのかを、「大逆事件前夜」という時期を想定して考察し

ている。禄亭大石誠之助の周辺に集まった進歩的な人々の動きは、新宮という町の当時の「談論風発する」活気ある雰囲気の中で、現存する『牟婁新報』ほかの諸紙誌の記事などを篩い分け検証することによって活写される。さらにそれは、第二節「或る地元知識人の日記から」で、一人の保守的知識人「小野義彦日記」の語るところによって周到に裏打ちされる。一等史料である当時のこの日記のなかには、禄亭の平生が語られているばかりでなく、堺利彦の新宮来訪時の動静や、なかんずく事件連累にかかわるとされた明治四十一年八月の幸徳秋水来訪とその講演内容までが記載されていることが、引用されている。さらに、「大逆事件」検挙と断罪の時期にまで日記の筆は及んでいて、その痛嘆の記事からも最後まで小野義彦は、思想信条は違いながら「畏敬」する大石誠之助の無事を信じていたことが窺える。こうして、「談論風発《だんろんふうはつ》」の新宮の町は、急転直下、国家権力の言い知れぬ圧力によって押しひしがれた「恐懼《きょうく》せる町」になり、事件はタブーの闇に閉ざされ、遺家族は町民からさえ迫害されねばならなかった……。

この章の最後に、著者は戦後もかなりの時を経て、ようやく犠牲者の復権が市民運動によって実を結び、二〇〇一年九月、新宮市議会が「大逆事件紀州・新宮グループ六人を顕彰する決議」を満場一致で採択したこと、翌年成石兄弟の出身地本宮町でも名誉回復決議が町議会で採択されたことを追記して論を閉じている。一七項目にわたる注記も詳細であり、読み応えがある。

＊

つづく他の各部・各章は、それぞれに取り扱う個別の側面をもちながら、やはり同様の分析視角をもっている。これらの論文で、著者は一貫して大石誠之助ほかの犠牲者に視点を据えながらも、その周辺の新宮あるいは熊野地方の政治的・社会的背景を可能な限り描き出すとともに、かれらを取り巻く周辺の人々の営みに目を注ぎ、生きた人間群像が地域社会を構築していることを明らかにしている。若き日の佐藤春夫の姿、文学青年たちの活動もその例に漏れない。

豊富な資料を取り扱いながらも、なによりも目に付くのは、著者の史資料を見る目の確かさ、とりわけ謙虚さである。百年前の事実は、文献資料以外にも聞き書きなどのオーラルヒストリーに頼らざるを得ない面もあり、さらに「事件」の特殊な性格ゆえに、例えば沖野岩三郎がフィクションの世界に仮託して語った「真実」を探り当てる作業も必須である。著者は、『生を賭して』ほかの沖野の著作を引用しながらも、当然のことながら、絶えずそれがフィクションとしての性格をも持っていることに一定の留保を与え続けている。その留保のために、逆に真実が照射されてくるという構造はみごとであると言えよう。

＊

熊野に生まれ育ち、青年期を東京の大学の国文科に学んで、初め北村透谷を研究対象として選んだという国文学研究者だった著者は、故郷に戻って教育の場で地元の生活に深く根を下ろすとともに、かつての「談論風発」の町が物言わぬ「恐懼せる」町に変貌したことの根本を解き明かそうとする現代史研究者となった。現在は市立佐藤春夫記念館の館長として新宮市の文化活動の中心的な役割を担ってもいる。いま、大逆事件の真実を求めて新宮を訪れる市民・内外の研究者・作家等々の人々で辻本氏のお世話にならない人はいない。

本書には、近年の学術出版では異例なことであるが、作家・辻原登と、大逆事件の真実をあきらかにする会事務局長・山泉進による二つの序文が付されている。山泉進は、この書を「序――大逆事件という怪物との闘いの記録」と讃えた。大石誠之助をモデルに小説『許されざる者』を書いた辻原登の美しい文章の序は「彼が熊野・新宮にいることは、われわれの好運であり、いつまでも誇りなのだ。」と結ばれているが、私も心からその思いを同じくしたい。――辻本さんが、新宮にいてくれて、ほんとうによかった！　と。

大逆事件に、そして日本の近代史に関心を持つ人すべてが、この本を手に取ってほしい、と願うものである。

（『初期社会主義研究』第二五号、二〇一四年五月）

新たな視点・構成と、多彩な執筆者による佐藤春夫の全身像

監修・辻本雄一、編著・河野龍也『佐藤春夫読本』
（勉誠出版、二〇一五年十月）

現代の若い世代には少し遠のいた感があるが、大正・昭和に盛名を馳せた作家、佐藤春夫の生涯と仕事について、その原郷というべき紀州新宮の「佐藤春夫記念館」の協力のもとに編まれた斬新な「読本」である。編著者の河野龍也氏は、一九七六年生まれの新進研究者であり、その佐藤春夫研究の視点はいわゆる〝文豪〟にとらわれない冷静で新鮮な再評価の試みをこの「読本」で果たしている。

開巻冒頭には、いきなり、二つの新資料と解説がある。一つ目は、「春夫のわんぱく時代――中学入学前後」であり、春夫少年の日記帖が写真資料を付して紹介され、父豊太郎による日記指導は「春夫にとって初めての文章修業だった」と位置付けられている。二つ目は、「太宰治の手紙――佐藤さん、私を忘れないで下さい」として、従来知られていたいわゆる太宰の芥川賞をめ

ぐる昭和十一年二月五日付の〝泣訴状〟にさきだつ三通の春夫宛書簡が発見されたことを伝え、写真をもって全文を初公開している。なかでも「書簡③」の毛筆で巻紙四メートルに及ぶという書簡、新たな〝泣訴状〟の発見の紹介は圧巻である。これら新資料を冒頭におくという卓抜な構成を強く印象づけてから、ようやく、監修者であり執筆者の一人でもある辻本雄一・新宮市立佐藤春夫記念館館長の「はじめに」を経て、多彩な執筆者を擁する「読本」は始まる。

目次から列記すれば、《春夫文学入門》の部には河野龍也「佐藤春夫の足跡（年譜と業績）」、大林宣彦講演録「佐藤春夫の「根も葉もある嘘八百」」、大久保房男インタビュー「懐かしい文士・佐藤春夫さんの思い出」、直筆で読む　殉情詩集があり、《春夫文学のふるさと》の部では、横浜、台南、小田原、佐久、新宮などと春夫文学のかかわりを河野龍也が叙述、調査・牛山百合子「春夫の東京地図」と造本の美　佐藤春夫の書籍を付している。

続く《佐藤春夫と同時代人》の部は、一〇人の論を収める。すなわち海老原由香「佐藤春夫と永井荷風」、千葉俊二「潤一郎と春夫―ひとつの感想」、石割透「断想・佐藤春夫と芥川龍之介―谷崎潤一郎を介して」、土屋聡「春夫と堀口大学―新精神と古典のあわいに」、辻本雄一「佐藤春夫、西村伊作と「文化学院」―「西村サロン」での語り合いから」、山中千春「無名時代の佐藤春夫と大杉栄の周辺」、大木志門「佐藤春夫と島田清次郎―『更生記』の「ヒステリー」と「ミステリー」」、宮内淳子「冨ノ澤麟太郎と春夫」、藤井省三「春夫と魯迅」、遠藤郁子「春夫と太宰―「芸術的血族」の「邂逅」」である。

第四の部《佐藤春夫の文学世界》には、中島国彦「春夫の愛でたもの—佐藤春夫における「痴」の位相」、石﨑等「春夫と「大逆事件」—〈紀州の刻印〉」、佐久間保明「春夫と美術」、坂口周「春夫の〈犬〉—無意識の導き」、森﨑光子「春夫が見た台湾原住民」、林廣親「春夫と演劇」、渋谷百合絵「空想の建築—佐藤春夫における《童話》」、半田美永「批評家としての佐藤春夫—その基準と処世と」、大原裕治「戦時下の「親馬鹿」と手紙—「環境」における父と子」、掛野剛史「佐藤春夫と出版メディア—『古東多万』の周辺」、浜田雄介「佐藤春夫とミステリー」、渡邊澄子「佐藤春夫をジェンダーで読む」の一二編、これに紙面再録　蝗の大旅行を付している。

あと、《資料紹介》があり、辻本雄一「「李太白」草稿を眼前にして」、秦剛「佐藤春夫と魯迅の交流—雑誌『古東多万』を手掛かりにした検証」、久保卓哉「内山完造宛て春夫書簡」の三編は、作品の舞台裏までを検証した興味ふかい分析である。巻末には佐藤春夫記念館編の「臨川書店版全集未収録作品一覧」、「臨川書店版全集未収録書簡」、「佐藤豊太郎宛書簡／佐藤智恵子宛書簡」という三つの目録を載せ、全集の欠落を補う貴重な資料となっている。

＊

最後の「むすびに」の後半で編者・河野龍也は佐藤春夫のまだよく知られていなかった台湾旅行の経験からくる文学的達成が「中国や台湾の研究者、また日本文学以外の専門家から高く評価されるようになっていた」ことに触れ、この作家に残されている豊富な可能性を探ろうとしたという意図を述べている。たしかに、初めて知る台湾紀行の詳細は興味深いものがあった。また、編者もむすびで認めているように戦時中の佐藤春夫の日本浪漫派と寄り添った戦争詩多作をはじめとする言動などの問題点はこの読本ではあまり取り上げられていず、わずかに海老原由香の論「佐藤春夫と永井荷風」のなかで、荷風の日記『断腸亭日乗』の引用の形で知るのみである。狂気の時代の言動とはいえ、今後の佐藤春夫研究の課題として残されているといえよう。私は戦後春夫が疎開地の信州佐久からなかなか（六年間も）帰京しようとしなかったところに自己の戦時中の言動に忸怩としていた何らかの示唆を見たように感じた。

ともあれ、このソフトカバーながらカラフルで分厚い盛りだくさんの読本を隅々まで読み進んで、どのページにも強い関心と興味をそそられたことを付記し、文学のみならず日本近代史に関心をもつすべての人々に有益な一冊であると推奨したい。

（『初期社会主義研究』第二六号、二〇一六年六月）

佐藤春夫の青春と文学の深奥に迫る精緻にして野心的な論集

山中千春著『佐藤春夫と大逆事件』
（論創社、二〇一六年六月）

著者・山中千春氏は、日本大学芸術学部に学んだ美学・文学的感性に優れた素質をもつ新進気鋭の研究者である。多年、佐藤春夫研究に関心をもち、たびたびその生地紀州新宮にも足を運び、春夫文学の成立過程の深奥を探る努力を続けてきたという。その成果が、この新著『佐藤春夫と大逆事件』にまとめられた。

本書は、四章から成る。研究書によくある「まえがき」に著書の執筆動機や概説をまとめるようなことはなく、冒頭、「第一章・大逆事件の衝撃」から始まり、第二章・大逆事件後における佐藤春夫の近代批判、第三章・〈美しい町〉のユートピアと続き、そして第四章・大逆事件の痕跡、ユートピアの母胎へと収斂する。

佐藤春夫は、周知の通り明治末年代から大正・昭和を通じて巨大な業績をもつ文学者であり、没後の集大成である『定本佐藤春夫全集』（臨川書店、一九九八―二〇〇一）は全三六巻に及んでいる。その時代ごとの足跡をたどることは必ずしも容易ではない。しかし本書において、著者は、基本的な分析視角を彼が年少の詩人として出発した明治末年における大逆事件との遭遇から受けた衝撃を探るという一点に据えて、そこから佐藤春夫文学の成立と生涯にわたる影響関係を見定めるという方法をとった。本書のタイトルを〝佐藤春夫と大逆事件〟とする所以である。

あらためて本書の構成を紹介しながら、若干の私見を加えてみたい。

第一章・大逆事件の衝撃

この章では、「第一節「愚者の死」をめぐる諸問題」で春夫が一九歳の早春、大逆事件事件判決直後に大石誠之助の刑死を悼んで草したとする詩「愚者の死」を取り上げ、「反語詩」という通説で広く知られながら、必ずしも評価の定まっていないその内実をこれまでの諸論を紹介しながら精緻に分析し、最後に磯田光一の論がヒントとして示唆されている。第二節「新宮中学校停学処分と精神的危機――「若き鷲の子」前後の時代状況」では、戊申詔書（明治四十一）発布に始まる国家の思想統制の動きとこれに反発する新詩社など文芸界の動向が新宮の中学生佐藤春夫に及ぼした影響を、第三節「精神的危機からの脱却――「若き鷲の子」とニーチェ『ツアラトゥストラ』」では、春夫が中学の校友会誌に発表した「若き鷲の子」という〝詩と散文の中間表現〟をとる作品にニーチェの影響が色濃く看取されることを指摘する。そして、第四節「「愚者の死」

に描かれた精神的葛藤――大逆事件と大石誠之助の処刑」において、初めて故郷・新宮から疎外感を抱いて上京した春夫が大逆事件に遭遇して詠った「愚者の死」の全貌があらわれ、著者は「……なぜ春夫は誠之助を「日本人ならざる者」「愚者」と呼んだのだろうか」と問題を提起、第五節「〈日本人ならざる者〉――明治四〇年代の大石誠之助の活動」で大石誠之助の新宮における社会主義者・文化人としての活動と春夫とのかかわりを概観し、第六節「「愚者の死」の諷刺と大逆事件批判――与謝野寛「誠之助の死」の反語との比較」に及んで、与謝野詩の個人的友情に基く具体的で明確な反語性と春夫詩の抽象的・重層的な諷刺性を対比して、春夫の陥っていた〈国家〉から逸脱してしまったという意識、そして〈故郷〉さえも〈国家〉によって奪われたという二重の喪失」という精神的危機を浮き彫りにする。ここにいたって、著者は「愚者の死」は反語詩か否かという最初の問題設定にみずから解答を見出したかのようである。明記されていないが、それは強いていえば〝反語的表現を含む諷刺詩〟とでもいえようか。

第二章「大逆事件後における佐藤春夫の近代批判」

続く第二章第一節「「愚者の死」以後」で、著者は、中学停学処分と大逆事件の衝撃で自我崩壊の危機に陥った春夫が、その危機を文学によって克服しようと創作に励んだ道筋を辿る。そこでクローズアップされるのは彼の初期の詩業に顕著な〈傾向詩〉の社会批評性と〈抒情詩〉のロマンティシズムという二つの方法による並行的な発現であり、そして「春夫はこの時期、自身の体験や置かれた状況を徹底して客観視するために、社会批評家と抒情詩人の狭間を行き来していた」とする。第二節「大逆事件の余波と教育制度批判」では、まず春夫の実生活の具体的な行動として、父・豊太郎の勧める第一高等学校受験を拒否したことが父への書簡に即して取り上げられている。この官立高等教育機関批判の書簡は興味深い。ここには彼が蘆花の謀叛論講演を肯定的に意識していたことも含まれているし、また自己の志す近代の文学のための学問は、社会主義と自然主義を外にしてはないという断定もある。とくにこの謀叛論についての言及は彼の「愚者の死」が反語的なものではないとする論（森長英三郎、野口存彌など）への有力な反論の根拠となるだろう。この時点での春夫の国家権力とそれに追随する社会現象への批判精神は疑うべくもないことが、本書のこの書簡引用によって立証された意味は大きい。第三節「批評家としての出発」では、さらに「愚者の死」発表（明治四十四年三月）に続いて同年五月に『新小説』に発表した評論「日本人脱却論」を重要なものとして取り上げる。春夫が上京してまず兄事した生田長江訳のニーチェ『ツァラトゥストラ』の影響がこの脱却論にも顕著であることがあらためて明らかにされ、「愚者の死」にみられる〝日本人ならざるもの〟というレトリックがニーチェの〝超人〟への認識と一致することが確認されている。それを著者は「……「愚者の死」における「愚者」とは、「脱却論」を参照すれば、日本人ではなく、日本人でないが故に「超人」であるという、〈非国民〉というニュアンスを逆手にとった肯定的なイメージが含まれているのである。」と、結論する。かいつまんで言えば、著者は、春夫がこの時期ニーチェや鷗外に依拠してでも、自己の文学を模索する過程で国家権力の暴力に「対峙し、抵抗せんとする姿」を見出して、中上健次などの転向論を排しているのであり、それは十分な説得力をもっている。

では、続く第四節「南北朝正閏論争と「小曲四章」」をみよう。この節で著者は「愚者の死」に続く傾向詩「小曲四章」を春夫が発表し、そこには「……反語と諷刺を用いて、慎重に表現の工夫をほどこし」ている点に注目し、そこに当時の南北朝正閏論争以後の極端な〈国体〉護持の思想的潮流が背景にあるという社会状況をみている。その背景説明として南北朝正閏論争を解説しているのはわかるが、ただし、その中で「もし仮にこれが真実だとしたら」という留保付ではあるが、大逆事件法廷で幸徳秋水が明治天皇は北朝の流れを汲んでいるということをあげつらったことが論争浮上のきっかけとなったという俗説に紙幅を割いていることは残念である。幸徳秋水が法廷でそのような言動をとったという証拠は、秋水の法廷陳述の基礎となった三弁護人宛「陳弁書」にも、今村力三郎や平出修など弁護人の当時の法廷記録等にもまったくないばかりか、なによりも秋水の思想理解からはありえないことである。後年、秋水の思想水準を理解すべくもない検事・小山松吉（当時）がほぼ同時期に起った大逆事件裁判と正閏論争を勝手に記憶の混同のなかで結び付けて語ったことにより生じ流布された俗説が、このような真面目な研究書で取り上げられることによって一定の市民権をもつ惧れがあることは遺憾であり、本書の瑕疵と言わねばならない。

それはさておき、著者は「小曲四章」を分解し、そこに含まれる〝歴史の脱神話化〟を分析している。ここで日本神話の虚構性を皮肉り、近代的知性を獲得したかにみえる春夫の姿は、「新たな孤独と悲哀」を予感させるものとして第五節「二つの〈殉死〉」へ続く。春夫が詠みかつ書いた二つの殉死にかかる作品とは、明治天皇門司行幸時に御召列車が脱線して天皇のスケジュールに狂いが生じたことの責任を取って門司構内主任の清水正二郎が轢死した事件を詠んだ「清水正次郎を悼む長歌并短歌」（明治四十四年十二月）と、乃木大将の明治天皇の死に殉じたことを詠んだ「乃木大将を悼む言葉」（大正元年十二月）である。いずれも巧みなレトリックを駆使しながらの〝傾向詩〟と位置付けられている。春夫は、前者では清水の行動を万葉調で「世人みな美しとたたふるものを」と謳いあげているが、著者はその春夫が「……ジャーナリズムの報道が〈大君〉を神聖化した天皇制にからめ取られているために、脱線事故を〈大不敬〉として、誰かに責任を取らせなければ収まりつかないという、ねじまがった社会構造になっていることを見抜いて」いた、とする。後者では、春夫の詩は乃木大将夫妻の明治天皇への殉死を「老理想家の志「壮烈」「日本の偉大なるドンキホオテよ」などの言葉をちりばめて悼み、いっぽう、これを浅薄にあげつらい、またもてはやす世の風潮を嫌悪している。著者は、ここで「……「この国民ら浅薄にして偽り多く／憎むべし」とは、乃木殉死問題への反応だけでなく、春夫の〈傾向詩〉「脱却論」を含めた全体を貫く国民観といっても過言ではない。それは、大逆事件の際に戦慄した、人間性の闇であり、それが、春夫を超俗的な孤高の詩人へと駆り立てる要因でもあった」という。この理解において、「愚者（大石誠之助）の死」「清水正次郎を悼む」「乃木大将を悼む」の三つの悼詩は、みごとに結び付けられている。すぐれた分析といえよう。しかし、一方、この三つの詩に通底する天皇制の存在について著者は「(春夫は)天皇と呼ばれる「不可視な存在」が、あたかもある〈かのやうに〉見せる投影装置として機能してしまうという、恐るべき人間不在の思想とその陥穽に気づくことが無かったというべきなのかもしれない。」という次の問題を投げかけてもいるのである。

第三章「〈美しい町〉のユートピア」

本章の論述についての評価は任に余るので省略するが、この章には著者・山中千春氏のもと美術研究者としての眼が遺憾なく発揮されていることに注目し、含まれる各節と小見出しを列記するにとどめたい。

第一節「〈美しい町〉計画と景観」(1)ユートピア譚の否定として、(2)計画がはらむ排他性、第二節「水辺のユートピア」(1)作品の中に描かれる水辺、(2)「美しき町」に描かれる水辺——「月かげ」と新宮の水辺の記憶、(3)隅田川の水辺——司馬江漢の二枚の銅版画における理想的風景、(4)三囲の図像的系譜、第三節「〈精神〉としてのユートピア、(1)実体のない美的空間、(2)ホイッスラーの芸術論との関係、(3)大正八年前後と佐藤春夫の立場、第四節「崩壊から再生へ」。

結語で著者は、これが「……ユートピア志向に連動したものでも夢物語でもなく、「愚者の死」

を書いた詩人が、明治四十四年一月十八日、大逆事件の死刑判決に戦慄した、人間性の奥深くに食い入る底知れない闇の中からしか生まれえない、潔癖なまでの美意識の結晶であったようにさえ思える」と書く。この感受性自体が著者の美意識のもたらしたものであろうか。なお、評者個人としては、初めて佐藤春夫の作品に接したのが幼少のころ読んだ改造社版現代日本文學全集の『少年文學集』所収の「美しい町」であったこと、その幻想的な理想の町造りの模型描写に稚い心を奪われたことなどがなつかしく蘇り、著者の作品分析を、いい知れぬ感慨をもって読み進んだことを付言しておきたい。

第四章「大逆事件の痕跡、ユートピアの母胎」

佐藤春夫は大逆事件で刑死する大石誠之助と同郷でかつ上京してから新詩社の周辺の社会主義者たちとも交わっている。無名時代のその環境がどんな影響と痕跡を佐藤春夫の文学に及ぼしているかをあらためて検討しているのがこの第四章の骨子である。

第一節「無名時代の佐藤春夫とその周辺」では、「美しい町」の主人公・川崎禎蔵のモデルに大石誠之助の甥・西村伊作や社会主義者・大杉栄が擬せられていることなどにふれ、かれらとの密接な交流が具体的に描かれている。第二節「大石七分の病」では、川崎禎蔵のモデルはむしろ西村伊作の弟の七分《スティーブン》ではないかという著者の持論が展開され「……川崎は、大杉栄、西村伊作の要素を部分的に混交させながらも、それらを統括するキャラクターとして、七分のイメージを投影させていたと考えられる。」という。なお、その七分は、大正七年大杉栄らと『民衆の芸術』を創刊するが、官憲から社会主義機関誌と目されて弾圧を受け五号で廃刊となり、その挫折後次第に精神を病み、死へ向かう。春夫は七分をモデルとする小説「F・O・U」で、彼を無垢な精神を持つ稀有な芸術家として描き出していることにもふれている。第三節「ユートピアの母胎」では、再び新宮の町と刑死した大石誠之助について概観し、大石誠之助の兄、西村伊作・七分兄弟の父でクリスチャンだった大石余平の理想主義的な生き方、ユートピア志向について書く。そして、著者は、「……兄余平から誠之助に受け継がれたユートピア志向は、大逆事件によって挫折した。しかし、その挫折は彼の周囲にいて事件を目の当たりにし、強い衝撃をうけた佐藤春夫をはじめとする新宮の青年文化人の中に、陰に陽にと反映されているように思えてならない。」「……新宮のユートピア志向は、春夫の作品の中でも、形を変えて生き続けてきたように思えるのだ。」と結ぶ。佐藤春夫と大逆事件の内在的つながりを解き明かした野心的な論集の結語である。

（『初期社会主義研究』第二七号、二〇一七年十二月）

国家犯罪に翻弄された青年僧の悲劇の生涯

田中伸尚著『囚われた若き僧　峯尾節堂――未決の大逆事件と現代』
（岩波書店、二〇一八年二月）

著者・田中伸尚氏は、かねて大逆事件に深い関心をもち、一九九七年のころからその〝道ゆき〟を辿り始めたという。そして、その日本近代史最大の思想弾圧事件の犠牲者と遺族、周辺をめぐるルポルタージュの成果は、雑誌『世界』に連載のうえ単行本として出版された『大逆事件死と生の群像』（二〇一〇年五月）をはじめとして『飾らず、偽らず、欺かず　管野須賀子と伊藤野枝』（二〇一六年十月）など、いくつかの優れたノンフィクション作品として著わされてきた。最近著に位置する本書『囚われた若き僧　峯尾節堂』は、従来大逆事件二十六被告のなかでも取り上げられることの少なかった熊野・新宮グループのひとりの人物を正面に据えて語ろうとするものである。

冒頭に据えられた「第一章・節堂の妻を探して」は、これまでその存在も結婚の事実関係もおぼろであった節堂の「妻」の実像を求める著者の探求の道すじが具体的に述べられている。新婚早々に事件に連座したために、一五歳の幼妻であった可憐な妻・ノブヱは、周囲の配慮から水面下に姿を没し、一〇〇年後のいまその消息を尋ねることは困難を極めた。〝逃げ水のように〟現れては消えるあらゆる手がかりを求めて、新宮とその周辺を訪ね歩く著者の姿は、なぜそれほどまでに……？　といういくばくかの不審を読者に抱かしめるかもしれない。なぜ、ひっそりと別の人生を歩んだ人のことをそっとしておいてあげないのだろうか？　と。その不審に対する著者の立場は、次のように述べられている。

「――「大逆事件」問題の核心は、大陰謀を共謀したという話を作り上げて当時の革新的な思想と人々を抹殺した国家がいまだにその法的・政治的責任に背を向けているところにあるからだ。加えて、その国家に共犯のように加担した当時の宗教を含めた社会のありようが現在も未決のままあり続けているのだから。それでも再びこのようなことを国家に起させないためには、事件とその影響は、女たちの生と死もふくめてしずくではあっても語り続けねばならない。」（七頁）

そして、ついに著者はその人の姿を、再婚先での孫にあたる人から聞くことが出来、熊野小町といわれた当時の美少女の写真まで目にすることができた。この章は、さながら一篇の推理小説を読む思いがする。

次いで「第二章・挫折と懊悩」以降は、あらためて峯尾節堂本人の行動と内面に分け入って、逮捕当時まだ二五歳だったこの「若き僧」の軌跡をたどりながら、大逆事件という国家犯罪の犠牲者の実像に迫ろうとする。

幼い時に廻船業者だった父を海難で喪った節堂（戸籍名正一）は、七歳の時、妙心寺派臨済宗の禅宗寺院で得度出家し、僧侶の道を歩むことになる。新宮高等小学校を卒業してから大阪で修行の途に就こうとするが、眼病その他の事情で専門道場での正規の修行年限を果たせず帰郷、以後、いくつかの寺院で留守居僧などの実務に就きながら青年僧としての生活に踏み出す。ときあたかも日露戦争のさなか、『平民新聞』に拠る幸徳・堺らの非戦論や新宮の医師・大石誠之助の活動がこの青年僧に影響を与えた様子は、後年の沖野岩三郎の小説の描写などから推察される。文学趣味のあった節堂は、ひところは新宮の文化人サークルに仲間入りして草聲という俳号で句作に熱中し、「非凡な詩藻」をもつ新進俳人として頭角をあらわしてもいる。しかし、彼の精神はそうした文学活動にも寺院生活にもあきたらず迷いを深めて行った。新聞記者になりたいと秋水への大石の紹介状をもらって上京したり、無我愛運動やキリスト教に傾斜してみたり、果ては放蕩にふけったりという不安定な彷徨を繰り返していた、という。この時期については、主として前記の沖野の著や、節堂自身の予審調書での陳述や獄中手記「我懺悔の一節」に依拠して論が進められているが、著者の現地での丹念な取材から浮かび上がってきた青年僧の姿でもある。「第三章・無から有」で詳述されている大逆事件連座の状況はよく知られているので紹介を省く。

ただ、この章で注目すべきことは、「見つかった論考」の節で峯尾節堂の稀少な執筆として長文の「忘れられた根本義」が発見・紹介されていることである。著者の依頼を受けた新宮市立図書館の司書・山崎泰氏によって、『熊野新報』マイクロフィルムの探索で発見されたそれは、一九〇九（明治四十二）年六月十二・十五・十八日の三回にわたって同紙に掲載されていた。署名は節堂の俳号草聲。内容は、著者の評価では「筋の通った小論」であり「かなりアナキズムの思想に共鳴共感」「随所に高い知性」が感じられる、とする。節堂が大石誠之助らとの交流を通じて最も無政府主義思想に接近していたときの産物と言えよう。多分に借りものの思想であったとはいえ、節堂の知的レベルが後年の自虐的な手記で述べられているような虚飾と軽薄による雷同者というばかりのものではなかったことがわかり、期せずして彼の名誉回復の一端となっているように思われる。本書の貴重な新発見である。

「第四章・切り捨てられた若き僧侶」は、囚われた峯尾節堂の獄中生活と公判、判決、宗門（妙心寺派）からの擯斥処分などの経緯に筆が費やされている。章の扉には、いまも残る獄中から彼が沖野岩三郎宛に発信したはがき二通の写真が添えられ、死刑判決翌日の日付の末尾に記された「さらバ」の三文字がひときわ大きいのが彼の万感を伝えているかのようである。減刑により無期懲役となった節堂は、八年後の一九一九年千葉監獄で病死した。三三歳であった。

最終章である「第五章・後に託した節堂の思い」を概観しよう。まず「ノブヱのその後」の小見出しが第一章で足跡を追ったノブヱのその後を再び語り、「大石観の悲哀」では、節堂の大石誠之助に対する複雑な思いを彼の思想のブレと重ね合せて取り上げ、仲原清ら後年の研究者の視点をも紹介する。

さらに「我懺悔の一節の遺産」、「遺したことば」、「未決の課題」等の小見出しのもとに節堂の在り方をいま一度検証するとともに、妙心寺派の峯尾節堂復権（一九九六年擯斥処分取り消し）以後の取り組みをも点検している。本書刊行後、節堂没後百回忌にあたる二〇一八年に行われる予定の追悼法要にも言及している。

その追悼法要は、節堂の命日である二〇一八年三月六日、本書の著者・田中伸尚氏を講演者に招いて新宮で実施された。記念講演で著者が熱く語ったのは、「あとがき」でも触れているように、前年安倍政権が強行成立させた「共謀罪」という治安立法の原点が明治の「大逆事件」にこそある、という認識についてであったと思われる。同じ認識と危機感のもとに、大逆事件の真実をあきらかにする会などの大逆事件関連諸団体は、同年いっせいに「共謀罪」を弾劾し抗議する声明を発表している（『大逆事件の真実をあきらかにする会ニュース』第五七号参照）。国家の罠にからめ取られた若き僧侶峯尾節堂の姿は、現代に生きる私たちへの警告であるという著者の強い問題意識が、この一冊には籠められているのである。

（『初期社会主義研究』第二八号、二〇一九年十一月）

臨場感あふれる日露戦争下の世情

『日露戦争を伝える牟婁新報号外　明治37年～明治38年　全185枚』
あおい書店、二〇一七年一月

ここに紹介するのは、今年初めに実現した明治の国運を賭した日露戦争当時、紀南の地、現和歌山県田辺市の地方新聞『牟婁新報《むろしんぽう》』が発行した号外全一八五枚の復刻版である。『牟婁新報』は、一九〇〇（明治三十三）年創刊の田辺町（当時）を拠点とする一地方紙といいながら、社主・主筆の毛利柴庵は幸徳秋水、堺利彦、大石誠之助などの初期社会主義者とも交流する仏教徒であり、のちには荒畑寒村、管野須賀子などが一時記者として在籍し、南方熊楠が神社合祀反対など自然保護の論陣を張ったことでも知られる特色ある新聞で、今世紀初めに復刻版（不二出版）も出版されている。その本紙復刻版には収録されていない号外が、なぜいまになって復刻される運びとなったのか。いきさつは巻末に添えられた久保卓哉福山大学名誉教授の解説に詳しいが、田辺市の旧家・多屋家の長持深く保存されていた、つなぎ合わせて大きな巻物にされていた一八五枚の号外が、収集者と思われる旧家の当主・多屋長三郎の孫の世代になって突如百年の眠りから覚めて姿をあらわしたのであった。現在原本は田辺市立図書館に収蔵されているが、孫の一人・多屋朋三氏（あおい書店主）の手によってほぼ原寸大の復刻がなされたのである。

一八五枚の号外は、明治三十七年二月九日付の東京来電による「仁川停泊の露艦コレーツワリヤークの二艦は既に吾が手に皈（帰）したるならんとの報あり」を皮切りとしている。ちなみに日露両国の宣戦布告はともに明治三十七年二月十日であり、仁川での海戦勃発はこれに先立っていた。収録号外の最後の一枚は、三十八年一月四日付の「◎旅順開城規約は十一条よりなる其大様左の如し（後略）」である。戦争はその後も続き、号外も出ていたはずであるが、このコレクションには含まれていない。したがって、この復刻版号外の内容は、おもに旅順攻防戦に中心が置かれているといえる。収集者・多屋長三郎の関心のありどころを示すものであろうか。

『牟婁新報』号外の注目される特色は、その多くの号で、東京通信社からの電報来信を主文記事としたあとに、号数を落とした活字による「記者曰く」とする解説・コメントが付されていることである。筆者は主筆の毛利柴庵と目される。例としては掲載第二枚目の二月十二日付の「◎今朝福山町砲撃せられたり」に対して、「記者云く　福山町は北海道渡島國にあり人口壱萬以上の地なり」と説明しているなどがある。なお、この福山町（現松前町）攻撃は、誤報であったことが翌日の号外で知らされ、「記者」はその経緯を特記して、「読者乞ふ安心せよ」と書く。ほかにも目につく明らかな誤報は、旅順戦たけなわの八月八日付東京来電で「●ステッセル将軍は去る三日朝突然自殺せり（芝罘私電に依る）」があり、これには記者の欣喜《きんき》雀躍《じゃくやく》のコメントが付されているが、もちろん事実ではなかった。その後誤報であったことは報じられていない。

また、一〇カ月を費やして六万人という犠牲を出しながら攻めあぐねていた旅順攻略戦の推移に、僅かな捷報《しょうほう》にも万歳を叫び、余白を利用して五度にわたって町民に祝賀の提灯行列を呼びかける役割もこの号外は果たしている。なお第二回旅順港閉塞作戦で戦死した広瀬武夫中佐について中央のメディアは大々的に「軍神広瀬中佐」報道を繰り広げているが、『牟婁新報』が選択した号外は、わずかに広瀬・杉野の二人に名誉の戦死として金鵄勲章が授与されたことを報じる一枚のみである。戦争ナショナリズムに煽られながらも、不確かな情報に一喜一憂していた地方市民レベルの情況が推察される。

ほかに日露戦争についての号外を編纂復刻したものは、管見の限りでは、羽島知之編集『号外明治史　一八六八〜一九一二』Ⅰ・Ⅱ・Ⅲ（大空社、一九九七年）と『日露戦役新聞号外』上・中・下（緑の笛豆本、一九八〇年）の二種がある。前者は主として中央主要メディア発行号外集（収録資料は六五％に縮小されている）の高価な大冊であり、後者は『北辰日報』を中心に『弘前新聞』『東奥日報』など東北地方紙の号外を収録している点では本書に似た性格のものではあるが、趣味的な「豆本」として二五〇部の限定出版であり、どちらも一般に手に取ることは困難である。ここに臨場感あふれる原寸大をもって出現した『牟婁新報　号外』は、座右に置いて日露戦争下の世情を考察することが出来る廉価で稀少な史料集といえよう。簡易な装丁も読み捨てられる運命をもっていた「号外」に却ってふさわしい。

（『週刊読書人』第三一八七号、二〇一七年四月二十八日）

吉原順子――八路軍に従軍した日本婦人（福永操記録・大岩川嫩解題）

〔解題〕

遅きに失した中国日本人孤児の肉親探しは、日本の中国侵略戦争の重い歴史のツケを、あらためてわれわれにつきつけている。かれら日本人孤児たちは、敗走する日本居留民の子供たちが、本人の意志とかかわりなく中国の地に留めおかれたものであった。一方、すでに成人であった非戦闘員のひとびとのなかには、日本帝国主義の崩壊後に、周囲の状況に呑み込まれたばかりでなく、ある程度自己の選択で中国の地にとどまり、解放新中国の社会になんらかの居場所をもって生き抜いてきた人々の存在がある。これまで、そうした人の生活記録がいくつか世に出、われわれの目にもふれてきた。例えば、山本市朗『北京三十五年』（岩波新書、一九八〇年）等である。

ここに紹介される吉原順子さんは、応召軍人の家族として中国に渡りながら、敗戦後子供を亡くし夫は消息不明となった時点で、自活のために内戦期の八路軍の看護婦として従軍するという数奇な体験を経ている。しかも、日本帰国が可能となったのちも、自己の意志で、そのまま中国に定住するという第二の人生を選びとって生きてきた。このような日本女性は、やはりきわめて稀な存在であろう。

その聞き書きによる記録の筆をとったのは、吉原順子さんの従姉にあたる福永（旧姓・波多野）操さんである。操さんは、ただ単に身内の埋もれた人生を記録しようとしてこれを書いたのではない。それは、この記録の付記までを読み通される読者には理解できるはずである。従妹の順子さんは、戦前の日本のいわば上層に位置する知識階級の出自で、何ら特別な思想的背景ももたず、一軍人の妻として夫の駐屯地である満州に赴いただけの一女性であった。それが、「働かざる者は食うべからず」という認識を自然に身につけ、労働者の余生を保証する中国に骨を埋めようとするにいたった経緯はどのようなものであったのかがここには語られているのである。それは、戦前から日本の社会で共産主義運動と女性解放問題のはざまに苦闘してきた操さんなればこその視点でもあるといえる（『日本社会運動人名事典』〈青木書店、一九七九年〉の波多野操の項参照）。

次に、この記録の内容のうち、一九四五年八月以降の状況について、やや立ち入ってふれてみたい。

八月に入っての水曜日、興安南省北端の阿爾山の家に突然いつもなら土曜帰宅の夫がやってきて、ひそかに避難時期の迫っていることを告げた、という。この年、八月初めの水曜は、一日と八日である。文脈上八日でないことは明らかだから、一日ということになる。

ソ連参戦が迫っていたとはいえ、在満の一般人や開拓団員にとっては、そうした情報は全くなかった。前戦司令部の幹部だからこその情報であったろう。八月八日夜の空襲というのは、正確にはその夜半過ぎ、すなわち九日未明のことである。その空襲後、この記録にもあるように直ちに避難列車に乗り込むことができたのは、軍家族および満鉄関係者だけであった。その間の事情を『満蒙終戦史』（満蒙同胞援護会編、一九六二年）は、輸送にあたって軍・官・民の区別はなかったが、「結局において、もっとも命令し易く、もっともまとまり易い軍家族、満鉄社員家族らが最初に引き揚げて、世人の大なる指弾と誤解を受ける結果となった」（一六頁）と弁護している。しかし、取り残された一般日本人の苦境は凄惨をきわめ、集団自決を含む多くの悲劇を生んだことは周知のとおりである。現に、阿爾山よりも後方の索倫と白城の中間に近いところにあった「東京開拓団」の、ほとんどが老幼婦女子の八〇〇人は、八月十四日から十七日までの悲惨な逃避行の過程で次々と集団自決し、あるいは殺されている（『満蒙終戦史』八〇六〜八一二頁）。また、阿爾山よりさらにソ連国境に近い興安北省のハイラル（海拉爾）では、軍司令部から「在ハイラル市民は全員玉砕を期しハイラルを死守すべし、軍は退いて興安嶺陣地に至る」という指令が出され、それは「しかも軍家族は全員軍用列車で興安嶺の東へ避難し去ったあと」（満州回顧集刊行会『ああ満州』一九六五年、八〇七頁）ということさえあった。残留日本人孤児の悲劇も、実にこうした情況から起こった。

避難列車の辿り着いた通化には、すでに「満州国」の首都としていた新京（長春）を放棄した関東軍総司令部が移動していた。街は避難民で溢れ、伝染病が蔓延し、この前後における通化での死亡者数は四五〇〇人（『満蒙終戦史』五一八頁）とされている。敗戦後間もない九月二日に亡くなった順子さんの愛児もその一人であった。これまでに前掲の二書を初めとして多くの満蒙敗戦期の記録があるが、この聞き書きもまた、この時期についての一軍人家族の貴重な証言たるを失わない。

さて、より以上に「証言」としての価値をもっているのは、やはり八路軍の募集に応じた順子さんの体験がありのままに綴られている後半部分であろう。

これまでの多くの記録類では、各地での八路軍の軍規厳正と施政の公正については、おおむねこれを認めながらも、「遺憾であったのは看護婦傭員として、日本人婦女子の提供を強制したこと」（長春の場合。『満蒙終戦史』二〇六頁）などと述べているものが多く、これに自発的に応募した例があったことには言及されていない。

ところが、順子さんの場合は、生活のためという動機で進んで応募、八路軍と困難な内戦期の行をともにし、それが今日までの第二の人生の出発点になったのである。そして、留用日本人たちのほとんどが引き揚げた後も踏み留まって、恩給七五パーセントを支給される資格を得るまでも働きつづけた。

その彼女の方向を決定づけたものはなにか。それは、〝人間の正当な労働に正当な尊敬が払われる社会〟をその労働の場に見出すことができたからであることが、この淡々とした聞き書きからにじみ出ている。

日本の一上層家庭婦人から新中国の一労働者へ……この記録が物語るものは、大きな歴史の一頁にほかならない。

〔以下、福永操による記録本文は略〕

（『中国研究月報』四八一号所載、中国研究所、一九八八年）

第五部　出会いと別れ

1　人物論

心を虚しくし、耳を正して……
――東畑精一先生のこと

昨一九九五年春、アジ研の他機関との統合が閣議決定されて間もないころ、私は鎌倉の東慶寺にある亡き東畑精一先生のお墓に詣でた。碑面には「東畑家」とだけ彫り込んである簡素な墓石に頭を下げながら、私は胸の内で、〝先生、先生が礎石を置き育て上げられたアジア経済研究所は、いま……〟と、語りかけていた。一九五九年以来、初代所長、名誉所長、会長、顧問として足掛け二四年にわたり最後までアジ研を見守り続けておられた東畑先生が一九八三年五月に逝去されてから、一三回忌に当たる春であった。

そのころ、「東畑先生がご存命だったら、今度のようなことはさせなかったろうに――」とは、研究所を知る外部の学者などからもしばしば発せられた嘆声だった。「ほんとうに……」と応えながら、無念さと無力感を噛みしめていた私たちだったが、それからほぼ一年、折に触れては伝え聞く研究所の状況には、胸塞がることもしばしばだった。

そこへ思いがけなく労働組合の機関紙から、私のような定年退職者に初代所長について知るところを語るように、との要望である。いかに〝名所長〟であったとはいえ、労使関係という機構上の立場からは対極にあったはずの研究所トップについて組合がなにゆえとりあげるのか、場違いではないか？　という私の戸惑いに対して、「研究所の原像を、若い組合員を含む現職員共通の認識とするために」研究所にそれにふさわしい媒体が欠如している現状では、組合があえてその役割を担ってもよいのではないか、という委員長・書記長揃っての説得にほだされてしまった。

＊

いま、私たちが三六年前のアジ研草創期に東畑精一初代所長によって書かれた『アジア経済』創刊の辞（一九六〇年五月）を改めて読み直してみるとき、そこにたちあらわれている学問精神の大きさ、途上国研究の視点を定めようとするに当たっての厳正な省察の態度には、いまさらながら圧倒されざるを得ない。とりわけ、この創刊の辞の中核をなすのは、「研究態度」について過去の経験をふまえつつ述べられている部分である。以下にその大略を紹介する。

〝過去における研究の態度〟を顧みて、東畑所長は、歴史関係以外のアジア研究・調査は、「国策」を機縁として始められたものがほとんどであることに注意を喚起してから、研究の機縁が国策によって発動したにせよ、ものごとの機縁は必ずしもその本体とはならないとし、しかし、

「問題とさるべき唯一の点は、かかる動機がどこまでも研究に付いてまわり、研究自体を制約していったか否かにある。不幸なる場合には、事物の真理に迫り事実を冷静に判断するこ

とが妨げられ、研究なるものが実は他を圧し他を征する便宜論に堕してしまう。そこにあるものは単に一時的なあるいは偏った日本の「利害」論となり終わったのである。光がかくれて熱――しかも粗雑なる欲情――がひとり浮かびでているに過ぎないのである。」

と厳しい言葉で述べ、その実例としていわゆる大東亜共栄圏的な思考が「東洋各地の純然たる学問的研究を抑制し覆ってしまっていた」ことを挙げ、例外的ないくつかの学術現地調査の事例を除けばこうした戦前の研究からは学問的にも人材的にもほとんどなんらの遺産も残されていない、とする。そして、

「……ここにわれわれが心を虚しくしかつ耳を正して聞きいるべき研究上の態度についての反省があると思う。「アジア経済研究所」はまさにかかる反省によりつつ、真摯な研究に終始しようと思うものである。」

と言いきる。この一文の背景を考えてみよう。高度成長期をようやく迎えようとしていた日本で、当時としては巨額の国費を投じて創設された「国策」的研究所の出現は、社会の注目を集めていた。発足に当たってはこれに参加してその研究陣営に加わりたいとする自薦他薦のおびただしい人々があり、それは「比較的年配者が多かったが、会ってみるとほとんどすべてがかつてアジアのどこかで勤めていたという類の人で、現地語も知らず、知ろうとする意欲も持たず、歴史も知らないという人」（東畑精一『私の履歴書』日本経済新聞社、一九七八年）であったという。戦後まだ一五年そこそこのそのころ、かつて「粗雑なる欲情」の横溢した時代の影を引いている人々で

あったのかも知れない。これら自薦他薦組をいっさい排して清新な学問への息吹をもつ若い研究者たちを育成しようとして、「卵から養成する」（同上）試験採用制度という大原則を確立したのが東畑所長の方針となった。反面、入所できなかった人々やその周辺には失望とともにある種の反感を持たれた向きもあったようだし、またアジ研が「国策」によって生まれたという面にだけ批判的な目を向けて〝昔満鉄いまアジ研〟などと誇ろうとする傾向も一部に存在した。研究所内部では、厳格な選抜試験をくぐり抜けて採用された若い職員たちのなかにも、折から「六〇年安保」運動の高揚期のなかでこうした外部からの雑音や批判にたじろぐ者もなかったとはいえない。まだ生まれたばかりの研究所のなかで組織としても個人としても主体性が確立していない時期には当然のことであったろう。

このようなとき東畑所長の名で発表された「アジア経済創刊の辞」は、過去への反省をもって厳しくこれからの研究態度を戒めると同時に、他方正しい学問研究のあり方を貫くならばその機縁にいたずらに捉われているべきではないという方向性を明示して、動揺しがちな研究者の「卵」たちに将来を展望させ未開拓の分野に第一歩を踏み出す勇気を与え自信を培う輝く指針となった。しかもそれが、あくまでも謙虚にひたすら「心を虚しくし、耳を正す」反省のうえに説かれたところに東畑先生の組織の長として全職員へ語りかける真心があったと思う。さらにそれは、所長訓辞などのありきたりの形式をともなうものではなく、学術機関誌『アジア経済』の創刊という機会をさりげなくとらえて内部職員のみならず広く社会にも呼びかける、公的な声明というに等しいものであった。

つまり、これこそまさに岸内閣におけるアジア重視政策という「国策」を機縁として実現した特殊法人・アジア経済研究所の本格的な門出に当たって、これだけは明確にしておかねばならぬという東畑「初代所長」の宣言だったのである。これが、誰言うとなくいつしか〝東畑精神〟と呼ばれて、折あるごとに顧みられるアジ研創業の原点として語り継がれることになったのも、この東畑所長の「心」が深く研究所内部に浸透したからにほかならないだろう。

＊

現在の研究所ビルが市ヶ谷に新築されオープンしたのは一九六三年四月一日、私の正式入所もその日である。しかしその年二月末に東畑所長は重症の肺炎で倒れ、五週間の入院生活中だったので、新ビルの開所式には姿が見えなかった。ようやく健康を回復され痩身に和服姿の東畑先生が実際に新ビルに出て来られたのは、四月も終わるころだったと記憶するが、思いがけず私は、それからの二年間を秘書としてその所長ぶりを目の当たりにすることになった。

「研究所というものは、その基礎が固まるまで一〇年は必要だ。ぼくは農総研（農業総合研究所）の初代所長も一〇年やった。だからアジ研も一〇年はやるつもりで引き受けた」と、先生は私にも語られた。アジ研誕生に際しての通産・外務両省の激烈な所管争いのあげくに、東大を定年退官したばかりの東畑先生を初代所長として迎え研究所運営を委ねるについての原則を決定したのは、一九五九年春、岸信介首相、高碕達之助通産相、藤山愛一郎外相、小林中、東畑精一の五者会談によるとされる。財団法人・アジア協会の会長からアジ研初代会長となる小林中も当時財界四天王の一人といわれた実力者であったし、東畑精一は著名な農政学者であるのみならず、すでにして四〇代の若さで一九四六年第一次吉田内閣の組閣時に三顧の礼をもっての農林大臣就任要請を固辞して以来政界の大御所吉田茂とも対等の交際関係にある戦後日本の指導者の一人でもあった。いずれ劣らぬ大物揃いである。

小林・東畑の二人に〝全部任すから思う通りにやりたまえ、藤山君そう定めようじゃないか〟と発言したのは高碕通産相、〝希望条件は二つ、一つは発展途上国問題のエキスパートを養ってほしい。他の一つは公開の権威ある図書館をつくってほしい、この二点以外に言うことなし〟と述べたのは岸首相だったという(『私の履歴書』)。やがて翌六〇年安保改定反対運動の高まりによって打倒される岸総理その人ではあったが、このときの二条件はなかなか立派な見識だったといえよう。こうして、特殊法人として国費による人件費・事業費の保障を受けながら、独立不羈の研究所体制がその本旨とされ、行政官庁も容喙をはばかる伝統が形成されたのである。

さて、私が身近に見聞した東畑所長の日常的、具体的な研究所運営のありかたには、厳しさと温かさがみごとな統一をもって醸し出されていたように思う。卑近な私自身の体験で言えば、いつも機嫌よくいろいろと話され、小さなサービスに対しても必ず、ありがとう、ありがとうと繰り返して言われた。また私用――煙草を階下の売店で買ってくるようなこと――に決して秘書を使おうとされず、必ず自分でされた。調査系、事務系を問わず職員の顔と名前をよく覚えておられて、誰とでも気軽に談笑された。口癖に、ぼくが覚えきれないほどの人数にはしたくないねと言い、その目安は二〇〇人だというのに急成長した研究所人員はすでにそのラインを越えていたので、困ったもんじゃ、と笑っておられた。その反面、先生の地位や盛名に媚びる態度を見せる人間を甚だしく嫌い、お茶坊主的な人物は決して寄せ付けなかった。いくつかのエピソードも想起される。温顔の蔭には秋霜烈日の厳しさが秘められていた。

当代の碩学といわれる身でありながら、こと学問研究に関してはどんな若い研究者でも対等に遇され、その意見に耳を傾けられた。海外派遣制度や共同研究方式を研究推進の路線として確立した上で、「研究の自由」を基本原則として重視し、研究の自発性と創意はとりわけ尊重された。また人事面でとくに留意された一点は、「アジ研のよいところは学閥がないことだよ、うん、その点では成功した」とある日洩らされたことから窺える。所内に新しい現地語の修得数が増えて行くのをことのほか喜ばれ、もう十数カ国語だ、いや、二十に達したと数え上げては、研究所の将来に大きな期待を寄せておられた。さらに社会資本としての図書館の充実に深い関心をもち担当職員を常に励ましておられたこと、図書や統計類、地図類などの収蔵状況を内容にわたって驚くほどよく把握しておられたことなどは忘れ難い。研究成果の出版や和文・英文の機関誌に意を用いられていたことは言うまでもなく、英文機関誌『The Developing Economies』の編集委員長は最晩年まで自ら務められていた。事務部門では経理を厳正にすることを常に戒められ、それが極めて印象的だったことが後々まで関係者たちに記憶されている。

「一〇年やるつもりで引き受けた」と言われた東畑所長は六年で名誉所長を経て会長となり、次期の小倉武一所長時代はなお毎日のように出所して在外職員からの通信などには相変わらず目を通されていた。やがて所長就任から一二年目の一九七二年会長をも辞して顧問の地位に退かれるが、これは必ずしも東畑先生の本意ではなかったとも伝えられている。

一九八三年四月二十六日私は、アジ研に最後に顔を見せられた八四歳の東畑先生と一階のエレベーター前でばったりお会いした。その時の会話は深く心に刻み込まれているが、ここには記さない。ただわかったのは、東畑先生が自身の人生の終わりの日が間近であると悟っておられることだった。九日後の五月六日、先生は世を去られた。

＊

そしていま……近い将来に予定されている所在地移転により年間一万人の閲覧者を数えるまでに成長した図書館はその公開性が損なわれることが危ぶまれ、研究所の独立は特殊法人統合整理の波に呑み込まれようとしている。かつて創立二〇年のころアジ研の現状を〝今は全翼を広げて大きく飛んでいる。気がかりなのは、「中年のたるみ」だけである〟（『私の履歴書』）と観じられた東畑精一初代所長は、果たして泉下にこの状況をどう見られるであろうか。

（二月六日記）

（『arrow』（アジア経済研究所労働組合機関紙）No.8、一九九六年二月二十一日号）

小倉武一先生と幸徳秋水

こんなタイトルは奇異に感じられることだろう。しかし一九九七年六月のある日、意外にも、「私は、幸徳秋水の墓参りに二回も行ったんだよ」と、小倉先生は言われた。

その日、私は久しぶりに農政研究センターで先生にお目にかかっていた。アジ研を定年退職してから三年後のことである。私の退職を送るために先輩、同僚の方々が開いてくれたパーティに小倉先生も顔を出してスピーチしてくださるなど、在職中も退職後も先生からはひとかたならぬご厚情をいただいていた。時折は無遠慮な私のあれこれの意見にも快く耳を傾けてくださるので、この日もちょっとしたことをきっかけに伺ったのだった。先生は、私が最近何をしているのか、と問われ、「ぐうたら遊んでいます」などとお答えしていたのだが、問い詰められて、ちょうど大逆事件についてある雑誌からの依頼原稿を執筆中であることを言ってしまった。アジ研での仕事とはなんのかかわりもないが、日本近代史専攻の私は、長年「大逆事件の真実をあきらかにする会」の世話人を務めてもいる。

すると、先生は、「大逆事件とは、あの幸徳秋水のか?」と俄然興味を示された。そして、「私は『幸徳秋水全集』を持っているんだ。土佐中村市への墓参りにも二回行った」との思いがけないご発言だったのである。びっくりした私は、思わず、なぜ、いつごろから……？　と続けざまに反問した。「近年のことだ。日本農業の将来を考えると、自然保護やエコロジーについての認識に行き着く。それでアナーキズムが何らかの参考にならないかと思ってね。日本の無政府主義者の幸徳秋水についても勉強してみている」という意味のことを先生は話された。

ひとしきり、大逆事件の話が弾んだが、先生とこんな話題についてお話する機会があろうとは、夢にも思ったことのなかった私にとって、忘れがたい思い出である。そのとき、先生は八七歳、「大逆事件の年、明治四十三年に私は生れたんだよ」ともおっしゃった。その高齢となられてなお、日々新たな発想のもとに日本農業の行方を探求される先生の姿勢と柔軟な思考には、心から畏敬の念を新たにせざるをえなかった。

そして、この日が私の小倉先生とゆっくりお話しできた最後の日となってしまったことが、なんとしても悲しい。

（アジア経済研究所有志による『小倉武一先生を偲ぶ集い』記録集、二〇〇二年六月）

わが小島麗逸論

小島麗逸教授還暦記念論文集『途上国の経済発展と社会変動』序論

小島麗逸さんを識ってから三十有余年になる。しかし、親しい、といえるほどの友人関係はせいぜいこの十数年というところであろう。それも、互いにどれほど意識的であるかは、甚だ心許ない。そこで、小島さんについての私の最初の記憶を手繰ってみた。すると、まだ誰にも——もちろん小島さん自身にも——話したことのない三十数年前のある経験が想起される。

一九六三（昭和三十八）年であったか、ある日、香港での海外派遣任期を終えて帰国した小島さんが研究所に提出した業務上の帰国報告書が各部長の閲読を経由して役員秘書室に回ってきた。当時の私は秘書室勤務で、理事・所長に取り次ぐ前にあらゆる書類に目を通しておくことを命じられていたが、その帰国報告書は、それまでに目にした同種のものと比べると、たしかに異色のものではあった。まず、型破りである。しかるべき形式を踏んで報告しようという形跡がまるでみられない。詳しいことは忘れたが、香港という未知の世界に飛び込んで、月日を重ねれば重ねるほど分からないことが増え、勉学の方途に迷ったということが、冒頭から感想めいた文体でしかも苦渋に満ちたというのではなく、勢いよく、躍るような筆跡で述べられている。

あらためて、報告書をカバーしている回覧票をみると、果たして、「海派報告書というのは、こんなふざけたものでよいのか?!」と、憤懣《ふんまん》に堪えない語調でのコメントが書きつけてあった。お役所から出向して来られている某部長の筆である。……これが、私がまだ顔も知らない小島麗逸氏なる人物を強く印象づけられた最初の機会であった。

ふざけている、と某部長はとられたが、それは誤解であろう、この人は少々率直すぎ、かつ舌足らずなきらいはあるが正直な心境を吐露しているに過ぎないし、しかもそれは重要な問題提起を含んでいる、とその時の私は感じたが、その直感はその後の三十数年の交流のなかでほぼ立証されたと思っている。まことに鮮烈な私との人間関係における小島麗逸のデビューであった。なお、当時の東畑精一所長のアジア経済研究所運営の基本方針は、こうした官庁的常識からの異端児をも大きく抱擁してその個性を伸ばすところにあったので、さきの某部長の非難にもかかわらず、小島麗逸は中国研究者としてアジ研のなかでなんらの組織的掣肘《せいちゅう》を受けずに羽ばたき続けることができたのである。

ともあれ、小島さんの真骨頂は、このようにどんな場合にも形式にとらわれずあくまでも率直に——場合によってはやや軽忽に——自己表白をするという所にあり、それから三十年余りの年月を経たいまでも少しも変わっていないように見受けられる。ことのついでに、もう一つ二つ、思いつくままに同種のエピソードをあげてみよう。

＊

私の亡夫・大岩川和正は、かつて小島さんとアジ研調査研究部の同僚だった。そのころはみんな三十代になるかならぬかの若さだった。ある日、和正が家でおかしそうに話したことがある。「今日、レーイツ（とこの友人を親しみを込めて呼んでいた）がね、〝ワシの心の中には汚いものがいっぱいある。有名になりたい、カネがほしい、その他モロモロ……、自己嫌悪だらけじゃ〟だって。そんなことは誰でもあるんだよ、って慰めたけど――」「ふーん、いかにも小島サンらしいわね」と、私も笑ったものだ。

そういえば、私たちが結婚することになったころ、それが職場で彼の耳にもはいったらしく、研究所の階段ですれちがいざまに呼び止められた。「アンタ、大岩川氏と結婚するんだって？　いいヤツつかまえたじゃあないか！　よかった、よかった！」

つかまえられたのは、こちらだと思っていた私は少々プンとしたものだが、小島さんなりの精一杯の祝福の言葉であったらしい。

一七年後、和正は四八歳で病没した。小島さんはその追悼録に、彼との間では議論の積み残しがたくさんある、やがて自分が鬼界に招されるときには積み残しの問題を風呂敷に一杯詰め込んで持って行き議論を再開したいから、「それまで、ジィーと待っていてほしい」と書いてくれた

（「律儀すぎた君」、『明けつれど――大岩川和正教授追悼録』、一九八二年十二月）。いつも資料でいっぱいの風呂敷包みをかかえて飄々と歩いている小島さんらしい手向けの言葉であった。

＊

近年にはこんなこともあった。小島さんの教え子にあたる中国研究者がある公立短期大学の教職公募に応じることになり、彼に推薦状を書いてもらった。短大側から求められている資格・能力には、その人の専門科目のほかに、「アジア論」の講義を持つことという項目が含まれていた。小島さんは、まず専門領域の優秀であることを保証してから、次のような趣旨を書いたという、「アジア論の講義も、いまはまだ無理だが、彼の努力をもってすれば二年ほど後にはできるようになるだろう」と。

受け取った選考委員会は戸惑った。果たして、これは教え子の能力を保証・推薦しているといえるだろうか？　反対にアジア論までは保証できないと暗示しているのではないだろうか？　と。

公募の結果が三〇倍にもなろうという激しい競争場裡での教え子の就職を応援する推薦状なら、最大限の褒め言葉を連ねて保証を与えるのが普通である。そんな世間の常識からみれば、たしかに戸惑いや疑念を抱かれてもやむを得ない書き方であろう。当の人物は最終候補に挙げられながら、そのために選考委員会は難航した。しかし、幸い「いや、これは美辞麗句のみに終始するありきたりのものとは異なる素晴らしい推薦状だ」という見識ある意見も出て、ようやく採用が決定されたという。

後日、その世間的に〝非常識な〟推薦の仕方を周囲から難じられて小島さんは、「だってウソは書けないよ。自分自身、わが大学の教養課程で同じ講義を担当してみて、それが如何に難しいかを知っているからね。大学院や専門課程ならいざ知らず、教養課程や短大だからこそ、難しいんだ。ワシも三年目ぐらいにやっとできるようになったんだから」と答えている。つまり、世の常の〝推薦状〟とは違う次元での高い要求水準が書かれていたのだ。まさに正論ではあるが……ということ学問や教育に関することとなると、厳しすぎるくらいの小島さんの真剣な態度を示す好例ではある。しかし就職希望の被推薦者にとっては、それが危うく裏目に出るところであり、小島さんがいわゆる「世間智」と無縁であることもまた立証されたようだ。

＊

ただし、前記の例でも「素晴らしい推薦状」と直接に小島さんを知らないにもかかわらず評価した具眼の士がいたように、彼の〝ウソは言えない〟人柄に対する信頼のおかげで、小島さんに就職や再就職の世話をしてもらった教え子や友人もまた多い。アジ研在職中に彼の中国経済研究者としての評価が高まるにつれて、大学などからの勧誘も再々あったが、移籍の意思のなかったころは固辞して他を紹介していたようだし、専門分野は違っても彼への人間的信頼関係から候補者の推薦を求められる場合もあった。

反面、小島さんがその信義をないがしろにされたと感じたときの瞋《いか》りをも私は目の当たりにしている。小島さんの推薦によって大学に職を得たある友人が、さして年月も経たないのにその職場に不満をもち、辞める、と言い出したことがある。あまつさえ次の職場を斡旋してほしいと小島さんに頼んできた。「こともあろうに、その大学に推薦したワシにだよ、〝こんなところに誰がいてやるか〟ときたもんだ。さすがのワシもカーッときたね……」というわけで、かなり手厳しく其の態度を批判してやったらしい。ほかにも似たようなことがいくつかあった。人間的な弱点に寛容ではあっても、信頼関係を傷つける利己主義に対しては容赦がない。また彼は一見磊落《らいらく》な毒舌家のようではあるが、実は極めて礼儀正しいところがあり、他人についても非礼な態度や無神経な言動に対する目は厳しい。小島さんは、決して学者馬鹿のお人好しではないのである。

＊

小島さんの学問内容について深く知っているわけでもない私が僭越にもこの一文を草しているのも、アジ研在職中の最後の一二年間に担当した情報誌『アジ研ニュース』の編集プロセスを通じて執筆者としての小島さんにたいへんお世話になり、またその経緯からそれまでの人間関係を一挙に縮める信頼関係・友情を培うことができたからである。

小島さんは、人一倍真剣に研究生活に打ち込み努力する学者であるだけでなく、後進の若い研究者を厳しくかつ温かく育てることにも情熱を注いだ。それと同時に、アジア経済研究所が日本の社会で果たすべき途上国認識についての役割をも重視し、そのための窓口である『アジ研ニュース』への協力を惜しまず、執筆に当たってはその独特の活気ある語り口で、分かりやすく、しかもレベルの高い内容の原稿を提供してくれた。いくつかの例を挙げれば、「中国・急ぎすぎた教育の普及」（No.45、発展途上国の教育特集、一九八四年四月）、「中国・急ぎすぎるほどの統一化」（No.52、発展途上国の度量衡特集、一九八四年十二月）、「中華文明圏――旧暦・新暦と公休日」（No.65、発展途上国の暦特集、一六八六年二月）、「胡耀邦の失脚とその経済的背景」（No.79、一九八七年五月）等々である。

とりわけ、No.52のそれは、私が右肩骨折の事故で入院、独りで担当していた『アジ研ニュース』の定期発行が危殆に瀕したとき、同誌に何の責任もないにかかわらず自ら編集の肩代わりを買って出て度量衡特集の企画案を提示し、広く地域の各研究者に呼びかけて原稿を集めてくれたときのものである。そしてこの特集は各方面から好評を得て、後日単行本に再編することになり、小島・大岩川編『「はかり」と「くらし」――第三世界の度量衡』（アジア経済研究所、一九八六年）として刊行された。なお、その際私も共編者とされたのは、偏に小島さんの慫慂《しょうよう》――というより強制によるものである。

これがきっかけとなってその後、「こよみ」（労働リズム）、「すまい」（住居問題）、「のりもの」（交通機関）、「たべものや」（外食産業）、「きもの」（日常着）、「あそび」（娯楽産業）と、第三世界の「くらし」シリーズが多勢の研究者たちの協力で次々と生まれていった。小島さんは最初の二冊「はかり」および「こよみ」の企画者・編者として、実に上記七冊にわたるこのアジ研名物シリーズの生みの親の役割を果たしてくれたのである。ほかにも途上国の農業補助政策の特集＝単行書化をも主導されている。

また、「胡耀邦の失脚とその経済的背景」は、年度末の研究者繁忙期で八七年五月号の巻頭論文の書き手を確保できずに困っていた私を見かねて、その年三月末でアジ研を辞して大東文化大学へ移籍することになっていた小島さんが、退職直前の多忙を極める状況の中で執筆してくれたものであり、タイムリーかつ鋭い分析内容とともにその厚意は忘れ難い。

さらに、度量衡や暦の特集の提唱にみられるような一連の仕事の背景には、つねに小島さんが中国研究＝途上国研究を進めるに当たってその地域に暮らす人々の生活そのものに熱い眼差しを向けていたという事実がある。そうした彼の問題意識が、ほかの若い研究者たちを刺激し、インスパイアした功績は大きい。庶民の「くらし」の実態に直接に迫ることから途上国の社会経済構造を逆照射するという方法の有効性を誰よりも信じているのが小島さんであるといえよう。その後アジ研を去った後も、やはり『アジ研ニュース』の特集企画が端緒となって総合プロジェクトにまで発展した「環境問題」の研究会で分科会の主査をつとめ、第三世界、とくに中国の環境問題研究をリードする存在となった。付言すれば、中国の工業化と公害の問題にいち早く着目して、一九七〇年代初めから警鐘を鳴らし続けていたのが小島さんであった。「中国には公害は存在しない。なぜなら人々が集住する地域やその風上には工場がないから」などと発言する中国通も多かった頃のこと、その先見性は光っていた。

＊

いっぽう、自身に内在する土着性に衝き動かされたのでもあろうか、小島さんはいまから二十年ばかり前に山梨県大月市猿橋町の山村地帯への帰農を実現した。いや、〝帰農〟というのは正確ではない。すでに四児をもち、日々中国研究に努めていた彼は、その一方で都会のサラリーマン化した日常生活に根無し草的焦燥感を抱くようになっていたのかも知れない。小島さんは、計算した。当時の研究所勤務のなかでも許され得る休暇日数の最大限を利用すれば、年間五反歩の農地を耕作するに足る時間を確保できる。中央線・大月から新宿までの往復三時間の電車内の時間は読書・勉強に充てられる。研究生活と山村生活を両立させることは不可能ではない、と。

一九七六年、小島さんは生活の根拠を、家を新築した山梨県大月市猿橋町朝日小沢に定めた。購入した五反歩ほどの土地が正規の農地として認められるまでには農地法にまつわる紆余曲折があったが、ともあれ念願の畑作農民の生活に片足を踏み入れることもできた。農地、といっても生産力の必ずしも高くない山村地帯であり、非熟練農民の小島さんが生産物を市場に出すにはほど遠く、爾来、私たち友人はしばしばその畑の折々の作物の余恵に与ることとなったり、アジ研ビルの玄関先に〝ＷＥＬＣＯＭＥ〟という字が浮き彫りになった小島農場産のカボチャが姿を見せることになる。

「得体のしれない〝よそもの〟としてやってきたワシが村の共同体の仲間としてようやく受け入れられるようになったのは、部落のあらゆる会合につとめて顔を出し古老と膝を交えて酒を飲み、下世話な話にも付き合って……その一五年がかりだったよ」とは、いつぞや私が耳にした小島さんの述懐である。この間の彼の作品には、『新山村事情』（日本評論社、一九七九年）、『巷談　日本経済入門』（朝日新聞社、一九九一年）などいくつかがあり、独自の観察者としての評価を得ている。わけても、『新山村事情』は、二〇年近くを経た今日読み返してみても、新鮮な問題提起に満ちたきわめてすぐれた作品である。

大東文化大学に移籍（一九八七年）した後も、現在までその生活は続いている。ただ、やはり毎日の遠距離通勤はさしもの小島さんにも辛かったらしく、大月移転後間もなくから都内にも足がかりを設けるようになった。夫人も首都圏の大学に専任で教鞭をとっておられる今では、江東区にマンション一戸を所有してウィークデーの大半はそこで過ごしているようである。また、大月に居を定めたときには義務教育年齢だった四人の子女も成長し、やがて東京の大学に進学して下宿が必要なころになると、その負担も大きくなり、山村暮らしには思わぬ誤算があったことを認める口吻を洩らすこともあった。

しかし、いずれにせよ小島さんの選んだこの生活スタイルこそ、彼の理想主義・ロマンティシズム・楽天家ぶり、そしてそれらを総合しての〝我が道を往く〟自信とプライトを示すものであったといえよう。

*

小島さんの資質を語るうえで忘れてならないのは教育者的側面……というより後進の研究者へ注ぐ全人格的な関心と働きかけである。それは、研究所が行う公的な〝新人研修〟などとはまったく別の場で若い研究者たちに作用し、かれらの研究者魂になんらかの足跡を印している。

一九八六年夏、私はたまたま小島さんがボランティア的に組織した八五・八六年度入所の若い研究者たちとともにする国内見学旅行に同行して、その側面を垣間みた。「盛衰産業視察旅行」と名付けたその旅は、一週間にわたって山梨県、長野県、静岡県の三県を歩き、「盛」すなわち農村地帯に展開する半導体など電子工業、カメラやビデオテープ生産、マイクロモーター工業などの新興の先端産業と、「衰」すなわち林業、蚕糸紡績などの伝統的衰退産業の実態を見学するものであった。ワイン生産のワイナリー、農業用廃プラスチックのリサイクル工業など、盛衰のどちらに属するとも言い難いものもあったが。

いずれ途上地域研究のために海外へ赴任する若い人々の日本の現実についての知識は、必ずしも充分ではない。とくに近年、偏差値時代の受験戦争を勝ち抜いてエリートコースをまっしぐらにアジ研まで到達した秀才たちにおいて、その傾向は著しい。しかし、日本の実情を知らずしてよその国の社会や経済のまともな研究が出来るはずがない、という至極真っ当な発想から、小島さんはこうした旅を企画し、かつその機会を若手との交流を深める場としたのである。つねに日本と比較する視点を持て、というのも小島さんの口癖であり、自身それを実行していた。

レンタカーを含む乗用車七台を連ねての旅は総勢一六名、シニアは小島さんを含めて四名である。小島さんは大月に住むようになって取得した運転技術でオンボロの愛車を駆っていた。それからすでに十年余りを経たいまでも、参加者のメンバーが顔を合わせると旅の思い出話が弾む。楽しくも有意義な旅であった。本記念論文集に名を連ねる執筆者のなかで、武内進一、幡谷則子、木崎翠、沢田ゆかりの各氏は、いずれもこの旅のメンバーである。

余談ながら、見学先でリーダーとして礼儀正しく振舞う小島さんの姿はほほましく、私はかつて自分が職務上引率者となって実施した研究所主催の工場見学時のある情景をつい想起してしまった。本田技研鈴鹿工場で二輪車の生産ラインの厳しい労働実態を見ていた小島さんが突然、「ライン操業中にトイレに行きたくなったらどうするんですか？」と質問し、工場側の案内者は顔をこわばらせて、「操業中はトイレに行きたくなりません！」と答えた。だが、一見ふざけたような意表を衝く質問で、機械に人間が合わせる、という近代工業の本質をたちまちにあぶりだしてしまうのもまた小島さんの得意技なのであった。

＊

さて、ようやくここで中国研究者としての小島さんの姿勢について、ひそかに私が観察してきたところの所感を整理してみよう。

さきにのべたように、私が小島さんを識ったのは、香港派遣から帰国した時点からである。ときに二九歳。この頃の彼は他の多くの良心的な中国研究者と同じく、新中国の指導原理と政策に素朴な信頼を寄せていたようだ。

関連して記憶に残るエピソードがある。ときあたかも中ソ論争たけなわの一九六四年のある日、研究所の第二会議室で「中ソ論争についての討論会」が開かれた。報告者は小島さんだったがその報告内容は、中国が全面的に正しい、とする多分に心情的なものであった。理由として、彼は現在行われている論争の内容よりも、過去の歴史的事実、とりわけ抗日統一戦線や国共合作、さらには内戦から新政権樹立にいたるまでの中国共産党の政策＝毛路線について縷々解説し、その正しさが現在の中ソ論争にまで延長されうるとした。つまり、論拠は「中国共産党の無謬性」に対する信頼そのものだったのである。

こうした発想は、このころの中国に親近感を持つ中国研究者に共通の態度でもあったと同時に、彼自身の経歴のなかにも動機付けが求められるだろう。小島さんは私と同じ昭和一桁末期生れの世代である。日中戦争のさなか一九三四（昭和九）年に生を享け、ナチスを真似て小学校から改称して間もない「国民学校」に入学したその年一九四一年にアジア・太平洋戦争が始まり、そしてその五年生で敗戦の八・一五を迎え、戦後民主主義教育のもとに成長した。こうした成育歴をもつ私たちは、やはり同世代の大江健三郎のように当初から熱烈な戦後民主主義の信奉者であった。のみならず、戦時中の「聖戦」教育の虚偽のヴェールが引き剝がされて認識した中国侵略の事実の衝撃から、このころまだ国交回復以前だった新中国に信仰にも似た熱い支持を寄せていたのも不思議ではない。小島さんの場合、それが信州伊那の農村地帯を故郷とする彼の良い意味での「土着性」ともあいまって農村から革命を成就させた中国共産党への言い知れぬ信頼感ともなっていたようにも思われる。一方、私の場合はその数年前から中国共産党の言動に次第に疑問点が多くなってきて中ソ論争に関しては「どっちもどっち」というあやふやな批判を持つようになっていたので、この時の小島さんの報告にはかなり違和感を覚え、若干そのようなことを口にした記憶がある。しかし狭い第二会議室に溢れていた出席者の中で、ほかにこの小島さんの熱弁に異を唱えたのは、「ぼくは毛沢東は所詮トーマス・ミュンツァーに過ぎなかったのではないかと思うんです」と京都訛りで発言した中村尚司氏（現龍谷大学教授）ただ一人であった。小島さんかこうした異論を〝歯牙にも掛けぬ〟という態度だったことは無論である。

しかし、経済学研究者としての小島さんは、アジ研入所当初から石川滋一橋大学教授の厳しい指導のもとに近代経済学の手法を援用しての中国の経済分析に非常な努力を注いでいた。もとより日中国交回復以前であった研究生活の出発点では、中国本土へ足を踏み入れることもできなかった。中国経済に関しては資料そのものが不確実であり、発表される乏しい経済関係資料や『人民日報』記事を〝紙背に徹して行間を読む〟という史料批判の方法を否応なく身につけねばならなかったし、かれ生来の批判精神からくる理性的な分析態度もまた研ぎ澄まされていったであろう。

のちに一九八七年三月、アジ研を去るに当たって小島さんは、自らの二〇年間の研究生活で追い求めたテーマと方法について、次のように総括・要約した。

「石川滋氏モデルの枠とその枠外に出ようとした往復運動。工業化の原始蓄積期研究は共通。原蓄の強行メカニズムを、石川氏は計量的に物的生産、価値生産額で追跡。小島は金・物・労働力にたいする党の一元的支配によるメカニズムを描く。具体的には、労働蓄積（労働強化）により、資金、技術の対外依存を拒否し、なおかつ、急増し続けた人口を養い、人間としてのの基本的な福祉を保証しえた経済メカニズムを論証しようとしてきた。」

（小島麗逸「アジ研調査研究部における最終報告」レジュメ、一九八七・三・一八）

この〝テーマと方法〟のもとに当時の小島さんが誰よりも精力的に誠実に孜々《しし》として励み続けたことは、その間の夥しい論文・作品群が証明する。

しかし、やがて小島さんの書く論文や中国の経済政策についての発言の中には、素人目にも、何とか毛路線の正統性と現実の中国経済運営の失敗という矛盾を統一的に理解しようとする二律背反の苦渋がにじみ出始めたように見える。とはいえ数多い小島麗逸論文の評価についてあげつらうことは専門を異にする私にできることではないので、ここではやはり記憶に残る小島語録の一つをあげておくにとどめよう。それは、毛路線の、鉄の生産を農民の手で、とのスローガンに中国全土が浮かされた、いわゆる〝土法生産〟についての疑問に彼が答えた言葉である。

「そりゃ、農民が鍋や窓枠を土で築いた竈で溶かして造った鉄なんか、粗悪で農機具としても使いものにならず、経済的には非生産的なのに決まっている。しかし大切なのは、それまで封建的地主制度の下で虐げられ無力感しか持っていなかった中国の農民に、自分たちでもやる気にさえなれば何でも出来るんだという自信を植え付け得たことなんだ。そこにこの運動の意義がある。」

かなり苦しい意義づけのようにも聞こえたが、それでも（フーン、そんなものかなあ）と聞き手に思わせる不思議な説得力があったのは、やはり誠心誠意自分自身をも説得しているかのような小島さんの姿勢に由来したのかも知れない……。

そして後日、さきに引いた〝追い求めたテーマと方法〟の項目は、次の言葉で結ばれている。

「ただし、その体制は二〇年継続の後、一九七九年崩壊した。これを予想し得るような方法と視角は、小島の中にはなかった。」

問題を回避することなく自己批判に耐えようとする研究者の厳しさに、小島さんのアジ研最後の言葉を聞こうとして大会議室を立錐の余地なく埋め尽くした人々は粛然となった。

*

すでに上記の最終報告会の日から、さらに一〇年が経過している。中国文化大革命の終息から十数年、改革開放路線も定着した現在では、中国研究界もかつての〝政治的呪縛〟から解放されて、百花斉放の時を迎えている。古くからの研究者のなかには、相変わらず中国政権の動向のまにまに向きを変える人物もあれば、過去の礼賛発言を忘れたかのように肩を怒らせてことごとに中国の過去・現在の政策を論難する向きもあるようだ。しかし、わが小島麗逸は慌てず騒がず冷静に過去を振り返り、「死体累々と表現するほどは物を書いてはいないが、あれを間違えた、この予想もはずれたということが多く、『死体』はいくつもある」（中国・アジア研究の今昔）『アジ研ワールドトレンド』一九九五年五月号、巻頭言）と、いまはゆとりをもって反省する。〝死屍〟累々といわずに〝死体〟と表現するところが小島さんらしいが、ともあれ実証的に積み上げてきた自己の研究は全否定されるべきものではないという自信もほの見える。そしてまた、この巻頭言では現在の中国研究のみならずアジア研究全般の状況を国際的な視野に立って鋭く見据えようとしているのが、過去の「死体」を乗り越えての小島さんの覚悟のほどを物語っているようでもある。

一九九三年十二月、アジ研九階の国際会議場では、「開発と環境」をテーマとする国際ワークショップが開催されていた。その会議で中国の武欣欣（Wu XinXin）教授報告のコメンテーターを務めた小島さんは、中国の工業開発と環境問題との関係に楽観的な武教授に対して、語気鋭くその見通しの甘さを指摘した。さらに会議の締めくくりの最終報告者として立った彼は、地球環境の危機的状況を説き、核実験を続行する中国をも批判し、大幅な時間超過をもっての熱弁を揮った。実は小島さんはその半年ほど前からC型肝炎という大患を得て、インターフェロン注射を続けながらの国際ワークショップ参加であったので、事情を知る者はその気魄に息を呑む思いだったという。

「有名になりたい、カネもほしい……自己嫌悪だらけじゃ」と若い日に語った彼だが、そうしたストイシズムやそれと表裏をなす中国革命の理想化という幻想からはとうに抜け出して、素直な人間の本性への洞察、歴史の真実への認識を一段と深めて、人類史を学び直すことのできる境地に立っているのが、還暦を迎えた小島麗逸そのひとの現在でもあろうか。そういえば、近年彼の言説のなかには、とみに全人類的な問題意識を宿した文明論の色彩が濃くなってきているようにも思える。

いまや小島さんは十分に学界における名声を博しているし、業績を積み上げてきた。幾つかの学術賞受賞にも輝いてもいる。愛してやまない山村の自然に包まれた日常も、生活の安定も眼前にある。しかし、もはや彼はそうしたことには恬淡としているかに見える。おそらく小島さんは数年前の大患の病床で残る人生をどう生きるかについて深く考えられたことであろう。昨九五年にはアジ研時代から大東文化大時代を通じての最も古く親しい友人で会った堀井健三さんの闘病と死を見守り続けもした。

病気以来ますます枯れた生来の痩軀に、仙人めいた風貌も漂う昨今の小島さんではある。「あとの月日を見積もって、これからする仕事のつもりで集めておいた資料も処分してしまったものがあるよ」と、大患のころ私に語ったこともあるが、幸いインターフェロン投与が有効で、まだまだ鬼界に招されそうにもない。「ジィーと待っていてほしい」と告げた亡友との積み残しの議論をたたかわすのは後回しにして、願わくは残る生涯を新たな展望に立った研究を展開するために突き進んでほしい。「レーイツよ、羽化登仙の境地に悟り澄ますのはまだ早いよ」と鬼界からも声が聞こえる。……妄言多謝。

（一九九六年二月十五日）

（『途上国の経済発展と社会変動――小島麗逸教授還暦記念』序論、緑陰書房、一九九七年十月）

2 追悼記

哀悼　森長英三郎先生

その人のことを考えるだけでも、自他に対して誠実に生きるべく努力しなければならないという、人間的勇気のようなものを呼び覚まされるような存在――私にとっての森長先生は、これまでの人生でめぐり逢えた、そうした数少ない方の一人であった。大逆事件研究をめぐって、二十数年来の知遇を得ていたとはいえ、年に一、二度しかお目にかかることもなかったにもかかわらず、である。

森長先生は、その飾り気のない誠実なお人柄で、多くの人を惹きつけると同時に、剛毅ともいえる厳しさを内に秘めた方だった。あらゆる虚飾を排し、ご自分については周囲が何かのお祝いの会などを企図しても峻拒して受けられなかった。夫人が亡くなられた際、ハガキ一枚以外の一切の弔意を謝絶されたことも記憶に新しい。それでいて、『風霜五十余年』にみられる大逆事件遺族への真情をはじめとして、他人のよろこびや悲しみには細やかな心くばりをされる方であった。三年前に私が夫を喪ったときには、ちょうど足を悪くされていたときだったにもかかわらず、わざわざ葬儀に参列して下さり、その後も度々温い慰めのハガキをいただいた。

最後にお会いしたのは、昨年の三月五日、本郷の学士会館における絲屋・塩田両先生の出版記念会のときだった。帰途、たまたま一緒になった森長先生と大野みち代さん、私の三人で、先生のお誘いで本郷通りの喫茶店でコーヒーを飲みながら、静かな雑談を楽しんだ。その何か月か前、私の勤務先の近くの四谷二丁目の郵便局でばったりお会いしたことが話題になると、先生は「あれからいつも、あの郵便局に行くときは、あなたがいないかなあ、と思っているんだよ」と笑って言われた。

やがて、赤坂見附駅で大野さんと別れてから、先生と二人で四谷三丁目までを夜の地下鉄の車輌に揺られた。なぜかそのときせっぱ詰ったような気持で先生の健康が心にかかり、「お身体に気をつけて長生きして下さいね」と繰返した。手を振って降りて行かれたあの笑顔は、いまも私の脳裏に鮮やかである。

（『大逆事件の真実をあきらかにする会ニュース』第二二号、一九八四年一月）

真実追求を支えた先達たちに想いをよせる

藤原智子さん、田中啓さんたち優れたスタッフの一年半にわたるご努力によって、私たちが長年念願としていた大逆事件の記録映画、『100年の谺――大逆事件は生きている』が完成した。その試写を観ながら、私は自分がその片隅に身を置いてきた「大逆事件の真実をあきらかにする会」の半世紀以上の活動を改めて感慨深く想起していた。すると、〝一〇〇年〟の現在を主軸にすえたこの映画の背景に没してしまっているいまは亡き先達たちの面影がしきりと迫ってくるのを感ぜずにはいられなかった。

神崎清、塩田庄兵衛、絲屋寿雄さんなどの研究者や、戦後いち早く生き残った犠牲者たちの復権に尽力し、五〇年前の再審請求の重責を背負った主任弁護人・森長英三郎さん、「あきらかにする会」の初代事務局長・坂本昭さん、森長さんを継いで三代目事務局長となった大原慧さんなど……。どんなにか、この方たちにこの映画をみせてあげたかった、という思いが胸を衝いた。わけても、森長英三郎さんの温顔は、映画の中のスナップショットに二回ほど何の説明もなくちらりと顔をみせているだけに、その初の再審請求に取り組み自己犠牲に満ちた苦闘を続けられていた一九六〇年代の日々がまざまざと蘇ってきた。この先達たちが築かれた基礎の上にこそ、犠牲者のある程度の市民的復権を果たして〝一〇〇年〟目を迎え得た今日があることを忘れてはならない、といまさらのように思った。

（映画『１００年の谺――大逆事件は生きている』パンフレット、二〇一二年九月）

東畑先生の最後の文章

「ぼくに出来ることなら何でもするから、何でも言ってくれ」――病床への東畑先生からの懇切なお見舞状やお心遣いも空しく、四八歳で夫が世を去った二年前、わざわざ私を慰め励ましに来て下さったときの温情溢れるお言葉だった。それに甘えて、先生の学問と人となりを深く敬愛していた夫の遺著（『現代イスラエルの社会経済構造』東京大学出版会、一九八三年三月）の上梓が決定したとき、先生の序文を、とお願いしたところ、即座に快諾して下さった。

しかしその後、先生は眼の手術をされ、読み書きはご無理の状態となられた。序文はあきらめての出版作業も終盤に入っていた今年の一月十九日、突然先生に呼ばれた。「まだ印刷は間に合うかな。眼が快くなったら自分で書こうとずっと思っていたんだが、だめなんだよ。すまないが書き取ってくれたまえ。」そして、早速口述を始められた。「ここで〝注〟として、あなたのあの手記を」との指示に、私の書いたものなど引かれなくても、と筆記の手を止めて言いかけると、「これはあんたの文章じゃない。ぼくの文章だ」と叱られた。

悲しいことに、これが活字となった先生の最後の文章となってしまった。

（『アジ研ニュース』（アジア経済研究所広報誌）No.39、「特集・東畑精一初代所長を偲ぶ」、一九九三年一〇月）

知遇三十余年、あれから十年——大原慧さん追憶

大原さんと初めて出会った一九五三年にはまだ二〇歳に満たず、戯れに「妹になってくれ」と言われたことのある私も、もはや大原さんの亡くなられたときの年齢を越えてしまった。それでも、大原さんから「山泉新事務局長を助けるように」と依託された大逆事件の真実をあきらかにする会の世話人役は、彼の遺言のような気がして続けている。

日本近代史を専攻する私が、卒論に選んだ社会経済史的なテーマから、卒業後は大逆事件周辺の明治末年の社会運動・思想史に関心の比重を移すようになってきたのは、多分に大原さんの呼びかけで有志数名による近代史研究会をともに組織したためであった。そしてこの研究会は、月一度の開催を原則に、初期にはささやかな機関誌『鐘』をも発行して、断続的ながら一九五七年から大原さんの渡英直前まで二七年間にわたって続いた。六四年に私が結婚すると、中東研究者だった夫も研究会に参加した。そのことからも分かるように、分野の異なる者同士でも研究の理念・方法について自由に論議できる場でもあった。

大原さんの研究上の仕事のほとんどは、計画段階からこの研究会でまず報告され、検討されて

きた。史料の収集・解読など、共同作業の場面も少なくなかった。大原さんとかなり性格の異なる私は、この間、激しいケンカをしたこともあったが、いまはそのすべてが限りなく懐かしい。最後に会ったのは、成田出発を数日後に控えた大原さんが、翻訳者を斡旋した私の手元からシェフィールドで発表するための彼のペーパーの英訳を受け取りに来たときだった。私の勤務先に近い曙橋の喫茶店で三〇分ほど話してから、一緒に地下鉄に乗った。二人とも時間がなく、急いでいた。私の降車駅に着いたとき「じゃ、元気で」と、どちらからともなく握手をして別れた。いつもの別れの挨拶は、彼独特の右手を肩のあたりまでちょっと挙げてみせるスタイルが多かったのだが……。

一〇年が経ち、大学の大先輩に当たる春子夫人とは大原さんの生前以上に親しくしていただいているが、あの訃報を聞いたときの衝撃と悲しみは消えることがなく、改めて追想文を書こうとすると追憶は胸にあふれて言葉になりそうもない。わずかに当時「あきらかにする会」ニュースの追悼特集に草した一文を以下に再録して責を果たすことを許していただきたい。

さようなら、大原さん

【再録・一九八五年七月二十日発行『大逆事件の真実をあきらかにする会ニュース』第二四号〈大原慧追悼特集〉掲載】

思いもかけない訃報をきいてから、三月を経ました。目を閉じるとあの独特の飄然とした姿とその笑顔が浮かんできて、閉じた目に涙が溢れてきます。

はじめて大原さんと出会ったのは、まだ私が十代のとき、大学一年の春でした。彼は経済学研究室の助手でひどく大人の印象でしたが、そのときまだ二十代後半に入ったばかりでした。それから三〇年以上が過ぎ、脳裏に蘇ることどもは無数にあります。しかし、いまはそれらの個人的な想い出はしばらく措き、大原さんの人となり、わけても学問と生活に対するどのような姿勢をもっていた人であったかについて、長い間親しくさせていただいた者としてつたないながらその一端を記し、追悼に代えたいと思います。

「本当の生活と結びついた学問、ならびに自己の正しい生き方とは一体何か」ということを真剣に思索し始めたのは、大学に入ったころであったと、彼は私が出会った頃のある文章で回想しています。その探求のため「社会の中に体ごと投げ出す」労働組合運動に飛び込んでいったものの、ストライキに敗北して失業した工場労働者から責任を問われたときこれに答えることができなかったところから、「私の行動は非常に感性的なものであり、その理論は結局に於いて自分自身のものとして消化されていない借りものに過ぎなかった」という深刻な反省を抱いて彼は卒業間近い大学生活に戻ったというのです。そして「今度こそ自分の生き方に確信を持ち、如何なる場所、如何なる窮地にあっても、「良心」の命ずるままに行動できる生活態度を学びとるために」学問を職業とする道を選んだ、と記しています。（「研究会雑感」、『史友』第二一号、一九五三年七月）

これが大原さんの学問の原点でした。そしてその立脚点はその後三十余年を通して決して失われなかったといえるでしょう。

右の文章が書かれて一年ほどたったころ、「大原助手昇格問題」が起こりました。彼の属した政経学部の教授資格審査委員会では講師への昇格をパスさせたのに、当時の学部長がこれに強硬に反対し、ストップさせてしまった、という事件です。その反対理由は、大原さんが論文「明治労働運動史上に於ける週刊平民新聞の意義」（『政経論叢』第一巻第二号、第二巻第二号、一九五二年〜五三年）を発表し、その中で日露戦争を帝国主義戦争と規定したことが怪しからぬ、というものでした。こと学問の自由に関する問題であり、教授会内部でもさまざまの動きがあったようですが、ついに「資格としては講師、待遇は助手」という奇妙な処遇で教壇に立つことを認められないまま、大学を去らねばならないことになったのでした（座談会「國學院大學経済学部前史を語る」参照、『國學院経済学』第三十二巻第二・三・四合併号、一九八四年十一月）。

この間、彼が妥協して頭を下げれば無事昇格を果たして大学に残る道もありましたが、このとき大原さんは如何なる妥協をも拒否して良心の命ずるままに失業する道を選んだのです。まさに先の文章に記した生き方を貫いた一つの生涯の節目であり、身近にこの時期の大原さんを知り得た私たち友人が終生変わらぬ信頼感を彼に対して持つことができたのも、この事件のおかげと言えるかも知れません。

やがて、その大原さん個人が自らに問いかけた「借り物」でない理論を身につけること、いいかえれば真の思想を持った人間として生きるのはどういうことか、と言う問題意識は、彼が研究対象として選んだ明治社会主義研究の中で発展させられていきました。

一九七七年に出版された主著『幸徳秋水の思想と大逆事件』（青木書店）の前書きで彼は、「本書は、一人の人間（日本人）が、どのような環境の中で人格を形成していったのか。また、どのような問題に触発されて、一人の人間の思想が確立し、発展し、転換し、飛躍していったのか、に焦点がすえられている」と述べています。自己の、幸徳秋水の、あるいは片山潜の思想形成を探求することは、同時に日本の社会と人間の内実とのかかわりあいを深くとらえようとする仕事でもありました。〈特殊をつらぬく普遍〉という大原さんのよく口にしたフレーズが、彼の認識のあり方を示しています。そして、その集約点に位置する、日本の近代における外来思想の受容の道すじを辿る、という大きなフレームワークの根本には、挫折の苦い歴史に彩られた日本の労働運動ないし社会主義運動の内面を問う問題意識がすえられてもいました。

ねばり強く、誠実にこの仕事をおしすすめていった大原さんはまた、大逆事件再審請求運動をはじめとする現実社会の活動にも地道な努力を傾注する人でした。そのことは、このニュースの読者がよくご存じのとおりですし、またそうした思い出を述べて下さる方も他におられることでしょう。

いまはただ、すぐれて実践的な問題意識に支えられたライフワークの完成半ばにして仆《たお》れた大原さん、人間としての生き方について身をもって多くのことを教えてくれた大原さんへの限りない哀惜の念をもって、お別れの言葉を呼びかけたいと思います。
さようなら、大原さん。

（『追憶の大原慧』「大原慧さんを偲ぶ会」編、一九九五年十一月）

〝兄との別れ〟を語った三樹松さん

古河三樹松さんが亡くなられたのを聞いたのは、去年の秋、信州明科の望月明美《あきよし》さんのお宅にお邪魔していたときだった。五月のころ私は東京を留守にしていたのでもあろうか、訃報をこの日まで知らずにいたのである。ついにその日がきたのか……と思いながら、私の脳裡には生前の三樹松さんとのわずかな触れ合いの断片がとりとめなく浮かんできた。

初めてお会いしたのは、四十年近くも前の、たしか一九五八年だったと記憶する。当時大学を出たばかりで、作家・立野信之の資料助手をしながら明治期労働運動史の勉強に足を踏み入れていた私は、その両方の目的で四谷のマーケットで本屋さんの店主をされている三樹松さんをお訪ねした。『小説新潮』に「赤と黒」というタイトルで大逆事件について執筆していた立野氏のところへ、被告・古河力作の遺族である三樹松さんから資料提供についての連絡をいただいてのことだった。

そのとき見せていただいた数々の資料のなかで、最も感銘が深かったのは、獄中の力作が読んでいたというあちこちに書き込みのある一冊の聖書だった。せき込んだ口調で兄・力作のことを語る三樹松さんの姿に、刑死した力作の俤が重ねて見えてきた。そして、それまでは歴史的な事件として捉えていた大逆事件が、このとき初めて生きた人間のドラマとしての生々しいイメージで私に迫ってきたように思う。それからは格別の用事がなくてもたまさか四谷を通るときにはマーケットにお寄りして話し込むようなことがあったのも、三樹松さんの純真そのものといったようなお人柄に惹かれてのことであったろう。しかし、仕事が変わったり、結婚したりで忙しくなってからはいつしか四谷への私の足も遠のいてしまい、この「大逆事件の真実をあきらかにする会」の会合でお会いするばかりとなって二〇年以上が過ぎた。

やがて、年に一度の正春寺での追悼会で、三樹松さんは発言を求められる度に一つのことを倦まず口にされるようになった。それは、水上勉著『古河力作の生涯』（一九七三年）に描かれたある情景への異議申し立てである。幼かった三樹松さんと妹が処刑直前の兄と最後の別れをつげた面会時のことを小説では話した通りに書いてくれなかった、事実はこうだ、という無念の思いであった。毎年それを聞く度に、これをどこかに記録として残してあげたいという思いが私のなかに膨らんできて、それが、本誌第二七号（一九八八年一月）のインタビュー構成「兄との別れ」となった。その原稿の完成までに並々ならぬ熱意を見せて、不自由な足で私の勤務先まで突然に訪ねて来てくれたりした三樹松さんの晩年の面影は、いまも私の胸に鮮やかである。

（『大逆事件の真実をあきらかにする会ニュース』第三五号、一九九六年一月）

あのころの絲屋さん

たしか一九五九年の初めごろだったと思う。藤井松一さんから手紙をもらった。絲屋寿雄さんが「大逆事件」について著作を計画していて、その方面の知識で手伝ってほしいと、私への紹介を求めておられる、ということであった。とにかく気軽なアルバイトのつもりで会ってみてほしい、という藤井さんの勧めでほどなく紹介されたのが、絲屋さんとの最初の出会いであった。

手伝うかどうかは、会ってみてから決めよう、と私は考えていたが、会うや否や、挨拶もそこそこに情熱を込めて大逆事件にまつわる資料や見解のあれこれを話し始める絲屋さんに圧倒された形で、いつのまにかその書きかけの本の話に引き込まれてしまった。

それから、週に、一、二回程度の頻度で、たいていは夕方、絲屋さんの指定する神田神保町すずらん通りの木村栄一さん経営の印刷所の店頭で会うことになった。そのころ、絲屋さんは独立プロ「近代映画協会」の社長としての仕事も多忙であり、夕方しか時間が空かなかったのである。

顔を合わせるとさっそく、絲屋さんは、前回以降に書き溜めた原稿を五枚でも一〇枚でも持参して読ませる。何かしら意見らしきものを私が言うと、破顔して、さて、食事でも、ということになるのが常だった。

食事は、たいていやはりすずらん通りにあった天ぷら屋さんだった（たしか、「はちまき」といった）。この絲屋さんなじみの天ぷら屋では、いろんな人に紹介された。添田唖蝉坊の跡継ぎの添田知道《さつき》さん、戦前の学生運動仲間だった稲岡進さん等々。やがて再審請求準備のために上京して来られた坂本清馬さんを囲む小グループの集まりもこの店だった。

食事をしながらも、絲屋さんの熱心な話は際限がなかった。当時の私は大学卒業後二年、僅かな知識で手伝うよりも、教えてもらったことの方がはるかに多かっただろう。それでも絲屋さんは、どういうわけか、私の一知半解の意見を頼りにしておられるようで、内心忸怩たるものがあった。結局、手伝ったといえるのはこの『大逆事件』（三一書房、一九六〇年）巻末の付録「大逆事件年表」「主要文献解題」「二六被告摘要」などを作成したことくらいである。

なにしろ、絲屋さんが学生運動で早稲田大学を追われたという一九三〇年には、私はまだ生まれてもいなかったのだ。そんな人生・研究歴の大先輩と、あんなにも親しく向き合っていた一時期があったことは、いま追想してみても不思議な気がする。

大逆事件の話題以外にも、話ずきの絲屋さんから聞かせていただいたことは数多い。あのなつかしい京都弁とともに、いまもあれこれの思い出が甦る。また、この著作が終わってからも何かと声がかかった。忙しい絲屋さんに代わって青木文庫の樽井藤吉著作の復刻版など、二、三の〝絲屋寿雄校註〟本の下請けをしたことなどもあった。

おそらくそれらの本は報酬も少なかったのだろう、アルバイトといえるほどの対価を貰った記憶はない。その埋め合わせのように、こんど日ソ合作でゴロヴニンの「日本幽囚記」の映画を作る話があるから、その史料監修をしないか、と映画界の人（渾大防五郎）に引き合わされて、一夕とりとめない話をしただけで当時としては相当額の一万円を貰ったこともあった。

やがて六、七年を経たころ、改めて、『幸徳秋水研究』の決定版（青木書店、一九六七年刊）を書くから助力してほしい、という折り入っての話があった。夫と一緒に銀座で鰻をご馳走になったが、それは固くご辞退してしまい、その時の絲屋さんの寂しそうな表情がいまも眼に残っている。

——合掌。

（『大逆事件の真実をあきらかにする会ニュース』第三七号、一九九八年一月）

燃え尽きたひと——追悼・村田静子さん

村田静子さんといえば福田英子研究、福田英子といえば……と、たれしもが思い、言う。しかし、私の脳裏に浮かぶ村田さんは、いつも優しい穏やかな笑顔とともにある。

初めてお目にかかった遠い日は、いつだったろうか。私が東大の史料編纂所と、その同じ建物の地下の法学部明治新聞雑誌文庫とに出入りし始めたのは、一九五七、八年頃のことである。赤門を入ってすぐの古い赤煉瓦の建物である史料編纂所には、村田さんはじめ、稲垣敏子さん、塩田昭子さん、永積洋子さんなど、何人かの女性所員がおられて、維新史料などを見に通っていた私もいつしか面識を得るようになっていった。

そしてまた、私が明治期の社会主義関係史料などを探索して地下の明治新聞雑誌文庫に降りてゆくと、その閲覧室で、仕事の合間に福田英子関連の資料を調べておられる村田さんとご一緒になることもよくあった。

お名前のようにもの静かで慎ましやかな長身の村田さんと言葉を交わすようになったのも、そうした機会だったに違いない。「もう一〇年も福田英子を追いかけているのに、こんなに遅れてしまって……」とつぶやかれた声もいまだに耳朶《じだ》にある。岩波書店と約束して執筆中の新書のことを言っておられたのだった。まだ五七年に学窓を出たばかりの私は、その「一〇年」という歳月の重みにすっかり驚かされたので、強く記憶に残った。

やがて、五九年四月に村田静子著『福田英子――婦人解放運動の先駆者』（岩波新書）が世にでた。村田さんらしい抑制された表現の中にも英子の生涯への共感と愛情のあふれる一書だった。本をいただき、出版記念会には私も参加した。明るい初夏の日差しのなかでの会合で、司会の塩田庄兵衛先生から「白山丸帰国者」と紹介された犬丸義一氏が、「この次は研究者として紹介されたい」と吼えたことや、まだ大学院生だった米田佐代子さんを紹介されて言葉を交わしたことなどを思い出す。みな――村田さん（当時三六歳）を含めて――若かった。

そのうち、私は畑違いのアジア経済研究所に就職したりして史料編纂所あたりに出入りすることもなくなったが、村田さんとの交流は、この「大逆事件の真実をあきらかにする会」の活動などの場を通じて途切れることはなかった。執筆されたものなども、折にふれては送っていただいた。

同じ高校のちょうど一〇年の時を隔てての先輩・後輩のご縁があることを知ったのは、八三年の秋のことである。森長英三郎先生が亡くなられてほどなく、先生の遺志だった「平民社史跡めぐり」を山泉事務局長が企画して、村田さんもご一緒に戦災前に都立第五高等女学校（現富士高校）の校舎のあった新宿界隈を歩いているときの会話からそれがわかった。「戦後もまだ朝の

〝お調息〟はやってました?」とあの柔らかな声音で問われたことも忘れられない。それからは、いっそうの親しみをもって接されたように思う。

九八年、多年の集大成として大木素子さんと共編著の『福田英子集』(不二出版)が出た。私は買うつもりだったのに、この高価な本を贈呈されて恐縮した。その出版記念会では、岩波新書のときと同じ出席者は、犬丸義一・米田佐代子の両氏と私の三人だけだった。

「村田さんは一筋にやるべきことをやりつくして燃え尽きた。それでいいんだ」とは、犬丸義一氏の言葉である。何ひとつやるべきことを全うせずに行き当たりばったりに暮らしている後輩は、恥ずかしい限りである。

(『大逆事件の真実をあきらかにする会ニュース』第四三号、二〇〇四年一月)

「先生」と「友人」の間――追悼・塩田庄兵衛さん

初めてお目にかかったのは、一九五七年の春だったと思う。そのとき塩田庄兵衛さんは三六歳、私は二三歳。年齢差ばかりでなく知名度の高い少壮の学者と大学卒業直後の若者という大きな懸隔があった。ともに近代史の研究会を始めた大原慧さんが、私を駒込一丁目の都営住宅に住んでおられた塩田先生のお宅に連れて行って紹介してくれたのである。だから、初対面のときから半世紀余を経た現在に至るまで、塩田庄兵衛さんは私にとって「先生」であった。

しかし、まもなく私が大逆事件研究者の末端であれこれと仕事をするようになると、およそ権威主義的なところのない塩田先生は、未熟な私をもいっぱしの研究者として遇する態度をとってくださるようになった。大逆事件再審請求の計画が日程に上るようになってきた一九五九年の夏ごろからは、当時時間的に余裕のあった私が、再審請求のための資料集めを手伝うことになった。塩田先生と一緒に洗足の神崎清邸を訪ねて、唯一神崎氏が所有していた「訴訟記録」を見せてもらったのは、夏の暑い日だったと記憶する。それから、コピー手段もなかったそのころ、私は神崎邸へ日参して、応接間でせっせとこの門外不出の「記録」目録を筆写しては森長英三郎弁護士のところに届ける役目を負った。

それからも、折にふれては塩田先生から声がかかって大逆事件関係の資料調査や人名辞典項目執筆、書評などのことでお会いすることが多くなっていった。明治文献版『幸徳秋水全集』編纂計画のときには、編集委員に名を連ねるようにと慫慂され、これは固辞させていただいたが、なぜか先生は私の知識を過大評価されていたようである。先生のところにくる大逆事件や秋水関係の質問、問い合わせなどが私のところにまわされてくることもしばしばで、私はその度に忸怩たるものを覚えながら対応に追われた。

七三年に夫と安曇野に山荘をつくると、別ブロックだが同じ学者村の草分けで〝村長〟格の塩田先生は、さっそく〝視察〟にやってこられ、大先輩らしく現地事情を教えて下さり、夏ごとに親しく行き来するようにもなった。

一九九三年の四月半ばごろ、塩田先生が入院されていると仄聞《そくぶん》して、お見舞いに行かなくては、と考えていた私の勤務先へ、突然大野みち代さんが、「塩田先生のお使い」と言って訪ねてこられた。最後の著書となった『幸徳秋水』（新日本新書）の初校ゲラを抱えてである。「先生が、貴女にぜひこれを誤りがないかチェックしてほしい、とおっしゃってます……」。そんなおそれおいことを、としり込みしたが、病院のベッドの上からのたってのご依頼に抗するすべもなく、引き受けさせられた。それからまもなく退院されたお宅へ、私なりの疑問点や意見を持って、何度足を運んだだろうか。ご病気の後遺症で少し右手が不自由になられていたが、頭脳の明晰さと精神力はいささかも衰えをみせない先生と真剣に議論を重ねたのは、光栄にもなつかしい思い出である。やがて刊行されたご本のあとがきには、「終わりに、大岩川嫩さんをはじめ、本書の仕上げに有益な助言を寄せて下さった友人たちに感謝する。」とあった。友人、と書かれたことに、戸惑いながらうれしかった。

最後にお会いしたのは、〇八年七月五日のこと。先生にインタビューしたいという朝日新聞の早野透さんを案内してお宅に伺った。ほぼ八か月後にはお二人とも他界されているとは夢にも思わず、同行した中井カメラマンにご夫妻の写真を撮ってもらったりした。そのインタビューをもとにした記事「ニッポン人脈記・大逆事件残照」は掲載が延びてご生前には間に合わなかったが、昨年五月二十五日の学士会館での「お別れ会」にはコピーが参会者に配られた。

いまも、あの日の先生ご夫妻の穏やかな笑顔がときどき私の胸をよぎるのである。

（『大逆事件の真実をあきらかにする会ニュース』第四九号、二〇一〇年一月）

つらぬいた愚直な探究心――追悼・中村文雄さん

中村文雄さんは、私の大学の同窓であった。同じ学部、同じ学科の一年先輩。在学中にはほとんど接触がなかったが、私の同期の友人・宮倉博さんと世田谷区弦巻町の下宿で同居していたので、たまたまその下宿で研究会をやることにして出かけた時などに顔を合わせたのを記憶している。

その中村文雄さんが最初の著書『大逆事件と知識人』（三一書房）を上梓したのは、一九八一年のことである。やがて八三年ごろ「あきらかにする会」に入会されてからは、本誌への寄稿をはじめ会員としての熱心な活動を展開した。

以下に本誌執筆一覧をかかげてみよう。

「管野須賀子と日露戦争―小説「絶交」から―」25号、「大逆事件と現在の高校日本史教科書」27号、「森鷗外と大逆事件」31号、「獄中の緑亭」33号、「真実と調書」36号、「今村力三郎と大逆事件関係資料」37号、「漱石の大逆事件前奏―片言隻句から―」39号、「漱石の大逆事件後奏」40号、「幸徳秋水は「アルファにしてオメガ」か「テロリスト」か「書き換えられる」か」41号、

「内山愚童和尚顕彰碑除幕式及び追悼法要に出席して」45号、「平沼騏一郎が語ったこと――近著『大逆事件と知識人―無罪の構図―』のプロローグから」48号

実に一一編にのぼる。そして、二七号以降の執筆は、編集担当の私が、同窓のよしみで遠慮なく内容についての議論をしながら書いて貰った思い出が濃くまつわっているものでもあった。

一月の正春寺での追悼集会にも欠かさず参加していた中村さんが、私のところに「欠席する」というファクスを送ってこられたのは、一〇年ほど前のことだった。聞けば、脳梗塞の予後で、医師から寒い時期の外歩きは禁止されているとのこと。それでもその後、上京した宮倉さんと中村さん・私の三人で箱根の林泉寺に内山愚童の足跡を探訪したある春の日の思い出もある。

晩年の中村さんは決して意欲・気力を失っていなかった。まだまだ勉強したりない問題がある、と語っていた。その一環でもあったろうか。二〇一一年一月二十四日、参院議員会館で開催された大逆事件刑死百年の院内集会でのこと、発言を求められた中村さんが、その日だれも言わなかった天皇制の問題についてとつとつと熱弁され会場の拍手をあびた光景は、私に強い印象を残した。

われらの母校のよき伝統をそのまま、粘り強く、愚直に、探究心をつらぬこうとした人だったと、あらためて悼みたい。

（『大逆事件の真実をあきらかにする会ニュース』第五七号、二〇一八年一月）

温顔を偲んで――上田穰一さん追悼

最後にお会いしたのは、二年前の二〇一四年一月十九日、熊本県山鹿市の本澄寺において「大逆事件犠牲者顕彰碑」の除幕式が挙行された日であった。数年体調を崩されて療養生活をされている上田さんのご出席は危ぶまれていたが、その病気を押して参加されたのである。酸素吸入のボンベを着けて車椅子に身を託されたままという痛ましい姿ながら、いつもの温顔は変わらず、長い研究生活の晩年に出会えたこの顕彰碑建立の実現を心から喜んでおられるようだった。思わず走り寄って手をとり挨拶した私に、「よく、東京から来てくれましたね。」と、聞き取りにくい小さな声で言われ、手を握り返してくださった。

除幕式後に本澄寺の庫裡で開催された「卓話」の席でも、話の邪魔になる顔面の酸素吸入器を外して、苦しい息遣いを励ましつつ熊本近代史研究の道程で巡り会った大逆事件犠牲者たちについて、語り尽せない思いを途切れ途切れに述べられた。お別れするときには、「また、お会いしましょう」と名残りを惜しみながら、これが最後かも、という予感が私の胸を詰まらせたのだった。

振り返れば、熊本と東京の地と遠く離れた上田さんとのご縁は僅かなふれあいでしかなかったといえるかも知れない。初めてその業績を知ったのは主編著『大逆事件と熊本評論』（三一書房、一九八六年）を手にしたときであった。この編著のなかで上田さんが執筆されている「熊本社会運動史における『熊本評論』」を読んで、私はとくにその中で初めて詳細に明らかにされた「人力車夫問題」についての叙述と、その位置づけ、すなわち「直接行動派の大衆遊離の傾向が濃いなかで、しかも労働者階級とその運動の未成熟な条件下の地方都市でたたかわれた『熊本評論』と熊本市人力車夫の闘争は、明治社会主義運動と都市勤労者大衆との深い結合のもとに展開された点で、全国的にもまた熊本社会運動史上でも特筆すべき運動であった」という上田さんの分析に瞠目し、感銘した。刑死した新美卯一郎の遺骨を車夫有志が熊本駅頭に出迎えたという事実も感動的であった。

その数年後に初めて電話でお話ししたのは、上田さんがいまを去る二六年前の一九九〇年から『大逆事件の真実をあきらかにする会ニュース』第29号から32号まで四回にわたって原稿「熊本・四人の墓（Ⅰ）～（Ⅳ）」を執筆されたときだった。その第一回は、「四人とは言うまでもなく、松尾卯一太、新美卯一郎、飛松与次郎、佐々木道元の四人である」と書き出されている。この連載、そしてその後稿を改めて書かれた「『熊本評論』との出会い」（一九九四年一月、『大逆事件の真実をあきらかにする会ニュース』第33号）などを読むと、上田さんが一九五〇年代から『熊本評論』に熱い関心を寄せて、苦心して原本の所在を探求し、その研究に取り組んでこられたことがわかる。一九五七年に大学を卒業した私は、やはり同じころ、東京大学法学部の「明治新聞雑誌文庫」に通って『熊本評論』原本を閲覧し、そのなかの「赤旗事件」関係記事をせっせと鉛筆で筆写していたことを思い合せ、感慨にふけった。やがて明治文献資料刊行会から『熊本評論』が復刻刊行されるのは、一九六二（昭和三十七）年のことであり、その以前には、コピー手段もなく、筆写するしかなかったのである。

さて、「四人の墓」の原稿を手にして、編集を担当していた私は、毎回送られてくる丁寧な原稿を読み、まだお会いしたことのない上田さんのお人柄をあれこれと想像しながら、疑問点などを電話で質問させていただいた。無礼にあたらないかと恐る恐るの私の電話に、上田さんは毎回穏やかで丁寧な口調で謙虚に応対してくださり、ほっとしたのを記憶している。そして、ようやく直接お会いできたのは、さらに十年を経た二〇〇三年十一月、「平民社一〇〇年記念事業」として開催された熊本大会に私が初めて参加したときであった。温顔の上田さんはもうそのときにはかなり体調を崩されていて、大会の出席もお辛い様子だったが、前夜には東京からやってきた山泉進氏と私をホテルに訪ねて懇談してくださった。

それ以来、数回の熊本訪問には欠かさずお目にかかることが出来たが、このたびの訃報には「とうとう……」という蕭然とした思いがいっぱいになった。わけても、亡くなられるひと月ばかり前の熊本大震災に遭遇されたことを想うと、弱られたお身体にどんな衝撃だったかと、込み上げてくるものがあった。

わずかな出会いでしかなかったけれどもこのように温かい想い出を遺してくださった上田さんのご冥福を心からお祈りするばかりである。合掌。

（『熊本近研会報』第五三六号、二〇一六年八月一日）

内田剛弘さんを悼む

内田剛弘さんと私が親しくお話しするようになったのは、たしか初期社会主義研究会の東京本郷界隈を歩くエクスカーションでご一緒してからだった。二〇〇一年秋のことである。以来、二〇年近く、同世代という誼《よしみ》もあってか、折に触れてはお電話などいただくようになった。

忘れがたいのは、二〇一〇年七月、私が路上での奇禍に遭い、右手首橈骨粉砕骨折の大けがをして手術、病院から退院して自宅に帰った直後のお電話のことである。いつものように、まず「お元気ですか」と問われて、実は退院したばかり、と答えると、たいへん驚き、心配してくださった。怪我の原因が独占企業の危険な施設放置のゆえであり、無責任な対応をされていると聞くと、その対策をも真剣に考えてくださり、とにかく一度様子を見て話を聞きたいと言われる。九月になって、まだ右腕を三角巾で吊った姿で、銀座の弁護士事務所にお邪魔した。私としては、法的なことまでは考えず、ただ久しぶりに内田さんとゆっくり話すことだけを愉しみに出かけたのだった。

そのとき、問題の独占企業がかつて関東地方のある町で市民運動をスパイしたり抑圧したりした人権侵害事件があり、それを日弁連の人権擁護委員として内田さんが手がけられたことを知った。その顚末はその日いただいた内田さんの最近著『司法の独立と正義を求めて半世紀』（田畑書店、二〇一〇年）に収録されている。やがて翌年の東日本大震災と福島原発の大事故。その非常事態を通じて、反原発の市民運動を敵視して監視していた独占企業の体質が一挙にあからさまになった。同じ体質が、私の怪我という小さな事故の際にも如実に表われていたのであった。

内田さんは、本『ニュース』第四五号（〇六・一）に「横浜事件の再審と大逆事件」という一文を執筆され、その中で、「大逆事件と横浜事件は、実によく似ている。天皇を絶対者に仕立てた大日本帝国憲法の下の天皇制絶対主義のもとで産み落とされた一卵性双生児である。明治の横浜事件が大逆事件であり、昭和の大逆事件が横浜事件である。」（傍点筆者）と喝破されている。この指摘が、ふたつの事件の本質を鋭くえぐっていることはいうまでもない。

――この一両年、体調を崩されていることを仄聞しながら、お見舞いもできずにいたことが悔やまれる。心からご冥福をお祈りしたい。

（『大逆事件の真実をあきらかにする会ニュース』第五八号、二〇一九年一月）

あの世でもご健筆を——追悼・鍋島高明《なべしまたかはる》さん

土佐中村の「幸徳秋水を顕彰する会」のいまは亡き会長・森岡邦弘さんからのお電話で、鍋島高明氏を紹介されたのはたしか二〇〇五年のことだったと記憶する。鍋島さんから連絡があり、全集にも載っていない幸徳秋水の書簡や論文をいくつか発見したということであった。お会いした私は、さっそく本『ニュース』への寄稿をお願いし、「投機師と社会主義—秋水、千代子を支援した小泉三申—」（第45号、二〇〇六年）という六ページにわたる記事を執筆していただいた。第47号の「秋水の掛け軸を巡って——獄中雑唫「鋭似刀《するどきことかたなににたり》」」は、古美術オークションで秋水直筆の掛け軸を入手されたいきさつを書かれたものである。この軸をJR国分寺駅近くのレストランで特に見せていただいた日のことはいまでも鮮明に蘇ってくる。鍋島さんはやがて四万十市の市民講座で講演した後に、惜しげもなく〝秋水ゆかりの地に〟とこれを市に寄託されている。『幸徳秋水と小泉三申——叛骨の友情譜』（二〇〇七年）は、高知新聞の連載が単行本になったもので、二人の友情を感動的に伝える名著。鍋島高明編『中島及著作集　一字一涙』（二〇一四年）も、秋水との関係の深い中島及を掘り起こす労作である。

会員となられた鍋島さんは、例年の正春寺での大逆事件犠牲者追悼集会には欠かさず出席され、交流も深まった。次々と刊行される数多い著書もご恵送にあずかった。

田中伸尚著『大逆事件』の日本エッセイストクラブ賞受賞を祝って、鍋島さんの発起で銀座の土佐料理店に田中さん、山泉さんなどと少数で集まったのはもう十年ほども前になるだろうか。忘れがたい思い出である。

まだまだ健筆をふるわれると思っていたのに、突然のお別れに茫然とするばかりである。合掌。

（『大逆事件の真実をあきらかにする会ニュース』第六一号、二〇二二年一月）

「遠い声」を響かせて――瀬戸内寂聴さん逝く

百歳を目前にして逝った瀬戸内さんの僧形のお顔はあまりにもよく知られているので、ここに掲げるまでもないだろう。瀬戸内さんが出家されたのは、一九七三年の秋だった。そして、その作品である管野須賀子をテーマにした小説「遠い声」が単行本になったのは一九七〇年のことで、そのころの写真は入手できなかったのである。

一九六九年一月二十四日、大逆事件の真実をあきらかにする会主催の大逆事件犠牲者追悼会が開催された時、「管野須賀子を執筆中」(雑誌『思想の科学』に連載、六八年十二月まで)と紹介された作家・瀬戸内晴美さんは、「初めて」この集会に出席し、講演した。その要旨が『ニュース』第一七号(一九六九年一二月一〇日発行)に掲載されている。「ふとしたことから管野須賀子の〝死出の道草〟を読みまして非常にびっくり」して執筆を思い立ったこと、「なんとか管野の内部を書きたい」と考えたこと等々……。完結した小説は『遠い声』(新潮社、一九七〇年三月)として単行本になった。獄中の処刑前夜の須賀子の心情を軸にしてその生涯を俯瞰するという手法で描かれたこの小説は注目された。そのころこれを読んだ私は、あまりにも須賀子を〝情念の女〟として描きすぎているように感じ、また取材された荒畑寒村の視点に偏りすぎているようにも思ったが、それも小説であれば作者の主観の自由だといえよう。その後、この小説を読んで〝大逆事件〟に開眼したという人にも何人か出会っている。

「管野スガ記念碑建設趣意書」が発表されたのは、一九七一年三月のこと。その設立発起人一〇五人のなかには、木下順二、立野信之、佐多稲子、中野重治、平塚らいてう、などという作家たちに交じって「瀬戸内晴美」の名も見えている。たしか雑誌会館で開かれた会合で、私はその寄付金の受付に立って次々と訪れる人びとに接していた。そこへ、出家前の華やかな和服姿の瀬戸内さんが現れ、「わたし、五万円寄付します。だけど、いまここに三万円しか持っていないの。二万円はあとから送りますから。」と言われる。受付責任者の私が「三万円だけでいいですよ」と答えると、「ううん、どうしても、五万円出したいの。」と押し問答になった。有難くお受けすることにしたのは、いうまでもない。半世紀前の記憶である。

一七一名の寄付金によって正春寺の墓所に「管野スガの碑」が建立され、除幕式が行われたのは一九七一年七月十一日のことだった。その後、七三年に仏門に入られた瀬戸内寂聴さんがこの碑を訪れられたことがあったかどうかは知らない。『遠い声——管野須賀子』は、いまでは岩波現代文庫にも入って広く読まれている。

（『大逆事件の真実をあきらかにする会ニュース』第六一号、二〇二二年一月）

関千枝子さんを憶う

関千枝子さんと初めて言葉を交わしたのは、一〇年ほど前、田中伸尚さんの著書『大逆事件——死と生の群像』出版記念会が京都の枳殼邸《きこくてい》を会場にして開かれたときだったと思う。東本願寺と隣接した由緒ある庭園内の建物の、畳敷きの広間に設けられた席で、関さんと私はたまたま隣り合わせになったのだった。

田中さんのこの著が雑誌『世界』の一年余の連載を経て、岩波書店から単行本になって世に出たのは、私にとっても嬉しいことだった。まして、第五九回「日本エッセイストクラブ賞」を受賞したのはひとしおの喜びであった。後で知ったが、関千枝子さんは、その賞の選考委員の一人だったのである。

出席者が順番にお祝いの言葉を述べたなかでも、関さんがエッセイストクラブ賞の授賞理由を語られたことに、私は耳をそばだてた。詳しく知りたい、と伺ったところ、「印刷したものがあるから、東京へ帰ってからお送りしますよ」とこともなげに言われる。そんなお手数をかけては、と恐縮する私に、てきぱきと宛先を尋ねられ、帰京後間もなくその印刷物が送られてきた。もと毎日新聞の記者だったことなども、その席でのうちとけた雑談で聞いた。

関さんには『広島第二県女二年西組——原爆で死んだ級友たち』という畢生の名著がある。一九四五年八月六日朝、爆心地での勤労動員に駆り出されていたクラスメート三八人が無残な被爆死をとげた。偶然病欠していたためにただ一人生き残った関さんは亡くなった級友一人ひとりの最期の足跡を訪ね歩いて、三〇年後の一九八五年にこの書をまとめ上げたのだった。

それから、ときたまお手紙をいただくようになった。世話人をされている「女性九条の会」の講演会が武蔵野市で開催されるときも知らせてくださったので、友人を誘って参加した。

「あきらかにする会」の正春寺の追悼集会に顔をみせられるようになったのは、数年前からである。コロナ禍前の二〇一八年、一九年にも見えていた。その折に話を聞かれたのでもあろうか、奥宮直樹さんが「奥宮健之の兄の孫娘は私の父の最初の妻だった——関千枝子さんのお話」という聞き書きを執筆、本誌第五八号（二〇一九年）に掲載された。思いがけない大逆事件関係者とのゆかりだった。

私が最後にお話ししたのは、一八年九月、神田の学士会館で藤原智子さんのお別れ会があったときだった。関さんは私の顔を見ると、「お手紙を書こうと思っていたの。裁判をしようと思って……」と言われる。歩行には杖をつきながらも、国の違憲を正そうという意欲は衰えていなかった。数日後、「即位・大嘗祭違憲訴訟の会」への参加を呼び掛けるお手紙が届き、私は「賛同人」になるというお返事をした。

戦争体験を生涯の原点とする同世代として、もっとお話ししたかった、といまにして悔やまれる。どうか安らかにお眠りください。

（『大逆事件の真実をあきらかにする会ニュース』第六一号、二〇二二年一月）

早野透さんのおもかげ

早野透さんが急逝された。

この二〇年近くの間に、早野さんと連れ立ってあちこち巡ったことはどれほどあっただろうか。都内の大逆事件ゆかりの地や人物との出会い、土佐、紀州、信州、岡山、若狭の旅、そして大阪。箱根の大平台・林泉寺へもご一緒だった。おおかたはカメラ担当の中井征勝さんなども同行だったが、二人だけで出かけた丸木美術館や劇場なども何度もあった。いつもフットワーク軽く颯爽としていた早野さん、ジャーナリストらしい好奇心いっぱいで、絶えず語りかけてこられ、こちらからの問いには誠実に答え、倦むことが無かった早野さん。

初めて言葉を交わした二〇〇五年初頭の日からわずか一七年間だったが、その間にいつしか性差・年齢差も超えて、親交と言えるほどに交流を深めてきた。

「いま、ぼくがチーフで担当している「ニッポン人脈記」という連載企画がある。そのなかで是非、大逆事件をとりあげたい。力を貸して協力してほしい」と、新宿のレストランで改まって要請されたのは〇八年の初め頃だったか。それから始まった多忙な日常を縫いながらの一年余にわたる資料渉猟や取材は、協力者の私が目を瞠るような綿密で精力的なものだった。満を持して二〇〇九年五月十九日に開始されたニッポン人脈記「大逆事件残照」全一四回は、すべて早野さんが一人で書いた。事件の歴史的意味と百年後のいま向き合おうとしている人々の姿を軽妙な筆致でとらえながら、その重さをも伝えきっている。取材を受けた一人の塩田庄兵衛さんは、まだ「大逆事件残照」が紙面連載を開始する前の三月に亡くなられ、一緒に取材を受けた夫人・昭子さんも前後して逝去。お二人が登場する第三回は、学士会館での「塩田庄兵衛さんを偲ぶ会」にかろうじて間に合い、多数の参会者の方々に届けられた。

終わっても「まだ書き残したことがある」と、半年ほど後に角度を変えて、キリスト者群像を中心に「神と国家の間」シリーズ一〇回を書き加えた。その最終回には、前半に松川事件の顛末が、後半に刑死一〇〇年目の大逆事件犠牲者追悼集会の様子が描かれ、この二つのシリーズがもの見事に結ばれていた。

すべてに通底していたのは、天皇制国家の不自由な時代に社会の変革、個人の精神の自由を求めて果敢に生きた人々の反骨にいろどられた〝まつろわぬ心〟を今の世に伝えたいという、やむにやまれぬ早野さんの志だった、と私は理解している。全国の読者の反響も大きく、このシリーズに協力出来たことを私はいまでも幸せだったと思っている。

「人脈記」を書き終えた早野さんは朝日新聞を退社し、桜美林大学で六年間教鞭をとり、若い学生たちと学ぶことを楽しんでいた。その間にも大逆事件関係の各地のイベントにはできる限り参加し、「大逆事件の仲間はいいですね」と口にしていた。同行した時は、常に高齢の私の足元がおぼつかないのをかばって、荷物を持ってくれたりの心配りをしてくれていた。

著作活動にも、活発にとりかかった。懸案だった評伝『田中角栄——戦後日本の悲しき自画像』（中公新書、二〇一二年十月）を書き上げ、この書はその年の新書大賞第二位と評価され版を重ねた。いただいた私は、読んでいて、その中にかつて私が話した田中角栄のエピソードが活用されているのを発見した。大逆事件で処刑された紀州グループの一人成石平四郎の遺族が角栄からもらったという色紙に揮毫された古歌のことである。「〇〇ページの〝知人〟のは、私がお話ししたことですね」と質すと、「その通りです。借用しました」と笑っていた。日常会話の中の片言隻句といえども無駄にはしないジャーナリストとしての片りんを見せられた思いがした。

その早野さんが、やがて体調に変化を見せ始めたのはいつ頃だったろう。弔問に伺ったとき、淳子夫人は、「大学を辞めたころから……」とおっしゃっていた。桜美林大学を去ったのは二〇一六年の三月。たしかにその頃、「学生ロスなんですよ」と言われていたのは私も記憶している。耳鳴り、ふらつきなどの不調を口にされるようになったのもその頃からだったろう。私のパソコンのメールの記録では、一七年くらいからしばしば「体調」が問題になっている。

最後にご一緒した旅は、二〇一八年十月、新宮での第四回大逆事件サミットのときだった。

早野さんは、体調はあまりすぐれないようだったが、それでも機嫌よく、帰りの列車内では、同行の明治大学教授・竹内栄美子さんの研究している中野重治の話などに熱心に聞き入った。たまたまその時私が読んでいたトリストラム・ハント著のエンゲルスの評伝のことを口にすると、「ぼくも読みたい」と言われる。約束して帰京後正確なタイトルや出版社などを知らせると、さっそく三省堂に買いに行ったが、「……神保町にはなく、札幌の店舗に一冊あったとかで、取り寄せてもらいました。おもしろいですねえ、一二〇ページまで読み進みました」というメールがきた。「これまでは、本はできるだけ速く読みあげるのが習性でしたが、もう、わが人生、急ぐ旅ではないので、これはゆっくりと楽しみに読んでいきたいと思っています」とも。その後も「きょうは二一六ページまで読みました。ぼくらは、マルクスエンゲルスの著書を、いわば確立された教典のように読んできたが、そうではなく、その時代のさまざまな確執、他の勢力の論調や行動のなかで形成されてきたということを改めて感じました」など、〝中間報告〟もあった。

早野さん、いまは天国でゆっくり楽しんで、どんな本を読んでおられますか。

最後にいただいた昨年の電話のお声を耳に甦らせながら、ご冥福を祈っています。

（『大逆事件の真実をあきらかにする会ニュース』第六二号、二〇二三年一月）

あとがき

卒寿を迎えた昨二〇二三年初夏、親しい友人たちが祝う会に集ってくれて歓談したひととき、その人びとから強く勧められたのが、これまでに私が書いてきたあれこれをまとめて著書を出版することだった。そうしたお勧めはそれまで幾度もあってその都度固辞してきたにも拘わらず、このときに限って前向きに考える口吻をもらしてしまった。いつの間にか人生の終期を迎えようとしているという想いからだったろうか。たちまちその場で編集委員会が結成され、明治大学教授・竹内栄美子さんがその事務局を買って出てくださった。

こうして、長年月にわたり散逸を免れたものを取り集め選別して、本書が生まれた。主題を統一的に絞ることはできなかったので、書名は「日本近現代史の諸相」という包括的なものとなった。なお、収録文は初出のときのままとすることを原則としたが、一書にまとめるにあたっての必要最小限度の加筆修正をほどこしていることをお断りする。

＊

第一部の冒頭に収録した二つの論文は、現在に最も近い二〇二三年（八九歳）と二二年（八八歳）に書いたものであり、第二部始めのものは七〇年近くを遡る一九五六年（二二歳）執筆の大学卒業論文である。テーマも大逆事件・思想史関係対社会経済史分野と大きく異なっている。

卒業論文「地租改正と寄生地主制の展開――山梨県北巨摩地方一農村の研究――」は、大学に提出した後、その一斑について学会などの場で口頭報告する機会こそ数回あったが、一、二の学術誌や山梨県郷歴史誌からのオファーがあったにもかかわらず、資料提供家への配慮から印刷に付されることはなく手許に保存されていた。今回、本書の刊行を思い立った動機の一つに、この埋もれていた処女論文に陽の目をみさせたいという気持ちが強く働いていたことは否定しがたい。初めて歴史学研究に目覚めた学生時代に、江戸時代から大正期までにまたがる農村の生の資料に触れ、国家の政策と農村の人びとの生活、社会構造がどのような関りを持ったのかを探求することに懸命になった日々の記憶は七〇年近くを経ても鮮明である。毛筆書きの古文書をはじめ村方資料などの原史料や旧い官庁文書は鉛筆で書写する以外のコピー手段もなく、コンピューターはおろか電卓もなくて数値分析にはそろばんと計算尺が頼りの時代だった。そして五六年の秋脱稿と同時に高熱を発して肺炎症状に倒れ、差し迫った厳しい提出期限を前に、四百字詰め原稿用紙約二〇〇枚への浄書は母が枕辺で代わってくれたこと、大学一年生だった妹も図表などの清書を手伝ってくれたこと等々は忘れられない思い出である。その綴冊のいまはインクも薄れかけている亡き母の美しい筆跡は、私の一生の宝物となった。なお、この卒業論文原本巻末には、「相当の出来栄えと認む」という主査・藤井貞文教授の有難い講評がいまも残されている。――この初心の若書きをどこかに残しておきたいというひそかな気持ちがあったのである。

大学卒業後私は、大原慧さんたちと組織した「近代史研究会」に拠って明治期初期社会主義運動史周辺の分野に足を踏み入れた。機関誌『鐘』に掲載した論文、資料紹介のいくつかは本書にも収録している。いっぽう、一九六〇年に結成された「大逆事件の真実をあきらかにする会」に参加、のちには会の世話人ともなった。八七年からは会の機関誌の編集をも担当して現在に至っている。第一部に収録したエッセイ類や第五部の追悼文などの多くはその編集途上の産物である。

第三部収録の七編は、一九六三年から九四年まで三一年間勤務したアジア経済研究所時代のものである。広報業務担当者として、研究対象のアジア、アフリカ、中東、ラテンアメリカ、オセアニアなどの地域・国々の基本的な日常生活「くらし」にまつわる事象を日本社会にひろく発信しようとする試みを企画し、さらに編者である私自身もこれに補章として日本の歴史と実態を付け加えようとして書いたものである。途上国研究者の友人たちに触発されての執筆は楽しいものだった。この各編の多くには二十世紀末葉の社会を反映したアクチュアルな視点が導入されているが、それも今日ではすでに時代遅れとなってしまっている。半面、当時の時代相を映し出す歴史性をおびているともいえよう。そのころの〝第三世界〟という呼称も、いまは〝グローバルサウス〟と変わった。

第四部には書評と解題をまとめ、第五部には人物論と追悼文というこれまでの人生で出会った人々との触れ合いの一端を収めた。いうまでもなく、これらは文章化する機会があったものだけが残されたものであり、私の胸裡にはこのほかにも幾多の貴重な書物や敬愛する個性とのめぐりあいの思い出が深く蔵されている。また追悼文には、身近な家族関係のものは収録しなかった。

＊

最後に、本書刊行を推進された「編集委員会」の大和田茂、竹内栄美子、竹内友章、田中伸尚、宮本直実、山泉進、山本有紀乃（五十音順）の方々への心からの感謝を述べさせていただきたい。とくに山泉さんは懇篤な序文をも寄せられ、竹内栄美子、竹内友章のお二人は事務局の労をとって原稿の発掘調査・整理まで手掛けて下さった。大和田さんにもいろいろ配慮していただいた。厚くお礼申し上げる。

また、つぎの諸機関、諸氏のご援助にも謝意を表したい。

論考の転載についてはアジア経済研究所、日本評論社、明石書店、緑陰書房のご許諾を得た。旧稿探索にあたっては中国研究所理事長川上哲正氏、アジ研時代からの友人岩佐佳英、新田淳一両氏にお世話になった。多岐にわたる原稿を取り扱われた論創社の森下紀夫社長、担当者松永裕衣子さんにはご面倒をおかけした。校正には中島雅一氏のご助力を得た。

＊

本書を、亡き母　篠塚節子と　亡き夫　大岩川和正に捧げる。

二〇二四年八月

大岩川　嫩

大岩川嫩（おおいわかわ　ふたば）

1933年6月生まれ（旧姓：篠塚）。

初期社会主義研究会会員。「大逆事件の真実をあきらかにする会」世話人。

1957年3月國學院大学文学部史学科卒業。作家資料助手、史料集編纂業務等に従事後、1963年4月アジア経済研究所入所、海外業務室参事、広報部主幹等を経て1994年定年退職。

〔主要共編著〕『第三世界の姓名——人の名前と文化』（明石書店、1994年3月）、『「すまい」と「くらし」——第三世界の住居問題』（アジア経済研究所、1988年3月）、ほか。

日本近現代史の諸相

2024年12月10日　初版第１刷印刷
2024年12月20日　初版第１刷発行

著　者　大岩川嫩
発行者　森下紀夫
発行所　論 創 社
東京都千代田区神田神保町 2-23　北井ビル
tel. 03（3264）5254　fax. 03（3264）5232
web. https://www.ronso.co.jp/
振替口座 00160-1-155266
装　幀　奥定泰之
組　版　フレックスアート
印刷・製本　中央精版印刷

ISBN978-4-8460-2422-2